gesetze der wirtschaft

saifedean ammous

gesetze der wirtschaft

Menschliches Handeln und gesellschaftlicher Wohlstand

APRYCOT

Gesetze der Wirtschaft – Menschliches Handeln und gesellschaftlicher Wohlstand
Offizielle Übersetzung des englischen Originaltitels:
Principles of Economics

Erstveröffentlichung durch: The Saif House

ISBN 978-3-949098-14-7 (Print)
ISBN 978-3-949098-15-4 (ePub)

Übersetzung: Daniel Deckner
Lektorat: Der Kosmotoriker
Layout & Satz: Michi Nussbaumer
Umschlag- und Innengestaltung: Michi Nussbaumer
Druck und Bindung: CPI books GmbH, Leck
Verlag: Aprycot Media, Rheinfelden

MIX
Papier | Fördert gute Waldnutzung
FSC® C083411

1. Auflage 2024
Aprycot Media – Der Bitcoin Verlag – www.aprycot.media
Twitter & Instagram: @aprycotmedia

(1) 2 3 4 5 6 7 8 9 10

Meinem Vater, der mir, bevor ich lesen konnte,
die wichtigste Lektion dieses Buches erteilte, und meinem Sohn,
auf dass auch er lernen möge.

Inhaltsverzeichnis

Über den Autor

Saifedean Ammous ist Ökonom und Autor einiger internationaler Bestseller. 2018 verfasste er *Der Bitcoin-Standard: Die dezentrale Alternative zum Zentralbankensystem*, das meistverkaufte Bitcoin-Buch, das in 36 Sprachen veröffentlicht wurde. 2021 folgte *Der Fiat-Standard: Das Schuldknechtschaftssystem als Alternative zur menschlichen Zivilisation*, das in 12 Sprachen verfügbar ist. Saifedean gibt auf seiner Lernplattform *saifedean.com* Kurse zu den ökonomischen Aspekten von Bitcoin und der Österreichische Schule der Nationalökonomie. Zudem ist er Gastgeber des *The Bitcoin Standard Podcast*.

Saifedean war von 2009 bis 2019 Professor für Wirtschaftswissenschaften an der Libanesisch-Amerikanischen Universität. Er erlangte an der Columbia University seinen Doktortitel in Nachhaltiger Entwicklung, machte seinen Master in Entwicklungsmanagement an der London School of Economics und seinen Bachelor in Maschinenbau an der American University of Beirut.

Einleitung

Die überwältigende Mehrheit der heutzutage in Universitäten verwendeten Ökonomiktextbücher gehört der etablierten Keynesianisch-Samuelssonschen Hauptströmung der wirtschaftswissenschaftlichen Tradition an, die Studenten eher irreführt als informiert. Ich habe jahrelang mit diesen Universitätstextbüchern unterrichtet und Scharen intelligenter Studenten den Unterrichtsraum mit mehr Fragen als bei ihrem Betreten desselben verlassen sehen, während sie versuchten, die Bedeutung der obskuren Gleichungen dieser Textbücher zu verstehen oder überzeugende Gründe dafür zu finden, ihren Resultaten Glauben zu schenken. Über die Jahre habe ich mit Dutzenden von hochintelligenten Studenten und Absolventen gesprochen, die mir von ähnlichen Erfahrungen berichteten: Sie taten, was sie tun mussten, um die von ihnen gewünschte Note zu bekommen, doch das Unterrichtsmaterial erschien ihnen sinnlos. Ungläubig versuchten sie, sich zu den frappierenden Logiksprüngen hin zu bewegen, die notwendig wären, um die irrelevanten Gleichungen zu verstehen, die sie zum Bestehen ihrer Tests benötigen – nur um die im Seminar vermittelten Ideen dann niemals wieder in Erwägung zu ziehen. Blicken Studenten in etablierte Textbücher, so lernen sie, theoretische Modelle fraglichen

Realitätsbezugs nachzuvollziehen. Erfolg in entsprechenden Seminaren besteht nicht darin, die Realität, sondern die präsentierten Modelle zu begreifen.

Im Zuge meiner Lehrtätigkeit schloss ich Einsichten der Österreichischen Schule der Nationalökonomie in meine Seminare mit ein. Studenten betrachteten diese Inhalte durchweg als die praktischsten und intellektuell anregendsten Aspekte meiner Seminare und als jene, die ihnen über das Erreichen ihres Abschlusses hinaus etwas dauerhaft Wertvolles vermittelten. Die Ideen der Österreichischen Schule werden heutzutage von den meisten Universitäten fast vollständig ignoriert. Moderne Textbücher erwähnen die Österreichische Schule kaum – von einer Behandlung ihrer Ideen ganz zu schweigen. So war ich ständig dazu gezwungen, zusätzliches Lesematerial heranzuziehen. Die bekanntesten Österreichischen Textbücher und Abhandlungen, wie Mises' *Nationalökonomie, Theorie des Handelns und Wirtschaftens* und Rothbards *Mensch, Wirtschaft und Staat* sind für die meisten zeitgenössischen Leser schwer zugänglich und verschwenden leider viel zu viel Zeit darauf, gegen die hergebrachte Denkart zu argumentieren, was die Darstellung der Österreichischen Perspektive verunklart.

Ich wünschte mir schon immer eine klare, kompakte und verständliche Abhandlung der wichtigsten ökonomischen Ideen der Österreichischen Tradition, die in einem Verständnis der zivilisatorischen Relevanz von Geldmärkten kulminieren sollte. Ich begann also damit, den Umriss eines solchen Textbuches für die weiterführenden Seminare, die ich an der Libanesisch-Amerikanischen Universität unterrichtete, zu entwerfen. Nachdem *Der Bitcoin Standard* veröffentlicht wurde und ich durch ihn eine aufmerksame, meine ökonomischen Schriften schätzende Leserschaft fand, entschied ich mich dazu, meine Energien ganz der Verfassung des Textbuches zu widmen, mit dem ich selbst schon immer unterrichten wollte. 2019 verließ ich meine Universitätslehrstelle und begann selbstständig auf meiner Webseite *saifedean.com* zu lehren und zu publizieren. Von 2019 bis 2020 entwickelte ich zwei Seminare zu den Gesetzen der Wirtschaft, ECO11 und ECO12, in welchen ich die Ideen, aus denen schließlich dieses Buch hervorging, weiterentwickelte.

Da ich inzwischen mit hunderten von mir unterrichteten Studenten aus aller Welt interagierte und dadurch von den Veröffentlichungsmühlen der zunehmend obskuren und esoterischen Journale und Herausgeber befreit war, konnte ich mich darauf konzentrieren, für den Leser anstatt für akademische Gutachtergremien zu schreiben. Nach zwei Jahrzehnten des universitären Studierens und Lernens der Wirtschaftswissenschaften gibt das vorliegende Werk jenes ökonomische Wissen wieder, das ich mir mit 17 gewünscht hätte. Ich hoffe, dass meine Kinder es lesen werden, sobald sie ihre Neugierde für dieses Feld entdecken.

Dieses Buch ist eine Einführung in ökonomische Gesetze und ökonomisches Denken an sich – zwei für jeden nützliche, mentale Planungswerkzeuge. An einer Universität würde ich dieses Buch über einen Zeitraum von zwei Semestern unterrichten, um Studenten einen breiten Überblick über ökonomische Themen und ökonomisches Denken zu verschaffen. Darüber hinaus ist dieses Buch jedoch für alle geschrieben, die sich für ökonomische Ideen interessieren. Selbst wer nicht an einer Universität Wirtschaftswissenschaften studiert, trifft zwangsläufig jeden Tag wirtschaftliche Entscheidungen. Ich hoffe, dass dieses Buch solchen Lesern eine kompakte und praktische Zusammenfassung der nützlichsten Einsichten ökonomischen Denkens bietet, welche sowohl bei Entscheidungen im privaten als auch im professionellen Rahmen hilfreich sein sollte.

Dieses Buch nimmt einen unverblümt Österreichischen Zugang. Es erklärt in einfacher Sprache, welche Methoden sich im Lauf der Geschichte vielen Ökonomen als die zum Verständnis wirtschaftlicher Phänomene effektivsten erwiesen haben. Auf den Arbeiten der Österreichischen Schule aufbauend erklärt es die wichtigsten ökonomischen Konzepte und Thematiken aus der Perspektive menschlichen Handelns. Zentrale ökonomische Konzepte und Fragestellungen werden getrennt voneinander, aber in logischer Reihenfolge behandelt. Ziel ist es, dem Leser ein ökonomisches Verständnis zu vermitteln, das von der individuellen bis zur gesellschaftlichen Ebene fortschreitet und die weitreichenden Implikationen dieses Forschungsbereiches deutlich macht. Der erste Teil führt in die grundlegenden Konzepte der Ökonomik und in die Österreichische Methodik des Buches ein. Der zweite Teil, *Wirtschaft*, dreht sich um die Handlungen, mit denen Individuen wirtschaften. Teil III, *Die Marktordnung*, dreht sich ums Wirtschaften im sozialen Kontext, die Gründe für die Entstehung einer kapitalistischen Wirtschaftsordnung, und die Rolle des Geldes. Teil IV, *Die Ökonomik des Geldes*, setzt sich mit Zeit, Zinsen und monetären bzw. finanziellen wirtschaftlichen Fragestellungen auseinander. Teil V, *Zivilisation*, beschreibt die Ökonomik von Gewalt und Sicherheit sowie ihre Implikation für die Möglichkeiten zivilisatorischen Fortschritts.

Jedes Kapitel dieses Buches erläutert ein wichtiges ökonomisches Konzept und kann als in sich geschlossene Abhandlung zum jeweiligen Thema gelesen werden. Zugleich folgt das Buch jedoch auch einer narrativen Struktur, in deren Rahmen diese Konzepte logisch aneinandergereiht werden. Das erste Kapitel stellt den methodologischen Zugang zur Ökonomik vor, der von der Österreichischen Schule entwickelt wurde, erläutert diesen anhand eines Beispiels, und vergleicht ihn mit den methodologischen Zugängen der Naturwissenschaften. Ausgehend von Carl Menger, dem Vater der Österreichischen Schule, führt Kapitel 2 das grundlegende Konzept des Wertes ein, erläutert dessen subjektiven Charakter und beschreibt das Konzept der Grenz- bzw. Marginalanalyse. Kapitel 3 klärt die ökonomische Bedeutung von Zeit sowie des sich Zeit Sparens auf, und inwiefern alles Wirtschaften als ein Versuch verstanden werden kann, die Menge und den subjektiven Wert unserer Zeit auf dieser Welt zu erhöhen. Darüber hinaus stellt dieses Kapitel die zentralen Konzepte der Opportunitätskosten und der Zeitpräferenz vor.

Der zweite Teil des Buches stellt die wichtigsten Handlungen vor, mit deren Hilfe Menschen auf individueller Ebene wirtschaften. In jedem Kapitel dieses Teiles wird ein Schlüsselkonzept eingeführt und vor dem Hintergrund, warum Menschen von ihm Gebrauch machen, welche Probleme es löst, und wie es ihnen dabei hilft, Quantität und Qualität ihrer Zeit zu maximieren, analysiert. Das erste und grundlegendste Konzept ist das der Arbeit, das in Kapitel 4 behandelt wird. Kapitel 5 beschreibt die ökonomischen Aspekte von Eigentum, warum sich dieses Konzept herausbildete, welches Problem es löst, und erläutert zudem das Konzept des Selbsteigentums. Kapitel 6 führt einen besonderen Typ des Eigentums ein: Kapital, welches aus Gütern besteht, die zur Produktion anderer Güter eingesetzt werden. Es erläutert Kapitalkosten und -produktivität sowie die Beziehung zwischen Kapital und Zeitpräferenz.

Kapitel 7 behandelt Technologie als ökonomisches Konzept, erklärt, warum sie die Produktivität von Arbeitskräften steigert, und beschreibt ihren einzigartigen Status als nicht-materielles wirtschaftliches Gut, das keiner Knappheit unterliegt. Das Kapitel schließt mit einer Erörterung geistigen Eigentums und inwiefern dessen nicht durch Knappheit beschränkte Natur es von anderen produktiven Gütern unterscheidet.

Energie, das Thema des 8. Kapitels, ist kein übliches Thema der meisten wirtschaftswissenschaftlichen Textbücher. Ich jedoch bin der Ansicht, dass ein Verständnis von Energie für ein Verständnis ökonomischer Belange unerlässlich ist, besonders im Kontext moderner kapitalintensiver und technologisch fortschrittlicher Marktwirtschaften, die ohne einen erheblichen Ausbau des menschlichen Zugangs zu Energie und der Fähigkeit, große Mengen davon innerhalb kurzer Zeiträume einsetzen zu können, unmöglich wären. Davon abgesehen ist der wirtschaftswissenschaftliche Zugang der Österreichischen Schule unter Zuhilfenahme von Grenz- bzw. Marginalanalysen unabdingbar für ein Verständnis der aktuellen Realitäten im Bereich der Energieproduktion.

Während der zweite Teil dieses Buches individuelle wirtschaftliche Handlungen untersucht, widmet sich sein dritter Teil wirtschaftlichen Handlungen im sozialen Kontext, wobei zusätzliche Akteure in die Analyse mit einfließen und die Implikationen dessen geklärt werden. Sobald eine weitere Person gegenwärtig ist, wird Handel möglich, zu welchem beide Seiten Anreize haben, da sie beide von ihm profitieren können. Kapitel 9 erörtert die Logik des Handels, seine Vorteile, sowie die Implikationen von Marktwachstum durch Arbeitsteilung.

Kapitel 10 führt das Konzept des Geldes ein, erläutert, welche Probleme es löst, wie diese seine wünschenswerten Eigenschaften bestimmen, und auf welche Weise Geld den Menschen dabei hilft, zu wirtschaften und sowohl Wert als auch Produktivität ihrer Zeit zu steigern. Das Kapitel erklärt, inwiefern auch Geld ein Produkt des Marktes, und nicht – wie üblicher- aber fälschlicherweise in wirtschaftswissenschaftlichen Textbüchern behauptet – des Staates ist. Obwohl dieses Kapitel das Thema *Geld* einführt, wird die umfassendere Erörterung geldökonomischer Fragen erst in Teil IV unternommen, wodurch sie an die Beschreibung von Geldmärkten, einem zentralen Thema der Geldwirtschaft, anschließen kann.

Die Gesellschaftsordnung, innerhalb derer Individuen auf friedliche Weise die oben genannten wirtschaftlichen Handlungen ausführen, wird als Marktordnung bezeichnet. Kapitel 11 untersucht, wie individuelle Präferenzen und wirtschaftliches Handeln zur Herausbildung von Preisen führen, und erklärt deren zentrale Bedeutung für alle Marktprozesse. Kapitel 12 klärt den Begriff *Kapitalismus* im Rahmen der Mises'schen Tradition, wodurch er als

Bezeichnung eines unternehmerischen Systems mit untrennbarer Verbindung zu Privateigentum und wirtschaftlichen Berechnungen verständlich gemacht wird. Wir betrachten Mises' Lackmustest zur Bestimmung des Vorhandenseins oder der Abwesenheit einer Marktwirtschaft innerhalb einer Gesellschaft, und wie er uns dabei helfen kann, die Wirtschaftsgeschichte zu verstehen.

Teil IV, *Die Ökonomik des Geldes*, beleuchtet das Thema *Geld* aus Österreichischer Perspektive, weshalb Zeitpräferenz und ihre Beziehung zum Sparen, Geld und zur Kapitalakkumulation den Anfang des 13. Kapitels bilden. Diese Zusammenhänge sind die Grundlagen für das Verständnis von Kredit- und Bankwesen, welche die Themen des 14. Kapitels darstellen, in welchem darüber hinaus Zinssätze und die Möglichkeit bzw. Unmöglichkeit ihrer Abschaffung besprochen werden. Kapitel 15 legt das Österreichische Verständnis von Konjunkturzyklen dar, indem deren Ursache – Geldmengenausweitung durch Kreditexpansion – erläutert wird.

Nachdem die vorangegangenen Teile Form und Funktion kapitalistischer Marktwirtschaften illustrierten, und warum diese nur innerhalb eines Systems, welches Privateigentum respektiert, funktionieren können, setzt der fünfte und letzte Teil dieses Buches – *Zivilisation* – sich mit der kapitalistischen Zivilisation und ihrer Überlebensfähigkeit im Angesicht gewalttätiger Aggression auseinander. Kapitel 16 dreht sich um die Ökonomie der Gewalt in sowohl privater als auch staatlicher Form, wonach Kapitel 17 die Ökonomie der Verteidigung behandelt und zeigt, inwiefern es sich bei dieser um nichts anderes als ein weiteres Gut handelt, das heutzutage größtenteils durch den Markt bereitgestellt wird.

Das letzte Kapitel dieses Buches beleuchtet das Konzept *Zivilisation* aus ökonomischer Perspektive. Zivilisation wird als eine Ordnung begriffen, die entsteht, wenn eine Gesellschaft so friedlich, produktiv, kooperativ, innovativ bleiben und sich eine derart niedrige Zeitpräferenz bewahren kann, dass generationsübergreifende

Verbesserungen der Lebensstandards aufrechterhalten werden. Die Kosten dieses monumentalen Unterfangens werden ergründet, wie auch die Chancen seines Weiterbestehens angesichts der erheblichen Bedrohungen, denen es sich gegenübersieht.

Dieses Buch wird durch seine Webseite, *saifedean.com/poe*, ergänzt, auf der vollständige Literaturverweise und Links zu den in diesem Buch aufgeführten Texten zu finden sind. Da das Internet heutzutage etwas Alltägliches ist, hielt ich es für sinnvoll, die Leseerfahrung der Papierversion dieses Buches durch die Entfernung von Internetadressen aus den Literaturverweisen zu optimieren und diese stattdessen auf *saifedean.com/poe* verfügbar zu machen. Nach Abschluss dieses Buches werde ich einen weiteren Online-Kurs auf *saifedean.com* anbieten, um tiefer in das entsprechende Material eintauchen zu können.

Dieses Buch wurde enorm durch Rückmeldungen von Ross Stevens, Jeff Deist, Per Bylund, Conza, Allen Farrington, Jonathan Newman, Peter Young und Thomas Semaan verbessert. Letztere beiden halfen mir mit außerordentlich hilfreichen Recherchearbeiten beim Verfassen dieses Buches. Außerdem möchte ich meinen hervorragenden Lektoren Alex McShane, Steve Robinson, Chay Allen, Renata Sielecki, Magda Wojcik, Evan Manning und Elizabeth Newton herzlichst danken. Ihre gründlichen und sorgfältigen Bearbeitungen trugen erheblich zur Qualität dieses Manuskriptes bei. Des Weiteren danke ich Tamara Mikler für die Erstellung der Schaubilder und Max DeMarco für die Produktion des Hörbuches. Außerdem gilt dem aus Pavao Pahljina, Marko Pahljina, Dorian Antešić, Flora Fontes und Valentino Cnappi bestehenden *saifedean.com*-Team mein aufrichtiger Dank für all die Mühen, die sie in den Betrieb der Webseite und die Organisation der Veröffentlichung dieses Buches investierten.

Dieses Buch wäre ohne die Unterstützung, Ermutigungen und Rückmeldungen der Mitglieder meiner Onlineplattform *saifedean.com* nicht möglich gewesen. Ich bin ihnen über alle Maßen dankbar dafür, es mir zu ermöglichen, an der Realisierung meiner Vorhaben zu arbeiten. Mein besonderer Dank gilt jenen Lesern, welche die Veröffentlichung dieses Buches durch die Vorbestellung signierter Exemplare unterstützten. Ich danke A Patel, Aaron Macy, Abdulla Al Abbas, Abdullah Almoaiqel, Ágúst ragnar Pétursson, Aidan Campbell, AJ Garnerin, Alex, Alex Bowe, Alex Voss, Alistair Milne, Amit Barkan, Anderson Thees, Andrea Bortolameazzi, Andrew Brasuell, Andrew Rosener, Andrew Stange, Anthony Clavero, Antonio Caccese, Ashok Atluri, ben johnson, Bertrand Marlier, BitcoinTina, Blake Canfield, BowserKingKoopa, brian daucher, Brian Kim, Brian Lockhart, Bronson Moyen, Browning Hi-Power 9mm, Bryan Matthieu, Bryan Wilson, Burcu Kocak, Carlo Barbara, Carlos Chida, Caspar Veltheim, Cedric Youngelman, Chase Oleson, Chen YH, Chris Cowlbeck, Christian Amadasun, Christof Mathys, Christopher Lamia, Christopher P Valle, Christopher Pogorzelski, Christopher To, Cletus Reynolds, Dale Williams, Dan Skeen, Dane Bunch, Daniel Ostermayer, Daniel Smith, Dave Hudson, David Heller, David Lawant, Dirk Seeber, Domingo Ochotorena, Dylan Parker, Ed Becker, Eduardo Lima, Edward Cosgrove, Ernest Huttel, Fabian von Schilcher, Federico Quintela, Francisco Reyes, Frank Acklin, Gary Lau, Gary Speed, Gen Shin, Glenn Thomas, Greg Doyle, Haris M, Harlan Robinson, Hayden Houser, hugh starr, Hunter Hastings, Jaap Willems, Jackson Forelli, Jaeger Hamilton, James Seibel, James Weaver, Jason DiLuzio, Jawad Barlas, Jerrold Randall, Jesse Powell, Jim Patterson, Joachim Boudet, John A. Krpan, John Brier, John Dixon, Jon E, Jonas Karlberg, Jonas Konstandin, Jonathan Camphin, Jonathas Carrijo, Jordan Wilby, Jose Areitio Arberas, José Niño, Jules, Julio Neira, Justin Schwartz, Keith G, Kelly Lannan, Kenneth Gestal, Kevin Coffin, Kim Butler, Lachie McWilliam, Larry Saliba, Leo Smith, Luis Alonso, Maksymilian Korzuchowski, Manuel Tomasi, Marco Daescher, Marcus Dent, Marius Kjærstad, Marius

Reeder, Martin Brochhaus, Matija Grlj, Matt, Matthew Robin, Matthew Sellitto, Max Cash, Maximiliano Guimarães, Michael Atwood, Michael Culhane, Mike Clear, Mitch Soboleski, Mitchell Vanya, Nate Kershner, Nathan Smith, Neal Nagely, Nelson, Nicholas Sheahan, Nick Giambruno, Niko Laamanen, The Noded Podcast with Pierre Rochard and Michael Goldstein, Odi Kosmatos, Oleg Mikhalsky, Paweł Sławniak, Petar, Petr Zalud, Prince Filip Karađorđević, Raycheslav Karagyozov, Rene Bos, Richard Duke, Robert Koonce, Robin Dea, Ronald Zandstra, Rosie Featherby, Ross Stevens, Rowais Hanna, Ryan Nadeau, Ryan Sandford, Saagar Singh Sachdev, Sam Dib, Sam Shams, Samuel Douglass, Scott Manhart, Scott Schneider, Scott Shell, Seb Walker, Shakti Chauhan, Shaun McFarlane, Simonna Pencev, Stefano D'Amiano, Stephen Labb, Subhan Tariq, Tanner Dowdy, Thierry Thierry, Thomas Jenichen, Tom Karadza, Travis Tripodi, Trevor Smith, vik, Wendy Hiam, Wilfred Tannr Allard, Will Phillips, William Green, William Johnston, Wityanant Thongsawai, Yani Eberding, Yoism, Zachary Hollinshead, Zarak Ortega, Zsuzsanna Glasz

TEIL I:

Grundlagen

KAPITEL 1

Menschliches Handeln

> „Die Nationalökonomie behandelt keine Dinge oder greifbaren materiellen Objekte, sondern Menschen, ihre Absichten und Handlungen. Waren, Güter, Vermögen und alle weiteren Vorstellungen des Verhaltens sind keine Naturelemente, sondern solche menschlicher Zwecke und menschlichen Verhaltens. Wer sich mit ihnen zu beschäftigen trachtet, darf nicht in die äußere Welt hinausblicken, sondern muss in den Absichten handelnder Menschen nach ihnen suchen."[1]
>
> – Ludwig von Mises

Ludwig von Mises' Hauptwerk, *Human Action* (die englischsprachige Überarbeitung des Vorläufers *Nationalökonomie: Theorie des Handelns und Wirtschaftens* – Anm. d. Übers.), nahm eine explizite Neudefinition der Wirtschaftswissenschaften als eine Lehre vom menschlichen Handeln und menschlicher Wahl unter

1 Mises, Ludwig von. *Human Action: The Scholar's Edition*. Ludwig von Mises Institute, 1998, S. 92. (eig. Übers. nach Begrifflichkeiten von Nationalökonomie: Theorie des Handelns – Anm. d. Hrsg.)

der Bedingung von Knappheit vor. Mises war der Ansicht, dass angemessenes ökonomisches Denken und die Untersuchung ökonomischer Phänomene auf einer Analyse des menschlichen Handelns, nicht materieller Objekte und ihrer Eigenschaften oder abstrakter und aggregierter Einheiten, aufbauen muss. Obgleich Mises' Zugang anfangs pedantisch und unproduktiv erscheinen mag, wird dieses Kapitel deutlich machen, warum er ein außerordentlich nützliches Werkzeug zum Verständnis wirtschaftlicher Realitäten darstellt.

Mises konstatiert, dass Philosophen lange versuchten, Evolution und Schicksal der Menschheit auf der Grundlage dessen zu analysieren, was Geschichte, Gott oder Natur für sie vorsahen. Derartige Analysen betrachteten die Menschheit als Ganzes oder untersuchten kollektivistische Ideen wie ‚Nation', ‚Rasse' oder ‚Kirche', und schickten sich an, Gesetzmäßigkeiten zur Beschreibung des Verhaltens und der Auswirkungen derartiger Entitäten zu formulieren, als ob Geschichte einer chemischen Reaktion gleichend in Stein gemeißelten und von uns aufzudeckenden Naturgesetzen folgte.

Mit seinem 1871 erschienenen Werk *Grundsätze der Volkswirtschaftslehre* begründete Carl Menger die Grenzanalyse ökonomischer Fragestellungen. Diese „Marginalistische Revolution" machte eine von früheren Methoden grundverschiedene Art und Weise, Menschen zu analysieren, verfügbar. Statt die Geschichte auf der Grundlage göttlicher oder natürlicher Vorsehung, Nation, Rasse oder der Kirche zu untersuchen, zeigte die Grenz- bzw. Marginalanalyse, dass menschliche Gesellschaften sich besser vor dem Hintergrund ihrer fundamentalsten Antriebsfedern – individuellen Entscheidungen und Handlungen – verstehen lassen. Die Österreichische Schule der Nationalökonomie bildete sich um Menger in Wien. Einige Jahre nach ihm entwickelte Léon Walras mit dem Allgemeinen Gleichgewichtsmodell sein eigenes Konzept des Marginalismus. Das Walrassche Allgemeine Gleichgewicht sollte mit seiner Mathematisierung und dem Rückgriff auf Verhältnisse zwischen Aggregaten zur dominanten Tradition der modernen Wirtschaftswissenschaften werden.

Handlung, Zweck und Rationalität

Mises definiert menschliches Handeln als „bewusstes Verhalten", womit er es von instinktiven, impulsiven oder emotionalen Verhaltensweisen abgrenzt. „Handeln ist Wollen, das sich in Tat und Wirken umsetzt und damit verwirklicht, ist ziel- und zweckbewusstes Sichbenehmen, ist sinnhafte Antwort des Subjekts — der menschlichen Persönlichkeit — auf die Gegebenheit der Welt und des Lebens."[2]

Mises' Student Murray Rothbard definiert menschliches Handeln als „bewusstes, auf das Erreichen bestimmter Ziele zu einem zukünftigen Zeitpunkt ausgerichtetes Verhalten, das die Befriedigung von Bedürfnissen involviert, welche ansonsten unbefriedigt bleiben würden."[3] Mises postuliert als Voraussetzungen bewussten Handelns einen momentanen Zustand, die Vorstellung eines befriedigenderen Zustandes sowie die Erwartung, dass bewusstes Handeln Unbehagen zu lindern vermag.[4]

Rationales Handeln ist eine wesentlich menschliche Fähigkeit, die Menschen von anderen Tieren unterscheidet. Menschen handeln bewusst, weil sie über Rationalität verfügen und in der Lage sind, diese auf das Erreichen ihrer Ziele auszurichten. Menschen können kausale Beziehungen in ihrer Umwelt erkennen und dieses Wissen dazu nutzen, für sie günstigere Zustände herbeizuführen.

2 Mises von, Ludwig. *Nationalökonomie: Theorie des Handelns und Wirtschaftens.* Genf, 1940, S. 11. (Englische Passage durch analoge Passage des deutschen Originals ersetzt. – Anm. d. Hrsg.)

3 Rothbard, Murray. *Man, Economy, and State, with Power and Market.* Scholar's ed., 2nd ed., Ludwig von Mises Institute, 2009, S. 7

4 Mises, Ludwig von. *Human Action: The Scholar's Edition.* Ludwig von Mises Institute, 1998, S. 13f.

Wir sind ebenfalls in der Lage zu verstehen, dass andere rational sind und ihrem eigenen Interesse gemäß handeln können. Mises formuliert dies folgendermaßen:

> „Der Mensch ist keine Kreatur, die nicht anders kann, als den Impulsen ihrer dringendsten Bedürfnisse zu folgen. Der Mensch kann seine Instinkte, Emotionen und Impulse unterdrücken und sein Verhalten rationalisieren. Der Mensch entsagt der Genugtuung eines brennenden Impulses, um sich andere Wünsche zu erfüllen. Er ist kein Sklave seiner Verlangen. Ein Mann fällt nicht über jedes Weibchen her, das seine Sinne rührt, verschlingt nicht jeden ihn lockenden Happen Nahrung, greift nicht jeden Mitmenschen an, den er zu töten wünscht. Er reiht seine Wünsche und Verlangen entlang einer Skala auf; er wählt; kurzum: er handelt. Was den Menschen von Tieren unterscheidet, ist gerade seine Fähigkeit, sein Verhalten bewusst auszurichten. Der Mensch ist die Kreatur, die Hemmungen hat, ihre Impulse und Verlangen kontrollieren kann und über die Fähigkeit verfügt, ihre instinktiven Wünsche und Impulse zu unterdrücken."[5]

Um sich die Vorrangstellung menschlichen Handelns zu versinnbildlichen, kann man sich unsere physische Umwelt als passive Knetmasse vorstellen, die wir mit unseren Händen und unserer Vernunft und Vorstellung gemäß in verschiedene Formen zu bringen vermögen. Leblose Objekte sind schlichte Materie, und es sind durch menschliche Rationalität bestimmte menschliche Handlungen, die diese Materie neu anordnen und ihr Wert, Bedeutung und Sinn verleihen. Die physische Welt lässt sich viel besser verstehen, wenn wir sie als das Resultat menschlicher Vernunft und menschlichen Verhaltens betrachten. Versuche, soziale Phänomene unter Bezugnahme auf physische Objekte, abstrakte Begriffe oder

---

5 Ebd. S. 16. (eig. Übers. – Anm. d. Hrsg.)

kollektivistische Entitäten zu erklären, sind letztendlich zum Scheitern verurteilt und einer Erklärung auf der Grundlage menschlicher Entscheidungen und Handlungen völlig unterlegen. Es sind weder die Sterne noch abstrakte Begriffe oder Entitäten, die handeln, sondern Individuen. Wer die Bedingungen der realen Welt verstehen möchte, sollte die Handlungen der Menschen, durch welche sie geformt wird, untersuchen.

Die Mises'sche und Österreichische Tradition definiert und versteht menschliches Handeln als rational. Der Begriff ‚rational' impliziert in diesem Kontext weder die an bestimmten objektiven Kriterien bemessene Korrektheit einer Handlung noch die Angemessenheit einer Handlung zur Erreichung der Ziele des Handelnden oder aber ein moralisches Urteil. Stattdessen wird ‚rational' als aus bewussten Überlegungen resultierend definiert. Wann immer der Mensch überlegt und handelt, handelt er rational. Ob eine solche Handlung ihn seinen Zielen näherbringt oder die Zustimmung Dritter findet, ist für ‚Rationalität', wie Mises sie definiert und versteht, irrelevant. Eine Person mag eine Handlung bereuen und einsehen, dass sie den eigenen Interessen zuwiderlief, doch insofern sie das Resultat bewusster Überlegungen war – mögen diese korrekt oder falsch gewesen sein –, ändert das nichts an ihrer Rationalität. Andere Individuen mögen die Handlungen dieses Individuums als noch so negativ beurteilen – auch das änderte ihre rationale Natur nicht. Das Österreichische Konzept von Rationalität wird anhand Mises' folgender Beschreibung deutlich: „Das Gegenteil des Handelns ist nicht *irrationales Verhalten*, sondern die reflexhafte Reaktion auf Stimuli seitens körperlicher Organe und Instinkte, die nicht dem persönlichen Willen unterworfen sind." Und weiter: „Eine zur Erreichung des Ziels ungeeignete Handlung enttäuscht Erwartungen. Sie ist kontraproduktiv, doch sie ist rational, d.h. das Produkt einer sinnvollen – doch falschen – Überlegung und eines

Versuchs – obgleich es sich um einen untauglichen gehandelt haben mag –, ein Ziel zu erreichen.“[6]

Ökonomische Analysen

Die Wirtschaftswissenschaften als Wissenschaften menschlichen Handelns unter der Bedingung von Knappheit zu verstehen, erlaubt es uns, die wichtigsten ökonomischen Begriffe im Hinblick darauf zu definieren, in welcher Beziehung zu menschlichen Bedürfnissen sie stehen, und wie sie von der menschlichen Vernunft wahrgenommen und durch Menschen geformt werden. Sie vor dem Hintergrund menschlichen Handelns zu erklären, zu definieren und zu begreifen, macht ökonomische Terminologie verständlicher und ökonomische Analysen fruchtbarer.
Hans-Hermann Hoppe erklärt hierzu:

> „Alle wahren ökonomischen Theoreme bestehen aus (a) einem Verständnis der Bedeutung von Handlungen, (b) einer Situation oder Situationsänderung – die vorgefunden oder als gegeben angenommen und anhand von Handlungskategorien beschrieben wird – und (c) einer – wieder anhand solcher Kategorien vorgenommenen – logischen Ableitung der Konsequenzen, die dem Handelnden aus dieser Situation oder Situationsänderung entstehen.“[7]

Kern der Österreichischen Herangehensweise ist das Ziel, die kausalen Prozesse wirtschaftlicher Aktivität und ihre Konsequenzen zu *verstehen*. Logische Deduktionen, Gedankenexperimente und

---

6 Mises, Ludwig von. *Human Action: The Scholar's Edition*. Ludwig von Mises Institute, 1998, S. 20. (eig. Übers. – Anm. d. Hrsg.)

7 Hoppe, Hans-Hermann. *Economic Science and the Austrian Method*. Ludwig von Mises Institute, 2007, S. 63. (eig. Übers. – Anm. d. Hrsg.)

die Vertrautheit des gesunden Menschenverstandes mit der Realität werden dazu verwendet, die Implikationen wirtschaftlicher Prozesse zu verstehen. Zu Beginn mag dieser Ansatz im Vergleich mit den vorherrschenden wirtschaftswissenschaftlichen Paradigmen, die auf mathematischen Analysen beruhen, banal und unergiebig erscheinen, doch letztere erweisen sich bei näherer Betrachtung als ungeeignet für die Ableitung einer sinnvollen ökonomischen Theorie. Wir werden sehen, warum quantitative Analysen ohne logische Deduktionen und Konklusionen, die ihnen eine Daseinsberechtigung verleihen und ihre Ergebnisse erst verständlich machen, bedeutungs- und sinnlos sind. In bester Österreichischer Tradition wird die Kritik quantitativer Methodik und die Darstellung wirtschaftlicher Handlungen in diesem Buch in einfacher Sprache statt mit mathematischen Gleichungen erfolgen. Menschliches Handeln wird nicht durch mathematische Gleichungen und quantitative Analysen, sondern im Zuge logischer Schlussfolgerungen und stringenter Gedankenexperimente verstanden werden.

Quantitative Analysen

Die Kritik der Österreicher an quantitativen Analysen wird von Mises (in seiner Kritik ihrer Anwendung zur Analyse ökonomischer Probleme) in *Human Action* auf den Punkt gebracht:

> „Der jedem quantitativen Zugang zu ökonomischen Problemen innewohnende Mangel besteht in der Missachtung der Tatsache, dass es zwischen den sogenannten ökonomischen Dimensionen keine konstanten Beziehungen gibt. Den Wertungen, die zu Preisverhältnissen zwischen verschiedenen Gütern führen, sind weder Beständigkeit noch Kontinuität zu eigen. Jeder neue Datenpunkt ordnet die gesamte Preisstruktur neu. Der Versuch, dies

> zu verstehen, indem man sich anschickt, zu begreifen, was in den Köpfen der entsprechenden Menschen vorgeht, lässt eine Annäherung an das Problem der Vorhersage zukünftiger Zustände zu. Wir mögen derartige Methoden unbefriedigend finden, und sie mögen die Verachtung der Positivisten auf sich ziehen, doch derart arbiträre Urteile können und dürfen die Tatsache nicht verschleiern, dass nur Verständnis einen angemessenen Umgang mit der Unbestimmtheit zukünftiger Sachverhalte erlaubt."[8]

Dies ist eine profunde Kritik moderner wirtschaftswissenschaftlicher Methoden. Wie ausführlicher in Anhang 1 besprochen wird, gibt es **keine Standardeinheit, anhand derer ökonomische Werte erfasst oder verglichen werden können.** Wert ist, wie in Kapitel 2 gezeigt wird, subjektiv. Der Nutzen, den Individuen aus Gütern ziehen, ist ebenfalls subjektiv und in Abhängigkeit des Individuums, dem Zeitpunkt der Wertbestimmung und der relativen Verfügbarkeit des Gutes unablässigen Schwankungen unterworfen. Ein aggregierter intersubjektiver Nutzenvergleich ist unmöglich, weshalb die Mathematisierung des Nutzens stets hypothetisch, theoretisch, unpräzise und nicht replizierbar bleiben wird.

Ohne eine gemeinsame Maßeinheit, anhand derer Nutzen gemessen und verglichen werden kann, ist es unmöglich, quantitative Gesetze etwa des Effektes von Preisänderungen auf Angebot und Nachfrage zu formulieren, denen zufolge beispielsweise eine Erhöhung des Preises um 1 % mit einer bestimmten Abnahme der nachgefragten Menge einherginge. Die Auswirkung einer bestimmten Preisänderung auf die Nachfrage eines Individuums nach einem Gut erfolgt über einen kausalen Mechanismus individuell bestimmten Nutzens. Dieser Faktor ist weder mess- noch quantifizierbar.

---

8 Mises, Ludwig von. *Human Action: The Scholar's Edition.* Ludwig von Mises Institute, 1998, S. 118 (eig. Übers. – Anm. d. Hrsg.)

Replizierbare Experimente zur Beantwortung wirtschaftswissenschaftlicher Fragen sind ebenfalls unmöglich. Gegenstand der Naturwissenschaften sind Beschaffenheit und Verhalten der physischen Welt. Die grundlegende Annahme ist, dass diese regelmäßig sind, dass ihre Eigenschaften in wiederholbaren Experimenten isoliert und beobachtet werden können, und dass es möglich ist, sie vollständig und auf angemessene Weise mathematisch zu beschreiben. Der gesamte und alleinige Zweck dieser Methodologie besteht darin, *Kausalität* exakt zu bestimmen. Das ist der Kern des gesamten intellektuellen Vorhabens. Was verursacht in der physischen Welt was? Warum passieren die Dinge genau so, wie sie passieren? Doch die Objekte der Sozialwissenschaften sind die Vorstellungen und Handlungen von Menschen, die weder mess- noch quantifizierbar sind. Experimente mit schlecht definierten Messeinheiten für unregelmäßige Phänomene können keine vergleichbaren und reproduzierbaren Resultate erzielen, weshalb aus ihnen keine quantitativen Gesetze hervorgehen können, weil es keine Maßeinheiten gibt, unter Zuhilfenahme derer diese allgemeingültigen Regeln formuliert werden könnten. Ohne exakte Messungen und replizierbare Experimente ist es unmöglich, Regelmäßigkeiten zu finden, Konstanten zu bestimmen oder mathematische Verhältnisse zu formalisieren und wissenschaftliche Gesetze abzuleiten. Akkurate wirtschaftswissenschaftliche Experimente können auch aus dem Grund unmöglich Gegenstand der Wirtschaftswissenschaften sein, da menschliche Handlungen und deren Konsequenzen innerhalb der echten Welt nicht in Laboren nachgestellt werden können. Die echte Welt ist das einzige Labor, innerhalb dessen man sich den tatsächlichen Bedingungen, durch welche ökonomische Entscheidungen bestimmt werden, annähern kann. In der echten Welt aber kann man umso weniger auf Grundlage jener wissenschaftlichen Methodiken experimentieren, die von den Naturwissenschaften präzise eingesetzt werden.

Neben solchen der Messbarkeit und Replizierbarkeit leiden quantitative Ansätze unter einem noch fundamentaleren logischen Problem, indem **sie messbare Faktoren mit ursächlichen, unsere Umwelt prägenden vermischen.** Quantitative Methoden, die Beziehungen zwischen aggregierten Messungen herausstellen wollen, sehen diese Ergebnisse aus keinem triftigen und kohärenteren Grund als ursächliche Kausalfaktoren an, als dass sie eben gemessen werden können. Während die Naturwissenschaften Regelmäßigkeiten und Konstanten durch wiederholbare Experimente entdecken, nehmen empirische Wirtschaftswissenschaftler einfach an, dass ihre Daten regelhaft sind und leiten auf der Grundlage dieser Annahme Gesetze aus ihnen ab. Die Naturwissenschaften sind beispielsweise dazu in der Lage, die Komplexität jener Atome, welche ein Gas bilden, auf schlichte Angaben wie Druck, Temperatur und Volumen zu reduzieren, ohne dabei ihre analytische Exaktheit zu opfern. Diese Atome haben keinen eigenen Willen, kein Bewusstsein und sind nicht dazu in der Lage, zu erwägen oder in Antwort auf äußere Umstände zu handeln, wie es Menschen können. Da sie keinen Verstand haben, können physische Objekte untersucht und ihr Verhalten genau vorhergesagt werden.

Bei der Untersuchung ökonomischer Fragestellungen sehen wir uns jedoch mit der Realität konfrontiert, dass Menschen und ihre von subjektiven Erwägungen und persönlichen Vorlieben geprägten Handlungen die ursächlichen, wirtschaftliche Umstände formende Faktoren sind. In eklatantem Kontrast zu unbelebten, mathematisch vorhersehbar reagierenden Objekten reagieren Menschen auf nicht reduzierbar komplexe Arten und Weisen. Der Versuch, diese Komplexität zu kaschieren, indem man sich auf die Analyse oberflächlicher Kennzahlen bestimmter ökonomischer Phänomene beschränkt, ist der zentrale Irrtum gescheiterter moderner Pseudowissenschaften wie der Makroökonomik oder Epidemiologie. Diese Felder ignorieren die tatsächlichen Kausalfaktoren der von ihnen untersuchten Phänomene und leiten stattdessen stupid Hypothesen von entsprechenden Aggregaten ab, welche sich eben zur Messung eignen. Hayek bemerkt hierzu Folgendes:

> „Anders als im Falle der physikalischen Wissenschaften sind jene Aspekte der zu untersuchenden Ereignisse, für die wir quantitative Daten heranziehen können, in den Wirtschaftswissenschaften und anderen Disziplinen, die sich mit essenziell komplexen Phänomenen auseinandersetzen, zwangsläufig beschränkt und schließen die wichtigen möglicherweise nicht ein. Während man in den physikalischen Wissenschaften aus wahrscheinlich guten Gründen annimmt, dass alle wichtigen, die beobachteten Phänomene bestimmenden Faktoren ihrerseits direkt beobachtbar und messbar sind, werden all jene Gegebenheiten, die das Resultat eines Prozesses determinieren, aus Gründen, die ich später darlegen werde, im Falle komplexer Phänomene wie dem des Marktes, das von den Handlungen vieler Individuen abhängt, kaum jemals vollständig bekannt oder messbar sein. Und während der naturwissenschaftliche Forscher in der Lage sein wird, das, was er auf der Grundlage einer *Prima-facie*-Theorie als wichtig erachtet, zu messen, wird in den Sozialwissenschaften oft als wichtig behandelt, was sich zufälligerweise messen lässt. Dies wird mitunter so weit getrieben, dass man verlangt, unsere Theorien mögen so formuliert werden, dass sie sich ausschließlich auf messbare Größen beziehen."[9]

Dass wir dazu imstande sind, Messergebnisse für Arbeitslosigkeit, Bruttoinlandsprodukt, Konsum, Investitionen und andere ökonomische Quantitäten zu generieren, bedeutet nicht, dass diese Faktoren in wissenschaftlich vorherbestimmten kausalen Beziehungen zueinander stehen, die auf mess- und testbaren Größen beruhen. Tatsächlich besteht angesichts des Umstandes, dass die wirklichen

9 Hayek, Friedrich von. „The Pretence of Knowledge." *The Swedish Journal of Economics*, Bd. 77, Nr. 4, Dez. 1975, S. 433-42. (eig. Übers. – Anm. d. Hrsg.)

Ursachen dieser Quantitäten individuelle Handlungen sind, Grund zur Annahme, dass es sich bei solchen Messergebnissen um nichts weiter als oberflächliche Epiphänomene handelt, die in keiner Beziehung zu den kausalen Mechanismen der untersuchten Zusammenhänge stehen.

Der Versuch, Bedeutung aus den Verhältnissen zwischen verschiedenen Kennzahlen abzuleiten, kommt dem Bestreben des Naturwissenschaftlers gleich, bei der Analyse von Gasen Gesetze auf der Grundlage von Farbe, Anzahl oder den Herstellern verschiedener Behälter, des ersten Buchstabens des Namens des Versuchsleiters oder sonstiger nicht-kausaler Epiphänomene zu formulieren. Ein Wissenschaftler kann natürlich Beziehungen zwischen diesen (irrelevanten) Parametern herstellen, doch diese werden sich bei wiederholter Überprüfung durch Unabhängige nicht replizieren lassen, da sie in keinem kausalen Zusammenhang zu den untersuchten Prozessen stehen. Dasselbe, durch einen Versuchsleiter anderen Namens oder mit andersfarbigen Behältern durchgeführte, Experiment wird dieselben Resultate produzieren und die Hypothesen des ursprünglichen Versuchsleiters als sinnlos entblößen. Die leblosen Gaspartikel sind es, deren Temperatur, Druck und Volumen die Determinanten des untersuchten Systems darstellen; die Farbe des benutzten Behältnisses oder der Name des Versuchsleiters sind irrelevant. Ebenso sind es menschliche Handlungen, nicht von staatlichen Statistikbüros konstruierte Kennzahlen, die ökonomische Ergebnisse herbeiführen.

Damit soll nicht gesagt sein, dass alle statistischen Messgrößen wertloses Rauschen sind, da man subjektiv Wertvolles entdecken kann, wenn man diese Aggregate als Annäherungen an ökonomische Phänomene betrachtet. Der Österreichische Einwand gilt nicht ökonomischen Statistiken an sich, sondern dem Versuch, scheinwissenschaftliche Theorien aus statistischen Aggregaten zu konstruieren. Die eklatantesten und schädlichsten Nachäffungsversuche dieser

Art finden in der Makroökonomik statt. Der regelrechte Physikneid der Makroökonomik treibt seit einem Jahrhundert die Suche nach einem System von Gleichungen voran, welche die Dynamiken einer Wirtschaft ebenso erklären und vorhersagen sollen, wie sie es im Falle der Bewegung von Objekten können. Friedrich von Hayek nennt das ‚Szientismus': die sklavische Imitation wissenschaftlicher Sprache und Methodik in unangemessenen Kontexten.[10] Die Hoffnung dabei ist, dass ein auf einem akkuraten wissenschaftlichen System von Gleichungen fußendes Verständnis einer Wirtschaft die Kontrolle wirtschaftlicher Aktivität zur Erreichung bestimmter Ziele erlaubte. Wie die Gleichungen des Chemikers dem Ingenieur dabei halfen, die Funktionsweise von Pumpen und Motoren zu perfektionieren, sucht der Szientismus nach ökonomischen Formeln, die es dem Ökonomen erlauben würden, den Zustand „einer Wirtschaft" zu verbessern.

In der Makroökonomik werden Kennzahlen aus nationalen Erhebungen generiert und mathematische Verhältnisse zwischen diesen gesucht. Derartige Zusammenhänge werden auf Basis von unbewiesenen Theorien und der bloßen Autorität des Wirtschaftswissenschaftlers verkünden zu dürfen, wie die Kausalmechanismen funktionieren, etabliert, aber eben nicht durch Experimente. Das makroökonomische System des englischen Ökonomen John Maynard Keynes ist das namhafteste Beispiel. Über Jahrzehnte hinweg haben Wirtschaftswissenschaftler monströse Formeln auf Grundlage Keynes' theoretischer Hypothesen formuliert, der Zustand einer Wirtschaft hänge vor allem von der Höhe der Ausgaben ab. Sind die Ausgaben im Vergleich zur Produktion zu hoch, resultieren Inflation und Wachstum. Fallen die Ausgaben jedoch vergleichsweise zu gering aus, ergibt das Keynes zufolge Arbeitslosigkeit und eine Rezession. Sollte wiederum die Arbeitslosigkeit zu hoch sein, schlagen moderne makroökonomische Gleichungen ein Gegensteuern in

10 Hayek, Friedrich von. „Scientism and the study of society [Part 1]." *Economica*, Bd. 9, Nr. 35, 1942, S. 267-91.

Form gesteigerter gesamtwirtschaftlicher Ausgaben durch eine Erhöhung von Regierungsausgaben sowie eine expansive Kreditpolitik vor. Hohe Inflation hingegen ließe sich durch reduzierte Gesamtausgaben – erzielbar über steigende Steuersätze oder eine kontraktive Kreditpolitik – beheben.

Buchhalterische Entitäten bilden aber nicht die Kausalität der echten Welt ab. Es gibt in der Makroökonomik keine Möglichkeit wie in den Naturwissenschaften, um experimentell eine Kausalbeziehung nachzuweisen. Keynes' Gleichungen zur Vorhersage der Auswirkungen einer Kennzahlsmetrik auf eine andere stehen in keiner Beziehung zu realen Ursachen und Wirkungen, weil es keinerlei Testverfahren gibt, irgendetwas an ihnen zu überprüfen und zu verifizieren.

Keine wie auch immer gearteten Studien ermöglichen eine Bestätigung von Keynes' Hypothese, da man mit ganzen Wirtschaften, die aus Millionen Menschen mit individuellen Lebensentwürfen bestehen, nicht zu experimentieren vermag. Noch kann man Kontrollstudien an denselben Menschen unter geänderten Ausgangsbedingungen vornehmen. Doch selbst eine Analyse von Regierungsstatistiken, welche von Anhängern der Theorie zusammengestellt werden, macht deutlich, dass Praxiserfahrungen diese Theorie seit Jahrzehnten widerlegen. Das keynesianische System impliziert zwangsläufig einen Kompromiss zwischen Arbeitslosigkeit und Inflation, eine als Phillips-Kurve bekanntgewordene Beziehung, bei der es sich um eine fallende, den Kompromiss veranschaulichende Kurve handeln soll. Die Praxiserfahrung jedoch sagt etwas anderes; Schaubild 1 mit Regierungsdaten aus einem Zeitraum von 60 Jahren gibt keinen derartigen Konflikt wieder.

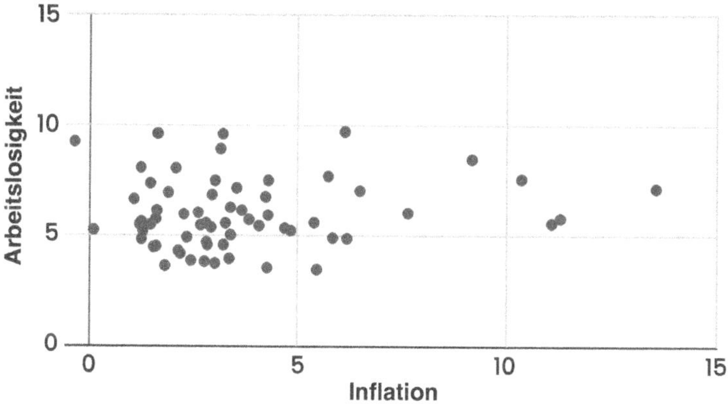

Abbildung 1. Arbeitslosigkeit und Inflation[11]

Doch trotz über Jahrzehnte hinweg angehäufter Belege dafür, dass die Welt anders funktioniert, dauert diese Theorie bis heute fort. In den 1970er Jahren, als sowohl Inflation als auch Arbeitslosigkeit simultan anstiegen, wurde der keynesianische Kompromiss rest- und fraglos widerlegt. Der Vorteil des Fehlens einer systematischen und replizierbaren Testmethode besteht jedoch darin, dass Theorien nach ihrem Scheitern stets angepasst werden können, um widerspenstige Beobachtungen rechtfertigen zu können. Das ist das Wesen aller Pseudowissenschaften.

Keynesianer überarbeiteten ihre Theorie auf lachhafte Weise, indem sie den neuen Begriff des „Angebotsschocks" einführten. Dabei handelt es sich um ein inkohärentes Konzept, das im Nachhinein als Rechtfertigung dafür erfunden wurde, dass Arbeitslosigkeit und Inflation gleichzeitig steigen können. Seitdem wurden Wirtschaftswissenschaftler Zeugen jeder vorstellbaren Kombination aus Inflations- und Arbeitslosigkeitszahlen – und die Keynesianer haben

11 Quelle: FRED, Federal Reserve Bank of St. Louis.

erfolgreich darauf beharrt, dass ein Konflikt zwischen beiden besteht. Jede Abweichung von diesem Verhältnis kann durch den Verweis auf Angebotsschocks oder beliebige andere erdachte Substitute erklärt werden, weshalb keine Beobachtung diese Gedankengänge je zu widerlegen vermag. Es erklärt alles und daher gar nichts. Die Illusion der Ökonomik als eine präzise, quantitative und empirische Wissenschaft wird nur durch eine Abschirmung ihrer Theorien von tatsächlichen Beobachtungen aufrechterhalten.

Nach einem Jahrhundert der Physiknachäffung und der Abkehr von klassischen methodologischen Grundlagen gelang es den Wirtschaftswissenschaften nicht, ein einziges quantitatives Gesetz zu formulieren, das unabhängig repliziert und getestet werden kann. Makroökonomische Gleichungen kommen und gehen mit den Moden moderner Denkschulen, doch keine von ihnen wurde auf eine Weise objektiv gemessen und wiederholbar angewendet, die sie als wissenschaftliches Gesetz ausweisen würde. Allein, dass die Makroökonomik Zentralregierungen ermächtigt und Akademiker bereichert, vermag zu erklären, warum sie fortbesteht.

Kontrastierende Ansätze

Zur Veranschaulichung des handlungsorientierten Zuganges zu ökonomischen Fragen, und um ihn mit dem modernen quantitativen zu vergleichen, können wir das Beispiel staatlich vorgeschriebener Mindestlöhne heranziehen. Da es sich bei diesen um einen weltweit populären politischen Eingriff handelt, können uns die einander diametral gegenüberstehenden Perspektiven auf sie als Paradebeispiel für die zwei Schemata ökonomischen Denkens – menschliche Handlungen und ökonomische Kennzahlen – dienen.

Stellen wir uns eine Politikerin vor, die eine Wahl in einem Land ohne Mindestlöhne gewinnen will. Zu allen Zeiten und an allen Orten der Menschheitsgeschichte gab es natürliche Lohnunterschiede. Die Politikerin fokussiert ihre Kampagne auf die Verbesserung der Lebensstandards der ärmsten Gesellschaftsmitglieder, indem sie einen Mindestlohn vorschreibt, der seinen Empfängern ihrer Vorstellung nach einen guten Lebensstandard garantiert. Von ihrem an Kennzahlen orientierten makroökonomischen Verständnis ausgehend entscheidet sie sich für eine Untergrenze von 10 € pro Stunde. Der Wirtschaftswissenschaftler weiß, dass 20 % aller Arbeiter, die wiederum 35 % der Gesamtbevölkerung ernähren, aktuell weniger als 10 € pro Stunde verdienen. Der Aggregatseffekt des neuen Mindestlohns würde demnach in einem summativen Anstieg der Löhne um 10 Milliarden € pro Jahr bestehen. Mit Hilfe ausgeklügelter historischer und theoretischer Modelle schätzt der Fiat-Ökonom des Weiteren ab, dass ein Anstieg der Löhne um 10 Milliarden € zu einer Erhöhung der Konsumausgaben von 8 Milliarden € und seinen Modellen zufolge einer Schaffung von 40.000 neuen Stellen, einem 12-prozentigen Anstieg der industriellen Produktion, um 4 % gesteigerten Exporten und zu 16 Milliarden € zusätzlichem Bruttoinlandsprodukt führen wird.

Diesem kollektivistischen Ansatz wirtschaftswissenschaftlicher Analysen zufolge sind Aggregate die Triebfeder hinter ökonomischen Phänomenen. Sie verhalten sich theoretischen Beziehungen gemäß, welche von Fiat-Ökonomen in Anlehnung an die wissenschaftlichen Regelwerke der Physik und Chemie formuliert werden. Die so erreichten Schlussfolgerungen wurden mit Hilfe scheinwissenschaftlicher Gleichungen gewonnen, die sich wenig von denen unterscheiden, die man zur Beschreibung idealer Gase verwendet. Durch das Prisma der wirtschaftswissenschaftlichen Aggregatanalyse betrachtet, erscheint das neue Mindestlohngesetz als ein großer gesellschaftlicher Segen. Der Lebensstandard der ärmsten Arbeitskräfte würde bedeutend steigen, einige Arbeitslose würden aufgrund der zusätzlichen Ausgaben Arbeit finden, und die gesamte Nation würde produktiver. Zudem würden die zusätzlichen Exporte Devisen einspülen.

Dass das zu schön klingt, um wahr zu sein, liegt daran, dass es nicht wahr ist. Dem durch Mises geklärten Blick eines wahren Ökonomen stellen sich die Dinge anders dar. Da er menschliche Handlungen als die wahren Ursachen wirtschaftlicher Prozesse erkannt hat, analysiert er die Welt nicht mittels aggregierter Mengen. Stattdessen analysiert er die Auswirkungen dieser neuen politischen Vorschrift auf die Entscheidungen echter Menschen. Ein Arbeitsverhältnis ist eine Vereinbarung zwischen zwei Individuen: dem Arbeitgeber und dem Arbeitnehmer. Der wahre Ökonom versteht, dass Anstellungsentscheidungen auf einer einfachen Rechnung beruhen: Man stellt unter der Bedingung an, dass der Umsatzbeitrag des Angestellten seinen Lohn übersteigt. Wenn der Mindestlohn den Grenzertrag, den ein Arbeiter einbringt, übersteigt, kostet seine Anstellung das Unternehmen Geld und käme einer Spende des Unternehmers an den Arbeitnehmer gleich. Arbeitgeber sind sich darüber im Klaren, dass eine solche Anstellung ein teurer Fehler wäre, und solche, die es nicht sind, werden ihre Unternehmen durch die Auszahlung von Löhnen, die sie sich nicht leisten können, bald in den Ruin treiben. Nur Arbeitgeber, die diese ökonomische Realität begreifen, werden Arbeitgeber bleiben. Wer es nicht begreift, wird sein Unternehmen verlieren. Emotionale Erpressung durch Politiker kann an diesen Umständen nicht das Geringste ändern.

Löhne sind, wie alle Preise auf einem Markt, keine willkürlichen, von gierigen Arbeitgebern erträumte Zahlen. Sie reflektieren die Grenznutzen von Arbeitskräften. Da das Gesetz nun aber festlegt, dass jedem Arbeiter mindestens 10 € pro Stunde bezahlt werden muss, sehen sich Arbeitgeber dazu gezwungen, die Anstellung eines solchen Arbeiters zu überdenken. Wenn die Regierung einen Mindestlohn vorschreibt, ändert das nicht magischerweise das Kalkül des Arbeitsgebers oder die Produktivität des

Arbeiters. Der Arbeitgeber wird nach wie vor nur Arbeiter anstellen, deren Produktivität ihren Lohn übersteigt. Im Endeffekt macht das Mindestlohngesetz es illegal für Arbeitgeber, Menschen anzuheuern, deren Grenzproduktivität unter 10 € pro Stunde liegt. Solche Arbeiter werden von nun an zur Bürde aller sie anstellenden Unternehmen. Entweder man entlässt sie, oder die sie entlohnenden Unternehmen gehen pleite. In jedem Fall werden diese Stellen eliminiert und alle, deren Grenzproduktivität unter 10 € liegt, per Gesetz unanstellbar; entweder arbeitslos oder nur illegal zu beschäftigen.

Aus der Sicht menschlichen Handelns machen Mindestlöhne es für Arbeitnehmer geringer Produktivität illegal, offiziell Anstellung zu finden, und viele von ihnen werden deshalb ihre Arbeit verlieren. Des Weiteren macht ein solcher Blickwinkel deutlich, dass es sich bei den Betroffenen um die unproduktivsten Mitglieder einer Gesellschaft, also zumeist die Ärmsten, Jüngsten und Unerfahrensten handeln wird. Ihnen das Arbeiten gesetzlich zu untersagen, verbietet ihnen im Endeffekt, ihre Produktivität durch Arbeitserfahrung zu erhöhen. Mindestlohnstandards schaden also besonders denjenigen, die Arbeit am dringendsten nötig haben, und sind eine Ursache für das Aufkommen von Massenarbeitslosigkeit. Eine weitere Auswirkung besteht darin, dass einige Unternehmen, vor allem auf Niedriglohnarbeiter angewiesene, ihre Löhne und gleichzeitig die Preise ihrer Produkte anheben müssen. Konsumenten werden so die Kosten höherer Preise und eines schrumpfenden Angebots zu tragen haben. In diesem Szenario werden alle potenziellen Einkommenserhöhungen von Arbeitskräften durch die entsprechenden Preisanstiege der von ihnen konsumierten Güter wieder aufgehoben.

All diese auf Mindestlohngesetze zurückzuführenden Konsequenzen können von einem anständigen Ökonomen dadurch abgeleitet werden, dass er die Anreize, die solche Gesetze rational handelnden Individuen schaffen, analysiert. Dies stellt sich dabei als eine weitaus nützlichere und akkurate Einschätzung der Situation dar, als sie sich aus mathematischen Metriken hervorzaubern ließe. Preise spiegeln die verborgenen, durch die Handlungen von Menschen geschaffenen Realitäten des Marktes wider. Diese Realitäten durch die Manipulation ihrer Reflektionen verändern zu wollen, ist unmöglich. Aus diesem Grund gingen Preiskontrollversuche stets nach hinten los – derartige zentralplanerische Eingriffe ignorieren die Rolle menschlichen Handelns. Preiskontrollen behandeln eine Wirtschaft, als bestünde sie aus leblosen Objekten, und nicht aus menschlichen Handlungen. Schuettinger und Butler trugen in *Forty Centuries of Price Controls* [z. Dt. Vierzig Jahrhunderte der Preiskontrollen – Anm. d. Übers.] eine tragikomische Geschichte von Preiskontrollen zusammen, die zeigt, wie exakt diese Dynamik sich die Geschichte hindurch in verschiedenen Kulturen und Nationen abspielte.[12] Könige, Kaiser, Politiker und Bürokraten sehen die Welt ökonomischer Transaktionen als mechanische Prozesse an, die sie an ihre Bedürfnisse anpassen können. Sie legen fest, dass die beobachtbaren Epiphänomene des Marktes innerhalb zu akzeptierender Vorgaben ablaufen mögen. Sie gehen davon aus, dass Menschen ihr Verhalten einfach auf eine die Vorschriften respektierende Weise ändern werden. In Wirklichkeit jedoch handeln Menschen zur Maximierung ihres eigenen Wohlergehens, nicht dem von Bürokraten. Ein Händler wird eher gar nichts verkaufen, als Verlust zu machen. Man wird entweder die Preise eines freien Marktes, oder gar keine Preise haben. In letzterem Falle werden die wahren Preise am ehesten in Schwarzmärkten auftauchen.

Wahre Ökonomen sehen ein, dass beobachtbare ökonomische Epiphänomene und Metriken lediglich Manifestationen der ihnen zugrundeliegenden menschlichen Handlungen sind. Menschen versuchen unentwegt, ihre eigene Lebenssituation zu verbessern, und es wäre vergebens, ihnen ein ihren eigenen Interessen zuwiderlaufendes Verhalten vorschreiben zu wollen. Gesetze gegen das

12 Schuettinger, Robert, and Eamonn Butler. *Forty Centuries of Wage and Price Controls: How Not to Fight Inflation.* Heritage Foundation, 1978.

natürliche Eigeninteresse der Menschen zu erlassen, ändert nichts an der menschlichen Natur; es verringert die Anreize dazu, sich gesetzeskonform zu verhalten und zerstört den Respekt, den eine Gesellschaft dem Gesetz entgegenbringt. Diese essenzielle Einsicht macht den wahren Ökonomen der individuellen ökonomischen Freiheit zum Freund und stößt ihn von Regierungsvorschriften ab. Der menschliche Geist lässt sich nicht knechten und wird sich selbst nicht zuwiderhandeln.

Der genuine Ökonom versteht, dass Menschen mit ihren Handlungen die Optimierung der eigenen Umstände verfolgen. Eine von ihnen gewählte, friedfertige wirtschaftliche Aktivität mit Strafen zu belegen, kann zu keiner Verbesserung ihrer Umstände führen, da hierdurch lediglich die Bandbreite der ihnen offenstehenden Handlungen eingeschränkt wird. Analysen anhand von Kennzahlen machen den Fiat-Ökonomen für die Implikationen solcher die Freiheit der Menschen einschränkenden Gesetze blind. Nach der mathematischen Beschreibung gesellschaftlicher Phänomene nimmt der kollektivistische Ökonom einfach an, dass seine mathematischen Messgrößen die das Leben der Menschen regelnden, ursächlichen Faktoren darstellen.

Es gibt bereits viel zu viele in der pseudowissenschaftlichen quantitativen Tradition stehende Textbücher der Wirtschaftswissenschaften. Ihr Haufen soll durch dieses Buch bestimmt nicht noch weiter vergrößert werden. Es wird sich nicht anschicken, Ökonomik in der Sprache der Naturwissenschaften zu erklären, und es wird auch keine ausgeklügelten Aggregatsgleichungen enthalten. Solcherlei Ansätze verheißen viel, tragen aber wenig verlässliche, nützliche oder praktische Einsichten bei.

KAPITEL 2:

Wert

> Der Werth ist demnach nichts den Gütern Anhaftendes, keine Eigenschaft derselben, eben so wenig aber auch ein selbstständiges, für sich bestehendes Ding. Derselbe ist ein Urtheil, welches die wirthschaftenden Menschen über die Bedeutung der in ihrer Verfügung befindlichen Güter für die Aufrechthaltung ihres Lebens und ihrer Wohlfahrt fällen, und demnach ausserhalb des Bewusstseins derselben nicht vorhanden.[13]
>
> – Carl Menger

Das erste Kapitel war eine methodologische Einführung in die Ökonomik und Illustration des Österreichischen, aufs menschliche Handeln fokussierten Zugangs zu ihr. In diesem Kapitel wenden wir uns der Substanz – den wichtigsten Konzepten und Fragen – dieses Forschungsfeldes zu.

Die Grundlagen der modernen Ökonomik wurden im späten 19. Jahrhundert von dem österreichischen Wirtschaftswissen-

13 Menger, Carl. *Grundsätze der Volkswirtschaftslehre*. Wien, 1981, S. 86.(Englische Passage durch analoge Passage des deutschen Originals ersetzt. – Anm. d. Hrsg.)

schaftler Carl Menger gelegt. Obgleich sie als Feld bereits zu Aristoteles' Zeiten existierte, wurde sie durch Mengers Nachweis der Subjektivität allen Wertes und aller wirtschaftlichen Entscheidungen sowie seine Einführung der Grenzanalyse revolutioniert und mit einem soliden theoretischen und methodologischen Fundament versehen, das ihr eine systematische Analyse menschlichen Wirtschaftens und Handelns erlaubt. Mengers bahnbrechendes Werk eröffnete uns ein tieferes Verständnis der Konsequenzen wirtschaftlicher Aktivitäten. Mengers 1871 erschienenes *Grundsätze der Volkswirthschaftslehre* stellt das vielleicht älteste nach wie vor relevante und lesbare Ökonomietextbuch dar. Dieses Kapitel beginnt mit einer Zusammenfassung der wichtigsten von Menger vorgestellten Konzepte, wobei seine Definitionen die Grundlage der in späteren Kapiteln folgenden Analysen bilden. Abschließend setzt es sich mit den fundamentalen Mengerschen Konzepten, auf denen alle ökonomische Analyse aufbaut, auseinander: subjektivem Wert und der Marginal- bzw. Grenzanalyse.

Nutzen und Wert

Güter

Menger definiert Güter als etwas Nützliches, das wir zur Befriedigung menschlicher Bedürfnisse einsetzen können. Um etwas zu einem Gut werden zu lassen, muss erstens ein menschlicher Bedarf existieren, müssen die Eigenschaften des Dinges sich zweitens zur Stillung dieses Bedürfnisses eignen, und die Menschen drittens von diesem Kausalzusammenhang wissen. Letztlich muss man durch den Besitz des Dinges in die Lage versetzt werden, es zur Befriedigung des Bedürfnisses heranziehen zu können.

Nutzen

Sein Nutzen ist die Fähigkeit eines Gutes, menschliche Bedürfnisse zu befriedigen. Er hängt von unserer Kenntnis der Beziehung zwischen einem Gut und dem durch es zu stillenden Bedürfnis ab. Nutzen ist eine notwendige Bedingung für den Gut-Charakter einer Sache. Nur wenn sie einen Nutzen hat, kann sie von Menschen als Gut betrachtet werden.

Knappheit

Güter können in zwei Kategorien eingeteilt werden: wirtschaftliche und freie Güter. Was beide unterscheidet, ist deren unterschiedliches Ausmaß an **Knappheit**: Die Nachfrage nach wirtschaftlichen Gütern ist immer größer als ihr Angebot, wohingegen die verfügbare Menge freier Güter die Nachfrage übersteigt.

Ein **freies Gut** ist im Überfluss vorhanden, weshalb darob keine Rivalitäten und Konflikte entstehen können. Das beste Beispiel hierfür ist Luft, die für Menschen lebenswichtig, aber überall dort, wo Menschen leben, überreichlich vorhanden ist.[14] Luft ist daher kein wirtschaftliches Gut.

Im Falle eines **wirtschaftlichen Gutes** übersteigt die Nachfrage das Angebot, was zu einem Konkurrenzkampf darum führt und die Menschen dazu zwingt, sich zwischen ihm und anderen Gütern zu entscheiden. Zu „wirtschaften" bezieht sich laut Menger auf den menschlichen Hang, sich größtmögliche Mengen Bedürfnisse befriedigender Güter zu sichern, deren Funktion sicherzustellen, den dringendsten Bedürfnissen gegenüber weniger dringenden den Vorrang zu geben, und sich mit Hilfe einer gegebenen Menge an Gütern die größtmögliche Bedürfnisbefriedigung zu verschaffen.

14 Unter Wasser oder im Weltraum ist sie knapp, weshalb sie an diesen Orten zu einem wirtschaftlichen Gut wird, dessen Bereitstellung eine hochentwickelte Infrastruktur voraussetzt.

Ökonomik

Die Ökonomik ist **die Lehre menschlicher Entscheidungen unter der Bedingung von Knappheit**. Sie untersucht, wie Menschen mit der Disparität zwischen von ihnen Besessenem und von ihnen Begehrtem sowie den Konsequenzen ihrer Entscheidungen umgehen.

Da Knappheit ein permanenter Zustand unserer Existenz ist, treffen Menschen unablässig Entscheidungen zwischen verschiedenen Vorgehensweisen, verschiedenen Gütern und unterschiedlichen zu befriedigenden Bedürfnissen. Die Notwendigkeit solchen Wählens zwingt uns dazu, die Nutzen, die wir aus verschiedenen Gütern ziehen, gegeneinander abzuwägen, um vernünftige Entscheidungen treffen zu können.

Wert

Wert ist unsere subjektive Einschätzung der Bedürfnisbefriedigung, die wir von Gütern erhalten oder zu erhalten erwarten, und erlaubt es uns, wirtschaftliche Entscheidungen zu treffen. Menger definiert Wert als „die Bedeutung, welche concrete Güter oder Güterquantitäten für uns dadurch erlangen, dass wir in der Befriedigung unserer Bedürfnisse von der Verfügung über dieselben abhängig zu sein uns bewusst sind.“[15] Laut Menger ist Wert darüber hinaus „die Bedeutung ... welche die Verfügung über jede concrete Theilquantität der uns verfügbaren Gütermenge für unser Leben, beziehungsweise für unsere Wohlfahrt hat ...“.[16]

Subjektiver Wert

Die Grundlage ökonomischer Analysen – und eine von Mengers bahnbrechenden Einsichten – besteht darin, dass **Wert subjektiv ist**. Er existiert ausschließlich im Kopf der wertenden Person. Wie Menger es formuliert: „Der Werth ist demnach nichts den Gütern

15 Menger, Carl. *Grundsätze der Volkswirtschaftslehre.* Wien, 1981, S. 78. (Englische Passage durch analoge Passage des deutschen Originals ersetzt. – Anm. d. Hrsg.)

16 Ebd. S. 80f.

Anhaftendes, keine Eigenschaft derselben, eben so wenig aber auch ein selbstständiges, für sich bestehendes Ding. Derselbe ist ein Urtheil, welches die wirthschaftenden Menschen über die Bedeutung der in ihrer Verfügung befindlichen Güter für die Aufrechthaltung ihres Lebens und ihrer Wohlfahrt fällen...".[17]

Es ist keine den Gütern inhärente Natur, die sie für uns wertvoll macht, sondern ausschließlich unsere Einschätzung ihrer Angemessenheit für unsere Bedürfnisbefriedigung. Wenn ihre Fähigkeit, unsere Bedürfnisse zu befriedigen, sich ändert, geschieht dasselbe mit ihrem Wert für uns. Wert ist also keine physische oder chemische Eigenschaft wirtschaftlicher Güter; er ist eine psychische Eigenschaft, die sie nur erlangen, wenn sie von Menschen gewertet werden; Wert ist, in Mengers berühmten Worten, „**ausserhalb des Bewusstseins derselben nicht vorhanden.**"[18]

Mein Lieblingsbeispiel zur Veranschaulichung der Subjektivität allen Wertes ist Öl. Bis ins 19. Jahrhundert hinein minderte das Vorhandensein von Öl auf einem Stück Land dessen Wert, da seine kostspielige Entfernung notwendig war, bevor letzteres für landwirtschaftliche, kommerzielle oder Wohnzwecke genutzt werden konnte. Solange der menschliche Geist Öl als ein schmutziges Ärgernis betrachtete, besaß es einen negativen wirtschaftlichen Wert. Als man jedoch begriff, dass raffiniertes Öl in Motoren verbrannt und so zum Antrieb von Maschinen verwendet werden kann, um Bedürfnisse des Transports, der Elektrizität und der Wärmeerzeugung zu befriedigen, verwandelte es sich vom schmutzigen Ärgernis zu einem überaus wertvollen und essenziellen Rohstoff, ohne den kein Bewohner der modernen Welt zu leben vermag. Öl des Jahres 2020 unterscheidet sich chemisch und physisch nicht von Öl des Jahres 1620, und dennoch schlug sein Wert vom Negativen ins Positive um. Die bewusste Einschätzung unserer Bedürfnisse kann zwar nicht die

17 Ebd. S. 86.

18 Menger, Carl. *Grundsätze der Volkswirtschaftslehre.* Wien, 1981, S. 86. (Englische Passage durch analoge Passage des deutschen Originals ersetzt. – Anm. d. Hrsg.)

physikalischen und chemischen Eigenschaften von Öl, wohl aber seinen wirtschaftlichen Wert beeinflussen. Der wirtschaftliche Wert des Öls schlug von negativ in positiv um, als der menschliche Geist es als nützlich erkannte. Menger stellte entsprechend Folgendes fest: „Der Güterwerth ist in der Beziehung der Güter zu unseren Bedürfnissen begründet, nicht in den Gütern selbst. Mit dem Wechsel dieses Verhältnisses muss auch der Werth entstehen oder vergehen.“[19]

Eine weitere Veranschaulichung dieses Punktes: Zum Zeitpunkt der Niederschrift dieses Buch im Jahr 2020 ist ein beträchtlicher Teil der Weltbevölkerung Regierungen ausgesetzt, die erhebliche Einschränkungen der Bewegungsfreiheit und wirtschaftlichen Produktion über sie verhängen. Öl wird lediglich für den unmittelbaren Verbrauch gefördert; freie Kapazitäten für seine Lagerung sind relativ zu den enormen Mengen, in denen es konsumiert wird, kaum vorhanden. Durch die praktische Stilllegung von Industrie und Transport kam es zur Überproduktion von Öl, wodurch dessen Preis für ein paar Tage bis in negative Bereiche fiel. Angesichts des Ungleichgewichtes von Angebot und Nachfrage sowie dem Mangel an Lagerkapazität wurde der Besitz von Öl – wie im vorindustriellen Zeitalter – wieder zu einer Belastung, und seine Inhaber mussten erneut dafür zahlen, es loszuwerden. Bald jedoch erholte sich der Ölpreis. Keine der Eigenschaften des Öls änderte sich, als sein Preis von negativ zu positiv zu negativ und wieder zu positiv fluktuierte; die Umstände der es wertenden Menschen änderten sich, und im gleichen Zuge änderten sich ihre subjektiven Wertungen.

Wie das Beispiel des Öls zeigt, kann Wert nicht außerhalb menschlicher Wertungen und Entscheidungen, die ihre Präferenzen widerspiegeln, existieren. Wert kann keine konstante Objekteigenschaft sein; er ist ein geistiges Phänomen. Das bedeutet nicht, dass Wert irreal ist. Wert ist real und bedeutsam und bestimmt unsere Handlungen und Entscheidungen, durch welche Produktion,

19 Ebd. S. 85.

Konsum sowie der Gebrauch realer Materialien gelenkt werden. Mengers Erkenntnis der subjektiven Natur allen Wertes war ein äußerst wichtiger Wendepunkt wirtschaftswissenschaftlichen Denkens. Frühere Ökonomen hatten Schwierigkeiten damit, zu erklären, wie Güter gewertet werden und warum einige wertvoller als andere sind. Alle derartigen Mysterien und Paradoxe wurden erst durch die Mengersche Einsicht der Subjektivität des Wertes sowie seiner Grenzanalyse aus der Welt geschafft.

Wertungen: Ordinal und Kardinal

Die erste wichtige Implikation der Subjektivität allen Wertes ist, dass er sich weder objektiv messen noch ausdrücken lässt. Wertungen stehen in subjektiver Beziehung zum Wertenden und schwanken daher in Abhängigkeit unserer sich ständig ändernden Bedürfnisse und unseres sich stets entwickelnden Verständnisses der Fähigkeiten von Gütern, diese zu befriedigen, nicht nur von Individuum zu Individuum, sondern mit Veränderungen individueller Situationen. Um irgendein Maß objektiv ausdrücken zu können, ist eine wissenschaftliche Maßeinheit als Standard notwendig, anhand dessen verschiedene Objekte evaluiert werden können, wie in Anhang 1 besprochen wird. Gewicht, Länge, Temperatur und andere wissenschaftliche Maße werden in objektiv definierbaren Einheiten ausgedrückt, die einen präzisen Vergleich verschiedener Objekte ermöglichen. Für menschliche Wertungen kann jedoch keine derartige Einheit existieren, da der Wert eines Gutes keine diesem innewohnende, objektive Eigenschaft ist, sondern eine subjektive psychische, die von der wertenden Person und sich ständig wandelnden, seine Bedürfnisbefriedigungskapazität bestimmenden Faktoren abhängt. Es gibt keinen objektiven Standard zum Vergleich menschlicher Bedürfnisbefriedigung, da die jeweiligen Individuen selbst über ihre Werte urteilen. Es ist, mit anderen Worten, unmöglich, die Bedürfnisbefriedigung, die eine Person durch ein Gut erlangt, anhand der Bedürfnisbefriedigung, die irgendeine andere Person durch dasselbe Gut erlangt, objektiv zu bestimmen.

Ohne eine objektive Standardeinheit kann nicht gemessen und Wert daher nicht in objektiver, **kardinaler** Zahlenform ausgedrückt werden, was eine mathematisch präzise Erfassung wirtschaftlichen Werts ausschließt. Ohne eine konstante, für jeden gültige Referenzeinheit des Wertes ist es unmöglich, die wirtschaftlichen Werte verschiedener Güter in Beziehung zueinander zu setzen. Es ist möglich, die Länge verschiedener Objekte zu messen, da sie an den konstanten Maßeinheiten des Zolls, Fußes, Meters oder der Meile abgeglichen werden können. Ein Individuum, das einen Kühlschrank in seiner Küche installieren möchte, kann den verfügbaren Platz in Zentimetern ermitteln und mit den Abmessungen des Kühlschranks vergleichen, um zu sehen, ob er passt. Derartige Maße sind sinnvoll und nützlich, weil sowohl Käufer als auch Hersteller eine sehr genaue und akkurate Definition des Zentimeters teilen. Ohne eine Einigung auf eine solche gemeinsame und konstante Einheit müsste man den Kühlschrank einzubauen versuchen, um zu sehen, ob er passt oder nicht.

Ohne eine gemeinsame konstante Einheit können wir Wertungen nur **ordinal** ausdrücken. Das bedeutet, dass Güter verglichen und anhand der Präferenzen des wertenden Individuums geordnet – nicht aber quantitativ bewertet – werden können. Ein Individuum vermag seine Vorliebe für bestimmte Güter gegenüber anderen zu kennen, da es über eine Konstante für solche Vergleiche verfügt: sich selbst. Es ist also möglich, Güter zu *vergleichen*, da ein Individuum problemlos bestimmen kann, ob es Gut A höher als Gut B und Gut B höher als Gut C wertet. Doch ein solcher Vergleich ist vollkommen subjektiv und kann nur in Form des Nutzens, den die wertende Person aus den entsprechenden Gütern zieht, ausgedrückt

werden. Dieselbe Person kann ihre Präferenzen nicht in quantitativer, kardinaler Form ausdrücken, indem sie ihrer Wertschätzung des Gutes A einen präzisen Zahlenwert in derselben Einheit zuwiese, mit welcher sie ihre Wertschätzung des Gutes B quantifizierte. In einer vernünftigen Wirtschaftswissenschaft kann es daher keine Aussagen der Form: „Der Wert von A = 14,372x, der Wert von B = 4,258x und der Wert von C = 1,273x." geben, in welchen x eine objektive Werteinheit darstellt, die für subjektive und intersubjektive Wertevergleiche verwendet werden kann.
Mises formuliert dies folgendermaßen:

> „Es gibt ein Mehr oder ein Weniger an Befriedigung und Behebung von Unbefriedigtsein, doch wie weit eine Befriedigung eine andere übertrifft, kann nur empfunden, nicht festgestellt und objektiv angegeben werden. Das Werturteil misst nicht, es skaliert; es drückt Rangordnung und Reihung, aber nicht Mass und Gewicht aus. Nur die Ordnungszahlen, nicht auch die Kardinalzahlen stehen uns für den Ausdruck der Werturteile zur Verfügung."[20]

Denke an die Art und Weise, auf die Du Dinge relativ zueinander wertest. Bist Du dazu in der Lage, diese Werte in einer gemeinsamen Einheit anzugeben? Können alle von Dir wertgeschätzten Dinge, von materiellen Gütern über Freundschaften, Familie und Glück, anhand einer einzigen Einheit gemessen werden? Gibt es einen festen Wechselkurs zwischen Familienmitgliedern und materiellen Gütern? Kannst Du eines Deiner Kinder in Geld beziffern? Für wie viele Autos sollte ein Mensch sein Kind hergeben? Menschliche Werte lassen sich nicht anhand einer Standardeinheit gewichten. Menschliche Werte können nur verglichen, nicht jedoch addiert, subtrahiert oder multipliziert werden. Ohne eine gemeinsame und

20 Mises von, Ludwig. *Nationalökonomie: Theorie des Handelns und Wirtschaftens*. Genf, 1940, S. 75. (Englische Passage durch analoge Passage des deutschen Originals ersetzt. – Anm. d. Hrsg.)

konstante Einheit sind Messungen und mathematische Operationen ausgeschlossen.

Wert und Preis

Der Wert wirtschaftlicher Güter ist nicht dasselbe wie ihr Preis und darf mit ihm nicht verwechselt werden. Der Preis eines wirtschaftlichen Gutes ist keine objektive Wertung seiner, noch stellt er die subjektive Wertung einer der an der Transaktion beteiligten Parteien dar. Der Preis, zu welchem ein Verkauf abgewickelt wird, zeigt lediglich, dass der Verkäufer das Gut niedriger und der Käufer es höher als diesen Preis wertet. Wäre das nicht der Fall, hätte die Transaktion nicht stattgefunden.

Die Verwechslung von Wert und Preis ist ein in den Wirtschaftswissenschaften häufig begangener Fehler. Mit ihm geht die Vorstellung einher, dass Wert tatsächlich objektiv gemessen und in monetären Einheiten ausgedrückt werden könne. Das kann jedoch nicht stimmen, da Marktpreise lediglich Wertungsgrenzen anzeigen, die an bestimmte Zeiten und Orte gebunden sind. Wenn jemand ein Gut für 1.000 € verkauft, demonstriert sie damit, dass sie das Gut unter 1.000 € wertet. Hätte sie es höher als 1.000 € gewertet, wäre sie nicht daran interessiert gewesen, es gegen 1.000 € einzutauschen. Nur wenn ihre Wertung unter 1.000 € liegt, kann ein Angebot von 1.000 € sie zum Verkauf bewegen. Ebenso können wir von einem Käufer, der sich von 1.000 € trennt, um von ihnen ein Gut zu kaufen, lediglich sagen, dass seine Wertung des Gutes über 1.000 € angesiedelt ist, weil er diese Summe ansonsten nicht dafür bezahlt hätte. Wir können die genaue Wertschätzung eines Individuums nicht von seinen Transaktionen ableiten – lediglich ihre Ober- und Untergrenzen. Der bloße Akt des Austauschs kann uns viel über Wertungen beibringen.

Der freie Austausch

Immer wenn zwei Menschen miteinander in den freien Austausch wirtschaftlicher Güter treten, muss es zwangsläufig der Fall sein, dass beide glauben, von diesem Austausch zu profitieren; ansonsten würden sie ihn unterlassen. Ein wechselseitig vorteilhafter Austausch zeigt uns, dass jede Partei etwas empfing, das sie höher wertete als das, was sie dafür gab. Das ist nur möglich, wenn beide Parteien die ausgetauschten Güter subjektiv unterschiedlich werten. Wäre der Wert der Güter objektiv, könnte er sich nicht von Person zu Person unterscheiden und würde somit einen Austausch unmöglich machen, da niemand das Gut objektiv niedrigeren Wertes gegen das objektiv höherwertige tauschen würde. Dieser Umstand wird in Kapitel 9, das sich mit den Vorteilen des Handels beschäftigt, weiter ausgeführt.

Determinanten des Wertes

Der fundamentale Unterschied zwischen Ökonomen der Österreichischen und Anhängern anderer Schulen besteht darin, dass erstere Wert als subjektiv, letztere Wert als objektiv und objektiv messbar auffassen. Um diese Illusion aufrechtzuerhalten, definieren einige moderne Ökonomiktextbücher Wert als eine Funktion des Nutzens, welche sie anhand einer imaginären und undefinierten Einheit namens *Util* messen. Es gibt keinen Standard dafür, was einen Util konstituiert und keine Möglichkeit, irgendetwas in Utilen zu messen. Einige moderne mathematische Ökonomen drücken Wert in explizit numerischen, anhand monetärer Einheiten gemessenen Formen aus, womit sie Wert und Preise verwechseln und die Fähigkeit verlieren, zu erklären, warum Menschen miteinander transagieren, da die ausgetauschten Objekte in einem solchen Fall identische Werte aufweisen würden. Marxisten wiederum glauben, dass Wert durch die in die Produktion eines Produktes einfließende Arbeit bestimmt werde – eine absurde Vorstellung, welcher zufolge Dinge unabhängig davon, ob irgendwer sie besitzen möchte, wertvoller würden, solange man an ihnen arbeitete. Wenn man dieselbe Zeit auf das Backen eines herkömmlichen Kuchens und eines Kuchens aus Schlamm verwendete, hielte der Marxist beide für gleichwertig.

Die Idee, dass Arbeit Wert bestimme, übt eine intuitive Anziehungskraft aus. Wir können beobachten, dass wirtschaftliche Güter zur Bedürfnisbefriedigung immer einen gewissen Arbeitsaufwand erfordern. Selbst wilde Früchte müssen gesammelt und gegessen werden, bevor sie die Bedürfnisse von Menschen befriedigen können. Es ist unmöglich, sich bedürfnisbefriedigende Güter vorzustellen, in die keinerlei Arbeit einfließt, was die Vertreter der Arbeitstheorie des Wertes zu dem Rückschluss verleitet, dass es Arbeit ist, die Gütern Wert verleiht und dass letzterer anhand der in sie gesteckten Arbeit bemessen werden kann. Das jedoch ist eine unhaltbare Vorstellung.

Güter haben nur Wert, weil sie unsere Bedürfnisse befriedigen können. Der Käufer eines Produktes ist nicht an der Zeit und den Anstrengungen interessiert, die in dessen Herstellung einflossen, sondern am Nutzen, den er aus ihm ziehen kann. Zur Herstellung von Produkten wird Arbeit aufgewendet, weil erwartet wird, dass deren Resultat in den Augen potenzieller Kunden wertvoll sein wird; doch Arbeit macht Dinge nicht wundersamerweise wertvoll. Es ist möglich, Arbeit in fehlgeschlagene Projekte zu investieren, die keine nützlichen Produkte abwerfen. Die Resultate solcher Projekte würden durch die in sie eingeflossene Arbeit nicht automatisch wertvoll für andere; ihre Nutzlosigkeit macht sie in den Augen aller sie Wertenden wertlos. Es gibt keinen garantierten Zusammenhang zwischen der Quantität aufgewendeter Arbeit und dem Wert des so Hergestellten. Arbeiter können den Wert ihrer Arbeit über- und unterschätzen – nur durch die Wahlen von Konsumenten können die Güter eines Marktes beurteilt und ihre Werte bestimmt werden. Produzenten und Arbeiter lassen Arbeit in Produktionsprozesse einfließen, an deren Ende sie wertvolle Güter erwarten. Sollten die Kosten der Produktionsfaktoren geringer als die Marktpreise der Ausbringungsmenge ausfallen, wird der Produzent einen Gewinn erwirtschaften. Das deutet darauf hin, dass ihre Investitionen in diesen Prozess für die Gesellschaft produktiv waren, da die Gesamtinputs unter dem Verkaufspreis der Outputs lagen. Sollte der Marktpreis jedoch unter dem der Produktionsfaktoren liegen, signalisiert das der Produzentin, dass sie in einen destruktiven Prozess involviert ist, der im Laufe der Zeit wachsende Kapitalressourcen aufzehren wird.

In der Österreichischen Ökonomik ist Wert subjektiv und hängt vom Zeitpunkt und Ort der Wertung ab. Wert wird aus den Wahlen von Menschen abgeleitet, die durch Knappheit erzwungen werden. Wert wird von Individuen zu einer bestimmten Zeit an einem bestimmten Ort zugewiesen und stellt keine universelle Gütereigenschaft dar. Ohne eine subjektivistische Konzeption von Wert ist es unmöglich, eine kohärente Erklärung dafür zu finden, warum und wie Menschen die wirtschaftlichen Wahlen treffen, die wir beobachten können.

Wie Konsumenten Objekten ihren subjektiven Wert zuweisen, ist ihnen überlassen. Dasselbe Individuum wird demselben Gut zu verschiedenen Zeiten und an verschiedenen Orten in Abhängigkeit von vielen Faktoren – allen voran dem von ihm besessenen Vorrat des Gutes – verschiedene Werte zuweisen.

Der Marginalismus

Ein weiterer bedeutender Beitrag Mengers zur Ökonomik ist das Konzept des Marginalismus. Nachdem er aufgezeigt hatte, dass der Wert von Gütern diesen nicht innewohnt, sondern subjektiv ist und von ihrer Fähigkeit abhängt, Bedürfnisse zu befriedigen, wendete Menger diese Einsicht auf die Untersuchung der Werte verschiedener Einheiten desselben Gutes an und legte damit das Fundament der modernen ökonomischen Analyse.

Da der Wert von Gütern auf ihrer Fähigkeit, unsere Bedürfnisse zu befriedigen, beruht, und da unterschiedliche Bedürfnisbefriedigungen eine unterschiedliche Gewichtung durch uns erfahren, werden die Werte verschiedener Einheiten desselben Guts ebenfalls unterschiedlich ausfallen, da sie davon abhängen, mit welchen Bedürfnissen sie zusammentreffen. Dasselbe Gut wird für dieselbe Person abhängig davon, welchem ihrer Bedürfnisse es zu einem bestimmten Zeitpunkt begegnet, unterschiedlichen Wert haben.

Individuen nutzen die erste Einheit eines Gutes zur Stillung der wichtigsten und dringlichsten mit ihm in Zusammenhang stehenden Bedürfnisse. Die zweite Einheit werden sie zur Befriedigung des nächstdringlichen Bedürfnisses verwenden. Mit zunehmender von ihnen besessener Menge des Gutes wird die Dringlichkeit und damit der Wert der von ihm befriedigten Bedürfnisse abnehmen. Mit anderen Worten werden identische Güter für Individuen unterschiedlichen Wert annehmen, da der aus ihnen gezogene Nutzen variiert. Die ersten Einheiten sind die wertvollsten. Wenn die Anzahl an konsumierten Einheiten steigt, nimmt der Wert jeder Grenzeinheit gegenüber der vorherigen ab.

Damit zeigte Menger, dass die Werte, die wir Gütern zuweisen, nicht auf ihrem Gesamtnutzen beruhen und letzterer nichts ihnen Inhärentes, von ihrer Quantität Unabhängiges ist. Die Wichtigkeit, die Güter für uns entwickeln, ist vielmehr untrennbar mit dem von uns besessenen Vorrat ihrer verbunden. Menschen treffen ihre Entscheidungen nicht auf der Grundlage des abstrakten oder gesamten Nutzens eines Gutes, sondern auf der Grundlage des Nutzens, den bestimmte Mengen eines Gutes für sie haben.

Grenznutzen

Während Menger ihn selbst nicht verwendete, führte sein Student Friedrich von Wieser später den Begriff des *Grenznutzens* ein, um die unwichtigste Bedürfnisbefriedigung, die aus einer einzelnen Einheit einer verfügbaren Gütermenge entspringt, zu bezeichnen. Mises definiert ihn folgendermaßen: „Ist ein Gut dergestalt teilbar, dass von jedem Teil die gleiche Nutzwirkung auszugehen vermag, dann nennen wir die Verwendung, die das Handeln setzt, wenn es über n Einheiten verfügt, die es aber nicht mehr setzen würde, wenn es *caeteris paribus* nur über *n-1* Einheiten verfügen würde, die mindest wichtige Verwendung oder die Grenzverwendung und den Nutzen, der von ihr ausgeht, den Grenznutzen."[21]

Beispielsweise ist die erste von einer Person konsumierte Nahrungseinheit extrem wertvoll, da sie den Unterschied zwischen Verhungern und Überleben ausmacht. Die zweite Einheit wird zwischen bloßem Überleben und Wohlgenährtsein unterscheiden. Diese Einheit ist zwar noch immer sehr wertvoll für das Individuum, sie ist aber nicht so wertvoll wie die erste. Weitere Nahrungseinheiten werden dem Genuss oder als Anlass sozialen Beisammenseins dienen, und damit Bedürfnisse befriedigen, die wichtig aber weniger dringlich als das Überleben und die Gesundheit sind. Mit zunehmendem Konsum von Nahrungsmitteln wird ein Individuum an den Punkt gelangen, an welchem es ihnen keinen Wert mehr

21 von Mises, Ludwig. *Nationalökonomie: Theorie des Handelns und Wirtschaftens*. Genf, 1940, S. 89f. (Englische Passage durch analoge Passage des deutschen Originals ersetzt. – Anm. d. Hrsg.)

beimisst und es vorzieht, ihren Konsum selbst dann auszusetzen, wenn ihm kostenlose Einheiten angeboten werden. Eine steigende Einheitenmenge führt zum Einsatz von Einheiten zur Befriedigung immer weniger dringlicher Bedürfnisse, woraus folgt, dass jede sukzessive Einheit von geringerem Nutzen als die vorherige und damit von geringerem Wert für das Individuum ist.

Durch diese wichtige Einsicht widerlegte Menger die Idee, dass der Wert der Güter diesen als Gütern innewohne. Er zeigte, inwiefern Wert auf von Gütern befriedigten Bedürfnissen beruht, welche wiederum von der Verfügbarkeit der entsprechenden Güter für die wertende Person abhängen. Niemand wird jemals dazu angehalten, die Gesamtmenge eines Gutes zu werten oder ein Gut einer abstrakten Wertung zu unterziehen. Wirtschaftliche Entscheidungen werden stets in Bezug auf individuelle Einheiten getroffen und Individuen fällen solche Entscheidungen zumeist in Bezug auf die nächste Einheit eines zu konsumierenden Gutes, nicht in Bezug auf ihren lebenslangen Gesamtkonsum oder eine abstrakte Vorstellung des Gutes.

Das Gesetz vom abnehmenden Grenznutzen

Eine wichtige Implikation des Mengerschen Zugangs zu Wertungen ist das Gesetz vom abnehmenden Grenznutzen. Dieses Gesetz besagt, dass die Wertungen eines Individuums sowie der Nutzen, den es aus einem Gut zieht, mit zunehmender Menge des Gutes abnehmen werden. Daraus, dass Individuen die erste Einheit eines Gutes zur Befriedigung des wichtigsten durch dieses bedienten Bedürfnisses einsetzen, folgt, dass sie die erste Einheit jedes Gutes am höchsten einschätzen werden. Wenn ihr Besitz dieses Gutes ansteigt und jede weitere Grenzeinheit der Befriedigung weniger dringlicher Bedürfnisse zufließt, nimmt der Wert jeder Grenzeinheit für das

Individuum ab. Da der Wert, den eine Person einem Gut zuschreibt, von den Bedürfnissen, die es befriedigt, abhängt, sinkt er in ihren Augen mit steigender verfügbarer Menge.

Es ist eine wichtige Einsicht in die individuelle Entscheidungsfindung, festzustellen, dass der Grenznutzen eines Gutes bei steigender Menge abnimmt. Jeder, der einmal etwas Kostspieliges kaufte, kann das nachvollziehen. Am ersten Tag hat man ein teures, noch neues und fesselndes Auto oder Spielzeug. Dieser Effekt nimmt ab, je vertrauter man mit dem einst neuen Gegenstand wird. Was einst unbekannt war, wird gewöhnlich und verliert seine ursprüngliche Anziehungskraft. Man genießt es nach wie vor, das Auto zu fahren oder mit dem Spielzeug zu spielen, doch jeder weitere Gebrauch mindert diesen Effekt.

Das Gesetz vom abnehmenden Grenznutzen ist eine weitere Erinnerung daran, dass es so etwas wie einen objektiven Wert eines Gutes X nicht gibt, da dessen Wert auf seiner Verfügbarkeit und den Bedürfnissen, die es befriedigt, beruht.

Es existiert stets nur der subjektive Wert, den die nächste Grenzeinheit eines Gutes X für die wertende Person hat. Dieser hängt von den subjektiven Präferenzen der wertenden Person und ihrem Zugang zum entsprechenden Gut ab.

Die Wertung anhand des wertlosesten Nutzens

Mengers Ansatz hat eine weitere Implikation für das Verständnis von Wertzuschreibung: Wenn ein Individuum seinen Vorrat eines Gutes zur Befriedigung seiner Bedürfnisse einsetzt, wird seine Wertung der Grenzeinheit seine Wertschätzung der unwichtigsten durch das Gut erzielten Befriedigung widerspiegeln. Wenn wir also eine Kaufentscheidung treffen, so tun wir dies auf Grundlage der wertlosesten Bedürfnisbefriedigung, die wir durch sie zu erreichen erwarten.

Jemand, der für ein Essen bezahlt, wird das nicht darauf basierend tun, wie sehr er Nahrung als abstrakte Kategorie oder all die Lebensmittel, die er sein Leben hindurch konsumierte, wertschätzt. Er wird höchstens dazu bereit sein, einen Betrag zu bezahlen, der seiner Wertbeimessung des kommenden Essens entspricht. Den absoluten Wert aller Nahrung für die Person betreffende Überlegungen sind irrelevant. Als jemand, der sein Leben lang genug essen konnte, um sich am Leben und gesund genug zu erhalten, nun eine weitere Mahlzeit zu verlangen, wertet sie die nächste Nahrungseinheit nicht auf dieselbe Weise wie alle bislang von ihr konsumierten Lebensmittel. Sie wertet die Grenzeinheit nicht als den Unterschied zwischen Leben und Tod, weil sie das nicht ist. Die nächste Mahlzeit wird anhand des Bedürfnisses, das sie befriedigt, gewertet, und gilt damit wesentlich weniger als die Fähigkeit von Nahrung im Allgemeinen, die Person am Leben zu erhalten, und weniger als die bislang konsumierte Nahrung, die sie am Leben erhielt. Wir sehen also, dass Menschen, die eine Entscheidung bezüglich eines bestimmten Guts treffen müssen, dies anhand seines wertlosestmöglichen Nutzens tun, weil dieser der einzige im Marginalbereich verfügbare ist; alle dringlicheren wurden bereits durch frühere Einheiten erbracht.

Jemand, der beispielsweise erwägt, in einem Restaurant eine Flasche Wasser zu kaufen, wird nicht aufgrund der Rolle, die Wasser fürs Überleben oder die Befriedigung täglicher Bedürfnisse spielt, bezahlen. Er wird schlichtweg über die (nächste) Grenzeinheit an Wasser entscheiden, wobei vorangegangene Einheiten bereits dringlicheren Bedürfnissen zugeführt wurden. Der akzeptable Preis wird also weit unter dem Wert angesiedelt sein, den das Individuum seinem Leben beimisst, da der Kauf einer Flasche Wasser in einer modernen Stadt nichts mit der Sicherung des Überlebens zu tun hat. Da Wasser lebenswichtig ist, entstehen Gesellschaften nur an Orten, die ausreichend Wasser zur Befriedigung der dringlichsten Bedürfnisse der Menschen bereithalten. Wenn diese befriedigt sind, wird der Preis von Grenzeinheiten nicht deren Wert, sondern den unwichtigerer Bedürfnisse widerspiegeln. Dies hilft uns zu verstehen, warum Wasser trotz seiner Wichtigkeit relativ billig ist. Gerade seine Wichtigkeit sorgt dafür, dass die Menschen normalerweise über große Mengen an Wasser verfügen und ihre Kaufentscheidungen somit auf der Grundlage von Grenzeinheiten treffen, die relativ unwichtige Bedürfnisse befriedigen.

Wir sehen also, warum Güter, die eine für uns lebenswichtige Rolle spielen, normalerweise günstig sind. In der modernen Welt bezahlen wir nicht auf der Grundlage des Wertes, den wir unserem Überleben beimessen, für Wasser, obwohl unser Überleben Wasser voraussetzt. Wir leben bereits in einer Zeit und an Orten, die unsere wichtigsten Wasserbedürfnisse zu sehr niedrigen Preisen decken. Unsere individuellen Kaufentscheidungen beziehen sich auf Wassergrenzeinheiten, die mäßigen Durst löschen mögen, aber für unser Überleben oder unsere Gesundheit nicht entscheidend sind. Wenn wir jemanden jedoch in eine Situation bringen, in welcher sie über ein paar Tage hinweg nicht in der Lage ist, Wasser für ihre dringlichsten Bedürfnisse zu beschaffen, so wäre das wertloseste durch es zu befriedigende Bedürfnis der Unterschied zwischen Leben und Tod – und würde entsprechend hoch von ihr gewertet. Mises erklärt hierzu:

> „Der handelnde Mensch ist nicht in einer Lage, in der er Entscheidungen zwischen allem Gold und allem Eisen zu treffen hat. Er hat hier und heute zwischen einer begrenzten bestimmten Menge Gold und einer begrenzten bestimmten Menge Eisen zu wählen. Die Entscheidung, die er trifft, wenn er zwischen hundert Gramm Gold und hundert Meterzentner Eisen zu wählen hat, ist nicht abhängig von der Entscheidung, die er treffen würde, wenn er in die – wohl wenig wahrscheinliche – Lage käme, zwischen allem Gold und allem Eisen wählen zu müssen. Für

die Entscheidung des Handelnden ist allein massgebend, ob er den unmittelbaren oder mittelbaren Nutzen, der für ihn von der Verfügung über 100 Gramm Gold in seiner gegenwärtigen Lage abhängig ist, hoher oder niedriger wertet als den unmittelbaren oder mittelbaren Nutzen, der für ihn von der Verfügung über 100 Meterzentner Eisen in seiner gegenwärtigen Lage abhängig ist. Er gibt kein akademisches oder philosophisches Urteil über den Wert von Gold oder Eisen ab, er erklärt nicht, ob Gold oder Eisen für die Menschheit wichtiger ist, er benimmt sich nicht wie der Geschichtsphilosoph oder wie der Moralkritiker, die theoretische Abhandlungen verfassen. Er wählt einfach zwischen zwei Befriedigungen, von denen ihm nur eine zugänglich ist."[22]

„Die Schätzung einer Einheit aus einem gegebenen Vorrat erfolgt nach dem Nutzen, der von der Verwendung abhängt, die unter den Verwendungen, zu denen der Vorrat herangezogen wird, die mindest wichtige ist, d.i. nach der Wichtigkeit der Grenzverwendung, nach dem Grenznutzen."[23]

Das Wasser-Diamanten-Paradoxon

Die unmittelbare Bedeutung, die Mengers Grenzanalyse zukam, war die Lösung des Wasser-Diamanten-Paradoxons, die Ökonomen zuvor über Jahrhunderte hinweg misslungen war. Wie sollten Wirtschaftswissenschaftler erklären, dass lebenswichtiges Wasser normalerweise günstig oder umsonst zu haben ist, während Diamanten, ein Luxusgut ohne essenziellen Verwendungszweck, sehr teuer sind. Wenn Wert wirklich subjektiv ist, warum werten Menschen dann triviale Dinge, wie Diamanten, die sie nicht brauchen, so hoch, und essenzielle Dinge, wie Wasser, so niedrig? Passt dieser

---

22 von Mises, Ludwig. *Nationalökonomie: Theorie des Handelns und Wirtschaftens.* Genf, 1940, S. 87. (Englische Passage durch analoge Passage des deutschen Originals ersetzt. – Anm. d. Hrsg.)

23 Ebd. S. 88.

Umstand nicht besser zu einer Arbeitstheorie des Wertes, die postuliert, dass Diamanten wertvoller sind, weil ihre Produktion mehr Arbeit involviert?

Wie oben bereits dargelegt, resultiert der Marktwert eines Gutes aus keiner inhärenten Eigenschaft seiner oder dem Wert, den sein Gesamtvorrat uns erschließen kann, sondern auf der unwichtigsten Bedürfnisbefriedigung, die es uns verschafft. Daraus, dass Trinkwasser normalerweise in allen Wohngebieten reichlich vorhanden ist, folgt, dass die dringlichsten mit ihm in Zusammenhang stehenden Bedürfnisse bereits befriedigt sind und Kaufentscheidungen über Einheiten getroffen werden, die weit weniger wichtige Bedürfnisse stillen. Wenn ein Einwohner einer modernen Stadt sich gegen den Kauf einer Flasche Wassers entscheidet, entsagt er damit lediglich momentan einer kleinen mit Wasser zusammenhängenden Bedürfnisbefriedigung. Er wird immer noch ausreichenden Zugang zu Wasser haben, um mit ihm seine dringlichsten Überlebens- und Hygienebedürfnisse zu befriedigen. Diamanten hingegen sind sehr selten und nur in kleinen Mengen verfügbar, weshalb sie für die wichtigsten durch sie zu befriedigenden Bedürfnisse gekauft werden.

Es ist möglich, sich ein Szenario vorzustellen, in welchem sowohl Wasser als auch Diamanten rar sind und die jeweiligen Grenzeinheiten zur Befriedigung der dringlichsten mit beiden Gütern in Zusammenhang stehenden Bedürfnisse eingesetzt würden. Ein in der Wüste Gestrandeter, der tagelang keinen Schluck Wasser trank, wäre bereit, für die erste Einheit Wasser weitaus mehr zu bezahlen als für die erste Einheit an Diamanten, da erstere für ihn über Leben und Tod entscheidet.

Die Behauptung, Diamanten seien wertvoller als Wasser, ist daher inakkurat. Das Wasser-Diamanten-Paradoxon veranschaulicht die Relevanz individueller Situationen für die Bestimmung individueller Werte. In Situationen, in denen Wasser reichlich vorhanden und Diamanten rar sind, ist seinen wertlosesten Nutzen zufließendes Wasser billiger als Diamanten, deren Seltenheit dafür sorgt, dass ihre wertlosesten Nutzen sehr wertvoll bleiben. Wo Wasser jedoch knapp genug ist, um seine Grenzeinheiten der Bedürfnisbefriedigung des Überlebens zufließen zu lassen, wäre es zweifellos wertvoller als Diamanten.

KAPITEL 3:

Zeit

„Der Mensch selbst ist dem Zeitablauf unterworfen. Er wird, reift heran, altert und vergeht. Seine Zeit ist knapp bemessen. Er muss mit ihr wirtschaften, wie er mit den übrigen Mitteln des Handelns wirtschaftet. Dieses Bewirtschaften der Zeit erhält einen besonderen Charakter durch die Einmaligkeit und Nichtumkehrbarkeit des Zeitablaufs."[24]

– Ludwig von Mises

Die ultimative Ressource

Menschliches Handeln findet im Zeitverlauf statt. Dasselbe gilt für alle wirtschaftlichen Entscheidungen und alle Produktion. Die Zeit aller Sterblichen ist knapp, was sie zu einem wirtschaftlichen Gut und wertvoll macht. Ihre Unumkehrbarkeit macht sie zu einem einzigartigen wirtschaftlichen Gut. Man kann die Zeit, die man für

24 von Mises, Ludwig. *Nationalökonomie: Theorie des Handelns und Wirtschaftens*. Genf, 1940, S. 87. (Englische Passage durch analoge Passage des deutschen Originals ersetzt. – Anm. d. Hrsg.)

etwas aufbrauchte, nicht wieder zurückkaufen oder seinen Vorrat an ihr unbegrenzt ausdehnen, wie es im Falle anderer Güter möglich ist. Mises und die Österreichischen Ökonomen schrieben eloquent über die Wichtigkeit, die zeitliche Dimension menschlichen Handelns und die einzigartige Natur der Zeit als wirtschaftliches Gut zu verstehen. Dieses Kapitel wird außerdem auf der Arbeit des Ökonomen Julian Simon aufbauen, um zu argumentieren, dass menschliche Zeit die ultimative Ressource darstellt und wirtschaftliche Knappheit eine Konsequenz der Knappheit menschlicher Zeit ist. Mit Zeit zu wirtschaften stellt die ultimative Wirtschaftshandlung dar, aus der alle weiteren wirtschaftlichen Entscheidungen entspringen. Mit der Zeit können Menschen jedes andere wirtschaftliche Gut vervielfachen.[25] Der Produktion wirtschaftlicher Güter sind keine fixen physischen Schranken gesetzt, weshalb sie durch vermehrte Zeit und Aufwendungen unbegrenzt erhöht werden kann. Es ist alleine die Knappheit von Zeit, die uns zu Entscheidungen zwischen wirtschaftlichen Gütern zwingt und diese damit verknappt.

Wenn ein Kind in diese Welt geboren wird, beginnt seine Zeit hier abzulaufen. Diese ist unbestimmt. Sie mag eine Stunde oder ein Jahrhundert betragen. Niemand kennt seine Lebenszeit, doch jeder weiß, dass ewiges Leben unmöglich ist und unsere Zeit bis zu ihrem endgültigen Verrinnen stetig abnimmt. Diese Einsicht und geistige Reife bringen einen dazu, mit seiner Zeit sorgsam umzugehen.

Im Unterschied zur relativen und stetig abnehmenden Knappheit materieller Güter nimmt die absolute Knappheit menschlicher Zeit in ihrem Verlauf stetig zu. Dies wird auf individueller Ebene intuitiv wahr, da das Aufwachsen und Altern uns zur Einsicht bringt, dass unsere Zeit auf der Erde knapper wird, womit sie kostbarer wird. Es ist ebenso am Marktpreis ablesbar, der im Ablauf der Zeit für menschliche Arbeitsleistung bezahlt wird. Indem Menschen zunehmend Zeit dafür verwenden zu arbeiten und zu produzieren,

25 Bitcoin stellt, wie später erläutert wird, die einzige Ausnahme hierzu dar.

erhöhen sie die Verfügbarkeit materieller Objekte, was diese relativ zu menschlicher Arbeit im Laufe der Zeit günstiger macht.

In seinem Buch *The Ultimate Resource* [z. Dt. Die Ultimative Ressource – Anm. d. Übers.] vertritt Simon die Auffassung, dass menschliche Zeit bzw. Arbeit der ultimative Rohstoff ist, da sie dazu aufgewendet werden kann, alle anderen wirtschaftlichen Güter und Ressourcen herzustellen.[26] Würde Zeit für einen beliebigen Produktionsprozess aufgewendet, so führte dies zur Erhöhung des Angebots an Erzeugnissen, weshalb es Simon zufolge ein Irrtum ist, materielle Güter als ‚Ressourcen' zu bezeichnen, da sie das Produkt der einen und ultimativen Ressource – menschlicher Zeit – sind, welche dazu eingesetzt wird, praktisch unendlich verfügbare Materialien in nützliche wirtschaftliche Güter umzuwandeln. Der Begriff ‚Ressource' suggeriert ein endliches Vorkommen, aus dem Menschen schöpfen, wenn sie konsumieren, doch in Wirklichkeit müssen Ressourcen produziert werden, bevor sie verbraucht werden können. Diese Produktion ist auf unserem riesigen Planeten nicht durch natürliche Vorkommen eingeschränkt, sondern durch die zu ihrer Darstellung eingesetzte Zeit und die entsprechenden, in anderen Gütern bemessenen Opportunitätskosten. Rohmaterialien, Metall und Treibstoffe sind kein uns vom Himmel geschenktes Manna, sondern das komplexe Resultat ausgefeilter Produktionsprozesse, durch welche sie extrahiert und zur Befriedigung menschlicher Bedürfnisse eingesetzt werden.

Simons Auffassung menschlicher Zeit als der ultimativen Ressource macht uns klar, womit wir es bei wirtschaftlicher Knappheit zu tun haben. Während Wirtschaftswissenschaftler generell die begrenzte Verfügbarkeit materieller Güter als Ausgangspunkt für ihre ökonomischen Analysen voraussetzten, wäre es zutreffender, Knappheit als eine Funktion der begrenzten Verfügbarkeit menschlicher Zeit zu begreifen. Obwohl materielle Güter auf der Erde genau

26 Simon, Julian. *The Ultimate Resource 2*. Princeton University Press, 1996.

genommen knapp sind, übersteigen ihre Mengen unsere Fähigkeit, sie zu nutzen, bei weitem. Es sind also nicht die Mengen der Rohmaterialien an sich, die sie knapp machen. Was sie rar werden lässt, ist die zu ihrer Herstellung aufzuwendende Zeit, da letztere für uns deutlich spürbar in begrenztem Maß vorhanden ist.

Opportunitätskosten

Die Knappheit unserer Zeit ist der Grund dafür, dass wir Menschen nicht nur die direkten monetären Kosten bestimmter Aktivitäten, sondern darüber hinaus deren **Opportunitätskosten** im Auge behalten müssen. Dabei handelt es sich um die Kosten, die in Form eingebüßten Wertes anderer Aktivitäten entstehen, denen eine Person statt der tatsächlich unternommenen hätte nachgehen können. Da unsere Zeit begrenzt ist, können wir nicht immerzu allen Aktivitäten gleichzeitig nachgehen. Wir müssen unter ihnen wählen. Selbst wenn physische Ressourcen keinen begrenzenden Faktor darstellten, so täte dies die zur Ausführung bestimmter Aktivitäten notwendige Zeit, weshalb Menschen stets auch die unterlassenen Alternativen bedenken müssen, wenn sie einer Aktivität nachgehen.

Die Unausweichlichkeit des Todes sowie die Endlichkeit und folgliche Knappheit der verfügbaren Zeit erzwingen ein permanentes Abwägen der Opportunitätskosten, woraus alles wirtschaftliche Denken und Handeln des Menschen entspringt. Alle menschlichen Tätigkeiten verbrauchen Zeit und gehen daher mit den Kosten unterlassener Handlungen einher. Knappheit im Allgemeinen als das Resultat von Zeitknappheit zu begreifen, verschafft uns ein besseres Verständnis von Opportunitätskosten sowie dem Grund, aus welchem sie Teil wirtschaftlichen Denkens sind. Da menschliche Zeit knapp ist, ist sie für den Menschen wertvoll. Einem Individuum stehen stets alternative wertvolle Verwendungsmöglichkeiten für seine Zeit offen, die es zu erwägen gilt.

Materieller Überfluss

Das gängigste Maß zur Bestimmung des Vorhandenseins von Ressourcen sind „bekannte oder nachgewiesene Vorkommen", womit auf die Mengen einer Ressource verwiesen wird, von deren Existenz an einem bestimmten Ort man zweifelsfrei weiß und die mit aktuellen Technologien sowie zu aktuellen Preisen gefördert werden könnten.[27] Auf lange Sicht nahm dieses Maß für jede der uns bekannten Ressourcen zu. Mit unserem Verbrauch einer Ressource wird diese zusätzlichen Zwecken zugeführt, wodurch die Nachfrage nach ihr wächst, was Anreize zur Auffindung neuer Vorkommen schafft, wodurch diese zunehmen. Simon veranschaulicht, wie diese nachgewiesenen Reserven zwischen 1950 und 1990 im Falle einiger wichtiger Industriemetalle anstiegen. Die Weltbevölkerung betrug 1950 ca. 2,5 Milliarden Menschen und war bis 1990 auf etwa 5,32 Milliarden angewachsen.[28] In Dollars aus dem Jahr 2011 bemessen wird das weltweite BIP für 1950 auf etwa 9,25 Billionen $ und für 1990 auf etwa 47,04 Billionen $ geschätzt.[29] In einem Zeitraum von 40 Jahren wuchs die Bevölkerung also um einen Faktor von 2,13, die Produktion um das Fünffache und die nachgewiesenen Vorkommen der meisten Metalle wuchsen ebenfalls, anstatt aufgebraucht zu werden – und zwar schneller als die Weltbevölkerung. Die nachgewiesenen Reserven an Blei wuchsen um einen Faktor von 3, die von Zink um einen Faktor von 4,21, die an Kupfer um einen Faktor von 5,66, die Eisenerzreserven um einen Faktor von 8,27, Ölreserven

27 Simon, Julian. *The Ultimate Resource 2*. Princeton University Press, 1996, S. 44-8.

28 Roser, Max, Hannah Ritchie, Esteban Ortiz-Ospina, and Lucas Rodés-Guirao. „World Population Growth." *Our World In Data*, 2013.

29 Roser, Max. „Economic Growth." *Our World In Data*, 2013.

um einen Faktor von 13,1, die Phosphatlagerstätten um einen Faktor von 14, und die Bauxitvorkommen um einen Faktor von 16,6.[30]

Offensichtlich stellen die nachgewiesenen Vorkommen also keine sinnvolle Bewertung für die gesamten auf der Erde verfügbaren Ressourcen dar, sondern messen lediglich die Anstrengungen, die wir in die Erkundung ihres Bestandes investiert haben. Nachgewiesene Vorkommen geben Auskunft darüber, wie angestrengt wir unter Anwendung aktueller Technologien und zu aktuellen Preisen nach Ressourcen suchen. Wenn unsere Gewinnung dieser Ressourcen mitsamt unserem Lebensstandard steigt, entwickeln wir bessere Grabungswerkzeuge und setzen diese in einer größeren Anzahl von Gebieten ein, was die nachgewiesenen Vorkommen anwachsen lässt. Letztere sind nichts als die Spitze eines gigantischen verschütteten Eisberges der gesamten auf der Erde verfügbaren Rohstoffvorkommen, von deren akkurater Einschätzung wir nicht einmal träumen dürfen. Die Erde ist RIESIG und ihre genaue Zusammensetzung von der Oberfläche aus nur sehr schwer zu bestimmen. Sie zu diesem Zwecke komplett umzugraben wäre ein hoffnungsloses und unbezahlbares Unterfangen, das niemand ernsthaft in Betracht ziehen würde.

Simons Behauptungen werden verständlicher, wenn wir uns eine Vorstellung von der Größe unseres Planeten verschaffen. Seine Oberfläche beträgt 510,1 Millionen Quadratkilometer, wobei die gesamte von 2000 bis 2017 für Minenarbeiten genutzte Fläche auf 57.277 km² bzw. 0,011 % der Erdoberfläche geschätzt wird.[31] Um uns das zu versinnbildlichen, können wir uns die Erde als ein Fußballfeld von 105 m × 68 m bzw. 7.140 m² vorstellen. In diesem Fall betrüge das Gebiet aller Minen 0,785 m², was der Größe eines kleinen Tisches entspräche (ein 122 cm × 61 cm Tisch hat eine Oberfläche von 0,744 m²).

30 Simon, Julian. *The Ultimate Resource 2*. Princeton University Press, 1996, S. 45.
31 Maus, Victor et al. „A Global-scale Data Set of Mining Areas." *Scientific Data*, Bd. 7, Nr. 289, 2020.

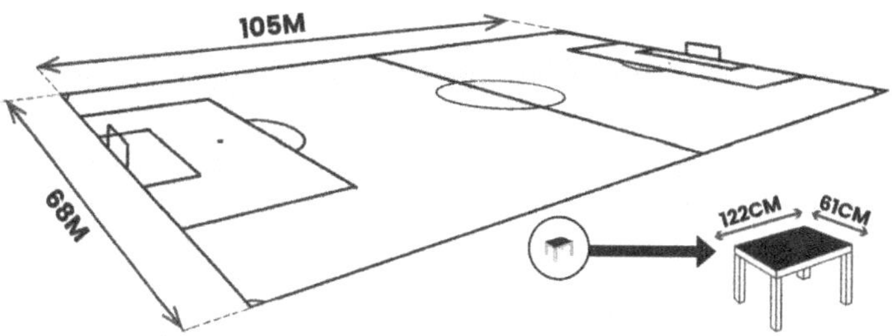

Abbildung 2. Wäre die Erde ein Fußballfeld, passten alle Minen auf einen kleinen Tisch

Die Erde hat einen Durchmesser von 12.742 Kilometern. Die weltweit tiefste Mine, die Mponeng Goldmine nahe Johannesburg, ist „nur" 3,16 bis 3,84 km tief, was 0,024 % bis 0,03 % des Erddurchmessers entspricht. Wäre die Erde also ein Ball von einem Meter Durchmesser, reichte das tiefste je in sie gegrabene Loch 0,027 cm in sie hinab – und wäre damit flacher als drei Seiten dieses Buches. Der überwiegende Anteil der Erdoberfläche ist auf der Suche nach Rohstoffen nicht umgegraben worden, und an den paar Stellen, an denen wir gruben, haben wir den Erdball kaum angekratzt. Sämtliche von der Menschheit über Jahrtausende des Verbrauchs und der Gewinnung hinweg genutzten Ressourcen sind nichts als ein winziger Bruchteil dessen, was auf den oberflächlichen 0,027% des Erddurchmessers verfügbar ist.

Die meisten Minenschächte reichen bis in etwa 300 Meter Tiefe. Nehmen wir jedoch einmal sehr gönnerhaft eine durchschnittliche Minentiefe von 1 km an. Daraus ergäbe sich für den Zeitraum von 2000 bis 2017 ein Minengesamtvolumen von 57.277 km³. Das Volumen der Erde beträgt 1.083.206.916.845,80 km³ (also etwa eine Billion Kubikkilometer). Das Volumen aller Minen zusammengenommen entspräche in diesem Fall 0,00000529% des

Erdvolumens. Mit anderen Worten: Die Erde wäre selbst in diesem Fall 18.911.725,8-mal größer als alle auf ihr existierenden Minen, aus denen wir bis dato all unsere Rohstoffe gewannen. Nähme die Erde den Raum eines olympischen Schwimmbeckens ein, entsprächen alle in sie gegrabenen Minen etwa dem Inhalt eines halbvollen Wasserglases.[32]

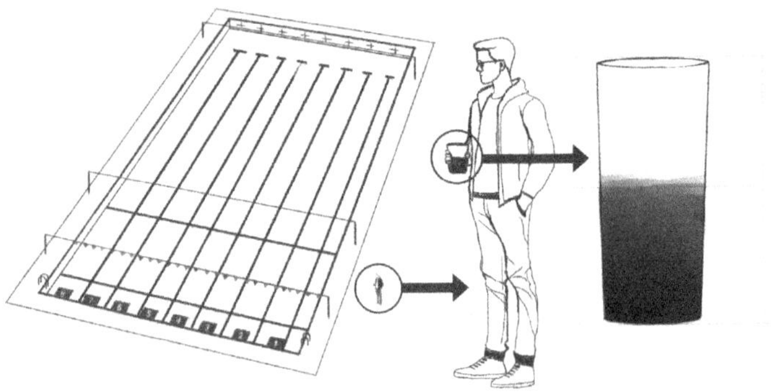

Abbildung 3. Wäre die Erde ein olympisches Schwimmbecken, entsprächen all unsere Minen einem halben Glas Wasser

Wenn alle von den Menschen verbrauchten Ressourcen aus einem halben Glas des olympischen Schwimmbeckens der Erde kommen, wird deutlich, warum es so abwegig ist, sich über die Gesamtmenge aller vorhandenen Rohstoffe Sorgen zu machen. Wenn 8 Milliarden Menschen aus dem Äquivalent eines halben Glases eines olympischen Schwimmbeckens leben können, ist die Menge allen in diesem Pool enthaltenen Wassers für das menschliche Überleben und sämtliche damit verbundenen wirtschaftlichen Überlegungen völlig belanglos. Die Weltbevölkerung müsste sich verdoppeln, um uns aus einem anteilig vollen Glas des olympischen Schwimmbeckenwassers schöpfen zu lassen. Selbst unter der Annahme eines

32 Ein olympisches Schwimmbecken hat ein Volumen von 2.500.000 Litern. 0,00000528% davon sind 0,132 Liter. Ein Glas fasst 0,25 Liter.

enormen Weltbevölkerungswachstums werden wir die Oberfläche unseres riesigen, ertragreichen Planeten kaum ankratzen. Selbst die konservativsten Schätzungen ergeben, dass die in der Erdkruste verborgenen Reserven jeder natürlich vorkommenden Substanz ein unzähliges Vielfaches der von Menschen verbrauchten Menge ausmachen und unserem Verbrauch keinerlei praktische Beschränkungen auferlegen. Es ist sehr wahrscheinlich, dass die gesamten Erdkrustenvorkommen jedes Metalls Jahrmillionen menschlicher Konsumation entsprechen. Selbst wenn die derzeitigen, angeblich nicht nachhaltigen Verbrauchsentwicklungen weitere Jahrtausende anhielten, könnten wir die in der Erdkruste vorkommenden Mengen keines Metalls zutage fördern. Die Begrenzung der von uns innerhalb jedes beliebigen Jahres förderbaren Menge jedes Metalls wird weiterhin von der Menge an Zeit und Ressourcen abhängen, die wir in seine Förderung investieren, sowie von der Menge anderer Güter und Dienstleistungen, auf die wir im Gegenzug zu verzichten bereit sind.

Abgesehen davon, dass sie in diesem Wirtschaftslehrbuch zur Veranschaulichung dienen, sind diese Kennzahlen vollkommen sinnbefreite und irrelevante Metriken, die von niemandem nirgendwo jemals zur Abwägung wirtschaftlicher Entscheidungen herangezogen werden. Es gibt keine wirtschaftlichen Überlegungen, die mit der Gesamtmetallmenge der Erde zu tun haben. Alle individuellen wirtschaftlichen Entscheidungen, die sich um eine Ressource drehen, werden auf der Grundlage der nächsten Grenzeinheit an Land, das genutzt werden soll, den Grenzkosten der Förderung der nächsten Rohstoffeinheit, sowie dem Grenzgewinn, der von ihrem Verkauf erwartet wird, getroffen. An keinem Punkt kann ein Individuum oder eine Entität irgendeine wirtschaftliche Überlegung auf der Grundlage aller Erdvorkommen eines Materials anstellen. Ökonomische Berechnungen sind stets Grenzberechnungen und beziehen sich lediglich auf knappe Ressourcen, welche

Opportunitätskosten haben. Die Mineralien innerhalb der Erdkruste sind weder knapp noch für die Menschen nützlich. Verwertbare Materialien aus ihnen zu fördern, verlangt hingegen wirkliche Entscheidungen über die Zuteilung von Grenzeinheiten knapper Ressourcen in die notwendigen Explorations-, Abbau-, Gewinnungs-, Veredelungs- und Produktionsprozesse.

Eine nützliche Analogie wäre es, sich die Ressourcen der Erde als Steine und unseren Konsum als die Verwendung dieser Steine für den Häuserbau vorzustellen. Keine wirtschaftliche Entscheidung müsste unter dem Gesichtspunkt der Gesamtmenge an Gestein getroffen werden; wirtschaftliche Entscheidungen beträfen ausschließlich die Allokation von knappen Ressourcen, Arbeit, Kapital und Land für den Abbau und die Verwendung von Steinen. Ein Bauherr wäre wahnsinnig, befasste er sich mit der Verfügbarkeit an Gestein in der Natur, wo doch die Konstruktion all unserer Häuser nur einen verschwindend geringen Anteil allen Erdgesteins erfordert. Die einzig wirtschaftlich relevante Sorge eines Bauherrn ist, ob er sich die menschliche Arbeit und das menschengemachte Kapital sichern kann, die dazu notwendig sind, dieses Gestein in Häusern zu verwerten.

Was wir wirklich beurteilen, sind keine Rohstoffe, sondern die aus Rohstoffen hergestellten wirtschaftlichen Güter. Sie sind es, die Zeit erfordern, und letztere ist knapp. Ihre Knappheit ist der Ursprung aller weiteren Limitierung. Rohmaterialien umgeben uns überall, doch die Zeit, wirtschaftliche Güter aus ihnen herzustellen, ist begrenzt vorhanden. Der Mensch ist kein passiver Empfänger von Manna, dessen Nachschub versiegen kann. Er fördert alle Rohstoffe, und wenn die Nachfrage nach Materialien zunimmt, wird ihre Knappheit vor allem durch die Menschen, welche sie herstellen, sowie deren Anreize bestimmt. Wenn sie mit einer wachsenden Nachfrage konfrontiert werden, haben sie den Anreiz dazu, mehr des entsprechenden Materials zu produzieren und die Investitionen in seine Produktion zu erhöhen. Wenn dadurch die Produktivität zunimmt, sind wir in der Lage, größere Mengen pro investierter Zeiteinheit zu fördern, weshalb der Realpreis des Gutes, der in menschlicher Arbeit bemessen wird, sinkt. Diese Tatsache wird durch Jahrzehnte an Rohstoffmarktdaten bestätigt.

Zwar steigen die Preise in Nationalwährungen denominierter Rohstoffe normalerweise an, doch das liegt an der Entwertung dieser Zahlungsmittel. An Lohnsätzen, d.h. an dem Preis menschlicher Zeit, gemessen, befinden sich sämtliche Rohstoffe in einem Langzeitpreisverfall, obwohl ihr Verbrauch stetig zunimmt. In einer Welt harten Geldes, wie bspw. unter einem Goldstandard, wäre es vollkommen normal, einen unaufhörlichenen Preisrückgang aller Rohstoffe zu erwarten, wobei es lediglich zu gelegentlichen und kurzfristigen, durch momentane Störungen der Nachfrage und der Produktion ausgelösten Preissteigerungen käme. Gold, oder was immer als Geld verwendet würde, wäre stets das Gut mit dem am langsamsten wachsenden Angebot, was es seinen Inhabern erlaubte, eine steigende Menge aller anderen Güter, deren Angebot schneller wüchse, zu erwerben.

Die Wirtschaftswissenschaftler Gale Pooley und Marian Tupy konstruierten zu Ehren Julian Simons einen wirtschaftlichen Index, der die Preise von 50 Basisgütern anhand von Lohnsätzen bemisst. Sie fanden heraus, dass die Zeit, die dazu notwendig ist, sich einen Warenkorb dieser 50 Güter zu verdienen, zwischen 1980 und 2020 um 75,2 % fiel, was bedeutet, dass eine Arbeitsstunde im Jahr 2020 im Vergleich zum Jahr 1980 4,03-mal so viel dieser Basisgüter zu kaufen erlaubt, was einer jährlichen Wachstumsrate von 3,55 % bzw. einer Verdoppelung der Angebotsmenge an Gütern alle 20 Jahre entspricht.[33] Obwohl die Menschenpopulation im Laufe dieser 40 Jahre, die den historisch stärksten Bevölkerungsanstieg, den größten Konsum und die höchsten Lebensstandards sahen, um 75,8 % anstieg,

33 Pooley, Gale, and Marian Tupy. „The Simon Abundance Index 2021." *Human Progress*. • Siehe auch *The Bitcoin Standard Podcast* mit Gale Pooley zu Gast.

sanken die Preise der 50 Basisgüter, anhand der menschlichen Zeit berechnet, die zu ihrem Kauf aufgewendet werden musste, um drei Viertel. Diese Daten kann man nur im Lichte einer unendlich großen Erde verstehen, deren physische Erschöpfung weit außerhalb unserer Reichweite liegt. Diese Reichweite wird durch die Knappheit unserer Zeit und die Opportunitätskosten, welche die Produktionssteigerung jedweder Ressource mit sich bringt, eingeschränkt.

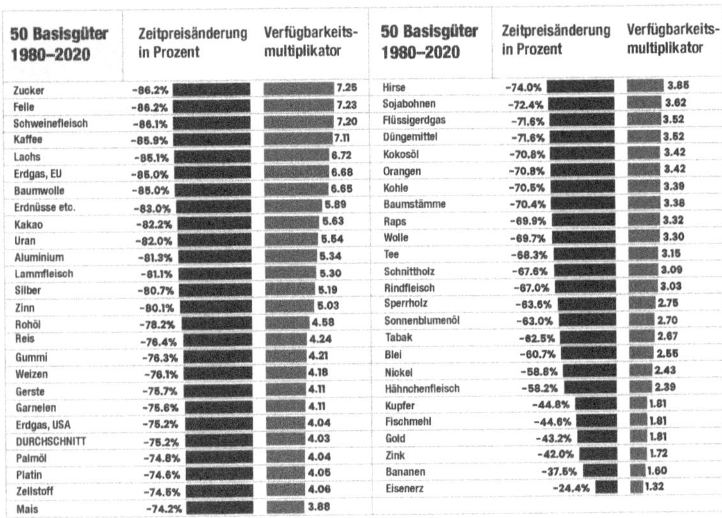

Abbildung 4. Änderungen der Zeitpreise und Verfügbarkeit von 50 Basisgütern (1980 bis 2020)

Wie Julian Simon auf brillante Weise zeigt, ist die einzige tatsächlich vorhandene Knappheit die Knappheit an Zeit, die Menschen für die Produktion von Gütern benötigen, weshalb Löhne weltweit steigen, was Produkte und Materialien in menschlicher Arbeit bepreist immer günstiger werden lässt. Die einzige Ressource, deren Preis die Geschichte hindurch fast kontinuierlich anstieg, ist in Löhnen bepreiste menschliche Zeit. Da wir immer ausgeklügeltere Wege finden, die Förderung physischer Ressourcen zu steigern, sinken deren Realpreise, d.h. ihre Zeitpreise, immer weiter, während der Wert menschlicher Zeit immer weiter ansteigt.

Nur im Rahmen dieses Verständnisses wird klar, warum der Menschheit auch nach Jahrtausenden der Extraktion und trotz der unablässigen, den Aufbrauch unserer Ressourcen ankündigenden Katastrophenvorhersagen noch niemals eine Ressource ausging. Nicht nur ist uns noch keine Ressource ausgegangen – ihre Realpreise sinken nach wie vor, die Produktion praktisch aller Rohstoffe steigt Jahr für Jahr und die nachgewiesenen Vorkommen jeder Ressource nahmen zu, während unser Verbrauch anstieg, wie oben anhand Simons Daten nachgewiesen wurde. Sollten wir Ressourcen als wahrhaft endlich auffassen, müssten ihre Vorräte mit der Zeit und ansteigendem Konsum aufgezehrt werden. Doch trotz unseres immer weiter zunehmenden Konsums fallen die Preise, während technologische Fortschritte die Suche und Förderung von Rohstoffen effizienter machen und uns neue Vorkommen entdecken lassen.

Öl, die Lebensader moderner Wirtschaften, ist das beste Beispiel, da wir in seinem Fall über relativ verlässliche Statistiken verfügen. Wie Abbildung 5 zeigt, nehmen seine nachgewiesenen Reserven schneller zu als sein jährlich steigender Verbrauch und seine jährlich steigende Produktion. Laut Daten des BP Statistical Review of World Energy war die jährliche Ölproduktion 2015 46 % höher als 1980, während sein Konsum in diesem Zeitraum um 55 % anstieg. Die Ölreserven hingegen stiegen um 148 % und damit um ein Dreifaches der Produktion bzw. des Verbrauchs an.

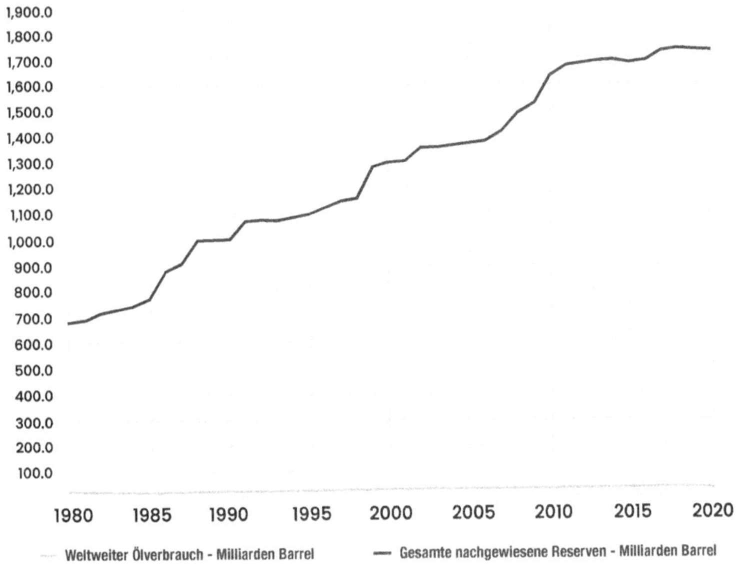

Abbildung 5. Nachgewiesene Reserven und der Verbrauch von Öl[34]

Zu Ressourcen mit ähnlich üppigen Erdkrustenvorkommen lassen sich ähnliche Statistiken finden. Die Seltenheit einer Ressource bestimmt die relativen Kosten ihrer Förderung. Häufiger vorkommende Metalle wie Eisen und Kupfer sind leicht zu finden und daher relativ günstig. Seltenere Metalle, wie Silber und Gold, sind teurer. Auch ihre Förderung wird jedoch nicht von ihren Gesamtvorkommen beschränkt, sondern den in subjektiven menschlichen Wertungen anfallenden Opportunitätskosten ihrer Produktion im Verhältnis zueinander. Hierfür gibt es keinen besseren Beleg als die Tatsache, dass eines der (wenn nicht das) seltensten Metall der Erdkruste, nämlich Gold, nun schon seit Jahrtausenden abgebaut wird, und zwar in zunehmenden Mengen, da die zu seiner Förderung eingesetzte Technologie voranschreitet.

34 BP Statistical Review of World Energy.

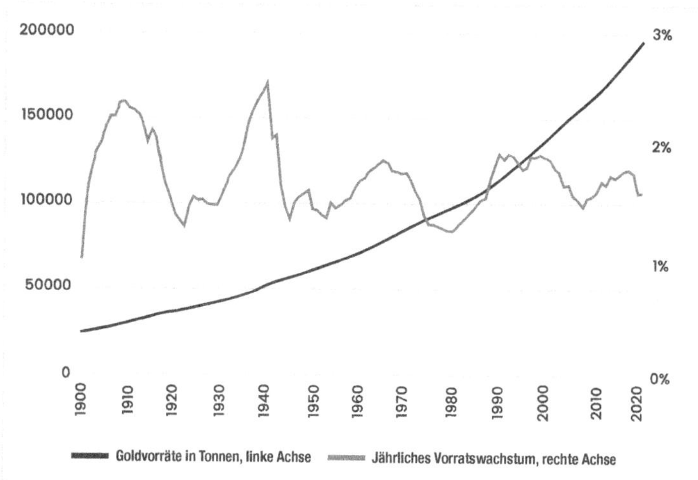

Abbildung 6. Globale jährliche Goldproduktion[35]

Gibt es seltenere Metalle als Gold, so wurden sie alle erst vor Kurzem entdeckt, weshalb wir weniger Zeit darin investierten, Vorkommen ihrer zu finden und unseren Vorrat an ihnen aufzustocken. Gold hingegen wird seit Jahrtausenden gesucht und abgebaut – und seine Produktion steigt jährlich. Es macht also keinen Sinn, von der praktischen Begrenztheit irgendeines natürlichen Elements zu sprechen. Knappheit besteht immer nur relativ und wird durch die Kostenunterschiede bei der Förderung bestimmt.

Die Simon-Ehrlich-Wette

Nachdem US-Präsident Richard Nixon die Konvertierbarkeit des US-Dollars in Gold 1971 ausgesetzt hatte, begannen sämtliche Preise einen unaufhaltsamen Anstieg, der bis heute anhält. Den Menschen der 1970er, die sich unter dem Goldstandard an relativ stabile

35 Quelle: U.S. Geological Survey.

Preise gewöhnt hatten, erschienen diese Preisanstiege als das Anzeichen einer wirtschaftlichen Apokalypse, da sie suggerierten, dass all unsere wertvollen Ressourcen im Begriff waren, auszugehen. Als die Welt sich in einer Hysterie über Ressourcenerschöpfung und Überbevölkerung erging, beließ Simon es nicht dabei, lediglich in seinen Schriften gegen diesen Wahn vorzugehen. Er wollte die Geistlosigkeit der Hysteriker mit einer öffentlichen Wette bloßstellen, zu der er Paul Ehrlich, einen der einflussreichsten Hysteriker des 20. Jahrhunderts, herausforderte.

Ehrlich hatte eine große Anzahl an hysterischen Pamphleten veröffentlicht, die es nicht wert sind, in die Bibliografie dieses Buches aufgenommen zu werden. In ihnen sagte er – mit seinen typischen misanthropischen Tiraden über Eugenik, Zwangssterilisation und andere Maßnahmen zur Populationskontrolle untermischt – die Erschöpfung einiger für die Menschheit essenzieller Ressourcen durch Überpopulation voraus. Simon forderte Ehrlich dazu auf, alle Ressourcen aufzulisten, in deren Falle er sicher sei, dass sie über einen beliebigen Zeitraum von mehr als einem Jahr entweder ausgehen oder sich deutlich verknappen würden, und wettete mit ihm um 1.000 $, dass der Realpreis jeder von ihnen bis zum Ende dieses Zeitraumes tatsächlich sinken werde.

Diese Wette muss Ehrlich wie eine Spende vorgekommen sein, so überzeugt war er von seinen Warnungen über das bevorstehende Versiegen essenzieller Rohstoffe. Er gab 5 Metalle und einen Zeitraum von 10 Jahren – 1980 bis 1990 – zur Erfassung ihrer Preise an. Am Ende dieser Frist war der Realpreis jedes dieser Metalle gesunken. Dreißig Jahre später sind sie noch billiger geworden, während ihre jährliche Fördermenge von Jahr zu Jahr weiter steigt.

Der Grund dafür, dass die Preise all dieser Metalle fielen, besteht darin, dass ihre Knappheit nicht absolut, sondern relativ ist. Sie sind knapp für uns, weil die in ihren Abbau fließende Zeit und Ressourcen von der Produktion anderer Ressourcen abgezweigt werden müssen. Simon begriff, dass eine wachsende Bevölkerung die Nachfrage nach diesen Metallen steigern müsste, weshalb man zunehmende Ressourcen in ihre Produktion zu investieren veranlasst wäre, was ihre Verfügbarkeit steigen und ihre Preise letztendlich fallen lassen würde. Ein Anstieg der Nachfrage zieht einen solchen der Preise nach sich, was Produzenten dieser Metalle höhere Profite beschert, wodurch sie sich höhere Investitionen leisten können und vermehrt Kapital anziehen. Diese Investitionen fließen in die Suche nach Vorkommen dieser Metalle und in ihre Extraktion, Raffination und Distribution, was zu Verbesserungen der Produktivität, d.h. erhöhten Outputs pro Inputeinheit, führt. Wie in Kapitel 4 dargelegt wird, erlauben höhere Kapitalinvestitionen den Einsatz komplexerer und längerer Produktionsverfahren, welche die Produktivität pro Arbeitskraft steigern.

Als Geologe basierte Ehrlichs Vorstellung von Knappheit auf Schätzungen des Verbrauchs im Vergleich zu den Vorkommen, ohne die Rolle menschlichen Handelns bei der Veränderung dieser Kennzahlen zu berücksichtigen. Ehrlich verglich im Endeffekt die nachgewiesenen Metalllagerstätten mit ihren jährlichen Verbrauchsmengen und schätzte daraus die Anzahl an Jahren ab, in der mit dem Versiegen dieser Rohstoffe gerechnet werden müsste.

Simon begriff als Ökonom die die Produktion dieser Metalle bestimmenden Dynamiken, obwohl er von den geologischen Fakten nur wenig Ahnung hatte. Dadurch, dass er Ökonomik als die Lehre menschlichen Handelns, wie sie in Kapitel 1 dargelegt wurde, verstand, war sich Simon darüber im Klaren, dass die Knappheit dieser Metalle letztendlich von dem Ausmaß der ihnen von Menschen gewidmeten Zeit abhing, welche ihrerseits von den Anreizen bestimmt wird, welche die Menschen zu ihrem Abbau verspüren. Er verstand, dass die Produktionsgrenzen nicht von geologischer Natur waren. Sollte die Nachfrage nach einem Metall ansteigen, stößt sie auf keine begrenzten Vorräte. Es gibt stets mehr Land, auf dem geschürft werden kann, und Minen, die tiefer gegraben werden können.

Zeitpräferenz

Da die menschliche Zeit endlich und ungewiss ist, weiß kein Mensch mit Gewissheit, wie lange er leben oder wann er sterben wird. Dies erzeugt im Menschen eine **Zeitpräferenz**, eine universelle Vorliebe für frühere gegenüber späterer Befriedigung. Individuen konsumieren oder erlangen ein Gut stets lieber heute als an irgendeinem zukünftigen Tag, da ihr Überleben niemals sicher ist. Zeitpräferenz ist immer ein positiver Wert, was bedeutet, dass ein heutiger Nutzen demselben, aber späteren Nutzen stets vorgezogen wird. Menschen ziehen es immer vor, Ressourcen möglichst früh zu erhalten, da sie langlebige Güter bei früherem Erhalt länger nutzen können.

Zwar ist Zeitpräferenz stets positiv, doch ihr Wert hängt von dem Grad ab, zu welchem Menschen einen zukünftigen Nutzen im Vergleich zum gegenwärtigen geringschätzen. Eine relativ niedrige Zeitpräferenz deutet auf eine geringe Abwertung des zukünftigen Nutzens und eine entsprechend hohe Sorge um die Zukunft hin. Eine hohe Zeitpräferenz impliziert eine starke Abwertung des zukünftigen Nutzens, eine relativ geringe Sorge um die Zukunft und eine starke Fokussierung auf das Jetzt.

Mit Zeit wirtschaften

Wie im Vorangegangenen erläutert wurde, ist Zeitknappheit die Quelle aller wirtschaftlichen Begrenzung. Die Gesamtheit allen menschlichen Wirtschaftens lässt sich also als ein Wirtschaften mit dem Gut Zeit verstehen. Wir versuchen, den subjektiven Wert unserer Zeit auf der Erde zu erhöhen. Da Zeit knappes Gut ist, versuchen die Menschen unablässig, sie auf eine Art und Weise zu gestalten, die ihnen die höchste Bedürfnisbefriedigung verschafft und ihnen am genehmsten ist. Dass die Zukunft unsicher und alle Zeitpräferenz positiv ist, bedeutet, dass die Menschen unablässig danach trachten, den Wert ihrer aktuellen Zeit zu maximieren.

Freizeit ist der Begriff, mit dem wir Zeit bezeichnen, die wir mit intrinsisch wertvollen Aktivitäten zubringen, welche wir um ihrer selbst willen genießen und die uns unmittelbar Freude bereiten, statt im Austausch für zukünftige Belohnungen oder Bedürfnisbefriedigungen tätig zu werden. Ökonomen bezeichnen mit diesem Wort vergnügliche Zeit. Jeder vergnügt sich gerne. Das Leben ist endlich und wir Menschen möchten es natürlicherweise eher mit Aktivitäten verbringen, an denen wir Spaß haben, als mit solchen, die uns keinen Spaß machen. Mit anderen Worten: Zeitpräferenz ist stets positiv.

Jeder würde am liebsten sein ganzes Leben mit Freizeit zubringen. Da wir jedoch keine im Garten Eden lebende Unsterbliche sind, würde zu viel Freizeit unweigerlich unseren Tod durch Hunger oder Naturgewalten bedeuten. Außerdem sind wir gar nicht dazu fähig, Freizeit schrankenlos zu genießen, da wir uns jederzeit Wege vorzustellen vermögen, auf welche wir die Qualität und Quantität der uns gegebenen Zeit auf dieser Erde verbessern könnten. Wir Menschen versuchen nicht nur, die Qualität unserer gegenwärtigen Zeit zu maximieren. Wir möchten zudem die Menge an Zeit, die uns bleibt, maximieren, also lange leben und einem frühen Tod entgehen. Auch möchten wir den Wert dieser zukünftigen Zeit maximieren. Der menschliche Verstand erlaubt uns die Konzeptualisierung von Handlungen, mit denen wir unsere Überlebenschancen erhöhen oder für unser zukünftiges Selbst vorsorgen könnten. Er macht es möglich, uns eine bessere Zukunft vorzustellen, für sie zu arbeiten und ihr gegenwärtige Vergnügungen zu opfern. Er lässt uns die

Konsequenzen einer Unterlassung solcher Handlungen absehen und mit anderen potenziellen Handlungswegen vergleichen. Menschen könnten jede ihrer Lebensminuten damit zubringen, sich nur um das Jetzt zu kümmern, würden sich dann aber recht bald mit einer sehr prekären Gegenwart konfrontiert sehen, da sie in ihrer Vergangenheit versäumten, für sie vorzusorgen. Je höher ein Individuum die Zukunft bewertet und für diese Sorge trägt, desto höher sind seine Chancen diese Zukunft zu erleben.

Letztendlich dreht sich die wirtschaftliche Frage darum, wie wir gegenwärtigen Nutzen gegen ein längeres Leben und zukünftigen Nutzen abwägen. Der wichtigste Handel, den ein Individuum treibt, ist der mit seinem zukünftigen Selbst. Der einfachste Tausch besteht darin, unmittelbaren Genüssen zu entsagen, um der Zukunft zuzuarbeiten. Wer seine Gegenwart genießt, wird dennoch das grundlegende Bedürfnis nach Nahrung und Unterkunft verspüren. Nahrung muss jedoch gejagt, angebaut oder anderweitig beschafft, Unterkünfte gebaut oder erworben werden. Dazu muss man gegenwärtigem Vergnügen zugunsten von Arbeit entsagen.

Die Vernunft des Menschen macht ihm klar, dass er für sein zukünftiges Selbst vorsorgen und so seine Überlebenschancen verbessern kann. Er versteht, dass Arbeit, so unangenehm sie für den Moment sein, und so viele gegenwärtige Genüsse sie auch kosten mag, es ihm erlauben wird, sich ihren zukünftigen Ertrag zu sichern. Vernunft und Überlebenswillen senken die Zeitpräferenz des Menschen. Sie reizen ihn nicht nur dazu an, Freizeit der Arbeit zu opfern, sondern zudem durch die Unterlassung gegenwärtigen Konsums und die Ansammlung von langlebigen Gütern, Ersparnissen und Produktionskapital für sein zukünftiges Selbst vorzusorgen.

Sinkende Zeitpräferenz sowie steigende Zukunftsorientierung und -vorsorge sind es, die den zivilisatorischen Prozess in Gang setzen. Hans-Hermann Hoppe formulierte dies folgendermaßen: „Ist sie einmal niedrig genug, um die Ansammlung von langlebigen oder Kapitalgütern zu erlauben, beginnt die Zeitpräferenz tendenziell zu sinken, was von einem ‚zivilisatorischen Prozess' begleitet wird."[36]

Ernten Menschen die Früchte ihrer Zukunftsvorsorge und niedrigen Zeitpräferenz, hält sie das zu genau diesen Verhaltensweisen an. Arbeit und Kapitalakkumulation erhöhen die Produktivität, was den Wert individueller Zeit steigert. Je besser die Menschen für ihre Zukunft vorsorgen können, desto wägbarer wird diese, was zu einer noch stärkeren Zukunftsorientierung, vermehrtem Sparen und der Akkumulation von Kapital anregt, wodurch wahrscheinlich Quantität und Qualität der Zeit, die einem Individuum auf der Erde bleibt, ansteigen.

Mit Handlungen wirtschaften

Der Wirtschaft und wirtschaftlichem Handeln kann man sich nur durch den Tod entziehen. Man mag eine Abneigung gegenüber bestimmten Institutionen, wie privatem Eigentum oder Arbeit, hegen, doch diesen zu entsagen schließt einen lediglich aus umfassenderen und produktiveren Kreisläufen wirtschaftlicher Aktivität aus. Wer lebt und am Leben bleiben möchte, muss dies mit Hilfe des Instruments wirtschaftlicher Handlungen bewerkstelligen. Ohne Ökonomik lernen zu müssen, handelt jeder jeden Tag seines Lebens wirtschaftlich. Ökonomik zu lernen kann jedoch zu einem bewussten Verständnis der Wichtigkeit solcher Handlungen sowie der Art und Weise, auf die aus ihnen komplexe Strukturen und Institutionen entstehen, verhelfen. Obwohl Ökonomik zu lernen keine Voraussetzung des Wirtschaftens ist, weil letzteres eine natürliche Funktion unserer Vernunft darstellt, so spielt sie doch eine entscheidende Rolle für die Förderung und das Überleben einer

36 Hoppe, Hans-Hermann. Democracy: *The God That Failed*. Transaction Publishers, 2001, S. 6. (eig. Übers. – Anm. d. Hrsg.)

erweiterten Marktordnung, innerhalb derer Menschen frei wirtschaften, kooperieren und prosperieren können. Individuen sind zwar zur Abwicklung von Markttransaktionen fähig, können aber deren Wichtigkeit aus den Augen verlieren und die Errichtung politischer Strukturen zulassen, die solche wirtschaftlichen Handlungen mit desaströsen Konsequenzen unterdrücken.

Die folgenden neun Kapitel dieses Buches werden sich um jeweils ein wichtiges Instrument drehen, das wir Menschen bewusst oder unbewusst dazu entwickelten, Menge und Wert unserer Zeit zu erhöhen. Diese Aufzählung ist nicht erschöpfend und ihre Kategorien überschneiden sich; dennoch werden sie in diesem Buch einzeln erörtert. Sie sind unten neben ihren Kapitelnummern aufgeführt.

4. Arbeit
5. Eigentum
6. Kapital
7. Technologie
8. Energie und Leistung
9. Handel
10. Geld
11. Märkte
12. Kapitalismus

Diese Werkzeuge sind es, durch die wir im Wesentlichen mit unserer Zeit wirtschaften. Der ultimative, uns alle konfrontierende Zielkonflikt besteht darin, dass wir unsere Zeit entweder mit Vergnügungen oder wirtschaftlichen Aktivitäten, welche Dauer und Qualität unserer Zeit zu erhöhen vermögen, zubringen können. All diese wirtschaftlichen Werkzeuge haben eines gemeinsam: Sie sind friedlich und alle an ihnen Teilnehmenden machen aus freien Stücken von ihnen Gebrauch. Kapitel 16 setzt sich mit nicht-friedlichen Mitteln menschlicher Interaktion auseinander und Kapitel 17 erörtert, wie Menschen sich gegen diese Formen zur Wehr setzen.

TEIL II:

Wirtschaft

KAPITEL 4:

Arbeit

„Den Einsatz menschlicher Lebensbetätigung als Mittel nennen wir Arbeit. Menschliche Lebensäusserung und Lebensbetätigung, die vom Menschen, dessen Leben sie zugehören, nicht Zielen und Zwecken, die ausserhalb und jenseits dieser Lebensäusserung und Lebensbetätigung selbst liegen, dienstbar gemacht werden, sind nicht Arbeit; sie sind Leben schlechthin. Der Mensch arbeitet, indem er seine Kräfte und Fähigkeiten als Mittel für die Behebung von Unbefriedigtsein verwendet, indem er über das schlichte Dahinleben und Indentagleben hinausgeht, um zu wirken und zu bewirken. Arbeit ist als solche immer Mittel, nie Zweck. Jeder einzelne Mensch verfügt nur über eine begrenzte Menge von Leistungskraft, und jede menschliche Arbeit vermag nur ein begrenztes Ausmass an Erfolg zu bewirken. Wäre dem nicht so, dann wäre die menschliche Arbeit im Überfluss vorhanden, sie wäre nicht knapp und würde nicht als Mittel zur Steigerung des Wohlbefindens betrachtet und als solches bewirtschaftet werden."[37]

– Ludwig von Mises

Arbeit und Freizeit

Menschliche Zeit ist die ultimative und knappste Ressource. Ihr Verbrauch ist irreversibel und ihre Menge lässt sich nicht unendlich steigern. Die Knappheit und Unvorhersagbarkeit von Zeit verleiht den Menschen eine Zeitpräferenz: die Präferenz eines gegenwärtigen Gutes gegenüber einem identischen zukünftigen. Diese Präferenz gilt auch für das Gut Zeit an sich. Menschen werten ihre gegenwärtige Zeit höher als identische zukünftige Zeiträume. Diese Präferenz unterscheidet sich von Zeit zu Zeit und Person zu Person – doch sie ist immer vorhanden und stets positiv.

Menschen können ihre Zeit auf zwei Arten verbringen. Die erste involviert Aktivitäten, die wir mögen, uns wünschen und denen wir um ihrer selbst willen nachgehen. Diese Aktivitäten sind für die sie ausübenden Individuen subjektiv wertvoll und an sich nützlich. In diesem Sinne sind sie ihr eigener Lohn. Ökonomen nennen diesen Gebrauch von Zeit **Freizeit**. Sie schließt Erholung, Entspannung, Zeit mit Nahestehenden, Unterhaltung und alles weitere Angenehme ein. Freizeit ist das, womit man all seine Zeit zubrächte, müsste man nicht arbeiten. Die zweite Art, Zeit zu verbringen, besteht darin, Dinge um ihrer Ergebnisse und Erträge willen zu tun. Das ist die Zeit, die der Mensch mit Aktivitäten verbringt, die er nicht an sich wertvoll findet, doch deren Outputs er schätzt. Ökonomen bezeichnen diesen Zeitgebrauch als **Arbeit**, welche Mises als „Einsatz menschlicher Lebensbetätigung als Mittel"[38] definiert.

---

37 Mises von, Ludwig. Nationalökonomie: *Theorie des Handelns und Wirtschaftens*. Genf, 1940, S. 99. (Englische Passage durch analoge Passage des deutschen Originals ersetzt. – Anm. d. Hrsg.)

38 Ebd.

Die Unterscheidung zwischen Freizeit und Arbeit ist die zwischen dem, was man tun will, und dem, was man tun muss. Oder anders ausgedrückt, zwischen dem, was man um seiner selbst willen tut, und dem, was man seiner zukünftigen Resultate wegen unternimmt. Ginge eine Person einer Tätigkeit aus Spaß und ungeachtet ihrer Resultate nach, handelte es sich nicht um Arbeit; es wäre Freizeit. Arbeit an sich hat per Definition einen negativen Nutzen oder Unnutzen. Zu arbeiten reduziert menschliche Befriedigung. Dass der Mensch dennoch arbeitet, liegt daran, dass er sich Outputs von seiner Arbeit verspricht, die ihm einen überproportionalen zukünftigen Nutzen bescheren werden. Auf unmittelbaren Freizeitnutzen wird zugunsten des zukünftigen Nutzens der erwarteten Früchte eigener Arbeit verzichtet. **Die Opportunitätskosten aller Arbeit bestehen aus geopferter Freizeit.**

Wenn sie sehr jung sind, haben Menschen eine unendlich hohe Zeitpräferenz, da sie zu dieser Zeit unfähig sind, sich Arbeit oder irgendetwas anderes als ihr unmittelbares Verlangen vorzustellen. Im Zuge ihrer kognitiven Reifung entdecken sie, dass ihnen an mehr als nur der Wertmaximierung des gegenwärtigen Moments liegt. Sobald Kinder lernen, die Zukunft zu konzeptualisieren und wertzuschätzen, beginnen sie damit, Bedürfnisbefriedigung im Austausch gegen zukünftige Belohnungen aufzuschieben. Unsere Wertschätzung der Zukunft ist es, die den Prozess der mit zunehmender Reife sinkenden Zeitpräferenz in Gang setzt. Die Fähigkeit, sich die Zukunft vorzustellen, geht mit der, über sie nachzudenken, sie zu planen und für sie zu arbeiten einher. Toilettentraining oder irgendeine andere Aktivität, die mit der Aussicht auf elterliche Belohnungen unternommen wird, mag die erste sein, die ein Kind lehrt, momentane Arbeit gegen zukünftige Belohnungen einzutauschen.

Mit zunehmender Reife transzendiert der Mensch die engstirnige Sorge um unmittelbare Bedürfnisbefriedigungen und beginnt, der Zukunft zuzuwirtschaften. Dies kann zwei Formen annehmen: Er kann wirtschaften, um seine Lebenserwartung zu steigern oder für zukünftige Lebensabschnitte vorzusorgen. Der menschliche Kampf ums Überleben und die Verbesserung der eigenen Situation ist das Ringen darum, die Menge und Qualität unserer Zeit auf dieser Erde zu steigern, was untrennbar mit gegenwärtiger Arbeit verbunden ist. Auf lange Sicht zu überleben und zu gedeihen, setzt Arbeit und die Bereitschaft die Stillung von Bedürfnissen aufzuschieben voraus, was zur Senkung unserer Zeitpräferenz anspornt. Wer die Früchte seiner Arbeit höher wertet als den negativen Nutzen der dazu notwendigen Freizeitaufopferung, wird arbeiten.

Der Verstand des Menschen bringt ihn zu der Einsicht, dass er in der Gegenwart arbeiten kann, um sich zukünftigen Nutzen zu verschaffen, sein zukünftiges subjektives Wohlergehen zu erhöhen und sein Leben zu verlängern. Ganz gleich wie unvorteilhaft oder unglücklich seine Situation sich gestalten mag – er wird immer Wege austüfteln, sie zu verbessern. In einem tropischen Paradies, einer Wüste, auf einem Bauernhof oder in einer modernen Industriegesellschaft wird der Verstand immer Wege finden, Lebensbetätigung und Zeit des Menschen auf die Verbesserung seiner Umstände hin auszurichten. Es wird immer unmittelbare Nutzen geben, die auf dem Altar zukünftigen Nutzens geopfert werden können, und Vernunft, die den Menschen genau dazu motiviert.

Der auf einer tropischen Insel Gestrandete mag einem modernen Menschen ideal erscheinendes Leben führen, doch auch ein solches wird von Arbeit geprägt sein. Ein Mensch mag am Strand für eine Weile glücklich sein, doch mit der Zeit wird seine Zufriedenheit nachlassen, während andere Bedürfnisse in den Vordergrund rücken. Zeit am Strand hat wie Freizeit generell und Güter mit positivem Nutzen im Allgemeinen abnehmende Grenznutzen. Der Genuss des Strandes nimmt mit zunehmender Zeit an diesem ab. Andere Bedürfnisse hingegen nehmen zu, da ihre Befriedigung immer weiter hinausgezögert wird. Der Schiffbrüchige wird bald

Hunger verspüren und von seinem Verstand zur Einsicht gebracht werden, dass er diesen Stillen kann, wenn er arbeitet, um sich Nahrung zu verschaffen. Er wird versuchen, mit bloßen Händen einen Fisch zu fangen oder Hasen und Wild zu jagen. Der Erfolg dieser Unternehmungen ist nicht garantiert, doch sein Hunger wird weiter zunehmen und die Dringlichkeit der Jagd steigern, den Wert aller Freizeit senken und dadurch zu mehr, besserer und klügerer Arbeit anspornen.

Arbeitsmotivation rührt letztendlich daher, dass ihre Unterlassung oder ihr ausbleibender Erfolg früher oder später zum Tod führen wird. Jenseits des Gartens Eden hatte der Mensch stets zu arbeiten, um zu überleben und zu gedeihen. Jedes Individuum steht in jedem Moment vor der Wahl zwischen Freizeit und Arbeit sowie zwischen verschiedenen Arbeitsformen. Arbeit ist unser primäres konzeptuelles Werkzeug zur Maximierung der Quantität und Qualität unserer Zeit. Dabei ist sie jedoch nichts spezifisch Menschliches. Tiere sind instinktiv dazu fähig, Aktivitäten nachzugehen, die verzögerte Belohnungen abwerfen und eine Aufopferung unmittelbaren zugunsten zukünftigen Nutzens implizieren. Vögel bauen Nester, Biber bauen Dämme und Raubtiere verwenden signifikante Zeiträume darauf, ihrer Beute nachzustellen. Im Unterschied zu tierischen Instinkten ist die menschliche Vernunft jedoch in der Lage, zur Erhöhung der Produktivität unserer Arbeit eine Vielzahl unterschiedlicher Methoden des Wirtschaftens zu entwickeln, wie in den folgenden Kapiteln beschrieben wird.

Die primäre Art und Weise, auf die Menschen ihre Umwelt beeinflussen, besteht im Prozess der Produktion. Im folgenden Abschnitt werden die wichtigsten mit Produktion in Zusammenhang stehenden und für den Rest dieses Buches grundlegenden Begriffe definiert.

Produktion

Produktion wird von Mises als „ein Umgestalten des Gegebenen nach den Weisungen der Vernunft" definiert, und „[d]iese Weisungen – die Rezepte, die Formeln, die Ideologien – sind das aktive Element in der Produktion; das Materielle – die ursprünglichen Produktionsfaktoren Natur und menschliche Arbeit – wird durch die Weisungen zum Mittel. Der Mensch produziert kraft seiner Vernunft; er setzt den Zweck und setzt die Mittel ein, um den Zweck zu erreichen. Man konnte das nicht arger missdeuten als durch die landläufige Behauptung, die Nationalökonomie hatte es mit der materiellen Seite des Menschen zu tun. Das menschliche Handeln ist ein Geistiges."[39]

Arbeit nennen wir „[d]en Einsatz menschlicher Lebensbetätigung als Mittel"[40]. Menschen arbeiten nur, wenn sie den erwarteten Lohn ihrer Arbeit höher werten als die durch den entsprechenden Freizeitverlust eingebüßte Bedürfnisbefriedigung. Arbeit impliziert negativen Nutzen.

Konsumgüter, Endprodukte oder Güter erster Ordnung befriedigen menschliche Bedürfnisse unmittelbar und unabhängig von anderen Gütern. Sie sind Ziel und Daseinsberechtigung des Produktionsprozesses.

Produktionsgüter, Vorleistungsgüter, Produktionsfaktoren oder Güter höherer Ordnung sind Güter, die menschliche Bedürfnisse indirekt befriedigen, indem sie zur Produktion von Konsumgütern eingesetzt werden. Menschliche Arbeit kann als Produktionsgut betrachtet werden, doch letzterer Begriff wird normalerweise zur Bezeichnung von **Kapital** verwendet. Kapitalgüter werden nicht

39 Mises von, Ludwig. Nationalökonomie: *Theorie des Handelns und Wirtschaftens*. Genf, 1940, S. 113. (Englische Passage durch analoge Passage des deutschen Originals ersetzt. – Anm. d. Hrsg.)

40 Ebd. S. 99. (Englische Passage durch analoge Passage des deutschen Originals ersetzt. – Anm. d. Hrsg.)

konsumiert, sondern zur Produktion anderer Güter angeschafft. Ihre Existenz setzt den Verzicht auf Konsumgüter voraus.

Produktivität ist die innerhalb eines bestimmten Zeitraumes pro Inputeinheit produzierte Menge an Outputs.

Tausch oder Handel: Die absichtliche Ersetzung eines weniger zufriedenstellenden Zustandes durch einen zufriedenstellenderen. Produktion selbst kann als ein Tausch von Freizeit und Kapitalaufwendungen gegen die Resultate von Arbeit verstanden werden.

Preis: Dasjenige, das in einem Tausch hergegeben wird.

Kosten: Der Wert des Preises; der Wert der Bedürfnisbefriedigung, auf die man verzichten muss, um ein gewünschtes Resultat zu erzielen.

Profit, Gewinn oder Nettoertrag: Die Differenz zwischen dem Wert des bezahlten Preises (oder der in Kauf genommenen Kosten) und dem erzielten Zweck. Profit in diesem fundamentalen Sinne ist also vollkommen subjektiv; er gibt die Glückssteigerung des handelnden Individuums, ein psychisches Phänomen, das weder gemessen noch gewichtet werden kann, an.

Arbeitsproduktivität

Man kann arbeiten, um Produkte für sich selbst zu produzieren oder um sie für andere zu produzieren und im Austausch für seine Zeit einen Ausgleich zu erhalten. Lohnarbeit unterscheidet sich insofern davon, jemandem einen Dienst als Gefallen oder Geschenk zu erweisen, als sie ein Entgelt beinhaltet. Von Sklavenarbeit unterscheidet sich Lohnarbeit dadurch, dass sie freiwillig ist; der Arbeiter kann aufhören, zu arbeiten und der Arbeitgeber ihn nur dadurch zum Bleiben bewegen, dass er ihm Anreize wie bessere Bezahlung, Arbeitsbedingungen oder andere gewaltfreie Gegenleistungen anbietet. Lohnarbeit ist per Definition eine einvernehmliche Vereinbarung zwischen dem Arbeitnehmer und -geber.

Die Entscheidung eines Arbeitgebers einen Arbeitnehmer anzustellen, ist eine Markttransaktion wie alle anderen. Der Unterschied zwischen ihr und dem Güteraustausch besteht darin, dass Arbeitgeber Arbeit nicht ihrer eigenen subjektiven Vorlieben wegen wertschätzen, da Arbeit für den Arbeitgeber kein Konsumgut darstellt. Weil Arbeit ein Produktionsgut ist, wertet der Arbeitgeber sie auf der Grundlage des durch sie produzierten Outputs, multipliziert mit der subjektiven Wertung, die der Markt dem erzeugten Produkt zuweist.

Für den Arbeitnehmer bedeutet dies, dass sein Entgelt höher ist als der Wert, den er der alternativen Nutzung seiner Zeit, d. h. der Freizeit, oder dem nächstbesten verfügbaren Arbeitsplatz beimisst.

Damit Arbeitgeber und -nehmer freiwillig übereinkommen, Arbeit gegen Entgelt zu tauschen, müssen die Bedingungen des Tausches für beide akzeptabel sein. Für den Arbeiter bedeutet dies, dass sein Entgelt für ihn wertvoller als alternative Nutzen seiner Zeit, also Freizeit, oder eine andere verfügbare Arbeit ist. Zugleich muss die geleistete Arbeit wertvoller als der bezahlte Lohn sein, weil der Arbeitgeber diesen ansonsten nicht zahlen würde. Wenn ein Arbeitgeber erwägt, einen zusätzlichen Arbeiter anzuheuern, wird sie das nur tun, wenn der Grenzertragszuwachs das Gehalt übersteigt. Jeder zusätzliche Arbeiter muss eine Grenzerhöhung der Ausbringungsmenge herbeiführen. Diese marginale Erhöhung der Produktionsmenge wird als Grenzprodukt der Arbeit bezeichnet. Wenn diese Zahl mit dem Produktpreis multipliziert wird, erhalten wir die **Grenzproduktivität** – ein Maß des Ertrages, den ein Arbeitgeber durch einen marginalen Arbeiter erwirtschaftet. Wenn der Lohn höher angesetzt ist als des Arbeiters Wertung seiner Freizeit oder einer alternativen Arbeit, und zugleich niedriger als die Grenzproduktivität des Arbeitgebers, können beide übereinkommen, zum gegenseitigen Vorteil zusammenzuarbeiten. Andernfalls wird kein Austausch von Arbeit und Entgelt zwischen beiden stattfinden.

Arbeit nimmt aufgrund dessen, was Mises ihren „nichtspezifischen Charakter"[41] nennt, eine besondere Stellung in unserer Welt ein. Im Unterschied zu spezialisierter Ausrüstung kann menschliche Zeit für alle möglichen Produktionsprozesse eingesetzt werden. Kapital, das seinen Nutzen für eine bestimmte Sparte einbüßt, wird wahrscheinlich veralten, doch menschliche Zeit kann stets produktiveren Nutzen zugeführt werden. Aufgrund der ultimativen Knappheit menschlicher Zeit gibt es stets Nachfrage nach zusätzlichen menschlichen Hirnen und Händen, und Arbeitgeber werden immer bereit sein, den nächsten Arbeitnehmer zu einem unter ihrer Grenzproduktivität liegenden Lohn einzustellen.

Produktivität ist die innerhalb eines bestimmten Zeitraumes pro Inputeinheit hervorgebrachte Outputmenge. Wie im vorangegangenen Kapitel dargelegt, ist der Wert menschlicher Zeit die Geschichte hindurch stark gestiegen. Reallöhne steigen mit der Zeit, weil die Arbeiterproduktivität steigt, was Arbeitgeber dazu veranlasst, höhere Löhne zu zahlen, um sich die von ihnen benötigte Arbeit zu sichern und sie nicht in die Hände ihrer Konkurrenten fallen zu lassen.

In den vergangenen, auf die industrielle Revolution folgenden 200 Jahren ist der Wert menschlicher Zeit kontinuierlich angestiegen, während die Menschen Kapital ansammelten, produktivere Technologien erfanden, ergiebigere Energiequellen nutzten und die Arbeitsteilung auf größere Märkte und mehr Menschen ausdehnten. All die Erfindungen, Werkzeuge und Technologien, die menschliche Produktivität erhöhen, haben zu einer Verlängerung menschlicher Leben und einer Wertsteigerung menschlicher Zeit geführt, weil wir nun mehr Geld im Tausch gegen unsere Freizeit

41 Ebd. S. 104. (Englische Passage durch analoge Passage des deutschen Originals ersetzt. – Anm. d. Hrsg.)

verlangen. Der letzte Zweck allen Wirtschaftens besteht schließlich darin, den Menschen mehr und bessere Zeit auf Erden zu bescheren.

Arbeitslosigkeit

Im 20. Jahrhundert wurde mit dem Konzept der Arbeit das der Arbeitslosigkeit eng verwoben. Viele Denkschulen behaupten, dass Arbeitslosigkeit ein unausweichliches und unvermeidliches Resultat marktwirtschaftlicher Mechanismen ist. Verschiedene Gründe wurden vorgebracht, um zu erklären, warum ein freier Arbeitsmarkt zwangsläufig auf eine Weise versagen wird, die signifikante Mengen zu üblichen Löhnen arbeitswilliger Menschen ohne Beschäftigung lässt.

Arbeitslosigkeit ist jedoch ein ebenso normaler Teil eines Arbeitsmarktes wie die Erntevernichtung eine organische Komponente des Lebensmittelmarktes ist. Wie in Teil IV dieses Buches erläutert wird, sind inflationäre Kreditausweitungen und Mindestlohngesetze die wirklichen Ursachen von Arbeitslosigkeit. Inflation lässt die Preise ansteigen, was Arbeitnehmer dazu zwingt, höhere Löhne zu verlangen, um ihre Lebenshaltungskosten zu decken. Da ein Zuwachs an Geldmitteln jedoch keinen Zuwachs wirtschaftlicher Ressourcen nach sich zieht, sind Arbeitgeber oft nicht in der Lage, ihren Arbeitern höhere Löhne zu zahlen und gleichzeitig im Geschäft zu bleiben. Sie werden entweder Arbeiter entlassen oder bankrott gehen. Inflation reduziert Wohlstand und Besitz von sowohl Arbeitnehmern als auch Arbeitgebern und lässt die Güter, die sie kaufen möchten, teurer werden. Darüber hinaus verursacht die Kreditausweitung den Konjunkturzyklus. Inflationäre Aufschwünge führen zu untragbaren Investitionen, deren unausweichlicher Kollaps ganze Wirtschaftssektoren in Rezessionen stürzt und die

Entlassung vieler Arbeitnehmer mit nun kaum mehr nachgefragten Fähigkeiten nach sich zieht.

Während Inflation durch steigende Preise und Rezession Arbeitslosigkeit verursacht, ziehen Regierungen und von diesen beschäftigte Ökonomen es vor, die Schuld der freien Marktwirtschaft selbst oder gierigen Kapitalisten zuzuschieben, oder sich andere hanebüchene Erklärungen auszudenken. Anstatt mit Inflation die Wurzel des Problems anzupacken, schlagen moderne Wirtschaftswissenschaftler durch die Bank kontraproduktive Maßnahmen, wie beispielsweise Mindestlohngesetze, vor. Mindestlohngesetze sollte man sich nicht als einen Befehl an Arbeitgeber, ihren Angestellten mehr zu bezahlen vorstellen, sondern als ein Verbot, das Arbeitnehmern untersagt, den Preis ihrer eigenen Arbeit festzulegen. Mindestlohngesetze halten den Markt davon ab, sich an Inflation anzupassen und führen zu immer wiederkehrenden und mit dem Konjunkturzyklus zusammenfallenden Arbeitslosigkeitswellen.

Es ist bezeichnend, dass das Konzept der Arbeitslosigkeit vor dem zwanzigsten Jahrhundert nicht wirklich als wirtschaftlicher Begriff existierte. In einem freien Markt entscheiden die Menschen, ob sie für den ihnen angebotenen Lohn arbeiten wollen oder nicht, so dass niemand unfreiwillig arbeitslos sein kann. Mit der Einführung monetärer Inflation und von Mindestlohngesetzen wurde ein dauerhaft arbeitsloser Anteil der Bevölkerung zur fixen Einrichtung moderner Volkswirtschaften, und diese Arbeitslosigkeit dem Marktprozess zuzuschreiben ein fester Bestandteil der pseudowissenschaftlichen Wirtschaftswissenschaften der modernen akademischen Welt, die von denjenigen finanziert wird, die ein Interesse an der Aufrechterhaltung von Inflation haben und daher für ihre Rechtfertigung bezahlen.

Die Schweiz, das letzte Land der Welt, das den Goldstandard aufgab, ist ein gutes Beispiel für diese Dynamik. Während die Fiat-Welt das 20. Jahrhundert hindurch mit schweren Arbeitslosigkeitskrisen kämpfte, hatte die Schweiz praktisch keine Arbeitslosigkeit, bis sie den Goldstandard in der Mitte der 1970er Jahre aufgab.[42] Nach der Übernahme des Dollarstandards und des Inflationismus, sah sie einen Anstieg der Arbeitslosigkeit, der demselben zyklischen Muster folgt, das in jedem mit einer Fiat-Währung ausgestatteten Land beobachtet werden kann.

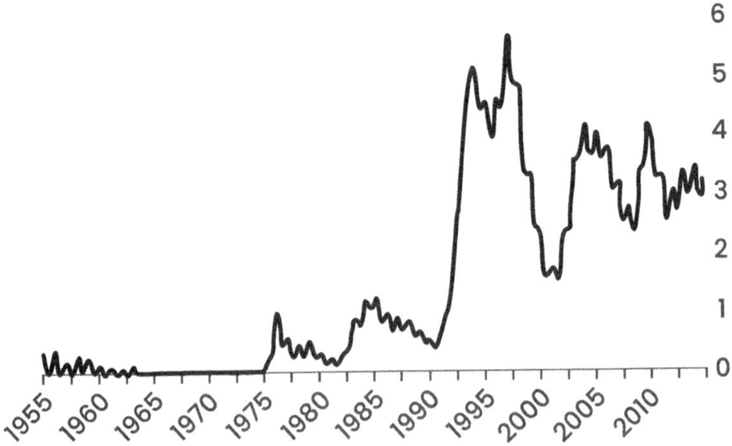

Abbildung 7. Arbeitslosenquote der Schweiz

In einem freien, mit hartem Geld ausgestatteten Markt gewinnen Ersparnisse mit der Zeit an Wert, während Individuen die Wahl haben, zu arbeiten oder nicht zu arbeiten und beliebige Löhne zu verlangen. Arbeitgeber haben in einem solchen Szenario die analoge Freiheit, jeden beliebigen Lohn zu bezahlen. In einer solchen Welt mit an Wert gewinnenden Ersparnissen ist es für viele vollkommen rational, nicht zu arbeiten. Ein Arbeiter, der zu einem üblichen Lohn keine Arbeit finden kann, ist schlicht nicht in der Lage dazu, jemanden zu finden, der das Grenzprodukt seiner Arbeit höher wertet als er selbst seine Freizeit. Das moderne Phänomen massenhafter

42 „Unemployment Rate in Switzerland.„ *Federal Reserve Economic Data.*

unfreiwilliger Arbeitslosigkeit kann nur auftreten, wenn es Gesetze, Regeln oder Auflagen gibt, die es unter Strafandrohung verbieten, zu bestimmten Löhnen zu arbeiten.

Im Kontext des freien Austauschs von Waren und Dienstleistungen kann es so etwas wie Arbeitslosigkeit unter Arbeitswilligen nicht geben, da eine solche impliziert, dass sie das Recht darauf haben, Löhne zu verdienen, die ihnen niemand zahlen möchte. Ein Arbeiter könnte stets Arbeit finden, indem er seine Produktivität erhöhte oder den von ihm verlangten Lohn reduzierte. Unfreiwillige Arbeitslosigkeit ist in einem freien Markt unmöglich; es steht dem Arbeiter frei, einen Lohn zu verlangen, den ihm niemand zahlen möchte, womit seine Arbeitslosigkeit seine Entscheidung ist.

Wird das Arbeiten jemals aufhören?

Arbeit ist gerade deshalb eine so wertvolle Ressource, weil sie mit Freizeit um die knappste aller Ressourcen konkurriert – menschliche Zeit. Darüber hinaus nehmen die Erträge und Nutzen von Arbeit zu, was den Wohlstand von Arbeitern steigen lässt. Dies resultiert in Arbeitern, die es sich leisten können, mehr Freizeit zu genießen, was den negativen Nutzen ihrer Arbeit erhöht und sie davon abbringt, zu arbeiten. Arbeit mag das einzige wirtschaftliche Gut sein, dessen Angebot bei steigenden Preisen fallen kann, da ein Preisanstieg in diesem Fall zu einer Einkommenssteigerung von Arbeitern führt, was diesen die Möglichkeit gibt, sich mehr Freizeit zu kaufen und weniger Arbeit verkaufen zu müssen. Die Knappheit aller Zeit erlegt dem Arbeitsangebot Opportunitätskosten auf, die mit dem Einkommen der Menschen zunehmen. Dies verleitete viele zu der Spekulation, wirtschaftlicher Fortschritt werde eines Tages dazu führen, dass die Menschen nicht länger arbeiten müssen.

Werden wir jemals an dem Punkt ankommen, an dem wir nicht mehr zu arbeiten brauchen? Diese Fantasie ist unter zu ökonomischem Denken unfähigen Politikern und Wirtschaftswissenschaftlern – wie John Maynard Keynes und seinen vielen Anhängern – weit verbreitet. Keynes spekulierte 1930, dass die Produktivität bis 2030 derart zunehmen werde, dass die Menschen in einer 15-Stunden-Woche alles produzieren könnten, was sie brauchen. Technologischer Fortschritt würde Keynes Vorstellung nach zu technologischer Arbeitslosigkeit führen, die er als Arbeitslosigkeit definiert, „die dadurch entsteht, dass unsere Entdeckung von Mitteln zur Arbeitseinsparung schneller voranschreitet als unsere Fähigkeit zur Entdeckung neuer Arbeitsbereiche."[43]

„Das alles bedeutet auf lange Sicht, *dass die Menschheit dabei ist, ihr wirtschaftliches Problem zu lösen.*"[44] – so Keynes' Schlussfolgerung, da er sich das wirtschaftliche Problem naiverweise als ein mathematisches vorstellt, das einmal gelöst werden muss, um gelöst zu bleiben, als drehte es sich darum, sich ein bestimmtes Gut oder eine bestimmte Dienstleistung zu sichern, um ein glückliches Leben zu führen, wodurch das wirtschaftliche Problem auf ewig gelöst bliebe und die Notwendigkeit des Wirtschaftens hinfällig würde. In Wirklichkeit ist das wirtschaftliche Problem jedoch fester Bestandteil der *Conditio humana*, da wir ständig vor die Wahl zwischen verschiedenen knappen Objekten gestellt werden, weil deren Knappheit aus der Knappheit unserer außerordentlich wertvollen Zeit resultiert. Solange noch Menschen leben und sich dazu entscheiden müssen, was sie mit ihrer Zeit anfangen werden, wird das wirtschaftliche Problem fortbestehen und die Menschen dazu anregen, zu arbeiten, um es zu lösen. Es kann keine Endlösung des wirtschaftlichen Problems geben; es können nur bessere Entscheidungen an die Stelle schlechterer treten.

---

43 Keynes, John Maynard. „Economic Possibilities for our Grandchildren (1930)." *Essays in Persuasion*, Macmillan, 1931, S. 358-73. (eig. Übers. – Anm. d. Hrsg.)

44 Ebd.

„Unter der Voraussetzung, dass keine bedeutenden Kriege mehr stattfinden und die Bevölkerung nicht erheblich wächst, komme ich zu dem Schluss, dass das *wirtschaftliche Problem* innerhalb von hundert Jahren gelöst sein, oder zumindest kurz vor seiner Lösung stehen dürfte [...] weshalb der Mensch das erste Mal seit seiner Schöpfung sein wirkliches Problem konfrontieren wird: Wie er seine Freiheit von wirtschaftlichen Sorgen und seine ihm von den Wissenschaften und Zinseszinsen bescherte Freizeit nutzen soll, um weise, angenehm und gut zu leben."[45] Keynes war sich scheinbar nicht darüber im Klaren, dass das von ihm vorgeschlagene Surrogat des wirtschaftlichen Problems nichts weiter als das wirtschaftliche Problem selbst ist, nur eben auf Entscheidungen angewandt, die sich leicht von denen unterscheiden, die er aus den sehr wenigen von ihm gelesenen Ökonomietextbüchern kannte. Über den Gebrauch der eigenen Zeit zu entscheiden ist das unendliche wirtschaftliche Problem des Menschen, da seine Zeit knapp ist. Keynes simplistische Vorstellung davon, was Ökonomik ist, erlaubte es ihm nicht, zu begreifen, dass der Gebrauch unserer Zeit eine ökonomische Entscheidung ist.

Ganz gleich wie viele materielle Objekte wir besitzen, werden wir immer eine Wahl zwischen unmittelbaren und zukünftigen Grenznutzen zu treffen haben. Wir können stets momentaner für eine größere zukünftige Bedürfnisbefriedigung entsagen. Es wird niemals zu vollständiger Befriedigung kommen, da der menschliche Verstand sich immer eine bessere Zukunft ausmalen und auf diese hinarbeiten kann. Es wäre heutzutage sehr erschwinglich, auf dem zu Keynes' Zeiten üblichen Lebensstandard zu leben. Selbst die ärmsten heutigen Menschen können viele Dinge besitzen, die Keynes nicht zur Verfügung standen. Und dennoch sehnen sie sich nach einem besseren Leben – wie es selbst die reichsten Menschen tun. Solange Menschen wirtschaften, werden sie ihren Verstand

45 Ebd.

dazu nutzen, neue Güter, Dienstleistungen und Objekte zu produzieren, die von anderen begehrt werden.

Keynes gründete seine fantastische Zukunftsvision auf die vollkommen unbegründete Behauptung, es gäbe zwei Arten von Bedürfnissen: absolute und relative. Laut Keynes sind absolute Bedürfnisse solche, die unabhängig davon verspürt werden, „was auch immer die Situation unserer Mitmenschen sein mag", während relative Bedürfnisse erst zutage treten, „wenn ihre Befriedigung uns über unsere Mitmenschen erhebt und uns das Gefühl gibt, ihnen überlegen zu sein."[46] Keynes meint, dass die Nachfrage nach der Befriedigung letzterer unstillbar sein mag, erstere jedoch restlos befriedigt werden könnten. Er dachte, dass das wirtschaftliche Problem schon immer das primäre und dringlichste Problem des Menschengeschlechts sowie der gesamten biologischen Sphäre war, weshalb seine Lösung eine der bedeutsamsten Transformationen menschlichen Lebens darstellen müsste. Er verstand nicht, dass das wirtschaftliche Problem stets existieren wird, solange menschliche Zeit knapp ist und Menschen vor Wahlen gestellt werden. Selbst wenn die Menschen in einer imaginären Welt existierten, in der alles, was sie sich wünschten, sofort vor ihnen erschiene, wäre das wirtschaftliche Problem nicht gelöst, da ihre Sterblichkeit sie dazu zwänge, mit ihrer knappen Zeit hauszuhalten. Das wirtschaftliche Problem wird zu jedem Zeitpunkt gelöst, zu welchem eine Person über ihre Zeit reflektiert und eine Wahl trifft, worauf im nächsten Moment eine neue wirtschaftliche Fragestellung auftritt, die denselben Menschen zu einer erneuten Wahl zwingt. Die einzige dauerhafte Lösung des wirtschaftlichen Problems bewirkt der Tod, der weitere Entscheidungen über die Zuteilung der eigenen Zeit hinfällig macht.

Daher ist es unsinnig, sich wie Keynes vorzustellen, dass Arbeit jemals enden und abgeschafft oder durch Überfluss hinfällig ge-

46 Ebd.

macht werden könnte. Wir wirtschaften unablässig, haben stets zwischen Alternativen zu wählen. Mit steigendem Lebensstandard verbessern sich unsere Wahlmöglichkeiten, doch das Wählen selbst dauert fort, zumindest solange wir sterblich sind.

Ist Arbeit Ausbeutung?

Werden Arbeiter durch den Kapitalismus ausgebeutet? Millionen von Seiten wurden zum Thema der Arbeiterausbeutung geschrieben – meist auf Grundlage des inkohärenten Geschwafels Karl Marx', eines halbgebildeten deutschen Penners, der niemals eine Arbeit hatte, von der er leben konnte. Marx lebte von der Wohltätigkeit reicher Gönner, während er davon predigte, die Welt in eine von Arbeitsunfähigen beherrschte Dystopie zu verwandeln.

Marxistische Wirtschaftsanalysen basieren auf der in Kapitel 2 beschriebenen Arbeitstheorie des Wertes. Da alle wirtschaftlichen Güter Arbeit voraussetzen, die sie in für uns nützliche Güter verwandelt, schloss Marx fälschlicherweise, dass es Arbeit ist, die ihnen ihren Wert verleiht und dass letzterer von der aufgewendeten Arbeitsmenge abhängig sei. Demnach gründete der Wert eines Gutes auf der in seine Produktion eingeflossenen Arbeit. Durch die haltlose Annahme, nichts als die für ihre Herstellung aufgewendete Arbeit verleihe wirtschaftlichen Gütern ihren Wert, eliminiert der Marxist automatisch den Beitrag des Kapitalisten. Arbeiter müssen erscheinen und arbeiten, während der Kapitalist den Sozialisten zufolge nichts tut. Dieser Auffassung nach wird der Arbeiter vom Kapitalisten ausgebeutet, weil er nicht den gesamten Lohn des Produktionsprozesses einheimst.

Das ist offenkundiger Blödsinn, da Arbeiter sich freiwillig dazu entscheiden, für Kapitalisten zu arbeiten. Marxisten messen dem Umstand, dass Arbeiter sich diesem angeblichen Übel aus freien

Stücken unterwerfen, keinerlei Bedeutung bei. Solange Kapitalisten Arbeitern weder Gewalt antun noch androhen, um sie zum Arbeiten zu bewegen, arbeiten letztere freiwillig, was darauf hindeutet, dass die entsprechende Arbeit den besten Nutzen ihrer Zeit darstellt. Einem Beobachter oder Ökonomen mag dieser Umstand missfallen, doch sie können es dem Kapitalisten nicht vorwerfen, Arbeitern den besten verfügbaren Nutzen ihrer Zeit anzubieten. Es ist vielsagend, dass die dieses Arrangement kritisierenden Marxisten Arbeitern keine besseren Arbeiten anzubieten vermögen als kapitalistische „Ausbeuter".

Schlussendlich verrät die Auffassung von Arbeit als Ausbeutung eine profunde Ignoranz was die Natur von Kapital und seines Wertes für die wirtschaftliche Produktion angeht. Kapitalisten schieben Konsum auf, um Arbeitern Kapital zur Verfügung zu stellen und so ihre Produktivität zu erhöhen. Zu jedem Zeitpunkt entscheidet sich der Kapitalist dazu, seinen eigenen Konsum aufzuschieben, um die Produktivität seiner Arbeiter durch Kapital zu steigern. Er könnte seine Kapitalgüter jederzeit verkaufen und die Erlöse zur Finanzierung seines Konsums einsetzen. Indem er seinen Konsum aufschiebt und sein Kapital Arbeitern verfügbar macht, erhöht er deren Produktivität. Diese erhöhte Produktivität macht es für Arbeiter akzeptabel, nur einen Teil der Erlöse zu erhalten. Die Alternative zur kapitalistischen Ausbeutung besteht nicht lediglich darin, dass die Arbeiter sämtliche beim Verkauf ihrer Produkte erzielten Erlöse einstreichen, sondern dass diese unter Ermangelung von Kapital sehr viel niedriger ausfallen. Ein Marxist mag einen Taxifahrer als vom Besitzer des Taxis ausgebeutet betrachten – doch das liegt einfach daran, dass er sich nicht vorzustellen vermag, was passierte, wenn der Taxifahrer dem Kapitalisten eine Entschädigung dafür, sein Auto zu benutzen, verweigerte. Ohne Gewinn würde der Kapitalist es vorziehen, den Wagen als Konsumgut zu verwenden oder zu verkaufen und den Erlös zu konsumieren. Ohne den Wagen müsste der

Taxifahrer Passagiere auf seinem Rücken transportieren, was nicht nur ineffizient, sondern ungesund wäre. Nur indem er es dem Kapitalisten erlaubt, ihn „auszubeuten", indem er ihm sein Kapital (das Taxi) zur Verfügung stellt, wird die Arbeit des Taxifahrers produktiv und sicher genug, ihn ein gutes Leben führen zu lassen.

Der Produktionsprozess erfordert die Zeit des Arbeiters, aber das Kapital des Kapitalisten, welches dieser nur durch vorherige Arbeit erhalten und durch den kontinuierlichen Konsumaufschub über den gesamten Produktionsprozess hinweg aufrechterhalten kann. Ohne den Kapitalisten für seine Entscheidung zu entschädigen, Bedürfnisbefriedigungen zugunsten von Investitionen hinauszuzögern, gäbe es kein Kapital und die Produktivität des Arbeiters sänke beträchtlich. Der Kapitalist beutet den Arbeiter nicht aus, indem er einen Teil seines Outputs gewaltsam an sich reißt; der Arbeiter gibt im Austausch für eine enorme Produktivitätssteigerung freiwillig einen Teil seines Outputs an den Kapitalisten ab.

Die Beziehung zwischen Arbeitern und Kapitalisten ist eine fundamental menschliche, die in allen Kulturen existierte. Sie spiegelt den natürlichen Austausch zwischen Individuen wider, die zu arbeiten vermögen, aber nicht dazu fähig sind, sich das dazu notwendige Kapital zu beschaffen, und denen, die mehr Kapital besitzen, als sie nutzen können oder wollen. Die fortwährende Existenz dieser Beziehung reizt Menschen zur Akkumulation von Kapital an, während ihre Pathologisierung und Kriminalisierung in entsprechenden Gesellschaften zu katastrophalen wirtschaftlichen Verheerungen führte.

KAPITEL 5:

Eigentum

„[N]ur weil Knappheit existiert, gibt es überhaupt das Problem der Formulierung moralischer Gesetze; sofern Güter im Überfluss (als „freie" Güter) vorhanden sind, ist kein Konflikt über ihre Verwendung möglich und keine Handlungskoordination erforderlich. Daraus folgt, dass jede korrekt konzipierte Ethik als eine Theorie des Eigentums formuliert werden muss, d.h. als eine Theorie der Zuweisung von Rechten zur alleinigen Kontrolle knapper Mittel. Denn nur so wird es möglich, ansonsten unausweichliche und unlösbare Konflikte zu vermeiden."[47]

– Hans-Hermann Hoppe

Knappheit und Eigentum

Kapitel 3 behandelte den Prozess des Wirtschaftens als Konsequenz der Knappheit menschlicher Zeit. Kapitel 4 untersuchte, wie Men-

47 Hoppe, Hans-Hermann. *A Theory of Socialism and Capitalism*. Ludwig von Mises Institute, 2010, S. 158. (eig. Übers. – Anm. d. Hrsg.)

schen mit ihrer Zeit wirtschaften, indem sie zwischen Arbeit und Freizeit wählen, und erläuterte darüber hinaus den Produktionsprozess. Kapitel 5 untersucht den Prozess des Wirtschaftens mit Gütern und die wirtschaftlichen Gründe für das Aufkommen von Eigentum. Nachdem die Bedeutung von ‚Eigentum' erklärt wurde, beleuchtet dieses Kapitel verschiedene Arten des Eigentums, die Anwendung dieses Konzeptes auf die Idee des Selbsteigentums, und die Rolle, die Eigentum als Institution für das ewige Streben nach einer Steigerung des Wertes und der Quantität der menschlichen Zeit spielt.

Wie im ersten Kapitel dieses Buches dargelegt wurde, ist Knappheit der Ausgangspunkt der Ökonomik und die Quelle allen Wirtschaftens. Es ist die Diskrepanz zwischen erwünschten und verfügbaren Gütermengen, die Menschen dazu zwingt, Güter mit Bedacht zu behandeln, sie für die Erfüllung ihrer Funktionen möglichst optimal instand zu halten, und sie vor der Aneignung durch andere zu schützen. Es ist Knappheit, die uns zur Wertschätzung von Objekten zwingt, und da wir sie schätzen, entwickeln wir mit der Zeit Kontrolle über sie. Menger erklärt hierzu Folgendes:

> „[D]as Eigenthum [ist] somit, gleich wie die Wirthschaft der Menschen, keine willkürliche Erfindung, sondern vielmehr die einzig mögliche practische Lösung jenes Problems, das uns die Natur der Dinge, das obige Missverhältniss zwischen Bedarf und verfügbarer Gütermenge, bei allen wirthschaftlichen Gütern aufdrängt."[48]

Besitz von einem Gut zu ergreifen bedeutet, die vollständige Kontrolle über die von ihm geleisteten Dienste zu erhalten. Menger definiert Eigentum als „[d]ie Gesammtheit der einem wirthschaftenden

48 Menger, Carl. *Grundsätze der Volkswirtschaftslehre*. Wien, 1981, S. 56. (Englische Passage durch analoge Passage des deutschen Originals ersetzt. – Anm. d. Hrsg.)

Individuum für die Befriedigung seiner Bedürfnisse verfügbaren Güter".[49]

> Der Rechtswissenschaftler A. N. Yiannopolous schreibt: „Eigentum kann als das alleinige Recht, ein wirtschaftliches Gut zu kontrollieren, definiert werden. [E]s ist der Name eines Konzeptes, das sich auf die Rechte und Pflichten, Privilegien und Beschränkungen bezieht, welche die Beziehungen von Menschen und wertvollen Dingen bestimmen. Menschen begehren allzeit und allerorts den Besitz lebensnotwendiger oder per kultureller Definition wertvoller Dinge, die aufgrund der Nachfrage nach ihnen knapp werden. Von organisierten Gesellschaften durchgesetzte Gesetze kontrollieren den Konkurrenzkampf um diese Dinge und garantieren ihren Genuss. Was einem als sein Eigen garantiert wird ist Eigentum [und] Eigentumsrechte übertragen die direkte und unmittelbare Autorität über etwas."[50]

Eigentum ist nicht dasselbe wie Vermögen, welches Menger als „die Gesammtheit der einem wirthschaftenden Subjecte verfügbaren ökonomischen Güter"[51] definiert. Eigentum schließt alle freien Güter ein, Vermögen ausschließlich wirtschaftliche.

Der wirtschaftliche Anreiz zum Vermögensbesitz ist offensichtlich und simpel. Wenn der Gebrauch eines wirtschaftlichen Gutes dieses nicht verbraucht und nutzlos macht, kann es erneut demselben Zweck dienen, weshalb sein Nutzer natürlich versuchen wird, es in seinem Besitz zu erhalten, bis er es erneut braucht. Der Jäger, der einen Speer herstellt und mit diesem erfolgreich einen Hasen jagt, wird instinktiv verstehen, dass der Speer für die Jagd eines weiteren Hasen eingesetzt werden kann, weshalb er versuchen wird,

49 Ebd. S. 31. (Englische Passage durch analoge Passage des deutschen Originals ersetzt. – Anm. d. Hrsg.)

50 Yiannopoulos, A. N. „Property." *Louisiana Civil Law Treatise*, 4. Ausgabe, Band 2, 2001. (eig. Übers. – Anm. d. Hrsg.)

51 Menger, Carl. *Grundsätze der Volkswirtschaftslehre*. Wien, 1981, S. 70. (Englische Passage durch analoge Passage des deutschen Originals ersetzt. – Anm. d. Hrsg.)

seinen Besitz desselben aufrechtzuerhalten. Sehr wenige Tiere besitzen den Instinkt, Besitz von Objekten zu ergreifen; vielleicht ist dies bei nichtmenschlichen Spezies nur im Falle ihrer Häuser, Nester oder Bauten der Fall. Der überlegene Intellekt der Menschen erlaubt es uns, viel komplexere und ausgeklügeltere Besitzverhalten an den Tag zu legen. Wir besitzen Dinge über Jahre, Jahrzehnte und selbst Jahrhunderte über mehrere Generationen derselben Familie hinweg.

Indem sie Besitz von wertvollen Objekten ergreifen, können die Menschen Kosten und Zeit zukünftiger Tätigkeiten reduzieren. Der Eigentümer langlebiger Eigentumsgüter kann seine Zwecke mit geringerem Aufwand und geringeren Kosten erreichen als jemand, der nicht dieselben Güter besitzt. Arbeit in die Konstruktion eines langlebigen Hauses zu investieren ist ein effektiverer Weg, Unterkunft zu finden, als sich jeden Tag eine neue provisorische suchen zu müssen. Die Domestizierung und Haltung von Tieren kann ein zuverlässigerer Weg der Nahrungsbeschaffung sein, als jeden Tag auf die Jagd zu gehen. Bäume und Feldfrüchte anzubauen kann verlässlicher und produktiver sein als sich täglich auf die Pflanzensuche zu machen. All dies sind Methoden, mit denen die Menschen haushalten, um ihre Überlebenschancen zu verbessern und den Wert ihrer Zeit zu steigern – um, mit anderen Worten, Quantität und Qualität ihrer irdischen Zeit zu erhöhen.

Wir können Eigentum auch als eine Möglichkeit betrachten, die in Arbeit investierte Zeit in zukünftigen Nutzen umzuwandeln. Indem der Mensch seine Arbeitskraft zur Produktion eines langlebigen Gutes einsetzt, verzichtet er auf gegenwärtige Befriedigung, um etwas herzustellen, das einen kontinuierlichen Nutzen über einen kommenden Zeitraum hinweg bietet. Die grundlegendsten Bedürfnisse des Menschen können durch die Investition in langlebiges Eigentum effektiver befriedigt werden. Arbeit dazu aufzuwenden, ein Stück Land zu kultivieren, schafft einen Anreiz dazu, auf diesem ansässig zu bleiben und kontinuierlich von ihm zu profitieren. Der Besitz von Grund und Boden ermöglicht langfristige Investitionen und die Verbesserung seines Nutzens. Bliebe es herrenlos, schreckte dies von Investitionen in es ab.

Die Bedeutung des Eigentums im sozialen Kontext besteht darin, dass es Konflikte über knappe Ressourcen verhindert. Stephan Kinsella erklärt dies folgendermaßen.

> „Es besteht immer die Möglichkeit eines Konfliktes über streitige (knappe) Ressourcen. Dies liegt in der Natur knapper, oder umstrittener, Ressourcen. Indem es jeder Ressource einen Eigentümer zuweist, etabliert das Justizsystem oder die Eigentumsrechtsordnung objektive, öffentlich sichtbare oder erkennbare Schranken oder Grenzen, denen Nicht-Eigentümer ausweichen können."[52]

Eigentumsarten

Der Besitz physischer Güter kann nach vier Güterarten klassifiziert werden: verderblichen Konsumgütern, langlebigen Gütern, Kapitalgütern und monetären Gütern. Konsumgüter sind der letztendliche Zweck wirtschaftlichen Handelns; bei ihnen handelt es sich um jene Güter, welche sich die Menschen um ihrer selbst willen aneignen. Haltbare Konsumgüter unterscheiden sich von verderblichen dahingehend, als dass sie über lange Zeitspannen gehalten und verkonsumiert werden können. Beispiele langlebiger Konsumgüter sind Häuser, Autos, Fernseher oder Waschmaschinen. Kapitalgüter sind Güter, die aufgrund ihrer Fähigkeit, Konsumgüter zu produzieren, angeschafft werden und monetäre Güter sind solche, die nicht dazu bestimmt sind, konsumiert zu werden oder Konsumgüter

52 Kinsella, Stephan. „What Libertarianism Is." *Property, Freedom, and Society: Essays in Honor of Hans-Hermann Hoppe*, Ludwig von Mises Institute, 2009, S. 184f. (eig. Übers. – Anm. d. Hrsg.)

herzustellen, sondern zu einem späteren Zeitpunkt gegen andere Güter getauscht zu werden.

In einem sozialen System, das Individuen zum Wirtschaften und der weitmöglichsten Vermeidung von Konflikten anregt, können Eigentumsansprüche auf der Grundlage „einer objektiven, intersubjektiv feststellbaren Verbindung zwischen dem Eigentümer und der beanspruchten Ressource“[53] begründet werden, wie Hoppe es ausdrückt. In einem freien Markt oder einer nicht von Nötigung bestimmten Gesellschaftsordnung stehen einem Individuum drei von Rothbard beschriebene Wege offen, legitimes Eigentum zu erlangen:

1 – Angestammte Objekte, die keinen vorherigen Besitzer hatten.
2 – Von diesen Objekten abgeleitete Produkte.
3 – Objekte, die als Geschenk oder Teil eines Handels willentlich von rechtmäßigen Besitzern übernommen wurden.

Selbsteigentum

Da sowohl Menschen als auch ihre Zeit knapp sind, ist es nur natürlich, dass die Implikationen der Knappheit wirtschaftlicher Güter sich auch auf Menschen erstrecken, und Eigentum, wie Menger es ausdrückt, ihre „einzige praktische Lösung“ darstellt. Die Idee des Eigentums an Menschen mag verblüffend und moralisch falsch anmuten, ist aus wirtschaftlicher Sicht jedoch unvermeidlich. Da Menschen und ihre Zeit knapp sind, müssen Entscheidungen darüber, wie sich ein Mensch verhält und was er mit seiner Zeit anfängt, von jemandem getroffen werden, und darin liegt das Wesen des Eigentums. Derjenige, der darüber entscheidet, was mit dem Körper und der Zeit eines Menschen geschieht, ist in wirtschaftlicher Hinsicht *de facto* sein Eigentümer. Die Abscheu vor dieser

53 Ebd.

Eigentumsfragestellung erfährt erst da ihre Rechtfertigung, wo sie zugunsten einer anderen Person als der Person selbst entschieden wird.

Es gibt nur drei potenzielle Möglichkeiten, das Eigentum an Menschen zu organisieren:

> 1 – Selbsteigentum, in dessen Rahmen eine Person sich selbst vollständig besitzt und keinerlei Eigentumsansprüche anderer auf ihren Körper und ihre Zeit erdulden muss.
> 2 – Gemeinschaftseigentum, in dessen Rahmen alle Mitglieder einer Gesellschaft gemeinsam all ihre Körper besitzen und gemeinsam entscheiden, was jeder von ihnen tut.
> 3 – Sklaverei, durch die eine Person von jemand anderem besessen wird, wobei der Eigentümer entscheiden kann, was er mit dem Körper und der Zeit des Sklaven tut, was von der Zuteilung seiner Zeit für Aufgaben bis hin zur Versehrung seines Körpers reichen kann. Die Rechte eines Sklavenbesitzers erstrecken sich dabei bis hin zur Ermordung des Sklaven. In einer Gesellschaftsordnung der Sklaverei haben einige Personen die Inhaberschaft über sich selbst und andere, während einige weder sich selbst noch andere besitzen.

Die zweite Möglichkeit wäre nur für Kleingruppen sich sehr gut kennender Menschen realisierbar und fiele selbst diesen nicht leicht. Es ist äußert schwer für Menschen, sich all das Wissen anzueignen, das nötig wäre, darüber zu entscheiden, was andere mit ihren Leben und ihrer Zeit tun sollten. Die Komplexitäten der Informationsübermittlung, Entscheidungsfindung und Ausführung innerhalb eines solchen Systems sind in jedem realistischen gesellschaftlichen Maßstab praktisch unüberwindbar. Die dritte Möglichkeit scheitert aus ethischen, konsequentialistischen und Kohärenzgründen. Welche ethische Grundlage könnte es rechtfertigen, dass einige Menschen sich selbst besitzen, während einige das Eigentum anderer sind?

Es kann keine logisch und ethisch kohärente Begründung derart drastischer Eigentumsrechtsdifferenzen geben. Davon abgesehen führen derartige Unterschiede fast sicher zu Konflikten. Das Individuum, das kein Eigentumsrecht an sich selbst hat, wird danach streben, es zu erlangen, und mag sich dabei dazu berechtigt fühlen, Gewalt gegen die es Besitzenden anzuwenden. Wo immer Sklaverei als System existierte, führte sie zu Konflikten.

Selbsteigentum ist die einzige logisch und ethisch kohärente Möglichkeit, das Eigentum von Menschen zu regeln, und stellt die einzige Lösung dieses Problems dar, die eher in friedlicher Kooperation als gewalttätigen Konflikten enden wird. Selbsteigentum bedeutet, dass ein Individuum vollen Anspruch auf seinen Körper und seine Zeit hat. Aus der Prämisse des Selbsteigentums ergibt sich ein kohärenter Rahmen für das Verständnis von Rechten, Gerechtigkeit und Nichtaggression. Dieses Prinzip erstreckt sich auf aus entsprechenden Entscheidungen resultierende Produkte – d.h. auf Eigentum. Aggression kann als Androhung oder -wendung von Gewalt zur Kontrolle des Körpers oder der Zeit einer anderen Person verstanden werden, und alle physische Gewalt gegen ein Individuum verletzte dessen Recht auf Selbsteigentum.

Es ist schwer, gegen Selbsteigentum oder Eigentumsrechte zu argumentieren, wenn man begreift, dass Eigentumsrechte den einzig praktikablen Umgang mit wirtschaftlicher Knappheit darstellen, der Frieden sowie Zivilisation wertschätzt. Jedes entsprechende Gegenargument wäre leicht als eigennützige Heuchelei durchschaubar. Es wäre kein Beispiel des intelligenten Gebrauchs menschlicher Vernunft, sondern ein Aufruf dazu, auf die Werte nicht-menschlicher, unvernünftiger und vollends von ihren Instinkten kontrollierter Tiere zurückzufallen. Ein Argument gegen das Selbsteigentum ist im Endeffekt eines gegen die eigene Menschlichkeit, da es verdeutlicht, dass der so Argumentierende keine Eigentumsrechte respektieren und somit kein Teil einer zivilisierten Gesellschaftsordnung sein kann. Es wäre die Bitte darum, als Tier angesehen zu werden. Obwohl ökonomische Theorien keine politischen Ideologien vorschreiben, werden ein Verständnis wirtschaftlicher Knappheit und eine Wertschätzung von Frieden und Zivilisation Individuen dem Libertarismus zuneigen. Es gibt keine Alternativen zum Selbsteigentum, die nicht Konflikte, Feindschaft und Ressentiment zwischen Einzelnen und Gruppen schüren.

Obwohl die meisten Ideologien nicht explizit für Sklaverei plädieren, sind nur Libertäre konsequent in ihrer Ablehnung und wenden diese bis zu ihrem logischen Ende an. Alle anderen Ideologien glauben zumindest an bestimmte Ausprägungen der Sklaverei in Form legitimer Ansprüche auf die Körper und die Zeit anderer. Die Anhänger von Besteuerung, Wehrpflicht, Rauschgiftkriminalisierung und medizinischen Vorschriften mögen sich selbst nicht gerne als solche der Sklaverei sehen, doch sie übertragen die partielle Inhaberschaft am Körper einer Person auf den Staat, da sie diesen dabei unterstützen, seine Bürger wie Eigentum zu behandeln, wenn er ihnen unter Zwang Einkommen entzieht, sie wegen Drogenkonsums einkerkert, oder ihnen das Arbeiten untersagt, weil sie sich weigern, staatlich vorgeschriebene Arzneimittel einzunehmen.[54]

Die Bedeutung von Eigentumsrechten

Das Konzept des Eigentums zu verstehen, versetzt Individuen in die Lage, effektiver zu wirtschaften und die Produktivität sowie den Wert ihrer Zeit zu erhöhen. Indem sie Arbeit in die Produktion langlebiger Güter investieren, können sie langfristigen Nutzen aus diesen ziehen und zugleich ihre Zeitpräferenz senken, indem sie lernen, die Zukunft höher zu priorisieren.

54 Kinsella, Stephan. „What Libertarianism Is." *Property, Freedom, and Society: Essays in Honor of Hans-Hermann Hoppe*, Ludwig von Mises Institute, 2009, S. 179-196.

Wenn die Anerkennung von Eigentumsrechten die vorherrschende Norm in einer Gesellschaft wird, können Individuen in Kapitalgüter investieren, um mit anderen zu handeln und ihre Produktivität weiter zu erhöhen, was die marktwirtschaftliche Ordnung, die in späteren Kapiteln beschrieben wird, entstehen lässt. Eigentumsrechte können als der soziale Skalierungsmechanismus verstanden werden, der es den Menschen erlaubt, Eigentum in unmittelbarer Nähe zu anderen, die es gerne ebenfalls haben würden, zu besitzen. Mises bemerkt hierzu Folgendes: „Privateigentum an den Produktionsmitteln ist die grundlegende Institution der Marktwirtschaft. Ihr Vorhandensein charakterisiert die Marktwirtschaft als solche. Im Falle ihrer Abwesenheit kann von Marktwirtschaft keine Rede sein.“[55]

Die Marktwirtschaft – und Zivilisation an sich – beruhen auf der Achtung von Eigentumsrechten, denn nur wenn diese gesichert sind, können Individuen mehr Kapital ansammeln, als sie zur Befriedigung primitiver Grundbedürfnisse mit sich zu führen imstande sind. Eine Gesellschaft, in der die Eigentumsrechte nicht respektiert werden, ist eine Gesellschaft, in der Konflikte vorherrschen und in der es sich der Einzelne nicht leisten kann, seine kostbare Arbeitskraft in die Zukunft zu investieren, da der Besitz jedweder Güter, die diesen Wert speichern könnten, riskant ist. Eine zivilisierte Gesellschaft ist nur möglich, wenn das Recht auf Eigentum an sich selbst und an Gegenständen allgemein respektiert wird und der Einzelne erwarten kann, sein Eigentum auch in Zukunft zu besitzen.

Mises erklärt sehr schön, wie die Institution des Privateigentums im Kontext einer Marktwirtschaft den verantwortungsvollen Umgang mit Ressourcen sicherstellt:

> „Die Bedeutung des Privateigentums ist in der Marktgesellschaft grundlegend von der in einer geschlossenen Hauswirtschaft

55 Mises, Ludwig von. *Human Action: The Scholar's Edition*. Ludwig von Mises Institute, 1998, S. 678. (eig. Übers. – Anm. d. Hrsg.)

verschieden. Wo jeder Hof wirtschaftlich autark ist, dienen private Produktionsmittel ausschließlich ihrem Eigentümer. Er allein erntet die Früchte ihrer Verwendung. In der Marktgesellschaft können die Eigentümer von Kapital und Grund und Boden nur dann von ihrem Besitz profitieren, wenn sie ihn zur Befriedigung fremder Bedürfnisse einsetzen. Eigentümer müssen ihren Mitmenschen dienen, um aus dem, was ihnen gehört, Vorteil zu ziehen. Allein die Tatsache, dass sie Produktionsmittel besitzen, zwingt sie dazu, sich den Wünschen der Allgemeinheit zu unterwerfen. Eigentum ist nur für jene von Vorteil, die es bestmöglich zum Nutzen aller übrigen Gesellschaftsmitglieder einzusetzen wissen. Es ist eine gesellschaftliche Funktion."[56]

Ein Fehlen von Eigentumsrechten resultiert in zwischenmenschlichen Konflikten und der Degradation wirtschaftlicher Güter und natürlicher Ressourcen. Wenn es keine eindeutigen Eigentumsrechte an wirtschaftlichen Gütern gibt, werden die Personen, die diese benutzen und kontrollieren, es ohne die Erwartung tun, sie auch in Zukunft zu nutzen, was sie natürlicherweise zur Geringschätzung des zukünftigen Zustandes dieser Ressourcen verleiten muss. Diese starke Diskontierung der Zukunft ist ein inhärentes Merkmal der Nutzung herrenloser Ressourcen. Privateigentum bietet seinen Eigentümern einen Anreiz, sich um den langfristigen Zustand ihres Eigentums zu kümmern und es somit längerfristig zu erhalten. Mises erklärt dies folgendermaßen:

„Wenn Boden niemandem gehört, mag der rechtliche Formalismus ihn auch als Gemeineigentum kategorisieren, wird seine Nutzung ohne Rücksichtnahme auf die aus ihr resultierenden Nachteile erfolgen. Diejenigen, die sich seinen Ertrag – Holz und Wild der Wälder, Fische der Gewässer und die Schätze des

56 Ebd. S. 680

Bodens – aneignen können, kümmern sich nicht um die Spätfolgen ihrer Verfahren. Für sie sind die Erosion des Grundes, die Vernichtung der Bestände und andere Beeinträchtigungen zukünftiger Nutzung externe Kosten, die nicht in ihre Rentabilitätsrechnung eingehen. Dann werden die Walder abgestockt, ohne dass für die Wiederaufforstung gesorgt wird, dann werden Wild und Fische so gejagt und gefischt, dass der Nachwuchs gefährdet oder vernichtet wird. Zu Beginn der menschlichen Zivilisation, als es noch reichlich Böden gab, die den besetzten an Güte ebenbürtig waren, hatten die Menschen derartigen Raubbau nicht zu tadeln. Wo seine Effekte die Nettoerträge schrumpfen ließen, gab der Landwirt seinen Hof auf und zog an einen anderen Ort. Erst wenn ein Land dichter besiedelt wurde und unbesetzter Ackerboden höchster Güte nicht länger verfügbar war, begannen die Menschen, solche räuberischen Verfahren als verschwenderisch zu betrachten. Zu dieser Zeit festigten sie die Institution privaten Landbesitzes. Sie begannen mit Ackerland und begriffen später Schritt um Schritt Weiden, Wälder und Fischereien mit ein.“[57]

57 Ebd. S. 680

KAPITEL 6:

Kapital

„Ueberall wo wir unsere Blicke hinwenden, sehen wir bei Culturvölkern ein System grossartiger Vorsorge für die Befriedigung menschlicher Bedürfnisse. Während wir uns zum Schutze gegen die Winterkälte noch in unsere Winterkleider hüllen, sind schon die fertigen Frühjahrsstoffe am Wege in die Läden der Detailhändler, und in den Fabriken werden bereits die leichten Stoffe gewebt, mit welchen wir uns im nächsten Sommer, und die Garne für die Stoffe gesponnen, mit welchen wir uns im nächsten Winter bekleiden werden. Wenn wir erkranken, bedürfen wir der Dienstleistungen eines Arztes, und bei Rechtsstreitigkeiten des Beirathes eines Rechtskundigen. Tritt nun für Jemanden ein solcher Fall ein, dann wäre es für ihn viel zu spät, wollte er sich die medicinischen oder juridischen Kenntnisse und Fertigkeiten selbst aneignen, oder andere Personen für seinen Dienst besonders ausbilden lassen, selbst wenn er die Mittel hiefür besässe. Auch ist in Culturländern für die Bedürfnisse der Gesellschaft nach solchen und ähnlichen Dienstleistungen von langer

Hand bereits vorgesorgt, indem erfahrene und bewährte Männer, welche sich bereits vor vielen Jahren für ihren Beruf herangebildet und inzwischen durch ihre practische Thätigkeit reiche Erfahrungen gesammelt haben, der Gesellschaft ihre Dienste zur Verfügung stellen. Während wir aber solcherart die Früchte der Vorsorge vergangener Zeiten geniessen, bilden sich an unseren Hochschulen bereits zahlreiche Männer heran, um den Bedürfnissen der Gesellschaft nach ähnlichen Dienstleistungen in der Zukunft gerecht zu werden."[58]

– Carl Menger

Im vorangegangenen Kapitel wurden das Konzept des Eigentums aus wirtschaftlicher Sicht und die Entwicklung dieses menschlichen Werkzeugs im Laufe der Zeit erörtert. Was die Eigentumsformen, die Menschen besitzen können, angeht, so unterscheidet die Wirtschaftswissenschaft zwischen Konsumgütern, die wegen des Nutzens, den sie ihren Besitzern bieten, besessen werden, und Kapitalgütern, die man nicht ihres Nutzens wegen innehat, sondern weil sie zur Herstellung von Konsumgütern verwendet werden können, die ihrerseits Nutzen bieten. Investitionsgüter oder Güter höherer Ordnung sind alle Güter, die nicht konsumiert, sondern für die Produktion von Konsumgütern oder Gütern niedrigerer Ordnung verwendet werden. Was ein Gut zu einem Konsumgut oder einem Investitionsgut macht, ist nicht dem Gut selbst inhärent, sondern hängt davon ab, wie das Gut von der es besitzenden Person genutzt wird. Ein und dasselbe Gut kann je nach Kontext als Kapital- oder Konsumgut verwendet werden. Ein Computer, der zum Ansehen von Filmen und zum Surfen im Internet verwendet wird, ist ein Konsumgut; derselbe Computer aber, der zum Schreiben eines Buches verwendet wird, ein Kapitalgut. Ein Auto kann ein Kapitalgut

58 Menger, Carl. *Grundsätze der Volkswirtschaftslehre*. Wien, 1981, S. 33f. (englische Passage durch analoge Passage des deutschen Originals ersetzt. – Anm. d. Hrsg.)

sein, wenn es als Taxi betrieben wird, aber ein Konsumgut, wenn man es ausschließlich für Freizeitfahrten verwendet. Maiskörner können ein Konsumgut darstellen, wenn sie gegessen werden, und ein Kapitalgut, wenn man sie anpflanzt, um zusätzlichen Mais anzubauen.

Dieses Kapitel behandelt Kapital in einem abstrakten, konzeptuellen Sinn. Nach der Einführung in das Phänomen des Geldes und der erweiterten Marktordnung in den folgenden Kapiteln wird Kapitel 12 Kapital im Kontext einer modernen monetären Wirtschaftsordnung behandeln und Teil IV das Problem zentraler Planung in Kapitalmärkten erörtern.

Die Verlängerung der Produktionsumwege

Die Einführung von Kapital in die wirtschaftliche Produktion setzt eine Verlängerung der Produktionszeit voraus. Ohne Kapitalgüter produzieren Menschen Konsumgüter direkt. Wird jedoch ein Kapitalgut involviert, muss dieses zunächst produziert und dann für die Produktion von Konsumgütern eingesetzt werden. Indem der Zwischenschritt der Kapitalproduktion eingeschaltet wird, verlängert sich der Produktionsweg.

Dies mag auf den ersten Blick kontraintuitiv wirken. Warum sollten die Menschen Produktionsumwege einschlagen? Wie in Kapitel 3 dargelegt, ist unsere Zeitpräferenz positiv – Menschen ziehen das frühere Gut dem identischen späteren vor. Warum also Stunden damit zubringen, eine Angelrute zum Fangen von Fischen anzufertigen, wenn man Fische unmittelbar mit den Händen fangen könnte? Die Antwort hierauf liegt in der Produktivität der Angelrute. Zwar verschlingt die Produktion einer Angelrute Zeit, doch nach ihrer Fertigstellung sollte sie es einem Fischer ermöglichen, mehr Fische pro Aufwandseinheit zu fangen. Obwohl die

Zwischeninvestition der Rutenanfertigung die Ankunft der ersten Fische hinauszögert, macht die durch sie erzielte Produktivitätssteigerung den langfristigen Ertrag wertvoller als den mit bloßen Händen erzielbaren, obgleich dieser früher eintreten mag. Der Erfolg der Investition ist nicht sicher, doch was sie möglicherweise zusätzlich abwirft, stellt den einzigen Anreiz zur Kapitalakkumulation dar, welche den Produktionsweg verlängert und die Befriedigung unmittelbarerer Bedürfnisse aufschiebt.[59]

Wenn eine Person sich dafür entscheidet, einen Fisch mit ihren Händen zu fangen, dauert die Produktionszeit von dem Moment, in welchem sie sich auf den Weg zum Meer macht, bis zu dem des Fanges an. Räumen wir dafür zwei Stunden ein. Es gibt keinen schnelleren und direkteren Weg, einen Fisch zu fangen – doch es gibt produktivere, obgleich diese längere Produktionsprozesse involvieren. Widmet sie sich der Herstellung eines Angelspeers, verlängert sich der gesamte Prozess durch die Suche und Bearbeitung eines geeigneten Astes sowie die Übung im Umgang mit diesem. Gehen wir davon aus, dass vom Beginn der Suche nach einem Ast bis zum Fang des Fisches vier statt zwei Stunden vergehen. Nachdem der Fisch jedoch gefangen wurde, funktioniert der Speer des Fischers noch immer, weshalb der Fang des nächsten Fisches nun durchschnittlich weit weniger als die vormaligen zwei Stunden beansprucht. Der gesamte Produktionsprozess wäre länger, doch im Anschluss an die Kapitalproduktion verkürzte sich die zur Produktion jeder weiteren Einheit notwendige Grenzzeit. Mit zunehmender Kapitalproduktion in der Fischerei würden die Produktionsumwege immer länger: Der Fischer baut sich ein kleines Boot, wofür er eine ganze Woche braucht, während der er es noch nicht zum Fischfang einsetzen kann. Nach seiner Fertigstellung jedoch wird es die Grenzproduktivität des Fischers spürbar erhöhen. Später könnte die Kapitalakkumulation durch den Bau eines großen Bootes, das

59 Böhm-Bawerk, Eugen von. *Capital und Capitalzins.* Wagner, Innsbruck 1884-89.

vor seinem Einsatz ein ganzes Jahr an Konstruktionsarbeit verlangt, fortschreiten.

Das Sparen

> „Am Anfang der Verlängerung der Produktionszeit steht das Sparen, d.h. ein Überschuss der gegenwärtigen Produktion über den gegenwärtigen Konsum. Zu sparen ist der erste Schritt auf dem Weg zur Verbesserung materiellen Wohlstands und zu jedem weiteren Schritt entlang dieses Weges."[60] – Ludwig von Mises

Die Verlängerung der Produktion kann ohne die anfängliche Produktion von Konsumgütern, durch welche die Produzenten sich während des Produktionsprozesses zu erhalten vermögen, nicht stattfinden. Für die Zukunft vorzusorgen, macht längere und produktivere Produktionsumwege möglich. Ressourcen lassen sich jedoch nur für die Zukunft ansparen, wenn man zugleich seine momentanen Grundbedürfnisse befriedigen kann. Der Landwirt muss genug Getreide für die eigene Ernährung produzieren, bevor er etwas davon zur Aussaat verwenden kann; und jedes für letztere verwendete Getreidekorn kann er im entsprechenden Jahr nicht mehr essen. Wenn ein Fischer dem Bau einer Angelrute einen Tag widmet, muss er am vorherigen Tag für diesen Tag vorgesorgt haben, indem er am Vortag möglichen Konsum auf den Folgetag aufschob. Es ist unmöglich, eine Angelrute zu bauen, ohne Freizeit positiven Nutzens, oder andere Arbeit, die Konsumgüter positiven Nutzens abwirft, zu opfern. Sparen ist die Mutter des Kapitals; nur des Konsumaufschubs wegen können Kapitalgüter existieren.

Dasselbe gilt selbst für die längsten und ausgeklügeltsten Produktionsprozesse, wie sie bspw. zur Produktion von Flugzeugen

60 Mises, Ludwig von. *Human Action: The Scholar's Edition*. Ludwig von Mises Institute, 1998, S. 487. (eig. Übers. – Anm. d. Hrsg.)

eingesetzt werden. Heutige Ingenieure sind mit der Produktion der nächsten Reihe an Flugzeugen für Boeing beschäftigt, deren Entwurf, Produktion und Testphase wahrscheinlich mehr als ein Jahrzehnt beanspruchen wird, das verstreichen muss, bevor sie verkauft werden und Umsatz generieren können. Der Flugzeughersteller benötigt Kapitalinvestitionen, um diese Arbeiter mit den Ressourcen zu versorgen, die sie brauchen, um ihre Lebenshaltungskosten zu decken, bis der Produktionsprozess abgeschlossen und Umsatz mit dem Verkauf der Flugzeuge erwirtschaftet werden kann. Darüber hinaus muss die Firma die Eigentümer des für die Produktion eingesetzten Kapitals entschädigen. Alle Zeitpräferenz ist positiv, und Kapitaleigentümer sowie Arbeitskräfte müssen während des Produktionsprozesses konsumieren, um zu überleben und sich bereitwillig von ihrem Kapital bzw. ihrer Arbeit zu trennen. Selbst wenn es Boeing auf irgendeine Weise gelänge, sich alle notwendigen Kapitalgüter und Arbeitskräfte durch das Versprechen zu sichern, Verkäufer und Arbeiter nach der Fertigstellung der Flugzeuge zu bezahlen, wäre die Produktion von den Arbeitern und Maschinenverkäufern finanziert worden, die in diesem Fall ihre eigene Bedürfnisbefriedigung zugunsten der Produktion aufschieben müssten.

Für eine Verlängerung des Produktionsprozesses muss irgendwer irgendwo seinen Konsum von Ressourcen verzögern und sie Produzenten verfügbar machen. In der einfachen Wirtschaft des Fischers wurde dieses Opfer von ihm selbst erbracht, als er einen Teil seiner Nahrung für den nächsten Tag aufhob, um diesen mit dem Bau einer Angel verbringen zu können. In einer modernen kapitalistischen Wirtschaft erbringen Investoren das Opfer, indem sie ihren Konsum zugunsten der Finanzierung von Unternehmern aufschieben. Unternehmer bezahlen Arbeiter und Kapitaleigentümer in der Gegenwart dafür, Arbeit und Kapital für den Produktionsprozess, dessen Resultat sich erst in der Zukunft einstellen wird, beizusteuern. Längere Produktionsumwege verlangen nicht nur nach mehr Bedürfnisbefriedigungsaufschub, sondern ausgeprägteren kognitiven Fähigkeiten – und sie stellen ein größeres Risiko dar. Ohne einen Unternehmer, der sich eine längere Struktur vorstellen kann, und ohne einen Investor, der seine gegenwärtige Genugtuung gegen die Chance einer größeren zukünftigen eintauscht, können weder das notwendige Kapital noch die notwendigen Arbeitskräfte für den Produktionsprozess organisiert werden. Jeder die Produktionsumwege verlängernde Prozess ist nur durch die Opfer und Bedürfnisbefriedigungsaufschübe von Kapitalisten möglich. Dieser eigentlich offensichtliche Punkt muss betont werden, weil ein großer Teil der weltweiten Wirtschaftsprobleme von Unzurechnungsfähigen verursacht wurde, die unter der Wahnvorstellung ihr Unwesen treiben, Ausnahmen dieser Notwendigkeit gefunden zu haben.

Produktivitätssteigerung

Ludwig von Mises beschreibt Kapitalgüter als „gespeicherte Arbeit, Natur und Zeit."[61] Er unterscheidet zwischen Kapital und unabhängigen Produktionsfaktoren wie natürlichen Ressourcen und Arbeit. Dieser geistige Rahmen ist einem Verständnis der wirtschaftlichen Funktionen und Bedeutung von Kapital sehr zuträglich. Menschen sind dazu fähig, natürliche Ressourcen mit ihrer Arbeit zu kombinieren und so nach und nach Kapitalgüter herzustellen. Die Zeit, Arbeit und Ressourcen, die dazu aufgewendet wurden, werden ihre Produktivität erhöhen.

Mit Hilfe von Kapitalgütern zu produzieren, kommt einer Produktion unter Zuhilfenahme jener Arbeit, Natur und Zeit, die in die Herstellung dieser Kapitalgüter selbst geflossen sind, gleich. Dies steigert die Produktivität und reduziert die zur Herstellung einer Produktionseinheit des Endproduktes notwendige Zeit. Diese

61 Ebd, S. 490. (eig. Übers. – Anm. d. Hrsg.)

Zeit wird in längere Produktionsumwege investiert, die eine höhere Ausbringungsmenge pro Zeiteinheit abwerfen, weshalb Kapital ein Weg ist, menschliche Zeit zu sparen, wie Mises in folgender Passage erklärt: „Die Verfügung über Kapitalgüter bedeutet mithin *caeteris paribus* Zeitgewinn oder, was dasselbe ist, Zeitersparnis. Ohne Einschränkung des Verbrauches, ohne Erwerbung besseren technologischen Könnens, ohne Aufwendung von mehr Arbeit oder von mehr naturgegebenen sachlichen Produktionsmitteln vermag man dank der Verfügung über Kapital Ziele früher zu erreichen, als es ohne diese Verfügung möglich wäre. Der Vorsprung, den die Verfügung über Kapital dem Kapitalisten gibt, besteht in Zeitersparnis."[62]

Es ist wichtig, längere Produktionswege nicht mit der kürzeren Produktionszeit des Endproduktes zu verwechseln. Kapitalakkumulation führt zu einer Verlängerung der Gesamtproduktionsdauer, wenn die Zeit berücksichtigt wird, die für die Produktion höherer Güter notwendig war, welche ihrerseits Teil des Produktionsprozesses werden. Zugleich führt Kapitalakkumulation jedoch zu einer Reduktion der Zeitkosten jeder Grenzeinheit. Neben einer Produktivitätssteigerung erlauben Kapitalgüter die Produktion von Gütern, deren Herstellung ohne Kapital vollkommen unmöglich wäre. Indem der Fischer vom Einsatz seiner Hände zu Angelruten und Booten übergeht, wird er nicht nur mehr Fische fangen, sondern unter diesen Arten, die sich vor dem Einsatz von Kapital außerhalb seiner Reichweite befanden. Ohne Kapitalakkumulation wären die meisten für uns selbstverständlichen Produkte der modernen Welt nicht produzierbar, da es keine Möglichkeit gibt, sie mit bloßen Händen herzustellen.

Kapitalgüter werden gebaut und angeschafft, um die Produktivität von Arbeitskräften zu erhöhen, und verlängern hierbei unaus-

---

62 Mises von, Ludwig. *Nationalökonomie: Theorie des Handelns und Wirtschaftens.* Genf, 1940, S. 456f. (englische Passage durch analoge Passage des deutschen Originals ersetzt. – Anm. d. Hrsg.)

weichlich den Produktionsprozess. Kapital ist der Unterschied zwischen dem Fischfang mit bloßen Händen oder mit Hilfe einer Angel, eines kleinen Bootes oder der *Annelies Ilena*, dem weltgrößten Hochseetrawler. Ein Tag des manuellen Fischfangs mag mit Glück ein paar Fische abwerfen. Eine Angel könnte diese Anzahl auf ein Dutzend erhöhen; ein Boot mit Netz auf ein paar Hundert. Wer jedoch eines der etwa 70 Besatzungsmitglieder der *Annelies Ilena* ist, könnte mit seinen Kollegen zusammen täglich ungefähr 350 Tonnen Fisch, was 5 Tonnen pro Besatzungsmitglied entspricht, fangen. Derselbe Mensch könnte innerhalb derselben Zeit am selben Tag einen Fisch oder 5 Tonnen Fisch fangen – abhängig davon, welches Kapital er für diese Aufgabe einzusetzen vermag.

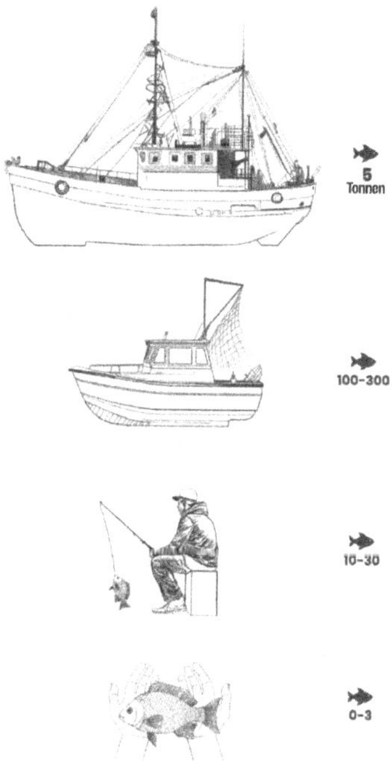

Abbildung 8. Produktivität und Kapital

Letztendlich ist es diese Produktivitätssteigerung, die zu den unterschiedlichen Lebensstandards von mit großen Kapitalmengen arbeitenden und kapitalarmen Menschen führt; zwischen Menschen, die mit bloßen Händen fischen, und denen, die es mit der *Annelies Ilena* tun; zwischen Ländern mit viel industriellem Kapital, und solchen ohne.

Diese Produktivitätssteigerung macht unser modernes Leben erst möglich. Man kann als Gedankenexperiment versuchen, sich vorzustellen, das eigene Überleben ohne Kapitalgüter sicherzustellen. Unter Einsatz von nichts als seinen bloßen Händen zu überleben, wäre ein sehr schwieriges Unterfangen. Nicht einmal das tägliche Überleben wäre durch werkzeugloses Jagen und Sammeln gesichert. Eine von Hand errichtete Unterkunft wäre fragil und kaum gegen die Naturgewalten gewappnet. Derartige Umstände wären lebensgefährlich. Doch selbst, wer diese Situation überlebte, würde ohne jeden Zweifel den enormen Wert von Investitionen in Güter anerkennen, die den Ertrag von in Produktion investierter Zeit erhöhten. Selbst die unumgängliche Notwendigkeit, Steine oder Zweige zur Verteidigung gegen oder Jagd auf Tiere einzusetzen, ist eine Form der Kapitalnutzung. Individuen oder Ideologien, welche die Übel des Kapitals anprangern, begehren ohnmächtig und ignorant gegen die Notwendigkeit auf, dass der menschliche Verstand zur Erreichung seiner Ziele auf Werkzeuge zurückgreift.

Wenn diese Investitionen die Produktivität erfolgreich steigern, wird die Beschaffung täglicher Mahlzeiten einfacher und unzweifelhafter. Weniger Zeit muss in die Sicherung der grundlegendsten Lebensbedürfnisse fließen, und mehr Zeit kann in die Anhäufung zusätzlichen Kapitals investiert werden, um die Produktivität weiter zu erhöhen.

Der sicherste und wichtigste Weg zur Verbesserung menschlicher Lebensstandards ist die Anhäufung von Kapitalgütern, da sie die Arbeitsproduktivität erhöhen. Es gibt keine Garantie dafür, dass die Investition in Kapital in einer Produktivitätssteigerung resultieren wird, was das dem Prozess der Kapitalakkumulation inhärente Risiko darstellt. Wenn Investitionen jedoch Kapital erzeugen, das die Produktivität nicht steigert, so waren sie ein Fehlschlag, dessen Resultat nicht zur Produktion eingesetzt wird. Wenn möglich, wird es konsumiert und ansonsten entsorgt. Es gab zweifellos viele Versuche, die Produktivität des Fischfangs zu erhöhen, von denen jedoch nur die erfolgreichen überdauern. Alle anderen gerieten mitsamt der verschwendeten Investitionen in sie in Vergessenheit. Kapital ist nicht einfach das Resultat von Investitionen in längere Produktionsumwege, sondern von solchen, die den Produktionsprozess produktiver machten, indem sie ihn verlängerten. Das Verlustrisiko ist dabei nur ein Teil der hohen Kosten von Kapital.

Je länger der Produktionsprozess ist, desto mehr Kapital wird erfolgreich eingesetzt, desto produktiver sind die Arbeitskräfte, desto weniger Stunden des Tages müssen für die Befriedigung von Grundbedürfnissen verwendet werden, und umso größer wird der Sicherheitspuffer zwischen den Menschen und ihrem Hungertod. Vor allem der Kapitalakkumulation und Verlängerung von Produktionsprozessen ist es zu verdanken, dass die meisten Menschen nahrhafte Lebensmittel für einen Bruchteil ihres Tageslohns kaufen können. Ohne modernes Kapital wäre der Ertrag eines Arbeitstages etwa das, was ein Individuum für sein tägliches Überleben benötigt, was seine Existenz prekär und unsicher machte. Extreme Armut existiert heute nur da, wo Kapital rar ist und die Menschen von der Hand in den Mund leben. Mit modernem Kapital jedoch können die meisten Arbeiter ein Vielfaches ihres Tagesbedarfs an Nahrung produzieren, was ihnen einen beträchtlichen Sicherheitsspielraum verschafft, der sie vor Elend und Hunger schützt und ihnen den Konsum vieler weiterer Güter gestattet.

Versuche, um Dir die Wichtigkeit von Kapital zu verdeutlichen, Deinem Beruf einmal ohne jegliches Kapital nachzugehen und die

Änderung Deiner Produktivität zu messen. Wenn Du ein Landwirt bist, versuche mit bloßen Händen zu arbeiten, ohne die Hilfe eines Traktors oder einer Schaufel. Versuche, ohne Gewehr, Speer oder Pfeil und Bogen zu jagen. Versuche, ohne Auto Taxifahrer zu sein. Versuche, einen Winter ohne das Kapital zu überleben, das wir zum Bau, zur Beheizung und zum Blitzschutz unserer modernen Häuser benutzen. Es ist zutreffend, Armut als Kapitalmangel aufzufassen.

Eine gute Veranschaulichung des Wertes von Kapital finden wir in George Orwells *Down and Out in Paris and London*[63] (z. Dt. Erledigt in Paris und London – Anm. d. Übers.) Orwell verbrachte in den 1920er und 30er Jahren viel Zeit mit einkommensschwachen Arbeitern in diesen beiden europäischen Großstädten. Eine seiner scharfsinnigsten und tiefgründigsten Beobachtungen über den Armutszustand, in dem er lebte, bestand in der Einsicht, wie teuer alles für arme Menschen war. Für einen reichen Menschen, der in einem Haus mit allem Lebensnotwendigen wohnt, ist das tägliche Überleben selbstverständlich, zumindest im Vergleich mit einem armen Landstreicher, der darum ringen muss, seine Grundbedürfnisse zu befriedigen. Ohne Küche ist jedes Essen teuer. Ohne Auto ist die Fortbewegung zeitraubend. Ohne Kleidung ist es teuer, gute Klamotten zu finden, um für eine anständige Arbeit ordentlich auszusehen. Viele Dinge werden durch den Besitz von Kapital günstig; Kapitalarmut ist der Hauptgrund dafür, dass Armut unüberwindlich erscheinen kann. Niedrige Kapitalgütervorräte drücken die Produktivität, was wenig zum Sparen und für die Investition in Kapital zur Produktivitätssteigerung übrig lässt. Um aus diesem Teufelskreis auszubrechen, muss ein Teil des bereits sehr geringen Konsums aufgeschoben werden, was das Überleben prekär macht. Viele Arme dieser Erde tun sich schwer damit, dieser Armutsfalle zu entkommen.

---

63 Orwell, George. *Down and Out in Paris and London*. Victor Gollancz, 1933.

Kapitalkosten

Die abschätzige Erwähnung von Kapital und seinen Besitzern in den Massenmedien, Universitäten und anderen Ausprägungen des ökonomischen Analphabetismus ist etwas Alltägliches. Kapital wird als eine Form der Arbeiterausbeutung dargestellt und seinen Besitzern die Ausnutzung eines unfairen Vorteils gegenüber der restlichen Gesellschaft vorgeworfen. Selten hört man etwas von den wahren Kosten des Kapitalbesitzes oder von der Verantwortung, die er impliziert. Um Kapital zu besitzen, muss man es sich erst verdienen. Danach muss man es kompetent genug einsetzen, um auf dem Markt für seine Erhaltung ausreichende Mittel zu erwirtschaften. Die wirtschaftlichen Kosten von Kapital manifestieren sich auf verschiedene Weisen:

Befriedigungsaufschub

Der Nachteil der Kapitalakkumulation besteht in ihren hohen Kosten und in ihrer Unsicherheit. Sie setzt die Aufopferung momentanen Konsums zur Investition in Ressourcen voraus, die wenn überhaupt erst in Zukunft Früchte tragen werden. Kapital erfordert eine unablässige Bedürfnisbefriedigungs- und Konsumverzögerung. Die Opportunitätskosten allen Kapitals bestehen immer aus Konsumverzicht. Jeder Kapitaleigentümer kann sein Kapital jederzeit im Austausch gegen sofortigen Konsum verkaufen. Im Moment der Fertigstellung seiner Angelrute könnte der Fischer jemanden finden, der ihm eine signifikante Anzahl an Fischen für sie anböte. Um fortgesetzt auf dem produktiveren Niveau zu produzieren, das die Angelrute ermöglicht, muss ihr Besitzer jeden Tag die Möglichkeit ausschlagen, im Tausch gegen sie Fische zu akzeptieren. Jede produktive Maschine dieses Planeten könnte von ihrem Eigentümer für Konsumgüter hergegeben werden, die ihm unmittelbaren Genuss verschaffen. Die Eigentümer der *Annelies Ilena* könnten das kommende Jahr in exorbitantem Luxus schwelgen, verkauften sie sie und konsumierten sie die Erlöse, doch sie opfern dieses opulente Jahr der Aufrechterhaltung ihres Kapitals, das ihnen über Jahrzehnte hinweg eine Einkommensquelle sichern wird.

Die Akkumulation jedweden Kapitals setzt eine Verringerung der Zeitpräferenz voraus; Individuen müssen ihre Diskontierung der Zukunft so weit reduzieren, dass sie auf Kosten der Gegenwart für sie vorzusorgen imstande sind. Dies gilt es zu bedenken, wenn ökonomische Analphabeten Kapitalbesitzer als Parasiten und Ausbeuter anschwärzen. Die Aufopferung unmittelbaren Konsums im Austausch für zukünftige Belohnungen aufseiten von Kapitaleignern ist aus ökonomischer Sicht nichts anderes als die Aufopferung von Freizeit im Austausch für zukünftige Belohnungen aufseiten von Arbeitnehmern. Trügen Kapitaleigentümer tatsächlich nichts zur Produktion bei, würde ihr Konsum des Kapitals die Produktivität der Arbeitskräfte nicht beeinflussen. Man könnte jedoch jeden beliebigen Arbeiter fragen, was ohne Kapital mit seiner Produktivität geschähe, um sich die Absurdität des Kapitalhasses zu verdeutlichen.

Es ist wichtig, festzustellen, dass weder die marxistischen noch die keynesianischen Gedankenlosigkeitsschulen jemals die intellektuelle Kapazität dazu entwickelten, mit einem Konzept wie dem der Zeitpräferenz umzugehen oder zu verstehen, welche Implikationen es für die Kapitalakkumulation hat. Noch zeigten sie jemals ein Verständnis des Konzeptes der Opportunitätskosten, was aus ihren Gesetzesvorschlägen deutlich wird, die für einen Garten Eden entworfen sind, der keine Knappheit kennt und weder Regierungen noch Individuen vor die ewige Qual der Wahl(en) stellt (frei übersetzt, Anm. d. Hrsg.). Ein Verständnis der Schwierigkeit und Bedeutung von Kapitalakkumulation kann nur im Lichte von Knappheit und Opportunitätskosten erreicht werden, was erklärt, warum sozialistische Regierungen in der weitgehenden Zerstörung gesellschaftlichen Kapitals ihren Höhepunkt erreichen.

Zerstörung

Kapital hervorzubringen ist teuer und riskant; es zu zerstören sehr leicht. Kapital ähnelt einem lebendigen Organismus, der ständig Inputs von seiner Umwelt empfangen und Outputs in diese hineinsenden muss, um zu überleben. Es muss in einem Markt operieren, in welchem Preise seinen produktivsten Gebrauch und die besten Produktionsweisen vorgeben. Preise geben Kapitalisten Aufschluss darüber, wo und wie sie ihr Kapital einsetzen sollten und informieren Unternehmer über die optimale Steuerung ihrer Produktionsprozesse. Ohne freie Märkte geben Preise Kapitalisten und Unternehmern keine entsprechenden Signale, was zu Fehlallokationen, Verschwendung und Kapitalerosion führt. Werden Maschinen nicht benutzt und nicht ordnungsgemäß gewartet, verfallen sie. Produktionsprozessstörungen können überaus teure und oft irreparable Schäden an Kapitalgütern verursachen. Es kostet unseren Fischer viel Zeit, sein Boot zu bauen; die Kontrolle über dieses zu verlieren und es auf Felsen laufen und an diesen zerbersten zu lassen, dauert hingegen nur einige Sekunden. Dies gilt sowohl für kleine Fischerboote als auch für riesige Hochseetrawler.

Wertminderung

Es liegt ebenfalls in der Natur allen Kapitals, mit der Zeit und zunehmendem Gebrauch an Wert zu verlieren. Kapital ist nicht unvergänglich; sein Einsatz wird es abnutzen. Produzenten, die in Kapital investieren, können nicht erwarten, dass es auf unbestimmte Zeit mit gleichbleibender Produktivität Konsumgüter abwerfen wird. Die Produktivität von Kapital nimmt während seines Einsatzes kontinuierlich ab, was zusätzliche Kapitalausgaben zu seiner Instandhaltung notwendig macht. Der ins Salzwasser geworfene Fischspeer nutzt sich ab und wird mit der Zeit ineffektiver. Das kleine Fischerboot vermodert und muss repariert werden. Die fortschrittlichsten modernen Trawler können nur durch konstante

Instandhaltungsarbeiten betriebsbereit gehalten werden und verlangen nach großen Teams von Ingenieuren und Arbeitern, die darauf spezialisiert sind, sie zu betanken, funktionsfähig zu halten, wichtige Teile zu warten und abgenutzte auszutauschen.

Risiko

Darüber hinaus ist die Akkumulation von Kapital grundsätzlich riskant. Neben dem oben beschriebenen Zerstörungsrisiko gibt es unzählige Gründe, aus welchen Kapital nicht zur gewünschten Qualität und Quantität an Endprodukten führen könnte. Kapital kann durch die Erfindung neuerer Produkte und Produktionsmethoden überholt werden. Alle Investitionen eines Unternehmers können ohne jeglichen Fehler seinerseits veralten, sobald ein Konkurrent überlegene Produkte oder günstigere Produktionsmethoden entwickelt. **Kapitalakkumulation setzt nicht nur voraus, dass die Gegenwart der Zukunft, sondern auch, dass das Sichere dem Ungewissen geopfert wird.** Ein Kapitalist spekuliert immer, dass seine Investition in der Zukunft eine positive Rendite abwerfen wird, kann sich dabei aber stets irren.

Um ein Kapitalist zu werden, muss man zunächst etwas Wertvolles produzieren, für das andere einen bezahlen. Dann muss man es sich versagen, dieses Entgelt zur Befriedigung der eigenen Bedürfnisse heranzuziehen und es stattdessen in ein Unternehmen stecken, dessen Ziel es ist, für andere Dienste zu erbringen, indem es Outputs produziert, die diese subjektiv höher werten als den Marktpreis der Produktionsinputs. Wenn es zu irgendeinem Zeitpunkt nicht gelingt, den Kunden diesen Wert zu bieten, wird es zum Einbruch der Einnahmen und Rentabilität kommen, was den unweigerlichen Konkurs und Kapitalverlust nach sich zieht. Die Ursachen solcher Misserfolge sind vielfältig: Faulheit, Desinteresse, Pech, Überlegenheit der Konkurrenz, das Ergebnis ist jedoch immer dasselbe: der Verlust von Kapital.

Das sind die Gründe, aus welchen Kapitalbesitz so wertvoll und produktiv ist und Arbeitnehmer sich stets dazu entscheiden, für Kapitalbesitzer zu arbeiten. Murray Rothbard bemerkte hierzu:

> „[A]lle Arbeiter könnten sich, wenn sie wollten, der Lohnarbeit verweigern und anstelle dieser ihre eigenen Produktionsgenossenschaften gründen und jahrelang auf ihren Lohn warten, bis die Produkte an die Verbraucher verkauft werden; die Tatsache, dass sie dies nicht tun, zeigt den enormen Vorteil des Kapitalinvestitions- und Lohnarbeitssystems als Mittel, das es den Arbeitern ermöglicht, lange vor dem Verkauf ihrer Produkte Geld zu verdienen. Weit davon entfernt, eine Ausbeutung der Arbeiter darzustellen, sind Kapitalinvestitionen und das Renditen-Gewinn-System ein enormer Segen für sie und die ganze Gesellschaft.“[64]

Das Ausmaß des Kapitalbesitzes eines in einem freien Markt handelnden Individuums ist das Ausmaß, zu dem es anderen zur Erhaltung seines Kapital dienen kann. Keine Privilegien, keine Erbschaften und keine noch so großen Reichtümer sind davon ausgenommen. Versage dabei, deine Kunden zufriedenzustellen, und dein Kapital wird herunterkommen, bis es als dysfunktionaler Müll entsorgt werden muss. Wie Mises erklärt, ist Kapitalbesitz eine Verantwortung und Verbindlichkeit, kein Privileg:

> „Kapitalisten und Grundbesitzer müssen in ihrer Unternehmerfunktion ihre gesellschaftliche Stellung dadurch bewahren, dass sie die in ihrer Verfügung befindlichen Produktionsmittel jener Verwendung zuführen, in der sie den nach der Lage des Marktes höchstmöglichen Gewinn abwerfen. Der Kapitalist, der sich durch Beteiligung am Kapitalsstock von Unternehmungen oder durch Darlehen an Unternehmungen in einer Richtung betätigt hat, die

64 Rothbard, Murray. *Egalitarianism As a Revolt against Nature and Other Essays*. 2nd ed. Ludwig von Mises Institute, 2000. (eig. Übers. – Anm. d. Hrsg.)

> nicht die Billigung der Verbraucher findet, gefährdet Ertrag und Stamm seines Vermögens. Keine Anlage ist in dem Sinne sicher, dass sie nicht durch Missbilligung der Verbraucher Schaden erleiden müsste. Wer sein Vermögen nicht richtig, d.i. nicht den Wünschen der Verbraucher gemäss, angelegt hat und immer wieder anlegt, wird es schliesslich verlieren."[65]

Moderne wirtschaftswissenschaftliche Denkschulen lehren keine wahre Ökonomik im Sinne der Untersuchung menschlichen Handelns, weshalb ihre Anhänger nicht in der Lage sind, die harte Arbeit, Opfer und Risiken zu verstehen, die einen Kapitaleigentümer erst zu einem solchen machen. Diese Unfähigkeit, Ursachen und Wirkungen zu verstehen, lässt sie von Kapital als einer Art himmelsgegebenem Vorrecht fantasieren, mit welchem ein bestimmter Menschenschlag gesegnet wird. Zu diesem gehört man, oder man tut es nicht. Es herrscht wenig Wertschätzung oder Verständnis der Handlungen, die dazu notwendig sind, Kapital anzusammeln und aufrechtzuerhalten, weshalb viele Menschen ihre Zeit und die Früchte ihrer Arbeit dazu verschwenden, sich verbittert über Kapital zu beschweren, statt daran zu arbeiten, es selbst anzusammeln und ihre Produktivität und Lebensstandards zu erhöhen. Diese wirtschaftliche Ignoranz ist der Wind in den Segeln politischer Demagogen, die sie ausnutzen, um Macht an sich zu reißen und Kapitalbesitzer zu enteignen.

Die Verunglimpfung und Verteufelung des Kapitalbesitzes durch Keynesianer und Marxisten mit ihrer Unfähigkeit, die bei der Kapitalakkumulation entstehenden Kosten zu begreifen, führte dazu, dass Regierungen unter dem Einfluss dieser Ideologien allzu oft versuchten, Investitionen ohne bereits vorhandene Ersparnisse zu finanzieren. Ob durch das Drucken physischen Geldes oder Kreditausweitung – die zugrundeliegende Illusion ist dieselbe: Das

65 Mises von, Ludwig. *Nationalökonomie: Theorie des Handelns und Wirtschaftens*. Genf, 1940, S. 271. (Englische Passage durch analoge Passage des deutschen Originals ersetzt. – Anm. d. Hrsg.)

Hervorrufen von Ansprüchen auf Kapital könne die Notwendigkeit des Sparens für die Kapitalproduktion ersetzen. Diese Dynamik und ihre katastrophalen Folgen werden in Teil IV dieses Buches genauer untersucht.

Kapital und Zeitpräferenz

> „Ist sie einmal niedrig genug, um die Ansammlung von langlebigen oder Kapitalgütern zu erlauben, beginnt die Zeitpräferenz tendenziell zu sinken, was von einem ‚zivilisatorischen Prozess' begleitet wird."[66]
>
> – Hans-Hermann Hoppe

Die durch Kapital entstehenden Kosten setzen sich aus gegenwärtigen Gütern zusammen, die geopfert werden müssen, um Ressourcen in die zukünftige Güterproduktion zu investieren. Je stärker die Menschen die Gegenwart der Zukunft gegenüber aufwerten, d.h., je höher ihre Zeitpräferenz ist, desto weniger werden sie dazu geneigt sein, Konsum aufzuschieben und in zukünftige Produktion zu investieren. Wenn ihre Zeitpräferenz abnimmt und ihre Wertschätzung der Zukunft gegenüber zunimmt, werden sie auf der Suche nach zukünftigen Belohnungen eher auf unmittelbaren Konsum verzichten. Soweit man bislang weiß, lassen sich Kapitalgüter nicht durch Vorstellungen und Wunschdenken aus dem Nichts hervorzaubern. Die einzige Möglichkeit, Kapitalgüter herzustellen, besteht im Aufschub des Konsums vorhandener Güter. Wie alle wirtschaftlichen Phänomene kann Kapital nur im Lichte menschlicher Handlungen, einschließlich solcher, die zu seiner Existenz führen, verstanden werden. Die Beschränkungen der Kapitalakkumulation sind keine natürlichen oder physischen,

66 Hoppe, Hans-Hermann. *Democracy: The God That Failed.* Transaction Publishers, 2001, S. 6. (eig. Übers. – Anm. d. Hrsg.)

sondern menschliche, und hängen davon ab, wieviele ihrer Outputs die Menschen in ihre Zukunft statt ihren unmittelbaren Konsum fließen lassen möchten. Mit anderen Worten **wird die Kapitalproduktion durch die Zeitpräferenz eingeschränkt.** Hoppe fasst dies folgendermaßen zusammen: „[J]e geringer die Zeitpräferenz, desto früher beginnt die Kapitalbildung und desto eher findet eine Verlängerung der Produktionsumwege statt."[67]

Aus dem Umstand, dass Zeitpräferenz die Produktion von Kapital einschränkt, folgt, dass dessen Preis die Zeitpräferenz widerspiegelt. Je niedriger die Zeitpräferenz einer Person ist, desto weniger wertet sie die Zukunft gegenüber der Gegenwart ab, und desto billiger ist es für sie, zukünftigen Belohnungen gegenwärtigen Konsum zu opfern. Ist ihre Zeitpräferenz jedoch hoch, wird dieses Opfer im Vergleich zu den zukünftigen Belohnungen sehr teuer erscheinen. Der Preis von Kapital ist also eine Funktion der Zeitpräferenz. Dies ist die intuitive Grundlage einer reinen Zeitpräferenztheorie der Zinssätze, die in Teil IV dieses Buches, d.h., nach der Einführung in Geld, Unternehmertum sowie die Geldwirtschaftsordnung in den folgenden Kapiteln ausführlich behandelt wird.

Da Zeitpräferenz stets positiv ist, regt nur die Erwartung einer positiven realen Rendite zum Sparen an. Der Wert von Kapitalgütern liegt ausschließlich in den von ihnen produzierten Gütern; Kapital besitzt keinen von seinem Output unabhängigen Wert, da es keinen unmittelbaren Konsumgutnutzen bietet; es ist nur insofern nützlich, als es nützliche Güter produzieren kann. Es wird nur in Aktivitäten investiert, die eine positive Rendite in Form von Nutzen und Endprodukten versprechen. Rothbard formulierte dies folgendermaßen:

> „Wir können den gesamten Akt der Entscheidung für oder gegen einen Akt der Kapitalbildung als Abwägung relativer Nutzen

67 Ebd. S. 3.

> erklären, die durch die Ausprägung der Zeitpräferenz des Handelnden sowie den Unsicherheitsfaktor ‚diskontiert' wird."[68]

Wenn jemand die zukünftigen Outputs eines Produktionsprozesses nach ihrer Abwertung durch seine Zeitpräferenz und die Unsicherheit des Unterfangens höher wertet als die anfänglich notwendige Investition, wird er wahrscheinlich investieren und Kapitalgüter herstellen oder anschaffen. Sollte sich die Investition auszahlen, kann er nun auf zusätzliche Ressourcen zurückgreifen, um noch mehr Kapital anzuschaffen und seine Profite und Produktivität weiter zu steigern. Im Zuge dieser allmählichen Kapitalanhäufung und Produktivitätssteigerung wird seine finanzielle Zukunft immer wägbarer, was seine Zeitpräferenz senkt und zu weiterer Kapitalakkumulation anregt. Mit der gesellschaftlichen Anhäufung von Kapital sinkt die allgemeine Zeitpräferenz und der (durch Zinssätze bestimmte) Preis zusätzlichen Kapitals mit ihr. Dieser Vorgang sinkender Zeitpräferenz und zunehmender Investitionen kann als der zivilisatorische Prozess angesehen werden.

Sparirrtümer

In modernen Wirtschaftswissenschaftslehrbüchern wird der Prozess der Kapitalakkumulation kaum thematisiert. Wenn die Menschen an ein kapitalistisches System denken, sehen sie eher den Freihandel als die Kapitalakkumulation als dessen herausragendes Merkmal an. Internationale Entwicklungshilfeorganisationen, die das Wirtschaftswachstum in sog. Schwellenländern fördern sollen, betonen ebenfalls die Rolle des Handels und zahlreicher handelspolitischer Reformen, messen der Kapitalakkumulation jedoch wenig Bedeutung bei. Soweit Kapitalakkumulation erwähnt wird,

68 Rothbard, Murray. *Man, Economy, and State, with Power and Market*. Ludwig von Mises Institute, 1962, S. 61. (eig. Übers. – Anm. d. Hrsg.)

dient sie als Vorwand zur Vergabe öffentlicher und privater Kredite, als ob diese einer Kapitalakkumulation gleichkämen, während sie in Wirklichkeit das genaue Gegenteil dessen darstellen. Internationale Finanzinstitutionen haben eigennützige Anreize dazu, weitere Kredite an Entwicklungsländer zu vergeben, aber kein großes Interesse daran, vorort heimische Ersparnisse wachsen zu sehen.[69]

In modernen Wirtschaftslehrbüchern wird das Sparen nur sehr wenig behandelt, insbesondere seine wesentliche Bedeutung für die wirtschaftliche Produktion. Finanzinstrumente anzuhäufen, anstatt sie auszugeben, unterscheidet sich nicht vom Ansparen wirtschaftlicher Ressourcen für die wirtschaftliche Produktion, oder dem Aufschub von Freizeitvergnügen zugunsten von Arbeit. Auch die unausweichliche Notwendigkeit, dass das Sparen der Investition vorausgehen muss, wird nicht thematisiert. Anstatt den all diesen Handlungen gemeinsamen Befriedigungsaufschub und dessen unverzichtbare Rolle für wirtschaftliches Wachstum und Fortschritt zu betonen, stellt das typische keynesianische Lehrbuch das Sparen als eine unsoziale und geradezu soziopathische Charaktereigenschaft dar.

Der Ausgangspunkt der keynesianischen Analyse ist die Annahme, dass sich das gesellschaftliche Einkommen nach einer vorgegebenen mathematischen Formel in Ausgaben und Ersparnisse aufteilen wird. Faktoren, welche das Ausmaß des Sparens innerhalb einer Gesellschaft bestimmen, werden kaum diskutiert. Weder wird die Bedeutung menschlichen Handelns für diese Entscheidungen anerkannt, noch werden deren Konsequenzen erörtert. Das keynesianische Modell verwendet eine extrem artifizielle Definition von Sparen, deren Erläuterung und Widerlegung es nicht wert ist, in

69 Siehe *Der Fiat-Standard*, Kapitel 12.

Form von mehr als einer Fußnote Eingang in dieses Buch zu finden.[70] Hier sei nur angemerkt, dass die keynesianische Analyse nach umfangreichen definitorischen und mathematischen Spielereien zu dem Schluss kommt, dass ein Gleichgewicht nur dann erreicht sei, wenn die Menge der Ersparnisse der Menge der Investitionen entspricht, obwohl es sich hierbei um zwei völlig unterschiedliche Konzepte und buchhalterische Kategorien handelt, für deren Gleichheit es außer dem bloßen Zufall keinen Grund gibt. Wenn die Gesamtersparnisse die Gesamtinvestitionen jedoch übersteigen sollten, muss das laut diesem Modell bedeuten, dass die Gesellschaft nicht genug konsumiert oder, mit anderen Worten, zu viel anspart. Dem keynesianischen Modell zufolge entschleunigt sich die Wirtschaft, wenn die Menschen beschließen, nicht länger viel Geld auszugeben und dieses stattdessen anzuhäufen, was zu weit verbreiteter Arbeitslosigkeit und Konkursen führe.

Dieses keynesianische Textbuch macht das Sparen für die Störung der wirtschaftlichen Ordnung und als Ursache von Arbeitslosigkeit verantwortlich. Es tut dies unter Berufung auf Keynes' Autorität sowie unter Verwendung aktuellerer, vollkommen ungültiger

---

70 Dies ist die Art und Weise, auf die Ersparnisse und Investitionen in Mankiws *Principles of Economics* erklärt werden. Die Identifizierung der vielen Kategorienfehler, die notwendig ist, um das keynesianische Gleichungssystem innerhalb dieses Auszugs funktionsfähig zu machen, sei dem Leser als Übung anvertraut:
„Die Begriffe *Sparen* und *Investieren* können manchmal verwirren. Die meisten Menschen verwenden diese Begriffe beiläufig und gelegentlich austauschbar. Im Gegensatz dazu verwenden Makroökonomen, welche die volkswirtschaftlichen Gesamtrechnungen aufstellen, diese Begriffe sorgfältig und präzise.
Betrachten wir ein Beispiel. Nehmen wir an, Larry verdient mehr, als er ausgibt, und legt sein nicht ausgegebenes Einkommen bei einer Bank an oder verwendet es, um Aktien oder Anleihen eines Unternehmens zu kaufen. Da Larrys Einkommen seinen Konsum übersteigt, trägt er zu den Ersparnissen der Nation bei. Larry mag glauben, dass er sein Geld ‚investiert', aber ein Makroökonom würde Larrys Handlung eher als Sparen denn als Investition bezeichnen. In der Sprache der Makroökonomie bezieht sich Investition auf den Kauf neuen Kapitals, wie z. B. neuer Ausrüstung oder Gebäude. Wenn Moe bei der Bank einen Kredit aufnimmt, um sich ein neues Haus zu bauen, trägt er zu den Investitionen der Nation bei. (Zur Erinnerung: Der Kauf eines neuen Hauses ist die einzige Form der Haushaltsausgaben, bei der es sich um eine Investition und nicht um Konsum handelt). Ähnlich verhält es sich, wenn die Curly Corporation Aktien verkauft und den Erlös für den Bau einer neuen Fabrik verwendet, was ebenfalls zu den Investitionen des Landes beiträgt.
Obwohl die buchhalterische Identität $S = I$ zeigt, dass Sparen und Investitionen für die Wirtschaft als ganze identisch sind, muss dies nicht für jeden individuellen Haushalt oder jedes einzelne Unternehmen gelten. Larrys Ersparnisse mögen größer sein als seine Investitionen, und er kann diesen Überschuss bei einer Bank einzahlen. Moes Ersparnisse mögen niedriger als seine Investitionen sein, und er kann sich die Differenz bei einer Bank leihen. Banken und andere Finanzinstitute ermöglichen diese individuellen Unterschiede zwischen Ersparnissen und Investitionen, indem sie mit den Ersparnissen einer Person die Investitionen einer anderen Person finanzieren.„ (eig. Übers. – Anm. d. Hrsg.)

mathematischer Gleichungen und Modelle. Außerdem leitet es ab, dass Ersparnisse einer Erholung des Marktes im Weg stünden, weil sie ihn in einen selbstverstärkenden deflationären Strudel trieben, in welchem verringerte Ausgaben zu Arbeitslosigkeit und diese ihrerseits zu noch niedrigeren Ausgaben führe etc. Dieses absurde Szenario ist nachvollziehbar, da Keynes keinerlei Verständnis von Preisen und ihrer Funktion sowie ihrer Adaptationsfähigkeit innerhalb einer Marktwirtschaft hatte. In einer solchen erfahren Endprodukte zum Abverkauf Preisreduktionen und unprofitable Produktionsfaktoren eine Verlagerung in neue und produktivere Fertigungslinien. Laut Keynes wären Märkte jedoch nicht in der Lage, sich anzupassen, wenn die Menschen begännen, sich egoistisch um ihr Eigeninteresse zu sorgen und zu sparen, statt verantwortungsvoll zu handeln und Geld auszugeben.

Keynesianern zufolge kann nur die allmächtige und allwissende Hand der staatlichen Zwangsintervention den Markt vor der Katastrophe retten, welche die Sparer mit ihrer niedrigen Zeitpräferenz und ihrer Vorsorge für die Zukunft auf Kosten der Gegenwart angerichtet haben. Durch die Abwertung der Ersparnisse dieser Knauser zur Finanzierung von Kreditausweitung und Staatsausgaben wäre die Regierung gleichzeitig dazu imstande, das gesellschaftliche Gesamtausgabenniveau zu erhöhen, den Umfang von Investitionen zu steigern, das Sparniveau zu senken sowie Sparern eine Lektion zu erteilen und einen Präzedenzfall zu schaffen, der sie in Zukunft davon abschrecken wird, zu sparen. Der all das untermauernden Grundannahme zufolge ist durch zentrale Planung alles möglich. Schließlich war dies die Doktrin eines Mannes, dessen Zeitpräferenz so hoch und dessen Wertschätzung der Zukunft so gering war, dass er „Auf lange Sicht sind wir alle tot!“ zu seinem Motto machte. Da das Sparen ein Mittel der Zukunftsvorsorge ist, versäumte Keynes nie, es zu verunglimpfen, von ihm abzuraten und es zu unterminieren. In dieser Hinsicht deckte sich seine Wirtschaftslehre mit seiner persönlichen Moral, wie in Kapitel 18 beschrieben wird.

Der Siegeszug der keynesianischen Wirtschaftslehre an unseren modernen Universitäten spiegelt sich in der Zerstörung des Sparens und der damit verbundenen Kultur wider. Die westlichen Gesellschaften, die dank vieler Jahrzehnte des Sparens und der Kapitalakkumulation die industrielle Revolution und die Vorteile des modernen Kapitalismus erlebten, haben derzeit Sparquoten im niedrigen einstelligen Bereich, wo sie sich seit Jahrzehnten befinden. Die inflationäre Geldpolitik, die Keynesianer als Motor des Wirtschaftswachstums anpreisen, hält die Menschen vom Sparen ab; und wenn diese Inflation zu den unvermeidlichen Krisen führt, die in den letzten Kapiteln dieses Buches besprochen werden, schieben Keynesianer die Schuld dafür auf das Sparen und schlagen noch höhere Inflation zur Behebung der Auswirkungen der Geldmengenausweitung vor.

Kapitalgrenzen

Wenn Kapital bis über einen bestimmten Punkt hinaus angehäuft wird, während andere Faktoren konstant bleiben, sinkt seine Grenzproduktivität. Eine Textilfabrik wird durch den Kauf ihrer ersten Maschinen einen sehr großen Produktivitätszuwachs erleben. Die Produktivität wächst mit dem Umstieg jedes Arbeiters von manueller zu maschineller Arbeit. Doch jede darüber hinausgehende Maschine wird eine niedrigere Grenzproduktivität aufweisen als die vorherigen. Eine überzählige Maschine wird als Ersatz bereitgehalten, falls eine andere ausfällt, weshalb sie weniger beisteuern wird als eine im Vollzeitbetrieb befindliche. Wenn zusätzliche Maschinen ohne eine entsprechende Anstellung neuer Arbeiter oder Anschaffung anderer Produktionsfaktoren gekauft werden, und sie selbst keine technologischen Neuerungen aufweisen, wird die Grenzproduktivität jeder Einheit abnehmen. Von der Handfischerei auf den Einsatz einer Angelrute überzugehen, erhöht die Produktivität unseres Fischers mehr als der Umstieg von einer auf zwei Angelruten.

Diese Beziehung hat einige Ökonomen zu der Hypothese verleitet, dass der Kapitalakkumulation Grenzen gesetzt wären und sie kein langfristiges Wirtschaftswachstum herbeiführen könne. Obwohl dies strenggenommen zutrifft, sofern alle anderen Produktionsfaktoren stagnieren, macht ein flüchtiger Blick auf die wirkliche Welt deutlich, wie realitätsfremd diese Sichtweise ist. In der realen Welt stößt die Kapitalakkumulation nicht auf abnehmende Erträge, weil technologisches Wissen sich ständig weiterentwickelt, weshalb wir nicht nur mehr, sondern besseres Kapital ansammeln können. Technologischer Fortschritt selbst ist eine Funktion zunehmender Kapitalakkumulation. Mit anderen Worten: Je mehr Kapital zur Verfügung steht, desto mehr Technologien können erprobt werden, und desto mehr werden gefunden. Kapitalverfügbarkeit ist die Voraussetzung für eine Verlängerung der Produktionsstruktur und die Einführung neuer Technologien. Technologische Ideen sind relativ billig zu haben; es ist ihre Umsetzung, die kostenintensiv ist, weil sie teures Kapital erfordert.

In der wirklichen Welt investiert ein Fischer nicht in einen ständig wachsenden Bestand an Angelruten mit durchwegs geringerer Grenzproduktivität. Stattdessen wird er in andere, produktivere Technologien, wie beispielsweise Netze, ein Boot und schließlich in die *Annelies Ilena* investieren. Obwohl es so erscheinen mag, als besäßen wir zu viel Kapital, gibt es, solange ein einziger Fischer unproduktiver als die *Annelies Ilena* ist, selbst ohne irgendeine Form der Innovation in der Fischereiindustrie noch Luft nach oben. Selbst die *Annelies Ilena* kann nicht als der Gipfel der Kapitalproduktivität in der Fischereiindustrie betrachtet werden. Nichts an diesem Schiff macht es zum produktivstmöglichen. Ein Kapitalist, der über mehr Ressourcen verfügt, könnte ein produktiveres Schiff in Auftrag geben, dessen Entwurfs-, Produktions- und Betriebsprozess noch länger wäre. Bessere Motoren könnten seine Geschwindigkeit erhöhen, größere Kühlräume seine Transport- und zusätzliche Netze seine Fangkapazität steigern. Es ist höchst unwahrscheinlich, dass sie kein produktiveres Schiff produzieren könnten, würde den weltweit besten und erfahrensten Schiffsbauern das nötige Kapital und die erforderliche Zeit verfügbar gemacht. Der Grund dafür, dass wir kein produktiveres Fangschiff als die *Annelies Ilena* haben, ist schlichtweg der, dass wir nicht mehr unseres durch unsere Ersparnisse und unsere Zeitpräferenz begrenzten Kapitals für die Konstruktion von Fischfangschiffen aufwendeten. Es liegt nicht daran, dass wir das Ende der Kapitalakkumulation erreicht haben, oder dass uns die Ideen zur Verbesserung unserer derzeitigen Fischfangschiffe ausgegangen sind.

Die Grenzen unserer Kapitalinvestitionen sind unsere an aktuell verfügbaren Gütern bemessenen Opportunitätskosten. Diese Opportunitätskosten werden immer zu hoch sein, als dass wir einmal zu viel Kapital haben könnten. Der Grund dafür, dass kein produktiveres Fangschiff als die *Annelies Ilena* gebaut wurde, ist, dass potenzielle Investoren andere Investitionsmöglichkeiten oder ihren Konsum höher werten als das Risiko, diese größeren Schiffe herzustellen. Je mehr Kapital wir anhäufen, desto stärker steigt die Produktivität unserer Zeit, desto mehr schätzen wir diese, desto höher ist der Wert unserer Freizeit, und desto teurer ist es, Freizeit für Arbeit und Kapital zu opfern. Mit der Zeit und weiterer Kapitalakkumulation werden neuere und bessere Schiffe gebaut werden. Fortschrittlichere Trawler nehmen anderen Fischern mit weniger fortschrittlichen Maschinen nicht einfach Fische weg. Stattdessen ermöglichen sie es Fischern, tiefer ins Meer vorzudringen und

Fische zu finden, die von anderen Fischern nicht gefangen worden wären, so dass mehr Fisch auf den Markt gebracht und die Bedürfnisse zusätzlicher Kunden befriedigt werden können.

KAPITEL 7:

Technologie

> „Das Problem unserer Zeit ist gerade die weit verbreitete Unkenntnis der Rolle, welche diese Politik wirtschaftlicher Freiheit bei der technologischen Entwicklung der letzten zweihundert Jahre spielte. Die Menschen erlagen dem Trugschluss, dass die Verbesserung der Produktionsmethoden nur zufällig mit der Politik des Laissez-faire einherging.“[71]
>
> – Ludwig von Mises

Bevor der wirtschaftliche Produktionsprozess in der realen Welt stattfindet, wird er in den Köpfen der ihn unternehmenden Menschen geplant. Die menschliche Vernunft ermöglicht es uns, Konzepte und Ideen zur Verwirklichung wirtschaftlicher Resultate zu entwickeln. Technologie kann als Plan wirtschaftlichen Handelns und als der Mechanismus betrachtet werden, mit dem der Mensch seine Ziele erreicht. Technologie ist mit einem Kochrezept vergleichbar; sie ist kein physischer Bestandteil der Mahlzeit, sondern das

71 Mises, Ludwig von. *Human Action: The Scholar's Edition.* Ludwig von Mises Institute, 1998, S. 92. (eig. Übers. – Anm. d. Hrsg.)

alle Zutaten zusammenbringende kognitive Wissen. Ideen, Rezepte und Technologie sind Kapitalformen, da sie die Produktivität des Produktionsprozesses erhöhen. Es handelt sich bei ihnen jedoch um immaterielles Kapital, was sie im Überfluss verfügbar macht. Eine Person, die eine Technologie oder eine Idee nutzt, schränkt weder die Möglichkeiten anderer ein, sie zu nutzen, noch verringert sie deren Produktivität. Die Implikationen der Nicht-Physikalität dieser Kapitalform sind tiefgreifend.

Der Prozess technologischen Fortschritts ist die kontinuierliche Entwicklung und Anwendung neuer und besserer Ideen und Methoden im Produktionsprozess, was zu einer progressiven Steigerung der Produktion pro Zeiteinheit führt. Ohne technologischen Fortschritt stößt die Kapitalakkumulation schnell auf abnehmende Grenzerträge. Wenn der Fischer beginnt, eine Angelrute zu nutzen, steigen seine Erträge. Ohne technologischen Fortschritt würde er fortwährend in weitere Angelruten investieren, bis er keine Verwendung mehr für sie hätte und zusätzliche Investitionen ihn lediglich mit Ruten ausstatteten, die er nie brauchen wird. An diesem Punkt würde er seine Investitionen natürlich aussetzen.

Wenn der Fischer jedoch in der Lage ist, zu denken und neue technologische Ideen zu entwickeln, für deren Realisierung er sein Kapital einsetzen kann, vermag er neue Kapitalgüter zu produzieren, die produktiver als Angelruten sind. Der Prozess der Kapitalakkumulation wird seine Produktivität dann, ohne an abnehmenden Grenzerträgen zu scheitern, weiter steigern. Die Vernunft des Fischers wird ihn vermuten lassen, dass er mehr Fische fangen können wird, wenn er von einem Boot statt vom Ufer aus zu arbeiten vermag. Also investiert er einen Teil seiner Zeit und Mühen in den Bau eines Bootes und probiert es aus. Wie im vorherigen Kapitel erläutert, ist diese Investition teuer und riskant. Sie erfordert einen Aufschub des Konsums, unterliegt dem Prozess der Abwertung und birgt das Risiko des Scheiterns. Ist sie aber erfolgreich, wird sie seine

Produktivität erhöhen. Fortlaufende Investitionen in immergleiche Boote würden zwar schnell zu abnehmenden Grenzerträgen führen, doch der menschliche Verstand wird nach neuen Technologien suchen, die er einzusetzen vermag. Mit jeder neuen Technologie und Erfindung tauchen neue Produktionshindernisse auf, denen durch den Einsatz neuen Kapitals begegnet werden kann. Größere, schnellere, sicherere Boote und neue, spezialisierte Ausrüstung können erfunden werden, solange Kapital zu ihrer Finanzierung angehäuft wird. Diese neuen Technologien werden es nicht nur ermöglichen, mehr Fische zu fangen, sondern Fischbestände erschließen, die vormals unerreichbar waren.

Technologie und Arbeit

> „Wenn Verfahren, die mehr Arbeit beanspruchen, durch Verfahren, die den gleichen Erfolg durch Aufwendung geringerer Arbeitsmengen erzielen, ersetzt werden, entsteht kein Überfluss an Arbeit und an Arbeitern, solange noch sachliche Produktionsmöglichkeiten, deren Heranziehung zur Produktion die Wohlfahrt von Menschen erhöhen kann, unausgenützt bleiben. Man zieht dann mehr sachliche Produktionsmöglichkeiten heran und erhöht so die Menge der Produkte. Arbeitsparende Erzeugungsverfahren bringen verbesserte Bedürfnisbefriedigung und nicht etwa ‚technologische Arbeitslosigkeit.'"[72]
>
> – Ludwig von Mises

Das Aufkommen der Industrialisierung und des Einsatzes großer Energiemengen in der wirtschaftlichen Produktion ist stets von unaufhörlichen Klagen über die Ersetzung von Arbeit durch

72 von Mises, Ludwig. *Nationalökonomie: Theorie des Handelns und Wirtschaftens.* Genf, 1940, S. 107. (Englische Passage durch analoge Passage des deutschen Originals ersetzt. – Anm. d. Hrsg.)

Technologie begleitet worden. Auf einer intuitiven und oberflächlichen Ebene erscheint dies verständlich. Je mehr Maschinen zur Steigerung von Produktion und Produktivität eingesetzt werden, desto weniger sind Produzenten zur Erzielung desselben Produktionsniveaus auf Arbeitskräfte angewiesen. Wenn individuelle Fabriken Maschinen anschaffen, entlassen sie unnötige Arbeitskräfte. Das vielleicht berühmteste und originellste Beispiel des Maschinenhasses als Reaktion auf die Angst vor dem Verlust von Arbeitsplätzen geht auf die Ludditen zurück, die Kampagnen zur Zerstörung automatisierter Webstühle organisierten, welche ihrer Meinung nach die Lebensgrundlage britischer Textilarbeiterinnen bedrohten. Die Mechanisierung der Landwirtschaft sollte Landwirte arbeitslos, die Dampfmaschine große Teile der Arbeiterschaft überflüssig machen. Als man Telefone erfand und einführte, benötigte man zur Verbindung von Anrufen Telefonisten, die durch die Erfindung automatischer Telefonzentralen überflüssig wurden. In jüngster Zeit setzen viele Fast-Food-Restaurants immer ausgefeiltere automatische Bestell- und Bezahlsysteme ein, die den Bedarf an Arbeitskräften verringern. Diese Denkweise ist auch für das marxistische Credo von zentraler Bedeutung, da Marx glaubte, dass die Gewinne der Mechanisierung Kapitalisten statt Arbeitern zugutekämen, deren Löhne stagnieren und deren Anzahl schrumpfen müsse, während die raffgierigen Kapitalisten sie der Arbeitslosigkeit überlassen würden.

Hatten die Ludditen recht? Sollte die fortschreitende Automatisierung in der Arbeitslosigkeit weiter Teile der Bevölkerung und furchtbaren gesellschaftlichen Konsequenzen resultieren? Die zwischen ihren Klagen und marxistischen Theorien bestehenden Gemeinsamkeiten sind ein schriller Hinweis auf das Gegenteil. Zudem werden ludditische Behauptungen durch empirische Beobachtungen widerlegt. Die endgültige Antwort kann uns jedoch nur die ökonomische Denkweise liefern.

Nach mehr als zwei Jahrhunderten der Automatisierung und Industrialisierung können wir feststellen, dass die überwiegende Mehrheit der erwachsenen Briten, die einen Arbeitsplatz suchen, diesen auch finden kann, und zwar zu Löhnen, die weit über denen liegen, für welche die Ludditen kämpften. Es stimmt zwar, dass, wenn überhaupt, nur sehr wenige Briten die niederen Arbeiten ihrer Vorfahren des achtzehnten Jahrhunderts verrichten – doch sie arbeiten nichtsdestoweniger. Selbst während die Bevölkerung Großbritanniens weiter wuchs, wurden immer mehr Arbeitsplätze geschaffen, und Briten verdienen heute mehr und arbeiten unter weitaus besseren Bedingungen als ihre im achtzehnten Jahrhundert arbeitenden Vorfahren. Hätten Ludditen und Marxisten Recht gehabt, müsste man davon ausgehen, dass zwei Jahrhunderte des technologischen Fortschritts nicht zur Verbesserung, sondern zur vollkommenen Eliminierung unserer Arbeitsplätze geführt haben müssten.

Die dem ludditischen Fehler zugrundeliegende Verwechslung besteht darin, dass sie Arbeit als ein Konsumgut betrachteten, das wegen seines Nutzens erworben wird, statt sie als ein zur Herstellung von Konsumgütern erworbenes Produktionsgut aufzufassen. Ein Konsumgut, für das eine bessere Alternative zu finden ist, wird nicht länger nachgefragt und kann seinen wirtschaftlichen Wert verlieren, wie im Falle von Schreibmaschinen nach der Erfindung des Computers. Die Nachfrage nach einem Produktionsgut ist jedoch nicht unbedingt abhängig von seinem Nutzen für den Käufer, sondern von seiner Verwendbarkeit für die Produktion. Selbst wenn ein Produktionsfaktor in einem Produktionsprozess ersetzt werden würde, behielte er seinen Wert, solange er in einem anderen eingesetzt werden könnte.

Arbeit ist der unspezifischste aller Produktionsfaktoren und kann auf alternative Arbeitsplätze oder Branchen umgelenkt werden. Arbeit, die aus menschlicher Zeit besteht, ist gleichfalls die ultimative Ressource, deren Knappheit die Knappheit aller anderen Ressourcen bedingt. Alles wird mit dem Input menschlicher Arbeit hergestellt, und wir leben in einer Welt der Knappheit, in der immer eine große Grenznachfrage nach mehr Waren und Dienstleistungen besteht. Da der technologische Fortschritt die Arbeitsproduktivität erhöht und damit den Wert der Arbeit steigert, ermöglicht er die Produktion größerer Mengen an Wirtschaftsgütern und mindert so die vorhandene Knappheit. Dennoch kann und wird er Knappheit, die letztendlich in der Knappheit menschlicher Zeit selbst besteht, nicht beseitigen.

Solange die Menschen unbefriedigte Bedürfnisse haben, wird es Möglichkeiten geben, menschliche Arbeit auf die Befriedigung dieser Bedürfnisse auszurichten. Ganz gleich, wie sehr die menschliche Produktivität steigt – die Bedürfnisse der Menschen können noch stärker zunehmen, und die menschliche Vernunft fortwährend bessere Lösungen für Knappheitsprobleme entwickeln. Sie kann immer bessere Produkte, bessere Technologien und sicherere Produktionsmethoden erfinden und dadurch erneute Nachfrage schaffen. Uns werden nie „die Arbeitsplätze ausgehen", da wir stets weitere Menschen gebrauchen können, die mehr knappe Produkte herstellen, um die immer größer werdenden Bedürfnisse ihrer Mitmenschen zu befriedigen. Knappheit kann niemals beseitigt werden, da Zeit immer knapp ist. Arbeit kann nie enden, und der Mensch nur wählen, welche Aufgaben er priorisiert. Je mehr Aufgaben er an Maschinen zu delegieren vermag, desto mehr Zeit hat er, einige der unendlich vielen Aufgaben zu erledigen, die er gerne erledigen würde, wegen der Knappheit seiner Zeit aber nicht erledigen kann. Einst war die Beförderung von Menschen oder Gepäckstücken nur dadurch möglich, dass man andere Menschen anheuerte, sie zu tragen. Ein starker, gesunder Mann war in der Lage, einen anderen Menschen oder mehrere Dutzend Kilogramm Gewicht zu tragen und sie an einem Tag einige Kilometer weit zu transportieren. Die Arbeit des nicht kapitalunterstützten Tragens schwerer Dinge war von sehr geringer Produktivität und so unangenehm, dass sie anscheinend hauptsächlich von Sklaven verrichtet wurde. Nur wer Sklaven besaß, konnte sich diese Art von Arbeit mehr oder weniger regelmäßig leisten. Die überwiegende Mehrheit der Bevölkerung konnte ihre eigenen Körper und ihre Besitztümer nur so weit und so schnell bewegen, wie ihre Füße sie zu tragen vermochten.

Als der Mensch das Rad entwickelte, erweiterten sich die Möglichkeiten zur Bewegung schwerer Gegenstände. Durch das Ziehen eines Wagens konnten Arbeiter nun schwerere Lasten über längere Strecken bewegen; mit anderen Worten stieg ihre Produktivität. Den Wagen mit einem Pferd zu kombinieren, steigerte die Produktivität weiter. Mit dem Beginn der industriellen Revolution und der Erfindung der Eisenbahn, des Autos, des Lastwagens, des Schiffscontainers und des Flugzeugs stieg die Produktivität des modernen Transportwesens weit über das Niveau der vorindustriellen Zeit hinaus. Ein Lkw-Fahrer kann heute bis zu 50.000 kg Ladung 16 Stunden pro Tag mit einer Geschwindigkeit von 100 km/h bewegen. Eine Handvoll Besatzungsmitglieder kann einen Airbus A380 mit einem Gewicht von 575 Tonnen, von denen 300 Tonnen auf die Fracht entfallen, mit einer Geschwindigkeit von 903 km/h fliegen. Das größte Containerschiff der Welt, die HMM Algeciras, kann mit einer Besatzung von 20-40 Personen 24.000 20-Fuß-ISO-Container transportieren, die jeweils bis zu 25.400 kg wiegen, was ein Gesamtgewicht des Schiffes von rund 672.000 Tonnen ergibt, die mit einer Geschwindigkeit von 15,2 Knoten, also 28 km/h bewegt werden können.

Zwischen der Domestizierung des Pferdes und dem Bau der HMM Algeciras lag eine ganze Reihe von Erfindungen – das Rad, die Kutsche, pferdelose Kutschen, Lastwagen, Züge und Flugzeuge – doch wundersamerweise sind die Arbeitsplätze der Transportbranche noch nicht verschwunden. Und nicht nur das: Der Anteil der Vollzeitarbeitsplätze im Verkehrssektor ist heute mit Sicherheit größer als vor der Erfindung des Rades. In primitiven Gesellschaften, die vor der Erfindung des Rades existierten, gab es den Grad an Spezialisierung nicht, der es überhaupt erst ermöglicht hätte, viele dem Transport gewidmete Berufe zu haben, da jeder Einzelne den Großteil seiner Arbeitszeit damit verbringen musste, seine eigenen Grundbedürfnisse zu decken. Unter geringem Kapitaleinsatz, spärlicher Nutzung nicht-menschlicher Energiequellen und primitiver technologischer Entwicklung lag der Ertrag menschlicher Arbeit nahe dem fürs Überleben notwendigen Niveau. In einer solchen Welt müssen die meisten Menschen an der Produktion ihrer eigenen Nahrungsmittel arbeiten, weshalb sich nur sehr wenige auf andere Tätigkeiten spezialisieren können. In Anbetracht der sehr geringen Produktivität von Transporttechnologien vor der Einführung des Rades ist es unwahrscheinlich, dass damals viele Menschen über ausreichende Produktionsüberschüsse verfügten, um eine sich ganz dem Transport widmende Arbeitskraft einzustellen, da die Opportunitätskosten dieser Person einen beträchtlichen Teil der für sie selbst produzierten Nahrungsmittel ausgemacht haben würden. Nur versklavte Menschen ohne Handlungsfreiheit hätte man zu dieser Art von Arbeit gezwungen.

Mit dem Fortschritt der Technologie und zunehmender Produktivität steigt der Ertrag jedes Einzelnen über den täglichen Lebensbedarf hinaus. Es entsteht Raum für Spezialisierung, da immer mehr Arbeiter durch die Arbeit anderer ernährt werden können, so dass sie nicht mehr für ihren Lebensunterhalt zu arbeiten gezwungen sind und stattdessen anspruchsvollere Güter herstellen können. Als die Produktivität der Transportindustrie stieg, wurde es für freie Menschen möglich, freiwillig im Transportwesen zu arbeiten. Mit fortschreitenden Verbesserungen der Technologie und Produktivität verbesserten sich auch die Bezahlung und Bedingungen der im Transportwesen angesiedelten Arbeitsplätze.

Viele Menschen finden immer mehr Arbeit im Transportwesen, während dessen Produktivität zunimmt. Statt jemanden zu tragen, steuert ein Arbeiter heute ein Schiff, das Tausende aufnimmt, oder er fliegt ein Hunderte beförderndes Flugzeug. Die Menge der geleisteten Arbeit steigt proportional mit der Produktivität. Mehr Menschen reisen, mehr Arbeit wird erledigt, mehr Handel findet statt und mehr Bedürfnisse werden befriedigt. Je mehr Kapital im Transportwesen eingesetzt wird, desto produktiver werden seine Arbeitskräfte und desto besser werden sie bezahlt.

Ludditen und Marxisten wäre die Erfindung des Rades als eine Katastrophe erschienen – man denke nur an all die verlorenen Arbeitsplätze in der Schwere-Dinge-auf-dem-Rücken-herumschleppen-Industrie! In Wirklichkeit war sie ein großer Segen für die Menschheit, denn das Rad befreite die Menschen vom Tragen schwerer Lasten und ermöglichte es ihnen, sich stattdessen auf produktivere Tätigkeiten zu konzentrieren.

Der Wert jeglicher Güter ergibt sich, wie in Kapitel 2 erläutert, aus ihrer Fähigkeit, menschliche Bedürfnisse zu befriedigen. Das menschliche Bedürfnis nach Mobilität und Transport lässt sich nicht dadurch beseitigen, dass ihm effizienter entsprochen wird. Der Mensch ist mobil und bleibt ungern lange an einem Ort. Am selben Ort zu verharren, führt zu sinkenden Grenzerträgen und Individuen streben danach, sich zu bewegen. Der Handel erfordert die Bewegung von Waren, und je größer die Handelsmöglichkeiten sind, desto mehr Produktivitätsgewinne sind zu erzielen. Diese wirtschaftlichen Gegebenheiten machen den Transport zu einem Bedürfnis, das zu allen Zeiten und an allen Orten bestanden hat; es besteht kein Grund zur Annahme, dass es in absehbarer Zeit abgeschafft werden wird. Individuelle Arbeitsplätze im Transportwesen stellen stets die produktivsten und technologisch fortschrittlichsten Lösungen dar, die zum jeweiligen Zeitpunkt für das jeweilige Transportproblem zur Verfügung stehen. Wenn eine neue Technologie erfunden wird, beseitigt sie nicht den Bedarf an Transportmitteln, sondern ermöglicht es, Arbeit in eine produktivere Form des Transports fließen zu lassen.

Es ist also kein Zufall, dass die wirtschaftlichen Bedingungen der Menschheit sich im Zuge des technologischen Fortschritts verbessern. Je produktiver unsere Technologien sind, desto besser sind unsere Verhältnisse. Hörte die Menschheit auf Ludditen und bekämpfte den technologischen Fortschritt, hätte niemand von uns Zeit für die äußerst produktiven Tätigkeiten unserer heutigen modernen Gesellschaft. Wir wären zu sehr mit extrem primitiven Aufgaben wie dem Tragen schwerer Lasten beschäftigt, als dass wir irgendetwas anderes tun könnten.

Die schlechte Nachricht für Ludditen ist, dass sie einem viel mächtigeren Gegner gegenüberstehen, als sie sich vorstellen können. Sie haben es nicht mit gierigen Kapitalisten zu tun, welche ihre Arbeiter zu betrügen suchen; sie konfrontieren die volle Wucht wirtschaftlicher Realitäten und des menschlichen Handelns, das auf wirtschaftliche Anreize reagiert. Der Wert, welcher der Menschheit aus neuen, unsere Produktivität steigernden Erfindungen erwächst, ist viel zu bedeutend und verlockend, als dass Gesetze und Maschinenstürmer ihn überwinden könnten. Ludditen sind dazu verdammt, stets gegen all jene zu verlieren, die Technologie wertschätzen, da letztere sie dazu einsetzen können, sich zu viel höherer Produktivität zu verhelfen.

Den Ludditen des frühen 19. Jahrhunderts gelang es zwar, viele Maschinen und einige Fabriken zu zerstören, doch solcherlei Erfolge gegen den menschlichen Fortschritt waren eher selten. Ihre Bewegung versiegte und ihre Ideen wurden zum Gespött, während der technologische Fortschritt das Leben aller verbesserte. Sie waren völlig außerstande, den unser aller Leben verbessernden Erfindungsreichtum von Milliarden von Menschen aufzuhalten. Sobald ein Rad, ein Webstuhl, ein Auto, ein Flugzeug oder ein

Stück Softwarecode erfunden ist, erkennen die Menschen den in seiner Produktivitätssteigerung verkörperten Wert. Gewaltsame Beschränkungen können solche Technologien zwar verzögern, erhöhen jedoch auch die Erträge all jener, die es schaffen, sie zu umgehen. Personen, Unternehmen oder Regionen, die eine produktive Technologie nutzen, die anderswo nicht eingesetzt wird, können zu niedrigeren Preisen produzieren.

Technologischer Fortschritt beseitigt nicht die Nachfrage nach Arbeitskräften, doch es gibt starke Hinweise darauf, dass er Sklaverei beseitigt.[73] Mit durch Kapitalakkumulation zunehmender Spezialisierung und Produktivität wird die Leistung eines Arbeiters immer wertvoller, weshalb er einen höheren Lohn für seine Arbeit verlangen kann. Der Markt „beutet" Arbeitnehmer nicht aus, sondern ermöglicht es ihnen, mit der höchstmöglichen Produktivität zu produzieren, was sie für diejenigen, die sie beschäftigen, wertvoller macht und die aus ihrer Versklavung resultierenden Erträge verringert. Die Vorteile gegenseitiger Zusammenarbeit wachsen mit steigender Arbeitnehmerproduktivität.

Sklaverei und hochproduktive Kapitalgüter können nicht koexistieren. Der Einsatz hochproduktiver Kapitalgüter macht die freiwillige Mitarbeit der Arbeiter zunehmend wertvoll, da sie absichtlich oder fahrlässig überaus teure Anlagen sabotieren könnten, die um Größenordnungen mehr wert sind als der ihnen ausgezahlte Lohn. Wird ein Sklave zu schlecht bezahlt, um freiwillig zu arbeiten, ginge man ein großes Risiko damit ein, ihn zu zwingen, teure Kapitalgüter zu handhaben. Auf diese Weise fördert der Kapitalismus auf Kosten gewaltsamer Arbeitsverhältnisse wie der Sklaverei das Entstehen eines für alle Seiten vorteilhafteren Austauschs.[74]

Kapitalakkumulation und Arbeitsteilung führten außerdem zur Erschließung moderner Energiequellen, die es uns ermöglichen, immer größere Mengen an Energie zur Deckung unseres Bedarfs

73 Ridley, Matt. *The Rational Optimist: How Prosperity Evolves*. Harper, 2010.
74 Boudreaux, Don. „Capitalism & Slavery.„ Learn Liberty, 15. Dez. 2016.

einzusetzen. Wie im nächsten Kapitel erörtert wird, lag der menschliche Energieverbrauch vor dem Einsatz moderner kapitalintensiver Kohlenwasserstoffenergiequellen kaum über der menschlichen Energieproduktion. In einer vorkapitalistischen Welt produzierten die eigenen Hände und Beine eines Menschen den größten Teil der ihm verfügbaren Energie. In einer solchen Welt ist es sehr wertvoll, die Dienste eines anderen Menschen in Anspruch zu nehmen. Da nur sehr wenig Energie zur Bedürfnisbefriedigung einer Person verfügbar ist, liefert die Energieproduktion einer zweiten Person einen enormen Grenzertrag, was Sklaverei wirtschaftlich attraktiv und Sklaven wertvoll macht. Wenn jedoch der Energieverbrauch durch den Einsatz neuer Technologien so weit ansteigt, dass der Durchschnittsbürger eines heutigen reichen Landes das Äquivalent von 200 Sklaven an Energie umsetzt, kann der Großteil der von Sklaven geleisteten Arbeit an Maschinen ausgelagert werden, die wesentlich produktiver, zuverlässiger und präziser sind. Da nun Hunderte von Maschinensklaven Energie liefern, verringert sich der Grenzertrag eines zusätzlichen menschlichen Sklaven kontinuierlich. Je mehr Maschinen wir haben, desto weniger schlüssig wird die wirtschaftliche Logik der Sklaverei. Es ist keine Übertreibung zu sagen, dass technologische Innovation und Kapitalakkumulation die Sklaverei überflüssig gemacht und die Sklaven befreit haben.

Als es wenig oder überhaupt kein Kapital gab, war der Transport eine nur für Sklaven akzeptable Arbeit. Als Kutschen aufkamen, übernahmen freie Menschen bereitwillig Arbeiten im Transportwesen, weil dessen Produktivität nun dazu ausreichte, sie für ihre Zeit angemessen zu entlohnen. So konnten sie sich bei anderen, die auf die Herstellung von Lebensmitteln spezialisiert waren, versorgen. Mit der Einführung des Autos wurde der Beruf des Taxi- oder Lkw-Fahrers noch besser entlohnt, und die entsprechende Arbeit für Millionen von Menschen in aller Welt attraktiv. Je weiter unsere Technologien voranschreiten, desto mehr Kapital wird in einen Arbeitsplatz investiert, desto produktiver wird dieser Arbeitsplatz und desto lohnender die entsprechende Arbeit. Heute arbeiten viele hochqualifizierte Ingenieure, Techniker und andere Fachleute in der Schifffahrts- und Transportbranche, und zwar hochproduktiv, was ihnen einen hohen Lebensstandard ermöglicht.

Technologie und Produktivität

> „Wie wir von unseren Vorfahren produzierte Güter aller Art und aller Güterordnungen geerbt haben, auf deren Besitz sich unser Wohlstand aufbaut, so haben wir von ihnen auch Ideen und Gedanken, Theorien und Technologien geerbt, denen unser Denken und unser Handeln erhöhte Fruchtbarkeit dankt."[75]
>
> – Ludwig von Mises

Mit dem Einsatz besserer Technologien steigen Produktivität und Lebensstandards. Da Technologie jedoch nicht knapp ist, stellt sie eine einzigartige Methode zur Erhöhung des Wertes menschlicher Zeit dar. Während Arbeit, Eigentum, Kapital, Energie und Geld knapp sind, gilt dasselbe nicht für Ideen. Als der Erfinder des Rades es nutzte, stieg seine Produktivität. Als seine Nachbarn ihn nachahmten, konnten auch sie ihre Produktivität steigern, ohne seine Produktivität zu verringern. Wenn Menschen eine Erfindung nachahmen, profitieren sie von ihr, und die Produktivität aller nimmt zu. Wenn mehr Menschen von der Erfindung des Rades profitieren, werden sie wahrscheinlich weitere Innovationen beisteuern, was dazu führt, dass alle von der gesteigerten Produktivität profitieren mögen, die solche Innovationen mit sich bringen.

75 von Mises, Ludwig. *Nationalökonomie: Theorie des Handelns und Wirtschaftens.* Genf, 1940, S. 146f. (Englische Passage durch analoge Passage des deutschen Originals ersetzt. – Anm. d. Hrsg.)

Der Umstand, dass Technologie nicht knapp ist, macht sie zum wahrscheinlich grundlegenden Motor langfristigen Wirtschaftswachstums. Arbeit ist teuer, da sie auf Kosten unserer Freizeit geht, und wir uns mit steigenden Einkommen mehr Freizeit leisten können. Kapital ist ebenfalls teuer, da es auf Kosten unseres immer wertvolleren Konsums geht und ohne technologischen Fortschritt unweigerlich sinkende Grenzerträge generiert. Man kann nicht unendlich viele Angelruten einsetzen. Handel und Spezialisierung stoßen an ihre Grenzen, wenn sie nicht mit technologischem Fortschritt kombiniert werden, der seinerseits keine derartigen Limitierungen kennt und eine unbegrenzte Steigerung der wirtschaftlichen Produktivität ermöglicht. Nach der Erfindung des Rades konnte eine Vielzahl von Technologien auf ihm aufgebaut werden. Diese erschlossen ihrerseits neue Innovationsmöglichkeiten. Kutschen, Wagen, Schubkarren, Autos, Busse, LKWs, Züge und Flugzeuge wurden mit Rädern entwickelt. Diese Gerätschaften werden samt ihrer Räder von ihren Nutzern und Ingenieuren verbessert werden. Nur ihre Produktivität steigernde Verbesserungen wird man übernehmen und andere verwerfen. Technologische Neuerungen schaffen neue und intensivere Arbeitsteilungen, erhöhen die Spezialisierung und steigern die Produktivität.[76] Solange die Menschen wirtschaften, werden sie ihre Vernunft dazu einsetzen, bessere Lösungen für ihre Probleme zu finden.

Die Ansicht, dass technologische Innovation die Triebfeder langfristigen Wachstums darstellt, wird durch die empirische Beobachtung gestützt, dass größere Bevölkerungen ein schnelleres Wirtschaftswachstum verzeichnen als kleinere. Wäre das Wirtschaftswachstum ein Produkt der Ressourcenverfügbarkeit, müsste man erwarten, dass eine kleinere Bevölkerung, die pro Kopf über einen größeren Ressourcenreichtum verfügt, ihre Produktivität und ihren Lebensstandard schneller steigern könnte als die Bevölkerung

76 Bylund, Per. *The Problem of Production: A New Theory of the Firm*. Routledge, 2016.

eines dichter besiedelten Gebiets. Wären Ressourcen allein für wirtschaftlichen Wohlstand ausschlaggebend, müsste man im Falle dünn besiedelter Gebiete ein höheres Einkommen erwarten als bei dicht besiedelten. Wenn aber technologische Innovation die Triebfeder langfristiges Wachstums darstellte, wäre das Gegenteil zu erwarten: Größere Bevölkerungen führten dazu, dass mehr Menschen produktive Ideen entwickelten, und da deren nicht-knappe Natur negative Skaleneffekte verhinderte, würden sie sich auf die gesamte Bevölkerung ausbreiten und dieser zu einem höheren Produktivitätswachstum verhelfen. In einer Gesellschaft mit 100 Millionen Mitgliedern gibt es viel mehr Menschen, die in der Lage sind, neue Ideen wie das Rad zu entwickeln, als in einer 100 Mitglieder starken Gesellschaft. Nehmen wir an, unter 100 Menschen brächte jedes Jahr einer eine Innovation hervor. Der kleineren Gesellschaft stünde dann jedes Jahr eine Innovation zur Verbesserung ihrer Produktivität zur Verfügung, während die größere Gesellschaft jedes Jahr 1.000.000 Innovationen hervorbrächte. Da Innovationen nicht-rivalisierend sind [d.h. ohne gegenseitige Beeinträchtigung von einer beliebigen Anzahl an Individuen genutzt werden können – Anm. d. Übers.], könnte jedes Gesellschaftsmitglied sie kopieren und von der damit verbundenen Produktivitätssteigerung profitieren.

Die vorangegangene Erläuterung ist die Quintessenz eines Aufsatzes des Wirtschaftswissenschaftlers Michael Kremer, der feststellte, dass Bevölkerungswachstumsraten positiv mit der Bevölkerungsgröße korrelieren.[77] Wäre die Verfügbarkeit physischer Ressourcen die Triebfeder des Wirtschaftswachstums, sollten kleinere Gesellschaften schneller wachsen, da ihnen pro Kopf mehr Ressourcen zur Verfügung stünden. Ist es jedoch technologischer Fortschritt, der eine Wirtschaft wachsen lässt, so könnten wir erwarten, das Gegenteil zu beobachten: Große Gesellschaften entdecken mehr Technologien und wachsen, mitsamt ihren Wirtschaften, schneller.

77 Kremer, Michael. „Population Growth and Technological Change: One Million B.C. to 1990.„ *The Quarterly Journal of Economics*, Band 108, Nr. 3, 1993, S. 681-716.

In einem weiteren Test derselben Hypothese vergleicht Kremer Bevölkerungsdichten und wirtschaftliche Wachstumsraten verschiedener historisch isolierter geografischer Regionen. Seine Daten zeigen, dass die dichter besiedelten Gebiete ein schnelleres Wirtschaftswachstum als die dünn besiedelten aufwiesen, was ebenfalls die Annahme stützt, dass nicht wirtschaftliche Ressourcen, sondern technologische Innovationen das Wirtschaftswachstum antreiben. Eine höhere Bevölkerungsdichte bedeutet, dass sich mehr Innovationen und Technologien, die nicht-rivalisierend sind, in der gesamten Bevölkerung ausbreiten, was dieser eine höhere Produktivität und einen höheren Lebensstandard ermöglicht.

Ein weiterer einzigartiger Aspekt von Ideen und technologischen Innovationen ist, dass sie im Gegensatz zu materiellem Eigentum und Kapital sehr schwer zu zerstören sind. Nach der Erfindung des Rades hätte die Zerstörung eines bestimmten Rades nicht zur Zerstörung der ihm zugrundeliegenden Idee geführt. Sie lebte in den Köpfen aller weiter, die ein Rad sahen, und kann unbegrenzt reproduziert werden. Natürliche sowie von Menschen verursachte Katastrophen wie Vandalismus, Diebstahl und staatliche Eingriffe können und haben im Laufe der Jahrtausende unvorstellbar große Kapitalmengen vernichtet. Technologien und Ideen waren jedoch schon immer viel schwieriger auszuradieren. Sie leben in den Köpfen der sie beobachtenden Menschen oder in Schriften weiter. Und während selbst Schriften zerstört werden können, entzieht sich das, was in den Köpfen der Menschen ist, der Kontrolle. Es ist schwieriger, Ideen auszulöschen als eine Person zu töten oder einen Gegenstand zu zerschmettern. Man kann einen Menschen, der eine Idee hat, angreifen, töten oder ihn durch Folter dazu bringen, sie zu denunzieren, aber man kann ihn nicht daran hindern, sie zu denken. Die letzte Bastion der menschlichen Freiheit werden immer die Gedanken sein, da keine Macht der Welt sie außer Kraft zu setzen vermag.

Physisches Kapital ist zudem, wie im vorangegangenen Kapitel erläutert, dem Problem der Wertminderung, der unvermeidlichen Konsequenz seiner physischen Natur, ausgesetzt. Von den Risiken seiner Zerstörung abgesehen, verfällt physisches Kapital unaufhörlich. Materielle Objekte haben nicht nur ihren Ursprung in Ideen, sondern überdauern langfristig nur als solche, da ihre individuellen physischen Erscheinungsformen verfallen und zerstört werden. Die Ideen, Technologien und Kenntnisse, die in die Herstellung von Brücken, Gebäuden, Motoren, Computern, Rädern oder Arzneimitteln einfließen, sind allesamt wirtschaftlich bedeutsamer als die individuellen Erscheinungsformen dieser Erfindungen. Die Einführung des Buchdrucks war eine für die Menschheit außerordentlich wichtige Technologie, weil sie den Massendruck von Ideen ermöglichte, wodurch es viel schwieriger wurde, diese zu zerstören, da sie sich fortan über eine wachsende Anzahl von Kopien verbreiteten. Die Erfindung digitaler Medien und des Internets war eine weitere Stärkung der Menschheitskapazität zur Bewahrung ihrer Ideen und Technologien, da die Herstellung von Informationskopien durch diese Erfindungen viel billiger wurde. Ein einfacher digitaler Datenspeicher im Wert von ein paar Euro – also des Lohns, den der Großteil der Menschheit mit ein paar Stunden Arbeit verdient – kann die Bücher der weltgrößten Bibliothek speichern.

Technologische Innovation und Unternehmertum

Dieser evolutionäre Prozess der Selektion und Variation von Technologien kennt kein Ende, und es gibt keine guten Gründe, zu erwarten, dass er jemals eines finden wird, da er letztlich durch das Bedürfnis des Menschen nach Wirtschaftlichkeit angetrieben wird, was ein ewiges und unausweichliches Problem darstellt. Der

Mensch wirtschaftet stets, und das erfordert die Anwendung des Verstandes zur Verbesserung von Produktionsprozessen. Technologische Innovationen steigern die Produktivität, beenden aber das Wirtschaften nicht; die Menschen müssen auch nach einer Innovation weiter wirtschaften und nach Wegen der Produktivitätssteigerung suchen – die neue Innovation eröffnet schlicht weitere Horizonte zur Entdeckung anderer Innovationen.

Das vorherrschende Modell zum Verständnis technologischer Innovationen sieht diese als ein Produkt wissenschaftlicher Fortschritte an, die von Wissenschaftlern gemacht werden. Auch wenn diese Sichtweise an den sie verbreitenden Universitäten verständlicherweise sehr beliebt ist, offenbart ein genauerer Blick auf die Realitäten technologischer Innovation einen weitaus dynamischeren und vom Markt gesteuerten Prozess. Technologische Innovationen sind nur dann Innovationen, wenn sie den Markttest bestehen und die Produktivität so stark steigern, dass sie einen zur Entschädigung der Hersteller ausreichend hohen Marktpreis erzielen. Bleibt der Markterfolg aus, bedeutet dies, dass die Produktivitätssteigerung der Technologie die anfänglichen Kosten nicht rechtfertigt. Der Unterschied zwischen einer Kuriosität oder einem Spielzeug und einer technologischen Innovation liegt allein im produktivitätssteigernden Potenzial letzterer.

In *The Economic Laws of Scientific Research* [z. Dt. Die Wirtschaftlichen Gesetze der Wissenschaftlichen Forschung – Anm. d. Übers.] illustriert Terence Kealey auf sehr überzeugende Weise die untrennbare Verbindung zwischen Märkten und technologischer Innovation.[78] Kealey lehnt das lineare Modell technologischen Fortschritts, demzufolge akademische Wissenschaftsfunde angewandt werden, um technologische Innovationen hervorzubringen, ab und liefert eine Fülle an überzeugenden Gegenbeweisen. Die Produktivitätssteigerung der Textilindustrie des 18. Jahrhunderts

78 Kealey, Terence. *The Economic Laws of Scientific Research*. Macmillan Press, 1996. Siehe auch *The Bitcoin Standard Podcast* Episode 80 mit Terence Kealey zu Gast.

ist auf Erfindungen von Handwerkern zurückzuführen, die mit universitärer Forschung nichts am Hut hatten. Der Produktivitätszuwachs der britischen Landwirtschaft im 19. Jahrhundert kam nicht über staatliche Förderung der landwirtschaftlichen Forschung und Entwicklung zustande, sondern wurde von Landwirten und Erfindern erzielt. Vor allem aber wurde die industrielle Revolution nicht in wissenschaftlichen Labors, sondern in den Werkstätten von zum Teil analphabetischen Arbeitern geboren. Thomas Newcomen, der die erste kommerziell genutzte Dampfmaschine erfand, war ein ungebildeter Schmied aus der Provinz, der keine Ahnung von den wissenschaftlichen Fortschritten hatte, die seine Erfindung angeblich inspiriert haben sollen. Seine Arbeit mit Pumpen führte ihn nach einem Jahrzehnt des Experimentierens dazu, den Pumpprozess umzukehren, und so seine Dampfmaschine herzustellen. Während eine Pumpe mechanische Kraft nutzt, um Flüssigkeiten zu bewegen, nutzt ein Motor die Bewegung von Flüssigkeiten, um mechanische Kraft zu erzeugen. Es war eine einfache Idee, die von der enormen wirtschaftlichen Belohnung, die aus der Herstellung eines Motors resultieren würde, inspiriert wurde und nicht von theoretischen wissenschaftlichen Entdeckungen. Kealey weist nach, dass dies auch bei James Watt, Richard Trevithick und George Stephenson und anderen Motor-Pionieren der Fall war:

> „Es zeigt sich also, dass die Entwicklung der Dampfmaschine, jenes Artefaktes, das mehr als jedes andere die Industrielle Revolution verkörpert, der Wissenschaft nichts zu verdanken hatte. Sie entstand aus bereits vorhandenen Technologien und wurde von ungebildeten, oft isolierten Männern entwickelt, die ihren gesunden Menschenverstand und ihre Intuition zur Lösung mechanischer Probleme einsetzten, mit denen sie konfrontiert waren und deren Lösungen offensichtlich wirtschaftlich ertragreich sein würden. Blickt man auf die industrielle Revolution zurück, ist es schwer zu

> erkennen, wie die Wissenschaft angesichts ihres eigenen rudimentären Entwicklungsstandes überhaupt einen Beitrag zur Technologie hätte leisten können. Chemiker, die der Phlogistontheorie anhingen, Wärme für eine Substanz hielten, oder versuchten, ein Perpetuum mobile zu bauen, waren Ingenieuren wahrscheinlich keine große Hilfe. Tatsächlich war über lange Zeiträume des neunzehnten Jahrhunderts hinweg das Gegenteil der Fall: Wissenschaftler bemühten sich, zu den Ingenieuren aufzuschließen. Carnots Beschreibungen der thermodynamischen Gesetze beispielsweise entsprangen seiner Frustration über Watts verbesserte Dampfmaschine, weil diese Dampfmaschine gegen alle Regeln der zeitgenössischen Physik verstieß. Watts Maschine war effizienter, als es die Theorie für möglich einräumte, weshalb Carnot die Theorie ändern musste."[79]

Es wäre zutreffender, zu sagen, dass die Erfindung der Dampfmaschine die Thermodynamik hervorbrachte und nicht umgekehrt. Ähnlich verhält es sich mit der Erfindung des Flugzeugs. Zu Beginn des 20. Jahrhunderts waren die meisten Wissenschaftler der felsenfesten Überzeugung, dass das Fliegen unmöglich sei[80] – selbst als es bereits geschehen war. Doch zwei Brüdern, die einen Fahrradladen, aber keine wissenschaftliche Ausbildung hatten, gelang es. Daraufhin wurde die Physik zur Erklärung und Rationalisierung des Fliegens revolutioniert. Technologische Innovation entspringt dem Wunsch, durch den Dienst an anderen Ziele zu erreichen und Gewinne zu machen.

Des Weiteren zeigt Kealey, dass die technologischen Fortschritte der Industriellen Revolution in Großbritannien stattfanden, wo es praktisch keine staatliche Wissenschaftsförderung gab, und nicht in

79 Kealey, Terence. *The Economic Laws of Scientific Research*. Macmillan Press, 1996.
80 Ammous, Saifedean. „Slowdown: Aviation and Modernity's Lost Dynamism." *SSRN Electronic Journal*, 25. Mai 2017.

Ländern wie Frankreich, die verschwenderisch in die Finanzierung der offiziellen Wissenschaft investierten.

Software

Mit der Expansion menschlichen Wissens haben unsere Ideen zur Entwicklung immer komplexerer Maschinen zur Produktion von uns geschätzten Outputs geführt. Als die Bedienung von Maschinen immer repetitiver und vorhersehbarer wurde, begannen die Menschen, Wege zu finden, die von Maschinen benötigten Anweisungen zu automatisieren. Webstühle zur Herstellung von Stoffen wurden mit Leitmustern und Lochkarten ausgestattet, die zuverlässige Strukturen in Stoffe einbrachten, ohne bewusste und kontinuierliche menschliche Überwachung zu erfordern. Einige mechanische Geräte wurden eingesetzt, um mathematische Berechnungen schneller und zuverlässiger als Menschen anzustellen. Im Jahr 1822 arbeitete der englische Universalgelehrte und Erfinder Charles Babbage an der Entwicklung einer „Differenzmaschine" zur Berechnung von Polynomfunktionen.[81] Er konnte ihre Konstruktion zwar nicht vollenden, sein Entwurf aber blieb erhalten, und 1991 baute das Londoner Wissenschaftsmuseum nach diesem ein funktionsfähiges Exemplar. 1833 begann Babbage mit der Arbeit an einem allgemeineren Entwurf, der „Analytischen Maschine", die ein Jahrhundert vor dem kommerziellen Erfolg moderner Computerhersteller viele der wesentlichen Merkmale aktueller Computertechnologie enthalten sollte.

Der vielleicht faszinierendste Aspekt seiner Konstruktion bestand darin, dass sie mit Lochkarten programmierbar war. Ada Lovelace, die Tochter Lord Byrons, entwickelte 1842 einen Algorithmus zur Berechnung einer Bernoulli-Zahlenfolge auf Babbages

81 „The Engines." *Computer History Museum*, 2021.

Maschine, was sie zur weltweit ersten Programmiererin machte.[82] Obwohl Babbage und Lovelace bei der Entwicklung kommerzieller Computer erfolglos blieben, trugen sie maßgeblich dazu bei, die Wissenschaft und Kunst der Computerentwicklung voranzutreiben, bis sie schließlich im 20. Jahrhundert Früchte trug. Die Babbage Analytical Engine war angesichts der industriellen und technologischen Gegebenheiten des neunzehnten Jahrhunderts zu schwierig in der Handhabung und zu teuer, um erfolgreich konstruiert und kommerziell betrieben werden zu können; zur Zeit des 20. Jahrhunderts war ihre Realisierung jedoch möglich geworden.

Elektrizität fand Eingang in den Betrieb dieser Maschinen und erhöhte ihre Produktivität und Komplexität. Zur Steuerung der Maschinen waren hochentwickelte Schaltungen und Schaltkreise erforderlich. Da diese hochentwickelte neue Art elektrischer Maschinen schwierige mathematische Probleme berechnen konnte, bezeichnete man sie als ‚Computer' [z. Dt. Rechner - Anm. d. Übers.]. Im Jahr 1941 konstruierte Konrad Zuse, ein deutscher Ingenieur, mit seinem Z3 den ersten programmierbaren Computer.[83]

Die Befehle zum Betrieb früher Computermaschinen wurden über elektrische Schaltkreise oder Lochkarten in sie hineinprogrammiert. Frühe Computermaschinen leicht abgewandelte Funktionen ausführen zu lassen, machte in der Regel Anpassungen der Hardware, Abläufe sowie eine komplizierte Neuverkabelung notwendig. In den späten 1940er Jahren wurde mit dem ENIAC (Electronic Numerical Integrator and Computer) die elektronische Speicherung solcher Befehle möglich. In den 1950er und 1960er Jahren wurden Programmiersprachen entwickelt, die eine abstraktere, von der Computerarchitektur unabhängige Spezifikation von Programmen ermöglichten. Die Entwicklung dieser standardisierten Programmiersprachen und die weltweit wachsende Zahl von Menschen, die sie lesen, verstehen und schreiben konnten, brachte

---

82 Woolley, Benjamin. *The Bride of Science: Romance, Reason, and Byron's Daughter.* McGraw-Hill, 1999.

83 Trautman, Peggy Salz. „A Computer Pioneer Rediscovered, 50 Years On." *The New York Times*, 20. Apr. 1994.

eine völlig neue Art wirtschaftlicher Güter außerordentlich transformativen Charakters hervor.

Software kann als die reinste Form eines technischen Gutes betrachtet werden. Sie besteht ausschließlich aus Daten, besitzt keine physische Form, steigert die Produktivität jedoch enorm. Sie kann mit modernen Kommunikationsmitteln sehr schnell weltweit verbreitet werden und ist weder rivalisierend noch knapp. Die Anwendung von Software auf einen industriellen Prozess ermöglicht eine stärkere Automatisierung von Maschinenfunktionen, was weniger menschliche Überwachung und Arbeit erforderlich macht. Software ermöglicht eine weitaus bessere Organisation von Ressourcen und Lieferketten, was Kosten senkt und die Effizienz steigert.

Diese wirtschaftliche Entwicklung prägte die Welt während der letzten sieben Jahrzehnte entscheidend. Ideen und Technologien können nun durch abstrakte Buchstaben und Zahlen in Software geschrieben werden, die den Betrieb eines Programms steuert und es diesem ermöglicht, immer komplexere Aufgaben zu erfüllen. Den meisten Menschen im Großbritannien des 19. Jahrhunderts müssen die Lochkarten, die in obskure und hochkomplexe Maschinen geschoben wurden, unverständlich und belanglos erschienen sein. Heute hat Software in Form von in Standardsprachen kodierten Befehlen, die Maschinen die Ausführung von Funktionen vorgeben, alle Industriezweige der Welt erobert. Es ist unmöglich, einen einzigen wirtschaftlichen Produktionszweig auszumachen, der seine Produktivität nicht durch den Einsatz von mit Software arbeitenden Maschinen gesteigert hätte.

Eigentum an Ideen

Können Ideen und Technologien als Eigentum betrachtet werden? Um diese Frage zu beantworten, kehren wir zu der Diskussion aus

Kapitel 2 zurück, in welcher zwischen wirtschaftlichen und nichtwirtschaftlichen Gütern unterschieden wurde. Beide Arten von Gütern sind für den Einzelnen von Nutzen, wobei wirtschaftliche Güter jedoch aufgrund ihrer Knappheit Wert haben. Knappe Güter sind solche, deren Angebot so begrenzt ist, dass die Nachfrage nach ihnen nicht befriedigt werden kann; dies zwingt die Menschen dazu, Entscheidungen darüber zu treffen, wie sie sie konsumieren und verteilen. Mit anderen Worten: Knappheit zwingt die Menschen dazu, diesen Gütern einen Wert zuzuweisen. Da es sich bei Ideen um immaterielle Güter handelt, ist ihr Angebot unbegrenzt, weshalb das verfügbare Angebot die bestehende Nachfrage stets decken kann. Dies schließt die Entwicklung eines Marktwerts für Ideen aus, es sei denn, die Person, die eine Idee besitzt, schafft einen Markt für sie, indem sie den Zugang zu ihr beschränkt.

Es gibt zwei Möglichkeiten, den Zugang zu Ideen zu verknappen, um einen Marktwert für sie zu schaffen. Die erste Möglichkeit besteht darin, dass die Person, die über das entsprechende Wissen verfügt, sich dafür entscheidet, es nicht öffentlich zu machen und nur an Personen weiterzugeben, die dafür bezahlen. Geschäftsgeheimnisse, geheime Rezepte und geschützte technologische Prozesse sind Beispiele für diese freiwillige und friedliche Methode, Eigentum an Technologie und Ideen durchzusetzen. Die zweite Möglichkeit besteht darin, das Wissen öffentlich zu machen, dann aber die Zwangsgewalt des Staates in Anschlag zu bringen, um andere daran zu hindern, es zu Gewinnzwecken zu nutzen. Beispiele hierfür sind Gesetze zum Schutz geistigen Eigentums, wie Urheberrechte und Patente. Kinsella erklärt diese folgendermaßen:

> „Ein Patent ist eine staatliche Förderung, die es dem Patentinhaber erlaubt, das Gerichtssystem des Staates dafür nutzen, es anderen zu untersagen, ihr eigenes Eigentum auf eine bestimmte Weise zu gebrauchen – ihr Eigentum nach einem bestimmten, im

> Patent beschriebenen Muster oder Entwurf umzugestalten oder ihr Eigentum (einschließlich ihres eigenen Körpers) in einer bestimmten, im Patent beschriebenen Abfolge von Schritten zu verwenden.
> Urheberrechte beziehen sich auf ‚Originalwerke', wie Bücher, Artikel, Filme und Computerprogramme. Ein Urheberrecht ist eine staatliche Beihilfe, die es dem Inhaber des Urheberrechts erlaubt, andere daran zu hindern, ihr Eigentum – z. B. Tinte und Papier – auf bestimmte Weise zu verwenden.
> In beiden Fällen überträgt der Staat A das Recht, Bs Eigentum zu kontrollieren – er kann B verbieten, bestimmte Dinge mit Bs Eigentum zu tun. Da Eigentum das Recht auf Kontrolle ist, gewährt ein Urheberrecht A das Miteigentum an Bs Besitz."[84]

Eine ausgezeichnete Behandlung dieses Themas aus rechtlicher sowie wirtschaftlicher Sicht ist in Stephan *Kinsellas Against Intellectual Property* [z. Dt. Gegen Intellektuelles Eigentum – Anm. d. Übers.] zu finden.[85] Eine wichtige Einsicht besteht darin, dass der einzige Weg zur Einschränkung der Nutzung veröffentlichter Informationen über bestimmte Produktionsprozesse darin besteht, anderen Beschränkungen der Nutzung ihres eigenen Eigentums aufzuerlegen. Die einzige Möglichkeit, veröffentlichte Informationen urheberrechtlich zu schützen, besteht darin, es den Besitzern des veröffentlichten Gutes zu verbieten, ihr Eigentum an Tinte und Papier zu verwenden, um das urheberrechtlich geschützte, veröffentlichte Werk nachzubilden. In ähnlicher Weise können Patente nur dann funktionieren, wenn Herstellern unter Androhung staatlicher Gewalt Beschränkungen auferlegt werden, die sie an der im Patent beschriebenen Nutzung ihrer eigenen Geräte hindern. Sowohl Patente als auch Urheberrechte erfordern die Anwendung

84 Kinsella, Stephan. „The Case Against IP: A Concise Guide." *Mises Daily Articles*, Ludwig von Mises Institute, 4. Sept. 2009.

85 Kinsella, Stephan. *Against Intellectual Property*. CreateSpace, 2001.

gewaltsamer Drohungen gegen sich an friedlicher wirtschaftlicher Produktion betätigende Einzelpersonen. In beiden Fällen überträgt die Regierung dem Urheberrechts- oder Patentinhaber das Recht zur Kontrolle fremden Eigentums. Aus rechtlicher Sicht müssen geistiges Eigentum regelnde Gesetze Anspruchsgenehmigungen auf Eigentum und Kontrolle fremder physischer Besitztümer einschließen: Der Inhaber eines Urheberrechts oder Patents beansprucht die Kontrolle über das Eigentum eines jeden auf der Welt, der sein Eigentum nutzen könnte.

Wie Wendy McElroy in *Contra Copyright, Again* [z. Dt. Noch einmal wider das Urheberrecht – Anm. d. Übers.] erklärt:

> „Meine Ideen sind wie ein in einem Tresor eingeschlossener Haufen Geld, an den man ohne einzubrechen und zu stehlen nicht herankommt. Wenn ich den Tresor jedoch öffne und mein Geld in alle Winde zerstreue, sind Leute, die es von der Straße aufheben, nicht mehr Diebe als diejenigen, welche von mir in den öffentlichen Raum geworfenen Worte aufnehmen und benutzen.„[86]

In Kapitel 5 wurde dargelegt, dass Eigentum nach Menger „keine willkürliche Erfindung, sondern vielmehr die einzig mögliche praktische Lösung jenes Problems [ist], das uns die Natur der Dinge, das [...] Missverhältniss zwischen Bedarf und verfügbarer Gütermenge, bei allen wirtschaftlichen Gütern aufdrängt."[87] Ein Verständnis dafür, wie menschliches Handeln zwangsläufig zur Entwicklung der Institution des Eigentums führt, offenbart die willkürliche, undurchsetzbare und widersprüchliche Natur des Konzepts einer geistigen Form von Eigentum. Ideen sind nicht knapp, weshalb ihre Nachfrage niemals ihr Angebot übersteigen kann – es gibt keine

86 McElroy, Wendy. „Contra Copyright, Again." *Libertarian Papers*, Band 3, Nr. 12, 2011. (eig. Übers. – Anm. d. Hrsg.)

87 Menger, Carl. *Grundsätze der Volkswirtschaftslehre*. Wien, 1981, S. 56. (englische Passage durch analoge Passage des deutschen Originals ersetzt. – Anm. d. Hrsg.)

Beschränkung der Anzahl von Rädern, die aus der Idee des Rades hergestellt werden können. Das Fehlen von Knappheit macht die Anwendung des Bezugsrahmens für Eigentum auf Ideen unangemessen, da es in ihrem Fall keinen Knappheitskonflikt zu vermeiden gilt. Damit ist geistiges Eigentum mit Eigentumsrechten unvereinbar.

Die ökonomische Herangehensweise an diese Problemstellungen macht die Vorstellung von Urheberrechtsgesetzen intellektuell unhaltbar und reduziert diese auf nichts anderes als eine Aggression seitens der sie verhängenden Instanzen gegen das Eigentum eines jeden, der gegen sie verstoßen könnte. Entsprechende Gesetze abzuschaffen, hält Produzenten nicht davon ab, Geschäftsgeheimnisse zu bewahren; es bürdet die Kosten ihrer Bewahrung lediglich dem Produzenten auf und zwingt ihn zum Rückgriff auf friedfertige Methoden, was ihren Schutz anbelangt. Ideen haben keine Eigenschaft, welche die Durchsetzung ihrer Knappheit vom Nichtaggressionsprinzip ausnehmen könnte, wie in Kapitel 16 noch genauer erklärt wird. Selbst wenn eine solche Durchsetzung bestimmten Segmenten der Gesellschaft oder dieser im Allgemeinen Vorteile verschaffte, rechtfertigte das die Einleitung von Gewalt gegen friedfertige Menschen nicht.

Ein genauerer Blick auf die angeblichen Vorteile geistigen Eigentums zeigt jedoch, dass diese ohnehin massiv übertrieben werden. Gesetze zum Schutz geistigen Eigentums reizen Innovatoren zunehmend dazu an, auf Kosten von Innovationen zur Befriedigung der Verbrauchernachfrage Monopollizenzen zu erwerben. Diese Gesetze blähen die Grenzbelohnungen für den Erhalt staatlicher Monopollizenzen für Ideen auf und veranlassen Innovatoren, immer mehr Ressourcen zu diesem Zweck einzusetzen, anstatt zu versuchen, Verbraucher zufriedenzustellen.

Am deutlichsten wird dies in den Pharma- und Softwarebranchen, wo große bürokratische Unternehmen zunehmend riesigen Patent-Trollen ähneln, deren Hauptaugenmerk auf der Einstellung von Anwälten, der Patentierung, der Prozessführung und der Ausfechtung von Rechtsstreitigkeiten liegt, während die Entwicklung von Verbrauchersoftware und Medikamenten zunehmend in den Hintergrund tritt.

Obgleich uns beigebracht wird, Innovationen um ihrer selbst willen zu schätzen, sind Innovationen dann wertvoll, wenn sie von Verbrauchern ausreichend geschätzt werden, um ihnen zur Profitabilität zu verhelfen. Ohne Gesetze zum Schutz geistigen Eigentums besteht die einzige Möglichkeit zur Monetarisierung von Ideen und Innovationen durch ihre Inhaber darin, sicherzustellen, dass diese den Verbrauchern einen größeren Wert bieten als die verfügbaren Alternativen.[88] Mit Patentgesetzen können Unternehmer ihren Konkurrenten rechtlich den Wettbewerb untersagen und aufgrund ihrer Monopolmacht über ihre Ideen erfolgreich sein. Die Befriedigung von Verbraucherwünschen wird zur Nebensache. Durch die Einschränkung der Marktanbieter geht die staatliche Durchsetzung geistigen Eigentums schlussendlich auf Kosten der Verbraucher.

Ein gängiges Argument von Befürwortern des Urheberrechts besteht in der Behauptung, dass die Belohnung von Innovatoren mit temporären Monopolerträgen sie dazu veranlasst, mehr zu produzieren als sie es sonst tun würden. Für die Gesellschaft als Ganzes sei es besser, diese Form der Aggression gegen friedliche Eigentümer zum Schutze von Innovatoren, und um letzteren Anreize für neue Ideen zu geben, zuzulassen. Die theoretischen und empirischen Argumente für derartige gesamtgesellschaftliche Vorteile geistigen Eigentums sind jedoch sehr schwach. In einer ausgezeichneten Untersuchung des Patentsystems und geistigen Eigentums präsentieren Levine und Boldrin überzeugende Belege dafür, dass geistige Monopolgesetze der Innovation abträglich sind. Eine Konzentration

88 Bylund, Per. „Intellectual Property: Innovation Should Serve Consumers, Not Producers." *Mises Wire*, Ludwig von Mises Institute, 6. Feb. 2020.

auf Patente lenkt die Energie von Unternehmen von der Innovation ab und zu Klagen sowie einem Patentwettrüsten hin, in welchem Konkurrenten versuchen, so viele Patente wie möglich zu erwerben und sie als Verhandlungsinstrumente zu nutzen, indem sie versuchen, sich gegen Klagen abzuschirmen und gegenseitig mit Klagen auszubremsen. Die hohen Kosten der Arzneimittelentwicklung, die in der Regel als Rechtfertigung für Monopolerträge angeführt werden, ergeben sich in erster Linie aus den Gerichtskosten und behördlichen Genehmigungen, die bei der Zulassung von Arzneimitteln und Patenten anfallen.

Boldrin und Levine analysieren entsprechende Urheberrechtsgesetze und finden wenige empirische Hinweise darauf, dass sie zu vermehrter Innovation und schnellerem Wachstum führen:

> „[Es] gibt keine empirischen Belege dafür, dass sie zur Steigerung von Innovation und Produktivität beitrügen, es sei denn, Produktivität würde mit der Zahl der gewährten Patente gleichgesetzt, die, wie die Daten zeigen, nicht mit der gemessenen Produktivität korreliert. Diese Diskrepanz ist die Ursache des so genannten „Patenträtsels“: Trotz des enormen Anstiegs der Zahl an Patenten und der Stärke ihres rechtlichen Schutzes hat die US-Wirtschaft weder eine dramatische Beschleunigung des technologischen Fortschritts noch einen wesentlichen Anstieg der Forschungs- und Entwicklungsausgaben erlebt. Im Jahr 1983 wurden in den Vereinigten Staaten 59.715 Patente erteilt, 2003 waren es 189.597, und 2010 wurden 244.341 neue Patente genehmigt. In weniger als 30 Jahren hat sich die Zahl der Patente mehr als vervierfacht. Im Kontrast dazu haben weder Innovativität noch die Forschungs- und Entwicklungsausgaben oder die Produktionsfaktorproduktivität einen besonderen Aufwärtstrend gezeigt. Nach Angaben des Bureau of Labor Statistics betrug das jährliche Wachstum der totalen Faktorproduktivität von 1970 bis 1979 etwa

> 1,2 Prozent, während es in den Jahrzehnten 1990 bis 1999 und 2000 bis 2009 knapp unter einem Prozent lag.“[89]

Der simplistischen Auffassung geistiger Monopolrechte nach schaffen sie Innovatoren Anreize zur Innovation. Bei näherer Betrachtung zeigt sich jedoch, dass sie das Gegenteil bewirken. Innovation selbst wird stets von einer starken Motivation angetrieben, und sie wird erleichtert, wenn sie auf den Innovationen anderer aufbauen kann. Urhebermonopolgesetze schaffen Innovatoren keine zusätzlichen Anreize, sondern behindern sie dadurch, dass sie es ihnen versagen, auf den Arbeiten anderer aufzubauen. Die meisten Erfinder stoßen dadurch auf ihre Erfindungen, dass sie versuchen, ihre eigenen Bedürfnisse zu befriedigen, und werden aus ihr unabhängig davon Wert ziehen, was andere mit ihr machen. Darüber hinaus hat ein Erfinder einen enormen Vorteil, wenn er als Erster auf eine Innovation stößt, da er sie vermarkten und verkaufen kann, ohne auf gewaltsame Urheberrechtsgesetze zurückgreifen zu müssen. Im Laufe der Jahrhunderte waren die größten Erfindungen, ebenso wie die innovativsten Werke der Literatur, Musik und Kunst, immer ohne die Notwendigkeit von Urheberrechten oder Patenten erschaffen worden. Man könnte sogar argumentieren, dass sie gerade aufgrund der Abwesenheit dieser entwickelt wurden, weil ihre Schöpfer dadurch in der Lage waren, billig auf die Arbeit derjenigen zuzugreifen, von denen sie Inspiration und die Grundlagen für ihre eigenen Kreationen empfingen. Die Befürworter von Gesetzen zum Schutze geistigen Eigentums konzentrieren sich häufig auf die Umsatzvorteile, die sich aus solchen Gesetzen für Erfinder ergeben, verschweigen aber die enormen Kosten, die sie den vielen anderen potenziellen Erfindern aufbürden, da diese nicht auf die entsprechenden Ideen zugreifen oder auf ihnen aufbauen können, ohne exorbitante Gebühren zu bezahlen.

---

89 Boldrin, Michele, and David Levine. „The Case Against Patents.“ *Federal Reserve Bank of St. Louis*, Working Paper 2012-035A, 2012.

Ideen sind die einzigen nicht-knappen produktiven Güter. Da Technologien und Telekommunikation immer billiger werden, wird auch das Kopieren produktiver Ideen immer einfacher und günstiger. Je erschwinglicher es ist, gute Ideen zu verbreiten und zu kopieren, desto produktiver wird die Welt. Urheberrechtsgesetze verteuern die Weitergabe von Ideen durch Zwang. In der heutigen Welt kommt dies in erster Linie den Menschen zugute, die im Bereich des geistigen Eigentums arbeiten, nicht aber Schöpfern oder Produzenten und auch nicht Ideenvervielfältigern oder der Gesellschaft im Allgemeinen. „Wenn ich weiter sehen konnte, so deshalb, weil ich auf den Schultern von Riesen stand", würdigte Isaac Newton die vielen Menschen, von denen er lernte. Zu seiner Zeit musste man, um sich das Wissen anderer anzueignen, hohe Summen für teure Manuskripte bezahlen. Der Buchdruck, die Industrialisierung und das Internet haben die Wissenserwerbskosten gesenkt und praktisch das gesamte Wissen der Menschheit jedem mit einem 20-Euro-Mobiltelefon und einer Internetverbindung zugänglich gemacht. Urheberrechtsgesetze treiben diese Kosten erneut in die Höhe und kehren damit Jahrhunderte des technologischen Fortschritts bei der Weitergabe von Wissen um, was unzähligen Millionen von Genies und Produzenten Wissen zur eigenen Produktivitätssteigerung vorenthält. Wenn die vergangenen Jahrhunderte des Fortschritts der überwiegenden Mehrheit der Menschen auf dieser Erde Zugang zu den Schultern vieler Riesen verschafften, sind Gesetze zum Schutze geistigen Eigentums eine Besteuerung des Stehens auf diesen Schultern. Man kann sich nur ausmalen, wie viel kreativer und produktiver die Menschheit wäre, wenn alle Bücher der Welt online kostenlos verfügbar gemacht würden.

KAPITEL 8:

Energie und Leistung

Die Nutzung von Energie ist ein wirtschaftlicher Akt, der eine genaue Untersuchung durch Ökonomen verdient, da er ähnlich wie Handel, Kapitalakkumulation und Geld eine Methode zur Steigerung der Qualität und Quantität unserer Zeit auf Erden darstellt. Obwohl Lehrbücher der Wirtschaftswissenschaften, sowohl herkömmliche als auch Österreichische, es im Allgemeinen vermeiden, die Ökonomie von Energie als ein Schlüsselthema zu behandeln, bin ich der Meinung, dass die wirtschaftlichen Realitäten der modernen Welt eine Erörterung der Energieproduktion und -nutzung in jedem Ökonomiebuch erzwingen. Ein Verständnis der Rolle unserer Energieerzeugung und -nutzung ist für alle wirtschaftlichen Entscheidungen in unserer modernen Welt unerlässlich. Man kann die Ökonomie der Arbeitsteilung und der Kapitalakkumulation nicht verstehen, ohne auf den erhöhten Energieverbrauch einzugehen, der unweigerlich mit beiden einhergeht und ohne den sie nicht möglich wären.

Bemerkenswerterweise ist sich die moderne Wissenschaft nicht sonderlich klar darüber, was genau Energie ist. Das Wort entzieht sich einer präzisen Definition, so sehr, dass der berühmte Physiker Richard Feynman sagte: „Es ist wichtig, sich darüber im Klaren zu sein, dass wir in der heutigen Physik nicht wissen, was Energie ist. Wir haben kein Bild davon, dass Energie in kleinen Klumpen bestimmter Größe vorkommt."[90] Im weltweit populärsten Lehrbuch der Thermodynamik, das von Yunus Çengel und Michael Boles geschrieben wurde, heißt es zu diesem Thema: „Thermodynamik kann als die Wissenschaft der Energie definiert werden. Obwohl jeder ein Gefühl davon hat, was Energie ist, ist es schwierig, sie exakt zu definieren. Energie kann als die Fähigkeit betrachtet werden, Veränderungen zu bewirken."[91]

Einer gängigen Definition gemäß ist Energie „die Fähigkeit, Arbeit zu verrichten" oder „die Fähigkeit, Arbeit zu verrichten und Wärme zu übertragen". Wikipedia enthält eine genauere Definition: „Die praktische Bedeutung der Energie liegt oft darin, dass ein physikalisches System in dem Maß Wärme abgeben, Arbeit leisten oder Strahlung aussenden kann, in dem seine Energie sich verringert." Energie steckt in der Nahrung, die Du isst und die Dich dazu bringt, das zu tun, was Du willst, in der Batterie, die Deinen Elektrogeräten Elektrizität bereitstellt, in der Steckdose, die Deinen Fernseher mit Strom versorgt. Ich stelle mir Energie gerne als eine belebende Kraft vor, die Objekte bewegen oder erhitzen kann, und den Zugang zu Energie als die Fähigkeit, diese Kraft zu beherrschen, um für Menschen wertvolle Aufgaben zu erfüllen. Energie kann anhand der in Anhang 1 besprochenen internationalen Standardeinheiten als Arbeit oder Wärme definiert werden.

Arbeit kann in Form der Arbeit gemessen werden, die von einer Kraft oder Wärme geleistet wird. Eine Kraft, die auf ein Kilogramm Masse wirkt und diese um 1 m/s^2 beschleunigt, wird zu Ehren des

---

90 Feynman, Richard. *The Feynman Lectures on Physics*. Band. 1, Vorlesung 4, „Conservation of Energy," Abschnitt 4-1, „What is energy?" California Institute of Technology, 1963. (eig. Übers. – Anm. d. Hrsg.)

91 Çengel, Yunus, and Michael Boles. Thermodynamics: *An Engineering Approach*. 5. Aufl., Bd. 1, McGraw-Hill, 2006, S. 2. (eig. Übers. – Anm. d. Hrsg.)

Physikers und Universalgelehrten Isaac Newton (der übrigens dafür verantwortlich war, dass England den Goldstandard einführte) als ein Newton definiert. Eine über eine Strecke von einem Meter wirkende Kraft von einem Newton erzeugt ein Joule Arbeit, wobei diese Maßeinheit für Energie nach dem Physiker James Joule benannt ist. Um einen 1 kg schweren Gegenstand gegen die Schwerkraft (deren Beschleunigung auf Meereshöhe 9,81 m/s^2 beträgt) über eine Strecke von 1 m anzuheben, sind 9,81 Joule Arbeit erforderlich. Die Messung von Wärmeenergie erfolgt, indem eine Kalorie als die Wärmemenge definiert wird, die erforderlich ist, um die Temperatur eines Kubikzentimeters Wasser um 1 Grad Celsius zu erhöhen. Da es sich hierbei um genau definierte wissenschaftliche Konstanten handelt, entspricht eine Kalorie genau 4.184 Joule. Das Joule ist nach wie vor das gebräuchlichste wissenschaftliche Maß für Energie. **Leistung** wird als die Menge an Energie definiert, die in einem bestimmten Zeitraum auf einen Prozess einwirkt. Die gängige Leistungseinheit ist das Watt, das als 1 Joule pro Sekunde definiert ist.

Der menschliche Körper gewinnt Energie vor allem aus Nahrung, aber auch aus Sonnenlicht. Diese Energie ermöglicht es dem Menschen, kognitiv und physisch zu funktionieren – sie macht menschliches Handeln erst möglich. Zudem können wir über die Energie unseres eigenen Körpers hinaus handeln, indem wir externe Energiequellen nutzen, um unsere Bedürfnisse zu befriedigen und unsere Ziele zu erreichen. In seinem Buch *The Moral Case for Fossil Fuels* [z. Dt. Das moralische Argument für fossile Brennstoffe – Anm. d. Übers.] entwickelt Alex Epstein eine intuitive Weise zum Verständnis von Energie als „Maschinenkalorien".[92] Energie ist das, was Maschinen verbrauchen müssen, um ihre von uns geschätzte Leistung zu erbringen. Genau wie der Mensch Energie verbrauchen muss, um zu handeln, brauchen Maschinen ihre eigenen Joule, um zu funktionieren. Schon in der Antike setzten die Menschen ihren

92 Epstein, Alex. *The Moral Case for Fossil Fuels.* Portfolio Penguin, 2014.

Verstand zur Auffindung von Wegen ein, Energiequellen für sich arbeiten zu lassen, um ihre eigenen Handlungen produktiver zu machen. Dies half uns, bei der Erreichung unserer Ziele Zeit zu sparen und unsere Überlebenschancen zu erhöhen.

Schauen wir uns als Beispiel den Transport, einen immerwährenden Bestandteil menschlichen Handelns, an. Lassen wir einen hypothetischen Mann 500 kg Butter von seinem Bauernhof in die Stadt transportieren wollen, um sie dort zu verkaufen. Dieser Mann muss Nahrung zu sich nehmen, um die Energie zu gewinnen, die nötig ist, um seinen Körper und die Butter in die Stadt zu transportieren. Unter der Voraussetzung der von ihm generierbaren Energiemenge müsste er die Butter über 10 zweistündige Fahrten, also 2 ganze Arbeitstage verteilt transportieren. Besäße der Mann ein Pferd und eine Kutsche, stünde ihm eine größere Menge an Kraft zur Verfügung, um sein Ziel zu erreichen. Vorausgesetzt, dass er das Pferd füttert und gesund hält, kann es ihn mitsamt all seiner Butter auf einer Fahrt in die Stadt ziehen, wofür es insgesamt 2 Stunden braucht, also etwa ein Zehntel der Zeit, die der Mann ohne seine Hilfe für dieselbe Aufgabe benötigt hätte. Verfügte er über ein Auto, könnte er die Strecke in wenigen Minuten zurücklegen. Das Auto ist eine Maschine, welche die 100- bis 500-fache Leistung eines Pferdes bzw. die 1.000- bis 5.000-fache Leistung eines Menschen erbringt und damit die Zeit, die der Mensch für die Erledigung seiner Aufgaben benötigt, auf ein Minimum reduziert.

Die wirtschaftliche Rolle der Leistung ähnelt der des Kapitals und der Technologie. Tatsächlich sind diese drei Phänomene oft miteinander verflochten und überschneiden sich sogar in ihren Bedeutungen. Die Kapitalakkumulation ist ein Prozess, der in der Regel mit einem Anstieg der Energiemenge einhergeht, die für Handlungen und alle in sie involvierten technologischen Verbesserungen eingesetzt wird. Der Übergang vom Transport der Butter zu Fuß, mit Hilfe eines Pferdes und schließlich eines Autos stellt technologische Verbesserungen, den Einsatz zunehmender Kapitalmengen und eine Steigerung des Energieverbrauchs zur Erledigung dieser Aufgabe dar.

Energie im Laufe der Menschheitsgeschichte

In nomadischen, vorlandwirtschaftlichen Gesellschaften nutzten die Menschen zu ihrem Überleben rohe natürliche Energie. Die Sonne half ihnen, warm zu bleiben und ihre Nahrung anzubauen; Flüsse wuschen ihre Körper. Als die Menschen sesshafter wurden und sich niederließen, entwickelten sie die Fähigkeit, in leistungsfähigere, ausgeklügeltere und zuverlässigere Energiequellen zu investieren. Die Domestizierung von Tieren bot uns die Möglichkeit, die Kraft dieser Tiere zur Befriedigung unserer Bedürfnisse einzusetzen, z. B. für den Transport und die Bodenbearbeitung. Das Fett dieser Tiere wurde für die Beleuchtung verwendet. Die Menschen ließen sich wahrscheinlich in der Nähe von Flüssen nieder, um die Energie fließenden Wassers durch Wassermühlen zu nutzen, und bauten Windmühlen, welche die Energie des Windes in nutzbare Leistung umwandelten. Holz sorgte für Wärme und ermöglichte das Kochen. Die Produktivität menschlicher Arbeit wurde durch diese Energiequellen erhöht, und die Überlebenswahrscheinlichkeit stieg durch den Schutz, den sie uns boten.

Um die Mitte des zweiten Jahrtausends n. Chr. begannen die Menschen, Kohle zu fördern und zu verbrennen. Kohle hat einen höheren Energiegehalt als Holz und versetzte uns in die Lage, mehr Energie aus kleineren Brennstoffmengen zu gewinnen, was unsere Produktivität erhöhte. Bis zum 19. Jahrhundert hatten die Menschen gelernt, Erdöl und Erdgas zu nutzen. Der offensichtlichste Beweis der unglaublich transformativen und wertvollen von diesen Brennstoffen gelieferten Leistung ist die Geschwindigkeit, mit der sich ihre Nutzung in den letzten zwei Jahrhunderten auf der ganzen Welt ausbreitete. Das Produktivitätsniveau, das Arbeitnehmern durch den Zugang zu diesen Brennstoffen zuteilwird, führte zu einer großen weltweiten Nachfrage nach ihnen, und überall dort, wo sie verfügbar sind, zu steigenden Lebensstandards. Im zwanzigsten Jahrhundert wurde die Kernenergie, deren Brennstoffe eine viel höhere Energiedichte als Kohlenwasserstoffe besitzen, nutzbar gemacht. Ihr Einsatz wurde jedoch durch den Widerstand einiger Gruppen, die ihre Sicherheit anzweifeln, eingeschränkt.

Mit jeder Entwicklung stellte der technologische Fortschritt Energiequellen bereit, die mehr Energie pro Masseneinheit enthalten. Holz enthält 16 MJ/kg, und im Vergleich zu ihm war Kohle, ein solider Kohlenwasserstoffbrennstoff, mit 24 MJ/kg ein bedeutender Sprung nach vorn. Öl, ein flüssiger Kohlenwasserstoff, hat mit 44 MJ/kg eine noch höhere Energiedichte, und Erdgas ist mit 55 MJ/kg der energiedichteste Kohlenwasserstoff. Kernenergie hingegen befindet sich mit 3.900.000 MJ/kg in einer ganz anderen Größenordnung.[93]

Energieüberfluss[94]

Einer der häufigsten die Energie betreffenden Irrtümer besteht darin, sie für begrenzt und knapp zu halten. Der landläufigen Vorstellung nach verfügt die Erde über einen begrenzten Vorrat an Energie, den der Mensch verringert, wenn er heizt oder etwas bewegt. Aus dieser Knappheitsperspektive betrachtet ist Energieverbrauch etwas Schlechtes, da alle energieintensiven Tätigkeiten die endlichen Vorräte unseres Planeten erschöpfen. In Wahrheit verhält es sich jedoch ganz anders. Die Gesamtmenge der Energieressourcen, die

93 Hore-Lacy, Ian. „Future Energy Demand and Supply." *Nuclear Energy in the 21st Century*, 2. Auflage, World Nuclear University Primer, 2011, Kap. 1, Abschn. 6, S. 9.

94 Dieses Kapitel beruht auf dem analogen Kapitel in *Der Fiat-Standard*.

der Menschheit zur Verfügung stehen, ist praktisch unendlich und übersteigt unsere Quantifizierungs-, geschweige denn Gebrauchsmöglichkeiten. Die Sonnenenergie, die täglich auf die Erde trifft, ist Hunderte Male größer als der gesamte tägliche Energieverbrauch der Erdbevölkerung. Auch die jede Stunde jedes Tages fließenden Flüsse dieses Planeten enthalten mehr Energie als wir verbrauchen. Dasselbe gilt für die Winde, die wehen, und die Kohlenwasserstoffbrennstoffe, die in der Erdkruste verborgen sind, ganz zu schweigen von den vielen Kernbrennstoffen, die wir gerade erst zu nutzen begonnen haben.

Um mit der offensichtlichsten aller Energiequellen zu beginnen: Allein die Sonne flutet unseren Planeten jedes Jahr mit 3.850.000 Exajoule an Energie. Das ist mehr als das 6.000-fache der Energiemenge, die wir Menschen jährlich verbrauchen. Tatsächlich ist die Menge an Sonnenenergie, die innerhalb von 2 Stunden auf die Erde einstrahlt, höher als der gesamte jährliche Energieverbrauch der Menschheit. Allein die Menge an Windenergie, die um die Welt weht, ist etwa viermal so groß wie der gesamte weltweite Energieverbrauch. Einigen Schätzungen zufolge beläuft sich die potenzielle jährliche Stromerzeugungskapazität aus Wasserkraft auf etwa 52 Petawattstunden (PWh), was einem Drittel des gesamten weltweiten Energieverbrauchs entspricht. Es gibt keine genauen Schätzungen zur Menge der in der Erdkruste vorhandenen Kohlenwasserstoffbrennstoffe, aber der nächstbeste Anhaltspunkt, den wir haben (die nachgewiesenen Ölreserven), nimmt aufgrund neuer Entdeckungen ständig zu, und zwar in einem Tempo, das über dem Anstieg des Ölverbrauchs liegt, wie in Kapitel 3 erläutert wurde.

Der Glaube an die Ressourcenknappheit ist ein Missverständnis der Natur der Knappheit selbst. Dabei stellt sie das Schlüsselkonzept der Ökonomik dar. Die absolute Menge aller auf der Erde vorhandenen Rohstoffe ist zu groß, als dass wir Menschen sie auch nur messen oder begreifen könnten, und stellt in keiner Weise eine tatsächliche Begrenzung der Menge dar, die der Mensch produzieren kann. Wir haben die Erdkruste auf der Suche nach den von uns benötigten Mineralien kaum angekratzt; je mehr wir suchen und je tiefer wir graben, desto mehr Ressourcen finden wir. Die praktische und realistische Produktionsgrenze jeder Ressource ist immer die menschliche Zeit, die für ihre Produktion aufgewendet wird, da sie die einzige tatsächlich knappe Ressource darstellt. Auf gesellschaftlicher Ebene ist die einzige Knappheit jene der Gesamtmenge an Zeit, die ihren Mitgliedern für die Produktion von Waren und Dienstleistungen zur Verfügung steht. Es kann stets mehr von jedem Gut produziert werden, wenn menschliche Zeit für seine Produktion eingesetzt wird. Die wirklichen Kosten eines Gutes sind also immer seine Opportunitätskosten in Form von Gütern, auf die man zugunsten seiner Produktion verzichtet.

In der gesamten Menschheitsgeschichte ist uns kein einziger Rohstoff und keine einzige Ressource ausgegangen und der Preis praktisch aller Ressourcen ist heute niedriger als früher, weil wir sie dank unseres technologischen Fortschritts zeiteffizienter produzieren können. Nicht nur, dass uns unsere Rohstoffe nicht ausgegangen sind – die nachgewiesenen Reserven aller vorhandenen Ressourcen sind mit der Zeit nur angewachsen, obwohl unser Verbrauch gestiegen ist. Wenn Ressourcen als endlich zu betrachten wären, müssten die vorhandenen Vorräte mit der Zeit und steigendem Verbrauch abnehmen. Doch obwohl wir immer mehr verbrauchen, sinken ihre Preise weiter, und technologische Verbesserungen ermöglichen es uns, immer mehr von ihnen zu finden und zu fördern. Öl, die Lebensader moderner Volkswirtschaften, ist das beste Beispiel, da es in seinem Fall recht zuverlässige Statistiken gibt. Wie aus Abbildung 5 hervorgeht, war die jährliche Ölproduktion 2015 laut den Daten des BP Statistical Review um 46 % höher als 1980, während der Verbrauch um 55 % stieg. Die Ölreserven hingegen sind um 148 % gestiegen, was etwa dem Dreifachen des Produktions- und

Verbrauchsanstiegs entspricht. In *Energy: The Master Resource* [z. Dt. Energie: Die Mutter aller Ressourcen – Anm. d. Übers.] argumentiert Robert Bradley, dass die nachgewiesenen Reserven in der Regel deshalb das 20-fache des Jahresverbrauchs betragen, weil es kaum Anreize dazu gibt, über diesen Punkt hinaus in die Suche weiterer Reserven zu investieren.[95] Da der Verbrauch mit der Zeit steigt, werden stets mehr Reserven gefunden.

Es gibt kein Energieknappheitsproblem; die Energie kann uns nicht ausgehen, solange die Sonne aufgeht, die Flüsse fließen und der Wind weht. Energie steht uns Menschen ständig zur Verfügung und wir können sie nach Gutdünken nutzen. Die einzige Einschränkung der uns verfügbaren Energiemenge ist die Zeit, die wir Menschen aufwenden, um diese Energiequellen von Orten, an denen sie im Überfluss vorhanden sind, dorthin zu bringen, wo sie gebraucht werden, und zwar im Zeitrahmen des entsprechenden Bedarfs. Alle Energie ist letztlich kostenlos – die Kosten entstehen durch die Bezahlung der Versorgungskette von Einzelpersonen und Unternehmen, die daran beteiligt sind, diese Energie in einer nutzbaren Form dorthin zu transportieren, wo sie benötigt wird. Es macht daher keinen Sinn, Energie selbst als knappe Ressource zu betrachten, was hieße, dass es eine feste, gottgegebene Menge gäbe, welche die Menschen passiv verbrauchen. In ihrer nutzbaren Form ist Energie ein Produkt, das der Mensch erzeugt, indem er die Kräfte der Natur dorthin lenkt, wo sie gebraucht werden. Wie im Falle aller wirtschaftlichen Güter mit Ausnahme Bitcoins kennt ihre Produktion keine natürliche Grenze; die einzige Einschränkung besteht in jener der Zeit, welche die Menschen für ihre Produktion aufwenden, was wiederum durch den Preismechanismus bestimmt wird, der Signale an Produzenten sendet. Wenn die Menschen mehr Energie wollen, sind sie bereit, mehr für sie zu bezahlen, was einen Anreiz für die Produktion von mehr Energie auf Kosten der Produktion

95 Bradley, Robert. Energy: *The Master Resource: An Introduction to the History, Technology, Economics, and Public Policy of Energy*. Kendall Hunt Publishing, 2004.

anderer Dinge darstellt. Je mehr Menschen Energie nachfragen, desto mehr von ihr kann produziert werden. Energieknappheit ist, wie alle Arten von Knappheit vor der Einführung Bitcoins, eine relative Knappheit, deren Ursache die in anderen Ressourcen entstehenden Opportunitätskosten sind.

Die Tatsache, dass Energie nicht knapp ist, bedeutet, wie in Kapitel 2 erläutert wurde, dass sie kein wirtschaftliches Gut sein kann. Außerdem ist ein Gut laut Menger etwas Nützliches, das auf die Befriedigung menschlicher Bedürfnisse ausgerichtet werden kann. Energiequellen *in abstracto* lassen sich in dieser Hinsicht nicht als Güter einordnen. Die Gesamtmenge der auf der Erde verfügbaren Energie ist keine für den Einzelnen relevante Metrik. Weder ist sie knapp, noch kann sie zur Befriedigung unserer Bedürfnisse eingesetzt werden. Sonnen-, Wind-, Kohlenwasserstoff-, Atom- oder Wasserkraftenergie, die nicht zur Befriedigung menschlicher Bedürfnisse eingesetzt wird, ist ebenso wenig ein Gut wie die Energie eines fernen Sterns. Nur wenn Energiequellen auf die Befriedigung unserer Bedürfnisse ausgerichtet sind, können sie als Güter betrachtet werden, und erst wenn sie auf die Befriedigung unserer Bedürfnisse ausgerichtet ist, wird Energie tatsächlich knapp und damit zu einem wirtschaftlichen Gut. Energie ist also kein wirtschaftliches Gut, wohl aber Strom.

Die Menschen können Energiequellen nicht in ihrer Gesamtheit wertschätzen, sondern nur in Form ihrer Grenzeinheiten; sie bewerten die nächste Energieeinheit, die sie zur Befriedigung ihrer Bedürfnisse innerhalb eines bestimmten Zeitraums benötigen. Der Bezugsrahmen subjektiver Grenzevaluationen ist ein nützliches Erklärungsinstrument, welches uns dabei hilft, das Wesen der Energiemärkte zu erhellen.

Energieknappheit

Während Energie als die Fähigkeit verstanden wird, Arbeit zu verrichten, ist Leistung ein Maß dieser Fähigkeit geteilt durch die Zeitspanne, in der die entsprechende Arbeit verrichtet wird. Leistung misst die Intensität von Energie über die Zeit hinweg, und damit das, was zentral ist, um Energiequellen für die Befriedigung menschlicher Bedürfnisse nutzbar zu machen. Letztere sind zeitabhängig, da Zeit endlich sowie knapp, und die Zeitpräferenz positiv ist. Die Gesamtmenge an Sonnen- und Windenergie, die an einem Tag auf Dein Haus trifft, ist für Deine wirtschaftlichen Bedürfnisse ebenso irrelevant wie die Menge an in den Kohlenwasserstoffbrennstoffen unter Deinem Haus gebundener Energie. Verbraucher zahlen nicht für diese Energiequellen, und sollten es auch nicht tun, da sie keine für die Menschen wertvollen Aufgaben erfüllen.

Mises' und Mengers Erklärungen der Grenzbewertung lassen sich auf den Energiemarkt übertragen. Mises stellte klar, dass niemand jemals zwischen allem Eisen und allem Gold der Welt wählen muss; man muss sich nur für die nächste Grenzeinheit dieser Stoffe entscheiden, die man verbrauchen möchte. Auch wenn Eisen für den Menschen nützlicher ist als Gold, wird sich dies nicht in einem höheren Marktpreis niederschlagen, da niemand sich jemals dazwischen entscheiden muss, sein ganzes Leben lang entweder ausschließlich Gold oder ausschließlich Eisen zu erstehen. Die Menschen entscheiden sich immer nur für die nächste Grenzeinheit, und aufgrund der im Vergleich zu Eisen und unter normalen Marktbedingungen relativ gesehen höheren Knappheit des Goldes schätzen die Menschen dessen nächste Grenzeinheit in der Regel höher als die des Eisens.

Energie gleicht dem Gesamtangebot an Gold und Eisen insofern, als es eher ein nebulöses Konzept als ein wirtschaftliches Gut darstellt, das direkt zur Befriedigung menschlicher Bedürfnisse eingesetzt werden kann. Menschen kaufen nicht das Gesamtangebot an Eisen, sondern nur die Grenzmenge, die sie zur Befriedigung ihres Grenzbedarfs zu dem Zeitpunkt und an dem Ort benötigen, an dem sie es kaufen. Ebenso **kaufen Menschen nicht das gesamte Energieangebot. Sie kaufen bestimmte Energiemengen, die mit einer gewünschten Intensität über Zeiträume geliefert werden, in denen sie Arbeit verrichtet haben wollen. Sie kaufen Energie über die marginale Zeiteinheit hinweg. Sie kaufen *Leistung*.**

Es macht wenig Sinn, von „Energiemärkten“ oder dem „Energiekauf“ zu sprechen. Energie als Gut kann nicht von der Zeit getrennt werden, während der sie die Arbeit verrichtet, die für die Befriedigung menschlicher Bedürfnisse erforderlich ist. Eine Brise, die eine Woche lang um Dein Haus weht, mag ausreichen, um die Lampen in diesem einen Abend lang leuchten zu lassen, doch worauf es ankommt, ist, diese Energie für den die ganze Woche währenden Betrieb der Lampen zu konzentrieren. Die Brise ist kostenlos – sie so zu kanalisieren, dass sie die Lampen zum Leuchten bringt, ist es nicht.

Energieknappheit hat nichts mit der absoluten Verfügbarkeit von Energie, sondern lediglich mit ihrer zeitlichen und räumlichen Verfügbarkeit in nutzbarer Form zu tun. Energie in ihrer Rohform ist kein wirtschaftliches Gut, weil sie im Überfluss vorhanden ist und kaum einen Nutzen hat, bevor sie nicht umgewandelt und z. B. als Strom der Grenzproduktion zugeführt wird. Um ein Auto, ein Flugzeug, einen Computer, ein Telefon, einen Lautsprecher, einen Ventilator oder eines der vielen essenziellen und allgegenwärtigen technischen Geräte der modernen Welt zu betreiben, muss dem Gerät pro Betriebssekunde eine bestimmte Menge an Energie zugeführt werden. Der wirtschaftliche Wert, der sich aus dem Betrieb dieser Geräte ergibt, hängt von diesem kontinuierlichen Energiestrom ab, der dem Gerät in der erforderlichen Menge zugeführt wird, d. h. von der Energieversorgung. **Der Nutzen, den Energie für die**

Menschen entwickelt, ergibt sich aus ihrer Grenzproduktivität, die in Form von Strom erbracht wird.

So wie der Mensch Waren in Form von Grenzeinheiten wertet, wertet er Energie in Form von Leistung, d. h. der pro Sekunde bereitgestellten Energiemenge. Da diese Wertung an Grenzeinheiten vollzogen wird, können wir den enormen Wert verstehen, den die Menschen in Energiequellen sehen, die innerhalb kurzer Zeiträume große Mengen an Energie liefern können, was insbesondere für Kohlenwasserstoffe gilt. Kohlenwasserstoffe sind außerdem eine sehr mobile Form gespeicherter Energie, die praktisch überall, wohin ein Motor gebracht werden kann, große Mengen an Energie zu liefern vermögen.

Kohlenwasserstoffe haben einen enormen Wert für die Menschen, da sie chemisch stabil, leicht und einfach zu transportieren sind und sich für Zwecke eignen, die eine hohe Leistung zu bestimmten Zeiten und an bestimmten Orten erfordern. Einzelpersonen, kleine Gruppen oder ganze Populationen können überall auf der Welt auf große Mengen an Energie zugreifen, indem sie Kohlenwasserstoffbrennstoffe erwerben und mit ihnen immer billigere und allgegenwärtigere Motoren betreiben. Weltweit sind mehrere Milliarden Motoren in verschiedenen Bereichen im Einsatz, um den menschlichen Bedarf an Licht, Wärme, Transport, Produktion, Konstruktion und vielem mehr zu decken.

Die Einführung von Kohlenwasserstoffbrennstoffen hat das Energieerzeugungspotenzial der Menschheit enorm gesteigert, wie Vaclav Smil in seinem Buch *Energy and Civilization: A History*[96] [z. Dt. Energie und Zivilisation: Eine Geschichte – Anm. d. Übers.] ausführlich darlegt. Smils Analyse der historischen Entwicklung des Energie- und Stromverbrauchs ist ein hilfreiches Werkzeug zum Verständnis der technischen Möglichkeiten von Arbeitsteilung und

96 Smil, Vaclav. 2017. *Energy and Civilization*: A History. Cambridge, MA: MIT Press.

Produktivität sowie davon, wie sehr diese durch die Entwicklung der Kohlenwasserstoffe verbessert wurden.

Die Leistung, die ein starker Mann durch das Antreiben eines Rades erzeugen kann, beträgt etwa 200 Watt. Ein römisches Wasserrad, das einen Mühlstein dreht, erzeugt 1.800 Watt. Um das sechzehnte Jahrhundert konnten deutsche Windmühlen 6,5 kW zum Mahlen von Saatgut liefern. 1750 konnte eine große niederländische Windmühle mit einer Leistung von 12 kW einen Polder entwässern. Im Jahr 1832 vermochte die erste Wasserturbine 38 kW zu erzeugen. Mit der Erfindung von Newcomens atmosphärischer Dampfmaschine zum Pumpen von Wasser zu Beginn des 18. Jahrhunderts konnte der Mensch 3.750 Watt durch die Verbrennung von Treibstoff in Arbeit umsetzen. Ein bescheidener Anfang – doch mit Kohlenwasserstoffen betriebene Maschinen sollten sich durchsetzen. Die größte Dampfmaschine James Watts lieferte im Jahr 1800 100 kW, eine Dampfturbine des Jahres 1900 1 MW. 1970 produzierte eine einen Pipelinekompressor antreibende Gasturbine 10 MW. Siemens Energys SGT6-9000HL-Gasturbine, die leistungsstärkste der Welt, vermag im Jahr 2022 410,9 MW zu generieren.

Ein Pferd kann eine Leistung von etwa 750 Watt, und ein Spitzenradfahrer eine Stunde lang etwa 400 Watt erzeugen. Das Ford Model-T erzeugte 1908 bei voller Fahrt 14,9 kW. Ein moderner Kleinwagen wie der Kia Picanto leistet rund 45 kW. Der leistungsstärkste Sportwagen der Welt, der Rimac Nevera, hat eine Leistung von mehr als 1,4 Megawatt. Eine große 1890er Dampflokomotive leistete bei voller Fahrt 850 kW.

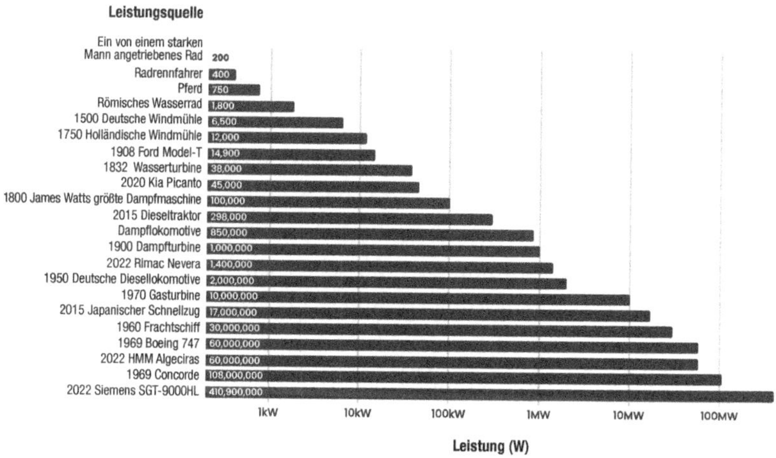

Abbildung 9. Höchstleistungen der letzten 3000 Jahre

1950 lief eine leistungsstarke deutsche Diesellokomotive mit 2 MW, und ein japanischer Hochgeschwindigkeitszug 2015 mit 17 MW. 1960 lief ein dieselgetriebenes japanisches Handelsschiff mit 30 MW, eine Boeing 747 1969 mit 60 MW, und die vier Triebwerke einer Überschall-Concorde erzeugten bei einer Reisegeschwindigkeit von 2.400 km/h 108 MW. Das Triebwerk der HMM Algeciras liefert 60 MW. Vom Pferd über die HMM Algeciras bis hin zur Boeing 747 hat die Menschheit eine 80.000-fache Steigerung der für den Transport erschlossenen Leistung erlebt.

Smil vergleicht auch die im Laufe der Zeit für die Feldarbeit aufzubringende Höchstleistung. Während ein Bauer, der ein Kohlfeld umgräbt, 50 W erzeugt, hat einer, der es mit zwei kleinen Pferden pflügt, 1.000 W zur Verfügung. Mit einem kleinen Traktor konnte ein Landwirt im Jahr 1950 mit einer Leistung von 50 kW ernten. Im Jahr 2015 konnte ein Landwirt mit einem großen Dieseltraktor eine Leistung von 298 kW einsetzen. In drei Jahrhunderten technologischen Fortschritts hat sich die Leistung, die einem Landwirt zur Verfügung steht, um das 6.000-fache erhöht.

Vor dem Einsatz der Kohlenwasserstoffe konnte die Menschheit nur auf begrenzte Mengen nutzbarer Energie zugreifen, und selbst das nur in der Nähe von Wasserrädern und Windmühlen. Mit Kohlenwasserstoffen können große Mengen an Energie überall und zu jeder Zeit generiert werden, was wachsende Bevölkerungszentren, vermehrte Handelsverbindungen zwischen diesen Bevölkerungszentren und eine höhere Arbeitsproduktivität ermöglicht.

Alex Epstein legt überzeugend dar, inwiefern Kohlenwasserstoffbrennstoffe die Wurzel modernen Wohlstands sind.[97] Bis zum 16. Jahrhundert beruhte die menschliche Existenz weltweit in erster Linie auf der Verbrennung von Holz zur Energieversorgung. Im Vergleich zu modernen Kohlenwasserstoffen enthält Holz pro Gewichtseinheit viel weniger Energie. Als im 16. Jahrhundert die Nutzung von Kohle und später von Öl und Gas einsetzte, stieg die pro Person verfügbare Energiemenge und damit auch unsere Lebensqualität enorm. Um den wahren Nutzen von Energie für unser Leben deutlich zu machen, lädt Epstein dazu ein, uns die Energie, die wir heute verbrauchen, als den Energieverbrauch von für uns arbeitenden Menschen vorzustellen. Aus diesem Blickwinkel zeigt er auf, dass der durchschnittliche Amerikaner täglich 186.000 Kalorien zu seiner Verfügung hat, was das Energieäquivalent von 93 Menschen darstellt. Vor modernen Brennstoffen stand diese Energiemenge kaum jemandem zur Verfügung. Nur die reichsten Herrscher konnten davon träumen, täglich so viel Energie entweder in Form von Brennholz oder versklavten Menschen zur Verfügung zu haben.

---

97 Epstein, Alex. *The Moral Case for Fossil Fuels*. Portfolio Penguin, 2014.

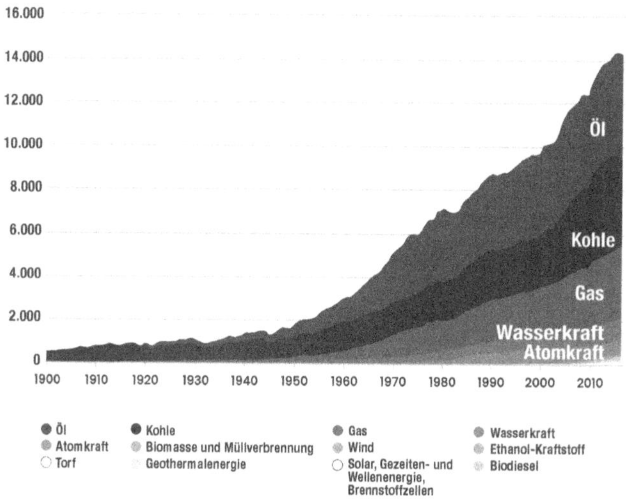

Abbildung 10. Der globale Konsum primärer Energieträger[98]

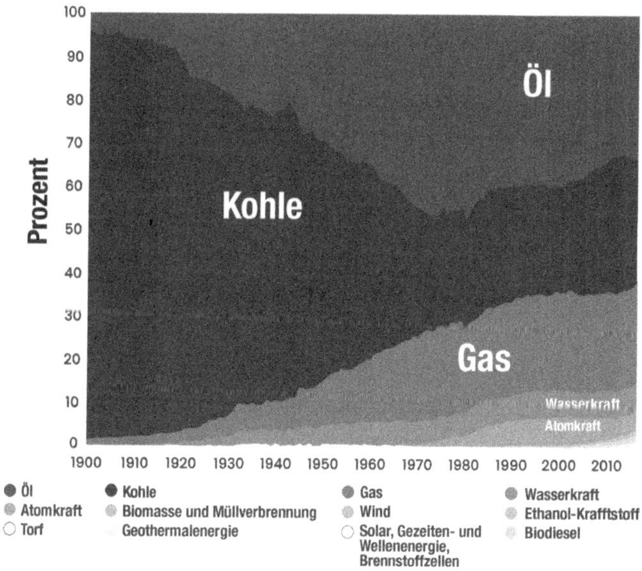

Abbildung 11. Der globale prozentuale Konsum primärer Energieträger[99]

98 „World Primary Energy Production." *The Shift Dataportal*, The Shift Project, 2020.

99 Ebd.

Die Lebensstandards auf der ganzen Welt transformierende industrielle Revolution war untrennbar mit der Erfindung der Dampfmaschine und dem massenhaften Einsatz von Kohleenergie zur Steigerung der Arbeitsproduktivität verbunden. Kohle war die vorherrschende Energiequelle bis zur Jahrhundertwende, zu der die Erfindung des Verbrennungsmotors die massenhafte Nutzung von Öl ermöglichte, das eine höhere Energiedichte aufweist und daher effizienter zu transportieren und im Verkehr einzusetzen ist. Im zwanzigsten Jahrhundert stieg der Einsatz von Erdöl weltweit rapide an, während in der zweiten Hälfte des zwanzigsten Jahrhunderts die Nutzung von Gasenergie unter der aller Energieformen am schnellsten zunahm. Derzeit werden etwa 80 % des weltweiten Energieverbrauchs durch diese drei Kohlenwasserstoff-Brennstoffe gedeckt.

Es ist zu erwarten, dass die Energieerzeugung im Zuge des technologischen Fortschritts und der Verbesserung unserer Lebensstandards zunehmend auf Erdgas umgestellt wird, da es unter allen Kohlenwasserstoffbrennstoffen die geringste Umweltbelastung verursacht. Realistischerweise wird es jedoch weiterhin eine enorme Nachfrage nach Kohlekraft geben, da die einzigen praktischen Alternativen zur Kohlekraft für viele Menschen dieser Erde Energiequellen geringer Leistung, Kontrollierbarkeit und Zuverlässigkeit sind. Kohle ist billig, und unsere Energie aus ihr extrahierenden Technologien wurden über Jahrzehnte hinweg perfektioniert, wobei die moderne, saubere Kohletechnologie die durch den Kohleverbrauch entstehenden Schadstoffemissionen drastisch reduziert. Die Vorteile einer zuverlässigen Energieversorgung haben sich für die große Mehrheit der Menschen als akzeptabel erwiesen, weshalb sie in Gebiete mit Kohlekraftwerken und zuverlässiger Energieversorgung und aus Gebieten ohne Kohlekraftwerke und ohne zuverlässige Energieversorgung wegzogen.

1802 baute Richard Trevithick die erste funktionierende Dampflokomotive, die mit Kohle betrieben wurde. Etwa zur gleichen Zeit wurde das Dampfschiff erfunden, das nach dem gleichen Prinzip funktionierte. Das Automobil wurde 1885 und das Flugzeug 1902 erfunden. Mehr als zwei Jahrhunderte lang haben diese Technologien die Kosten des Transports gesenkt und seine Verfügbarkeit erhöht. Der Warentransport kostet heute nur noch einen winzigen Bruchteil dessen, was er vor der Nutzung der Kohlenwasserstoffenergie kostete. Infolgedessen hat sich unsere Handelskapazität erheblich ausgeweitet, und das Ausmaß der globalen Arbeitsteilung enorm zugenommen, was der menschlichen Produktivität zugutekam.

Der moderne Kapitalismus und die globale Arbeitsteilung, die sich im 19. Jahrhundert herausbildeten, wären ohne die Einführung von Kohlenwasserstoffenergiequellen, welche die Arbeitsproduktivität und Lebensstandards erheblich verbesserten, schlichtweg unmöglich gewesen. Ohne diese Energiequellen, die moderne Motoren und Maschinen antreiben, wäre die Arbeitsproduktivität nicht so weit angestiegen, dass Arbeiter in der Lage gewesen wären, weit mehr als ihr Lebensnotwendiges zu produzieren und somit über beträchtliche Ressourcen für den Handel mit anderen zu verfügen. Die Kapitalakkumulation veränderte sich grundlegend, nachdem diese Brennstoffe es den Menschen ermöglichten, rasant wachsende Energiemengen zu nutzen.

Örtliche und zeitliche Vergleiche können den enormen Wert, den der Zugang zu hoher Energie mit sich bringt, verdeutlichen. Unsere moderne Welt ist größtenteils das Ergebnis der Entwicklung von Technologien, die uns regelmäßigen Zugang zu immer größeren Energiemengen ermöglichen. Unsere moderne Zivilisation und die meisten ihrer Errungenschaften wären ohne einen völlig aus dem historischen Rahmen fallenden Energieverbrauch unmöglich gewesen.

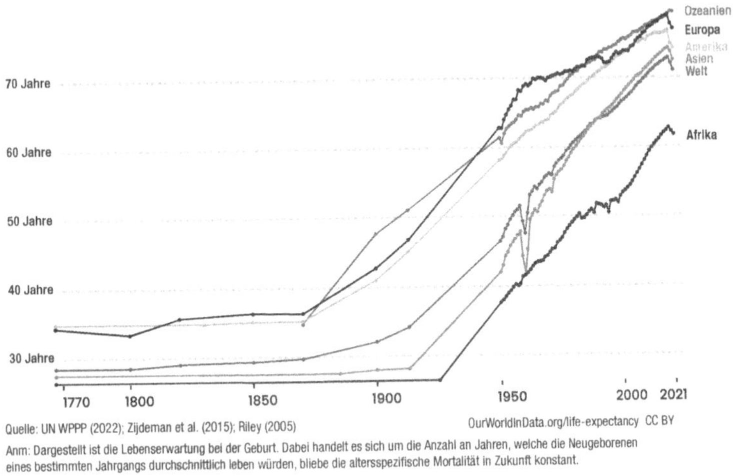

Abbildung 12. Weltweite Lebenserwartungen zwischen 1770 und 2021

Anno 2005 erhobene Daten aus 118 Ländern mit die 4-Millionen-Grenze übersteigenden Populationen zeigen die Korrelation zwischen dem Energieverbrauch und dem Zugang zu Wasser, gesteigerter Lebenserwartung, sinkender Kindersterblichkeit, durchschnittlichen Schulbildungsjahren, dem Grad der Elektrifizierung und dem Bruttonationaleinkommen.[100] Der Zusammenhang ist sehr eindeutig: Je mehr Energie eine Gesellschaft zu erzeugen und zu konsumieren vermag, desto besser kann sie die Grundbedürfnisse moderner Menschen abdecken.

Ein Blick auf das BIP offenbart, dass diese Beziehung eindeutig ist, und zwar schon seit sehr langer Zeit: Ein höherer Stromverbrauch korreliert stark mit höherer Wirtschaftsleistung und folglich höheren Lebensstandards, wie in Abbildung 13 zu sehen ist.

100 Pasten, Cesar and Juan Santamarina. „Energy and Quality of Life." *Energy Policy*, Band. 49, Elsevier, 2012, S. 468-76.

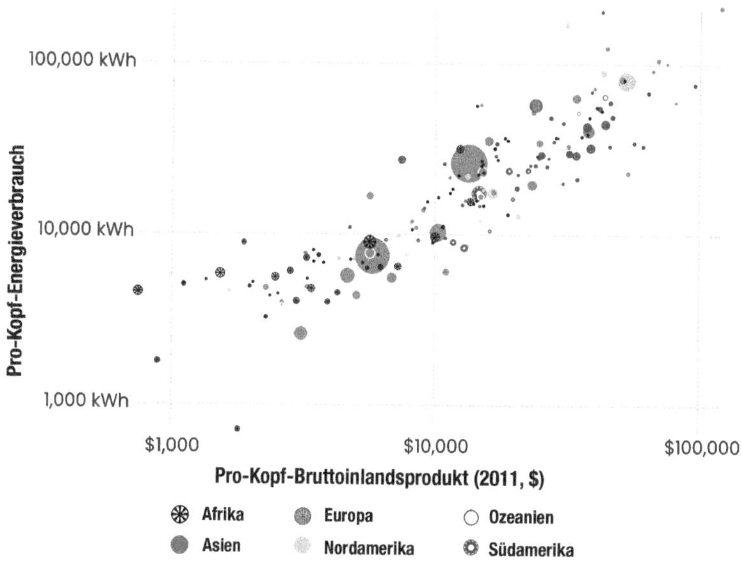

Quelle: International Energy Agency (IEA) via The World Bank
OurWorldInData.org/energy-production-and-changing-energy-sources CC BY-SA

Abbildung 13. Pro-Kopf-Energieverbrauch vs. BIP, 2015[101]

Abbildung 14 zeigt die Beziehung zwischen dem Pro-Kopf-Energieverbrauch und dem Anteil der in extremer Armut lebenden Bevölkerung. Kein Land, das extreme Armut beseitigt hat, verbraucht weniger als 10.000 kWh/Kopf/Jahr, und kein Land, in dem mehr als 20 % der Bevölkerung in extremer Armut leben, verbraucht mehr als 10.000 kWh/Kopf/Jahr.

101 Ritchie, Hannah et al. „Energy." *Our World In Data*, 2022.

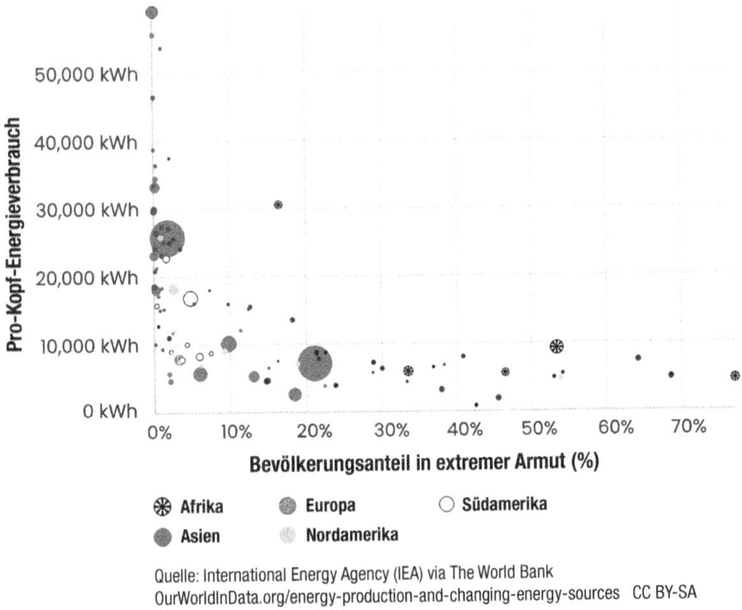

Abbildung 14. Pro-Kopf-Energieverbrauch vs. Bevölkerungsanteil in extremer Armut, Daten aus 2018[102]

Der Fortschritt der Menschheit wurde durch technologische Verbesserungen vorangetrieben, welche die in Kohlenwasserstoffbrennstoffen gebundene Energie freisetzen. Die Tatsache, dass die meisten Menschen heute vor den meisten natürlichen Versehrungen geschützt leben, es im Winter warm haben und sich schneller fortbewegen können, als ihre Füße sie zu tragen vermögen, ist das Ergebnis von Innovationen der Industriellen Revolution, die uns verschiedene Motorformen bescherten, um die in den drei wichtigsten Kohlenwasserstoffbrennstoffen – Kohle, Öl und Gas – vorhandene Energie zu nutzen. Philip Cross beschrieb dies folgendermaßen:

102 Ebd.

„Die Geschichte der wirtschaftlichen Entwicklung ist die Geschichte der unter menschliche Kontrolle gebrachten Menge an Energie. Wirtschaftshistoriker haben die enge Beziehung zwischen Wirtschaftswachstum und Energieverbrauch beobachtet, die daraus resultiert, dass wir steigende Energiemengen für uns arbeiten lassen. Die amerikanische Wirtschaftswissenschaftlerin Deirdre McCloskey nannte den Anstieg des Energieverbrauchs, der um 1800 begann, ‚die große Bereicherung'. Die der Menschheit entstehenden Vorteile waren enorm: Die Lebenserwartung stieg, die Nahrungsmittelproduktion nahm zu und erlaubte es, wachsende Populationen zu ernähren, und der Lebensstandard der meisten Menschen wurde auf ein Niveau angehoben, das vor wenigen Jahrhunderten selbst Königshäusern unerreichbar war.
Der verstorbene italienische Wirtschaftshistoriker Carlo Cipolla führte sowohl die sich vor Tausenden von Jahren abspielende landwirtschaftliche als auch die Industrielle Revolution des späten achtzehnten Jahrhunderts auf die Energienutzung der Menschen zurück. Während der landwirtschaftlichen Revolution entwickelten sich die Menschen von Jägern und Sammlern zu Kultivierern und Zähmern pflanzlicher und tierischer Energie weiter, auch wenn die meisten Pflanzen und Tiere keine sehr effizienten Energiewandler sind. Auch Feuer, Wind und Wasser erhöhten die den Menschen verfügbare Energie. Im Laufe der Zeit nutzten die Menschen all diese Energiequellen immer effizienter, etwa durch rudimentäre landwirtschaftliche Geräte, Bewässerung, Öfen, Wassermühlen und Segelboote.
Fossile Brennstoffe spielten bis zur industriellen Revolution eine vernachlässigbare Rolle in der Energieversorgung. Obwohl alles auf der Erde als Energiequelle in Frage kommt, erwiesen sich fossile Brennstoffe als besonders effizient und praktisch, um den Energiebedarf der Industrialisierung zu decken. Cipolla zufolge

> kann die Industrielle Revolution ‚als der Prozess betrachtet werden, mit dem die groß angelegte Erschließung neuer Energiequellen durch unbelebte Energiewandler in Gang gesetzt wurde.‘ Kohle war die erste weit verbreitete leblose Energiequelle, deren Anteil an der britischen Energieversorgung von 10 Prozent im Jahr 1560 auf 60 Prozent im Jahr 1750 anstieg und damit die Abholzung der Wälder Großbritanniens beendete. Dies setzte einen kumulativen Prozess in Gang, in dessen Rahmen ein steigendes Energieangebot das Wirtschaftswachstum ankurbelte, was wiederum die Bildung verbesserte, die dann zur Entdeckung neuer Energiequellen, insbesondere weiterer fossiler Brennstoffe, führte.
> Die erste kommerzielle Nutzung eines Kohlenwasserstoff-Brennstoffes war die des Kerosins, um Licht zu erzeugen und unser mit jedem Sonnenuntergang erneutes Versinken in der Dunkelheit zu beenden. (Dies beendete das weit verbreitete Abschlachten von Walen, deren Öl bis dahin die Hauptlichtquelle für Innenräume gewesen war.) Die USA leisteten im 19. Jahrhundert Pionierarbeit bei der Erschließung von Ölvorkommen – eine Rolle, die sie heute dank innovativer Technologien zur Erschließung von Schiefervorkommen wieder einnehmen. 1860 hatte das Ölzeitalter dank der Entwicklung der Bohrtechnik in Pennsylvania ernsthaft begonnen.“[103]

In dem Maße, zu welchem die Menschen immer wieder neue Technologien zur Nutzung von Energie für ihre Zwecke entdecken, sinken die realen Energiekosten kontinuierlich. In einer Analyse der Energiepreise des Vereinigten Königreichs in den sieben Jahrhunderten zwischen 1300 und 2000 schätzt Fouquet, dass die Heizkosten um mehr als 80 %, die Kosten für Strom um 94 %, die Kosten für den Gütertransport um 95 %, die Kosten für den Personentransport um 91 % und die Kosten für die Beleuchtung um 99,98 %

103 Cross, Philip. „In Praise of Fossil Fuels.“ *C2C Journal*, 17. Dez. 2015.

gesunken sind. Diese Rückgänge sind in den Abbildungen 15 und 16 dargestellt.[104]

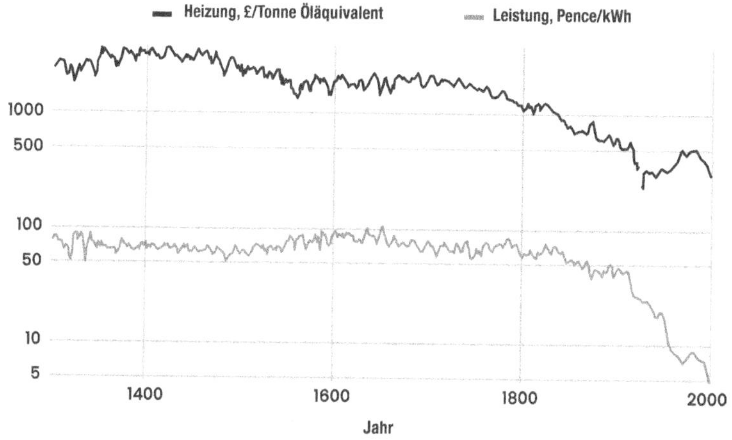

Abbildung 15. Heiz- und Stromkosten in GB, 1300–2000

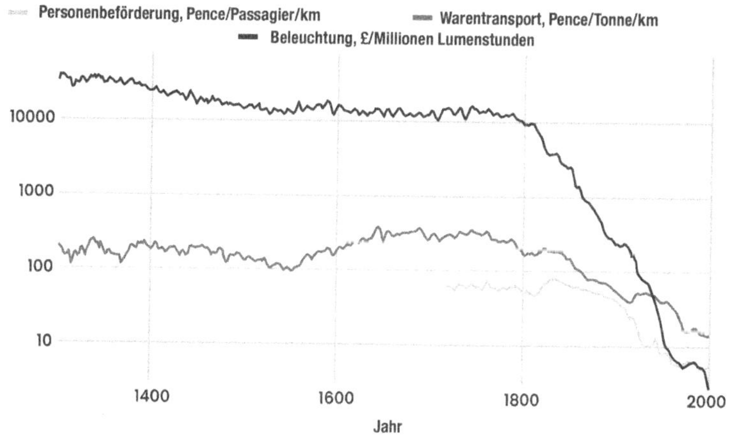

Abbildung 16. Beleuchtungs- und Transportkosten in GB, 1300-2000

104 Fouquet, Roger. „Divergences in Long Run Trends in the Prices of Energy and Energy Services." *Review of Environmental Economics and Policy*, Bd. 5, Nr. 2, 2011, S. 196-218. (Alle Abbildungen wurden anhand des Pfund-Sterling-Gegenwerts des Jahres 2000 berechnet.)

Die Leistungen der Kohlenwasserstoffalternativen

Trotz der unerhörten und unbestreitbaren Segnungen, die leistungsstarke Kohlenwasserstoffe unserer Welt erbrachten, ist eine Mehrheit der Wirtschaftswissenschaftler und der Öffentlichkeit der Meinung, dass sie durch alternative Energiequellen ersetzt werden sollten und werden. Diese Feindseligkeit beruhte ursprünglich auf dem Anstieg der Kohlenwasserstoffpreise in den 1970ern, der durch eine inflationäre Geldpolitik verursacht wurde und Weltuntergangskultisten zu der Prophezeiung veranlasste, diese unglaublich reichlich vorhandenen Brennstoffe würden uns demnächst ausgehen. Da ihre Produktion jahrzehntelang weiter zunahm, während die nachgewiesenen Reserven noch stärker anstiegen, ist diese spezifische Hysterie abgeklungen, doch die allgemeine Anti-Kohlenwasserstoffhysterie fand eine neue Daseinsrechtfertigung. Der inkohärente und unüberprüfbare pseudowissenschaftliche Aberglaube, dass Treibhausgasemissionen der Kontrollknopf des irdischen Wetters seien, ist nun der Grund, aus welchem wir uns von Kohlenwasserstoffen zu verabschieden und zu „nachhaltigen" Alternativen wie Wind, Sonne und Biokraftstoffen überzugehen haben. In *Der Fiat-Standard* vertrete ich den Standpunkt, dass die Feindseligkeit der modernen, staatsfinanzierten Wissenschaft gegenüber Kohlenwasserstoffkraftstoffen ihre Wurzeln in einer inflationären Geldpolitik hat, welche die Preise für diese lebenswichtigen Brennstoffe in die Höhe treibt und es Regierungen zugleich ermöglicht, Wissenschaft zu finanzieren und zu steuern. Regierungen wollen brennstofffreie Alternativen fördern, weil diese weniger empfindlich auf Geldinflation reagieren als auf dem Weltmarkt massenproduzierte Hochleistungskraftstoffe.

Befürworter von Wind- und Solarenergie argumentieren häufig, sie seien billiger als Kohlenwasserstoffe, weil ihr Kraftstoff nichts koste, da Sonnenschein und Wind zu freier Verfügung stünden. Dies ist jedoch ein gutes Beispiel wirtschaftlich irrigen Denkens, da es Grenzentscheidungen nicht berücksichtigt. Die Grenzkostenanalyse hilft uns, das irreparable Problem von Wind- und Sonnenenergie als einer Alternative zu Kohlenwasserstoffen zu verstehen. Energie wird nicht *in summa* oder *abstracto* gekauft, sondern in Grenzeinheiten, also zu bestimmten Zeiten in bestimmten Mengen und mit bestimmten Intensitäten. Das wirtschaftliche Gut ist nicht Energie, sondern *Leistung*. Die Hochleistungsmaschinerie, welche die moderne Zivilisation möglich macht, erfordert die Bereitstellung von Energie in bestimmten, kontrollierten Intensitäten auf Abruf. Strom aus Windrädern und Sonnenkollektoren ist unregelmäßig und unvorhersehbar, da er nur verfügbar ist, wenn der Wind weht und die Sonne scheint. Im Gegensatz dazu sind Kohlenwasserstoffenergiequellen leicht transportabel und lagerbar, so dass sie in großen Mengen zur Verfügung stehen, wann und wo immer sie gebraucht werden. Sobald moderne Maschinen und Infrastrukturen aufgebaut sind, steht Kohlenwasserstoffenergie bei Bedarf genau in der benötigten Intensität zur Verfügung, und das zu sehr geringen Grenzkosten.

Ob Stromnetze, Krankenhäuser, Brutkästen, Kühlschränke, Heizung und Kühlung, Internetserver, diverse Onlinedienste, Flughäfen oder zahllose Formen moderner Infrastrukturen – die moderne Zivilisation ist auf die witterungsunabhängige, kontinuierliche Arbeit ihrer Maschinen angewiesen. Kein modernes Unternehmen kann seine Fabriken, Server oder Büros nach den Launen des Wetters ausrichten. Damit hochproduktive Maschinen funktionieren, sind nicht nur niedrige Energiegrenzkosten vonnöten, sondern zu *jeder Zeit* niedrige Energiegrenzkosten. Wenn die Sonne scheint und der Wind weht, fallen die Grenzkosten erneuerbarer Energieträger tatsächlich auf Null, doch wenn nicht, sind sie unendlich hoch. Kein noch so großer Kapitaleinsatz wird dafür sorgen, dass die Sonne stets scheint und der Wind immer dann weht, wenn eine Maschine gebraucht wird. Wenn die Sonne nicht scheint, sind die Grenzkosten der Sonnenenergie unendlich, und wenn der Wind nicht weht, sind sie es im Falle der Windenergie. Würden Wind- und Sonnenenergie tatsächlich als Alternativen zu Kohlenwasserstoffen genutzt, wäre die moderne Industriegesellschaft nicht länger möglich.

Da die Politik Wind- und Solarenergie stark subventioniert hat, ist deren Nutzung gestiegen, aber die Abhängigkeit von ihnen hat katastrophale Folgen, da sie die Vorhersagbarkeit von Lastspitzen für Versorgungsunternehmen verringert, da Nachfragespitzen nun zu Zeitpunkten auftreten können, an welchen einige Energiequellen nicht verfügbar sind. Die gesamte Spitzenlastkapazität muss durch Kohlenwasserstoffe abgedeckt werden, was Investitionen in teure Wind- und Solaranlagen fast überflüssig macht. Zwar kann der Verbrauch von Kohlenwasserstoffbrennstoffen so tatsächlich gesenkt werden, aber die dabei entstehenden Unterbrechungen und Unvorhersehbarkeiten verteuern Verwaltung und Wartung der Kohlenwasserstoffkraftwerke und Stromnetze, wodurch etwaige Vorteile weitgehend zunichtegemacht werden. Aus diesem Grund existiert die Stromerzeugung mit Wind- und Sonnenenergie nur in dem Maße, in welchem sie durch staatliche Ausgaben subventioniert wird.

Da die Menschen wirtschaften, suchen sie ständig nach Möglichkeiten der Produktivitätssteigerung. Im Falle der Energienutzung geschah dies durchweg in Form einer Erhöhung der in MJ/kg gemessenen Energiedichte der von uns eingesetzten Energiequellen. Um Solar- und Windenergie für das moderne Leben nutzbar zu machen, müsste man Batterietechnologie einsetzen, die eine abgrundtief niedrige Energiedichte von etwa 0,5 MJ/kg besitzt, was etwa 1 % der von Erdöl oder Erdgas entspricht. Batterien sind zudem sehr teuer, weshalb sie vor allem in Bereichen eingesetzt werden, in denen Motoren nicht praktikabel sind.

Energie und Freiheit

Als die menschliche Produktivität noch sehr gering und unsere Technologie primitiv war, gab es für die Menschen nur sehr wenige Möglichkeiten, über ihre eigene Arbeit hinaus für ihren Lebensunterhalt zu sorgen. Eine der effektivsten Energiequellen war die Arbeit anderer Menschen. Da der Mensch jedoch eine sehr geringe Produktivität hatte, musste er seine Arbeit zur Sicherung seines Überlebens einsetzen, was bedeutete, dass er es sich selten leisten konnte, andere für seine Arbeit zu bezahlen, während andere es sich selten leisten konnten, ihn für seine zu bezahlen. In einem solchen Umfeld sind Gelegenheiten für eine beidseitig vorteilhafte Anstellung rar. Wenn ein Mensch die Energie eines anderen für seine Bedürfnisse nutzen wollte, musste er den anderen wahrscheinlich dazu zwingen, seine Energie auf Kosten seiner eigenen Bedürfnisse zur Verfügung zu stellen. Sklaverei als Institution war in einer Welt primitiver Energiequellen verbreitet, da die Energie eines anderen Menschen zu seinen Diensten zu haben einen erheblichen Zuwachs – beinahe eine Verdoppelung – der zur Deckung der eigenen Bedürfnisse verfügbaren Energie bedeutete. Geringe Produktivität macht das Überleben zu einer zentralen und ungewissen Aufgabe, was die Arbeit anderer enorm wertvoll und deren Versklavung profitabel macht.

In dem Maße, wie die Produktivität durch die Entwicklung von Technologien und die Zunahme nicht-menschlicher Energiequellen steigt, wird es für die Menschen möglich, ihre Bedürfnisse, statt durch die Sklavenarbeit Fremder, durch den Einsatz zunehmender Mengen energieintensiven Kapitals zu sichern. Das dringende Bedürfnis nach der Arbeitskraft anderer Menschen, das einen zu ihrer Versklavung treiben könnte, nimmt ab.

Maschinen können einen Großteil der Arbeit eines Sklaven übernehmen und verursachen weniger Probleme als ein Mensch mit dem ständigen Wunsch, sich zu befreien. Da Maschinen die Produktivität eines Arbeiters erhöhen, ist es diesem möglich, sowohl seine eigenen Bedürfnisse als auch die eines Arbeitgebers, der ihm erstere als Kapital zur Verfügung stellt, zu befriedigen. Mit zunehmenden Kosten und der immer zentraleren Rolle von Maschinen im wirtschaftlichen Produktionsprozess, nimmt auch die Bedeutung und Verantwortung des Arbeiters zu, und Sklaverei wird zu einem völlig ungeeigneten Mittel der Arbeitsextraktion. Sklavenarbeiter, die mit hochproduktiven Aufgaben unter Verwendung teurer Maschinen beauftragt sind, werden kaum an deren produktivem Einsatz interessiert sein und ein hohes Sabotagerisiko darstellen. Wenn Maschinen und Energie die Arbeitsproduktivität steigern, erhöht sich die Wahrscheinlichkeit, dass Arbeiter angestellt statt zur Arbeit gezwungen werden.

Im Zustand der Energiearmut war der Zugriff auf die Energie eines anderen Menschen hochbedeutsam. Im modernen Kontext des Energieüberflusses jedoch, in dem ein Individuum in einem reichen, industrialisierten, entwickelten Land täglich die Energie von 100 Menschen verbraucht, trüge ein Sklave nur sehr wenig Energie bei. Als externe Energiequellen ins menschliche Leben Einzug hielten und unsere Produktivität und unseren Lebensstandard erhöhten, schrumpfte der Grenznutzen der Versklavung erheblich. Als Kapitalakkumulation und moderne Maschinerie immer mehr in den Mittelpunkt des Produktionsprozesses rückten, wurde die Fähigkeit von Arbeitern, diese Maschinen korrekt handzuhaben und zu warten, weitaus wertvoller als ihre Muskelkraft. Der Einsatz der Energie eines Sklaven für seinen Herrn wurde wertlos, sobald eine Maschine zu geringen Kosten ein Vielfaches der für Routinearbeiten benötigten Energie liefern konnte. Intelligenz und Integrität der Arbeiter beim Gebrauch und bei der Wartung von Maschinen wurde viel wertvoller als ihre rohe Kraft. Es ist kein Zufall, dass sich die Abschaffung der Sklaverei mit der Industrialisierung über die ganze Welt verbreitete. Großbritannien war gerade deswegen bei der Abschaffung der Sklaverei weltweit führend, weil es im Bereich der Industrialisierung führend war. Wo immer die Dampfmaschine und der elektrische Generator auftauchten, verschwand binnen kurzer Zeit die Sklaverei. Soweit Sklaverei heute noch existiert, tut sie dies in industriell primitiven Gesellschaften geringer Kapitalakkumulation und geringen Energieverbrauchs. Die Ökonomie der Maschinen macht die Sklaverei wirtschaftlich unpraktikabel. Maschinen machen harte Sklavenarbeit zu sehr geringen Kosten verfügbar und erhöhen Produktivität und Wert der Zeit eines Arbeiters so weit, dass seine freiwillige Kooperation wertvoller als jede von ihm zu leistende Sklavenarbeit wird.

Hochleistungsmaschinen sind zudem eine unterschätzte Triebkraft der Frauenbefreiung. In einer primitiven, leistungsstarke Maschinen ermangelnden Wirtschaft stellte menschliche Kraft ein äußerst wertvolles Gut dar und machte die stärksten Menschen zu den produktivsten. Da Männer im Durchschnitt stärker als Frauen sind und über einen größeren Körper und mehr Muskelmasse verfügen, war die Arbeit von Männern wertvoller als die der Frauen, und letztere zum Überleben und Schutz stark auf Männer angewiesen. Als moderne, energieintensive Maschinen die körperlich anstrengendsten Aufgaben, wie den Transport, das Ackern, Heben von Lasten, Pumpen von Wasser und den Schutz vor der Natur und der Tierwelt übernahmen, sank die Bedeutung körperlicher Stärke zugunsten kognitiver, wodurch der männliche Stärkevorteil Frauen gegenüber verringert wurde. In einer modernen, energiereichen Wirtschaft erfordern die produktivsten und bestbezahlten Tätigkeiten keine körperliche Kraft mehr. Die stärksten und mächtigsten Individuen der Gesellschaft sind nicht mehr diejenigen, die sich die meisten Ressourcen sichern können. Maschinen übernehmen die Hauptarbeit, und die höchsten Löhne erhalten jene, deren kognitive Fähigkeiten diese Maschinen zu steuern vermögen. Die

Wahrscheinlichkeit, dass Frauen ihren Lebensunterhalt selbst bestreiten können, ist in einer Industrie- und Informationswirtschaft weitaus größer als in einer primitiven. Es ist kein Zufall, dass die Befreiung der Frau mit der Industrialisierung einherging. Die reichsten und am stärksten industrialisierten Gesellschaften sind diejenigen mit den leistungsfähigsten und unabhängigsten Frauen, während die Unterdrückung von Frauen in vorindustriellen Gesellschaften noch weit verbreitet ist.

TEIL III:

Die Markt-ordnung

KAPITEL 9:

Handel

„Die grundlegenden Bedingungen, die Zusammenarbeit, Gesellschaft und Zivilisation hervorgebracht und den Humanoiden in ein menschliches Wesen verwandelt haben, sind, dass Arbeitsteilung und Arbeitsvereinigung ergiebiger als das Sonderhandeln der Einzelnen sind, und dass die Vernunft des Menschen ihn lehrt, diese Wahrheit zu erkennen."[105]

– Ludwig von Mises

In den vorangegangenen Kapiteln wurden vorgenommene ökonomische Handlungen und Tauschvorgänge in Isolation erörtert. Arbeit, Kapitalakkumulation und technologische Innovation sind Aufgaben, die der Mensch dazu nutzen kann, sein Wohlergehen zu verbessern, ohne mit anderen interagieren zu müssen, indem er Arbeit gegen Freizeit, verzögerte Befriedigung gegen sofortige und neue Technologien gegen alte tauscht. Der Mensch ist jedoch ein soziales Tier; er wird in eine Familie und eine erweiterte soziale

105 Mises, Ludwig von. *Human Action: The Scholar's Edition*. Ludwig von Mises Institute, 1998, S. 144. (eig. Übers. – Anm. d. Hrsg.)

Ordnung hineingeboren und verbringt sein Leben in der Interaktion mit anderen. Der Tausch mit anderen ist ein instinktiver und natürlicher Teil des Lebens, und etwas, das Kinder schon in jungen Jahren tun. Die wirtschaftlich bemerkenswerteste Form der Interaktion zwischen Menschen ist der Handel bzw. der freie Austausch. In diesem Kapitel werden die Gründe und Vorteile des freien Austauschs untersucht und erläutert. Die folgenden Kapitel bauen auf dieser Erläuterung auf, um ein vollständigeres Bild des unpersönlichen Austauschs im Rahmen der monetären Marktordnung zu entwickeln.

Der Austausch von Gütern mit anderen bringt eine wichtige Komplexität in die wirtschaftliche Entscheidungsfindung ein: die Vorstellung, dass mein wirtschaftlich mit mir interagierendes Gegenüber seinen eigenen Willen hat. Beim Wirtschaften mit materiellen Gütern, wie im Falle der Produktion, des Konsums und der Kapitalakkumulation, hat der Einzelne es nur mit unbelebten Objekten zu tun, die weder einen eigenen Willen noch ein eigenes Bewusstsein haben. Wenn es jedoch mit anderen in Interaktion tritt, ist das Individuum mit deren Willen, Wünschen, Vorlieben, Zielen und Handlungen konfrontiert.

Es gibt nur zwei Arten menschlicher Interaktion: einvernehmliche und erzwungene. Im Falle eines Einverständnisses nehmen alle Beteiligten an einer Aktivität teil, die ihnen genehm erscheint. Sie entscheiden sich freiwillig dafür, an dieser Handlung teilzunehmen, ohne sich gegenseitig Gewalt anzutun oder -drohen. Handel und freier Austausch sind Paradebeispiele für einvernehmliche Vereinbarungen; beide Individuen erklären sich bereit, Waren auszutauschen, weil sie begreifen, dass sie von diesem Austausch profitieren können. Allein die Tatsache, dass sich zwei Individuen freiwillig zum Warenaustausch entschließen, zwingt uns zu dem Schluss, dass sie beide von der Vereinbarung zu profitieren erwarten. Hätten sie das Ergebnis des Tauschs nicht gewollt, hätten sie sich gar nicht erst auf ihn eingelassen. Aus diesem Grund wird

Handel oft als ein Positivsummenspiel bezeichnet: Die Gewinne, die beide Teilnehmer durch ihn erzielen, sind zusammengenommen notwendigerweise positiv. Andernfalls hätten sie sich nicht auf ihn eingelassen.

Ein Austausch setzt die Fähigkeit zweier Individuen voraus, sich ihrer Vernunft zu bedienen, um eine Vereinbarung zu treffen, die beiden nützt und keinem von ihnen schadet. Nur ihr Verstand ermöglicht es zwei Menschen, auf eine Art und Weise zu interagieren, die für beide von Vorteil ist, weil sie die Vorteile der Zusammenarbeit und die positive Auswirkung dieser auf ihre Situationen vorhersehen können.

Die einzige Alternative zum Einverständnis ist der Zwang, d. h. die Auferlegung des Willens einer Partei auf die andere durch Gewalt oder deren Androhung. Wann immer in einer menschlichen Interaktion Zwang ausgeübt wird, kann aus diesem Umstand geschlossen werden, dass eine der an der Interaktion beteiligten Parteien durch die Interaktion schlechter gestellt wird, als sie es ohne sie wäre. Träfe dies nicht zu, erübrigte sich die Erzwingung der Teilnahme an der Interaktion; sie wäre freiwillig erfolgt. Zwang kann als Nullsummenspiel betrachtet werden, stellt jedoch eher ein Negativsummenspiel dar. Im Falle eines Diebstahls kann der Dieb Fremdeigentum an sich nehmen und so seinen eigenen Wohlstand auf Kosten des Opfers erhöhen. Obwohl quantitative Wirtschaftswissenschaftler dies als Nullsummenspiel bezeichnen mögen, beruht dies auf der fälschlichen Annahme, dass Wert objektiv sei und der Gewinn des Diebes dem Verlust des Opfers entspräche. Da Wert aber nur als subjektives Phänomen verstanden werden kann, dürfen wir nicht davon ausgehen, dass beide Personen das Diebesgut gleich werten.

Ein Familienerbstück, das einem Dieb einen Pfennig wert wäre, kann für seinen Besitzer außerordentlichen subjektiven Wert haben. Da der Dieb den Gegenstand jedoch nicht in einem ausgehandelten

Tauschgeschäft von seinem Opfer erwarb, floss der Wert des Gegenstands für das Opfer nicht in die Interaktion ein. Der Dieb bot weder etwas von ausreichendem Wert im Tausch gegen das Erbstück an, noch erfuhr er, was das überhaupt sein könnte. Daher ist es wohl wahrscheinlich, dass der Wert, den der Dieb erlangt, geringer ist als der vom Opfer verlorene.

Bei Gewaltanwendung können außerdem sowohl der Angreifer als auch der Angegriffene körperlichen Schaden erleiden, was für beide nachteilig ist. Gewalt ist zerstörerisch, und der Schaden, der durch Gewaltanwendung entsteht, kann tatsächlich größer ausfallen als die gemachte Beute. Außerdem zieht Gewaltanwendung stets das Risiko von Vergeltungsmaßnahmen nach sich. Davon abgesehen führt die Anwendung von Gewalt gegen andere zu einer marginalen Gewaltnormalisierung und erhöht so die Wahrscheinlichkeit, dass der Täter zum Opfer wird.

Wie verlockend das Ausschöpfen des Mittels der Nötigung auch sein mag, es wird im Vergleich zu den durch Kooperation möglichen Belohnungen den Kürzeren ziehen. Der tierische Instinkt des Menschen weckt die Angst vor dem anderen, doch seine Vernunft kann daneben die Vorteile der Zusammenarbeit erkennen und so eine zivilisierte Gesellschaft entstehen lassen. Dies lässt sich am Beispiel von Robinson Crusoe veranschaulichen, der auf einer vermeintlich einsamen Insel einem anderen Mann, Freitag, begegnet.

Mit Freitag konfrontiert, hat Crusoe zwei Möglichkeiten: Zwang oder Einvernehmen. Zwang mag instinktiv verlockend sein: Crusoe könnte versuchen, Freitag seinen Willen aufzuzwingen, ihn zu unterwerfen und zu versklaven oder ihn zu ermorden und seinen Besitz an sich zu reißen. Jede dieser Möglichkeiten ist für Crusoe von Vorteil, für Freitag jedoch unerträglich, weshalb sie sehr wahrscheinlich zu einer gewaltsamen Konfrontation unsicheren Ausgangs zwischen den beiden Männern führen müssten. Crusoe könnte besiegt, seinerseits versklavt, getötet oder selbst im Falle seines

Sieges verletzt werden. Triumphiert er, kann er möglicherweise Freitags gesamten Besitz sowie seine Sklavenarbeit erwerben, nicht aber Freitags enthusiastische und produktivste Kooperation, da Freitag sich darüber im Klaren wäre, dass die Früchte seiner Arbeit in erster Linie Crusoe zufielen. Crusoe könnte Freitag niemals vertrauen, da dieser jederzeit versuchen könnte, ihm zu schaden. Konflikte und schlussendlich tödliche Gewalt sind das zu erwartende Resultat dieser Vorgehensweise.

Würden die beiden Männer sich hingegen zur Zusammenarbeit entschließen und nur zu beidseitig akzeptablen Bedingungen miteinander verhandeln, kämen sie auf lange Sicht wahrscheinlich beide besser weg. Aller potenzielle materielle Besitz Freitags, den Crusoe an sich reißen könnte, verblasst im Vergleich zu den Gütern, die ersterer zu produzieren imstande wäre, bliebe er am Leben und im Besitz der Freiheit, zu arbeiten, möglichst produktiv zu sein und sich Arbeit mit Crusoe zu teilen.

Wenn Crusoe und Freitag bereit sind, Souveränität und Eigentum des anderen zu respektieren, können sie beide in Sicherheit produzieren und die produzierten Güter anschließend tauschen. Die Vorteile, die sich ihnen durch ihre Zusammenarbeit eröffnen, stellen alles, was sie sich durch Feindseligkeit und Kampf sichern könnten, in den Schatten. Bei all den erstaunlichen Vorteilen, die man sich in Isolation durch Arbeit, Kapitalakkumulation und technologische Innovation sichern kann, erschließt sich uns eine weitaus größere Welt an Möglichkeiten, wenn wir uns auf den Austausch mit anderen einlassen. Ökonomen entwickelten im Laufe der Jahrhunderte eine Reihe mentaler Werkzeuge und Konstrukte zum besseren Verständnis des Handels und seines enormen Nutzenpotenzials. Im weiteren Verlauf dieses Kapitels werden diese Instrumente erläutert, um zu demonstrieren, dass die Möglichkeiten der Kooperation für alle Beteiligten weitaus vorteilhafter sind als die der Konfliktaustragung.

Subjektive Wertungen

Grundlage für ein Verständnis des wirtschaftlichen Phänomens des Handels ist jenes Konzept, auf welchem alle wirtschaftlichen Abwägungen beruhen: die subjektive Wertung. Nur wenn man begreift, dass Wert subjektiv ist, erschließt sich einem das Konzept des Handels. Was hätten die Menschen davon, Handel zu treiben, wäre Wert objektiv? Warum sollten sie etwas gegen etwas anderes tauschen wollen, wenn beide Güter gleichen Werts sind? Der Grenznutzen der getauschten Güter muss für beide Parteien steigen. Jede Partei erhält eine höhere Befriedigung durch die Sache, die sie erwirbt, als durch die Sache, die sie aufgibt.

Menschen sind in der Lage, Gegenstände miteinander zu tauschen, weil sie denselben Gegenständen unterschiedliche Werte beimessen. Wert ist weder etwas, das Gegenständen innewohnt, noch ist er eine Eigenschaft, die Gegenstände in einer bestimmbaren, definierten Quantität besitzen. Wert wird erst durch den menschlichen Verstand zugewiesen, und zwar in Grenzquantitäten. Der Einzelne weist Gegenständen einen Wert in Abhängigkeit davon zu, wie sehr er sie zum Zeitpunkt und am Ort der Beurteilung diesen Wertes schätzt. Dies hängt von einer Reihe von Faktoren ab, zu denen in erster Linie die bereits vorhandene und besessene Gütermenge zählt.

Es ist also absolut möglich, dass Crusoe einen Apfel höher wertschätzt als eine Orange, während Freitag eine Orange höher wertschätzt als einen Apfel. Besäße Crusoe eine Orange und Freitag einen Apfel, profitierten in diesem Fall beide von einem Tausch ihrer Früchte. Wir können dies verstehen, wenn wir über die Handlungen beider sowie darüber nachdenken, was wir über das menschliche Verhalten wissen. Wenn Freitag den Tausch bereitwillig vorschlägt und Crusoe freiwillig zustimmt, können wir nur zu dem Schluss kommen, dass der Tausch ihr jeweiliges Wohlbefinden verbessert: Da Freitag die Orange mehr wert ist als sein Apfel und Crusoe der

Apfel mehr wert ist als seine Orange, profitieren beide von einem Tausch.

Eine weitere Möglichkeit zu verstehen, warum Handel stattfindet, liegt in einer Betrachtung der Implikationen des Gesetzes vom abnehmenden Grenznutzen im Kontext zwischenmenschlicher Interaktion. Daraus, dass der Grenznutzen jeder Einheit eines Gutes mit seiner zunehmenden Menge abnimmt, folgt, dass Individuen Handelsgelegenheiten finden, indem sie jene Güter, von denen sie viele Einheiten haben, gegen Güter tauschen, von denen sie nur wenige besitzen. Wenn Crusoe einen Apfelbaum und Freitag einen Orangenbaum hat, wird wahrscheinlich jeder von ihnen große Mengen der jeweiligen Früchte aber keine der anderen Sorte ernten. Sie würden die Grenzfrüchte ihrer eigenen Bäume wahrscheinlich weit geringer wertschätzen als die erste Frucht, die sie vom Baum des anderen erhielten. Crusoes Orangenbaum versorgt ihn mit mehr Orangen, als er essen kann, und nachdem er den Großteil der Früchte des eigenen Baumes gegessen hat, sind die letzten Orangen für ihn nur von geringem Wert. Vielleicht würde er sie nicht einmal mehr essen wollen. Da er aber noch keine Äpfel gegessen hat, bevor er auf Freitag trifft, wird der erste Apfel, den er von Freitag erhält, für ihn von relativ hohem Wert sein. Freitag wiederum legt sehr wenig Wert auf die letzten von seinem Baum produzierten Äpfel, und würde eine Orange von Crusoes Baum viel höher werten. Der Handel ermöglicht es beiden, etwas aufzugeben, das sie relativ gering schätzen, um im Gegenzug etwas zu erhalten, das sie höher schätzen.

Ein in der Wirtschaftswissenschaft häufig anzutreffendes Missverständnis ist die Verwechslung von Wert und Preis. Allein die Tatsache, dass Menschen sich bereitwillig auf einen Tausch einlassen, zeigt, dass diese Vorstellung unhaltbar ist. Wenn eine Person 10 Euro für ein Gut bezahlt, wertet sie es nicht in Höhe von 10 Euro, sondern höher als 10 Euro, weil sie bereitwillig 10 Euro im Austausch für das

Gut aufgibt. Der Verkäufer hingegen wertet das Gut eindeutig unter 10 Euro, da er es bereitwillig für diesen Betrag aushändigt.

Unterschiedliche subjektive Wertungen erklären zwar die Logik des Handels, erfassen aber nicht in vollem Umfang all seine Vorteile und Implikationen, da sie lediglich Entscheidungen über Endprodukte betreffen. Tiefgreifendere potenzielle Implikationen des Handels werden deutlich, wenn wir uns seine Auswirkungen auf den Produktionsprozess vergegenwärtigen. Zwei wichtige Ansätze zum Verständnis menschlichen Handelns im zwischenmenschlichen Tausch sind die Konzepte des absoluten und komparativen Vorteils.

Der absolute Vorteil

Handel ergibt sich aus Unterschieden in der subjektiven Wertung von Endprodukten, ist darüber hinaus aber auch Ausdruck unterschiedlicher Produktionskosten verschiedener Güter. Selbst in einer primitiven Umgebung, in der keine Marktpreise zum Vergleich von Gütern existieren, sind Individuen in der Lage, Unterschiede des wirtschaftlichen Werts verschiedener Güter zu erkennen und Möglichkeiten zur Verbesserung ihres subjektiven Wohlbefindens in Transaktionen zu finden, bei denen jede Partei Dinge aufgibt, deren Produktion sie relativ wenig kostet, um Dinge zu erwerben, deren Produktion sie teurer zu stehen kommen würde.

Stellen wir uns eine Situation vor, in der Crusoe und Freitag ihre anfänglich feindseligen Instinkte unterdrücken und sich stattdessen friedlich einander nähern. Crusoe stellt fest, dass Freitag in seiner Höhle eine Fülle von Kaninchenfellen lagert, weil er sehr gut im Jagen von Kaninchen ist, während Crusoe den Fischfang gemeistert hat. Als Crusoe den Überfluss an Kaninchenfellen sieht, beginnt er, Kaninchenfleisch zu begehren, und fragt Freitag, ob er einen Fisch gegen ein Kaninchen tauschen möchte. Nachdem er monatelang nichts anderes als Kaninchenfleisch verzehrt hatte, nimmt Freitag das Angebot enthusiastisch an. Er selbst kann kaum fischen, und jedes Mal, wenn er es versucht, vergeudet er viel Zeit damit, zu wenige Fische zu fangen, um sich zu sättigen. Doch nun bietet Crusoe ihm einen Fisch im Tausch gegen ein Kaninchen an, das für Freitag sehr leicht zu beschaffen ist. Freitag könnte sogar vermeinen, Crusoe, der ihm einen wertvollen Fisch für ein leicht zu fangendes Kaninchen gibt, auszunutzen, Crusoe aber seinerseits das Gegenteil glauben. Er ist nun endlich in der Lage, sich eines der flinken Kaninchen zu sichern, deren Jagd ihn überfordert, und alles, was er dafür tun muss, ist, einen der vielen Fische, deren Fang ihm leichtfällt, im Tausch anzubieten. In dieser Situation geben beide Männer etwas auf, das sie zu geringen Kosten produzieren können, um etwas zu erwerben, das sie viel höher schätzen. In gewisser Hinsicht nutzen beide einander aus.

Diese Situation lässt sich anhand eines hypothetischen Zahlenbeispiels veranschaulichen. Wir können die Produktionsmöglichkeiten grafisch mit Hilfe einer **Produktionsmöglichkeitenkurve** – einer Linie, die alle möglichen Kombinationen der beiden zu produzierenden Güter abbildet – darstellen. Nehmen wir an, dass Freitag an einem Arbeitstag 8 Kaninchen oder 2 Fische zu fangen vermag, während Crusoe 2 Kaninchen oder 10 Fische fangen kann. Wenn sie unabhängig voneinander statt zusammen arbeiten, stellten diese Mengen die jeweiligen Grenzen des täglichen Verbrauchs dar. Freitag könnte entweder 8 Kaninchen oder 2 Fische und Crusoe entweder 2 Kaninchen oder 10 Fische verzehren. Beschlössen beide, ihren Arbeitstag zu gleichen Teilen dem Fischen und Jagen zu widmen, hätte Freitag am Ende des Tages 4 Kaninchen und 1 Fisch, während Crusoe 1 Kaninchen und 5 Fische hätte, wie in den Punkten I in Abbildung 17 dargestellt. Die Summe beider Beuten betrüge 5 Kaninchen und 6 Fische.

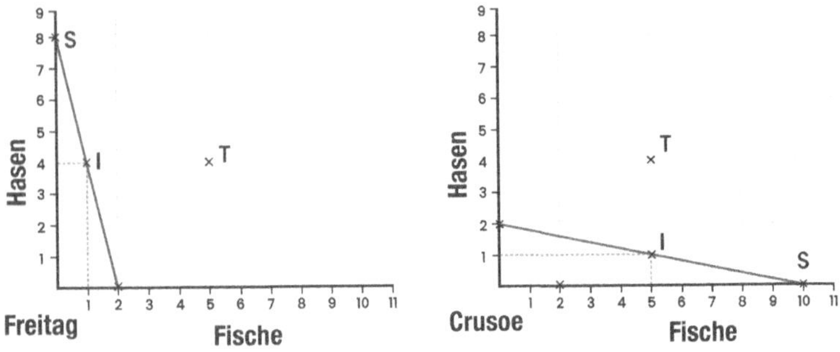

Abbildung 17. Produktionsmöglichkeiten im Rahmen der Einzelarbeit und des Handels

Griffe Crusoe Freitag an und versuchte, ihn auszurauben, könnte er ihm alle in seinem Besitz befindlichen Nahrungsmittel wegnehmen, was Freitag jedoch verhungern und Crusoe auf seine ursprüngliche eigene Produktion zurückfallen ließe. Wenn sie sich jedoch zur Zusammenarbeit entschließen, könnten beide von den Unterschieden ihrer Fänge profitieren. Da Crusoe feststellt, dass Freitag zwar viele Kaninchen, aber wenige Fische hat, schlägt er vor, einige seiner Kaninchen gegen Crusoes Fische zu tauschen. Für Freitag gibt es Kaninchen, nicht aber Fische, im Überfluss, weshalb der Tausch von Fisch gegen Kaninchen für Freitag – und der umgekehrte für Crusoe – ein gewinnbringender Handel ist.

Der Tausch macht Freitag klar, dass der für ihn beste Weg, an Fische zu kommen, tatsächlich darin besteht, Kaninchen zu jagen und sie gegen erstere einzutauschen, während Crusoe einsieht, dass er im Rahmen desselben Tauschs mehr Kaninchen als durch deren Jagd erhalten kann. Das Endergebnis läuft darauf hinaus, dass es für jeden von ihnen sinnvoll ist, sich auf das Gut zu spezialisieren, das er billiger produzieren kann. Wenn sie sich spezialisieren und Crusoe nur Fisch und Freitag nur Kaninchen fängt, wie durch Punkt S in Abbildung 17 abgebildet, betrüge ihre gemeinsame Tagesproduktion

8 Kaninchen und 10 Fische, also 3 Kaninchen und 4 Fische mehr als im feindseligen Szenario. Teilen sie ihre Beute hälftig auf, erhält jeder von ihnen 4 Kaninchen und 5 Fische, was Punkt T abbildet.

Durch die einfache Spezialisierung auf die Produktion des jeweils billigeren Gutes haben sie beide mehr Fische und Kaninchen produziert als im Falle der Aufteilung ihrer jeweiligen Zeit und Mühe auf die Produktion beider Güter. Dieses Ergebnis erscheint fast wie ein Zaubertrick: Beide arbeiten die gleiche Anzahl von Stunden, und haben am Ende dennoch mehr Kaninchen und Fische zu essen. Dabei handelt es sich außerdem nicht um einen einmaligen Vorteil, wie er aus der Beute einer Aggression hervorginge, sondern um eine nachhaltige Verbesserung des Lebens beider, die so lange anhalten kann, wie sie freundschaftlich miteinander handeln. Jeden Morgen wachen beide auf und stehen vor einer Entscheidung: kooperiere und iss mehr oder sei feindselig und iss weniger. Indem er es jedem erlaubt, seine Zeit der Produktion des für ihn günstigeren Gutes zu widmen, erhöht der Handel die Produktivität beider Parteien. Hätte einer von ihnen den anderen getötet, erhielte der „Gewinner" dadurch niemals so viel wie durch die freiwillige Zusammenarbeit mit seinem Gegenüber.

Der komparative Vorteil

Die Logik des absoluten Vorteils ist intuitiv und leicht verständlich. Jede Person spezialisiert sich auf das, was sie zu niedrigeren Kosten produzieren kann, was zu einer höheren Produktion aller Güter führt. Das Konzept des komparativen Vorteils hingegen ist eine allgemeinere und aussagekräftigere Erklärung der Vorteile des Handels, die, unabhängig von Art und Ausmaß der Produktivitätsunterschiede zwischen Handelsteilnehmern, auf den unterschiedlichen Opportunitätskosten verschiedener Güter beruht. Handel kann auch dann für beide Seiten vorteilhaft sein, wenn eine Person bei der Produktion beider Güter produktiver ist als die andere Person – vorausgesetzt, dass die Opportunitätskosten der Güter für beide Personen unterschiedlich hoch ausfallen. Die Tatsache, dass menschliche Zeit die knappe Ressource schlechthin darstellt, bedeutet, dass die Zusammenarbeit zwischen zwei Personen selbst dann für beide vorteilhaft sein kann, wenn eine Person bei der Erzeugung beider Güter produktiver ist, sofern ihre Zusammenarbeit es ihnen ermöglicht, ihre knappe Zeit dort einzusetzen, wo sie am produktivsten zu wirken vermag.

Stellen wir uns in einer Abwandlung unseres obigen Beispiels vor, Crusoe wäre sowohl der produktivere Jäger als auch Fischer, und könnte 6 Kaninchen oder 12 Fische pro Tag, Freitag hingegen nur 4 Kaninchen oder 2 Fische produzieren. Daraus folgte nicht, dass die beiden nicht von einer Arbeitsteilung profitierten. Produzierten und konsumierten die beiden Männer in Isolation und verbrächten jeweils die eine Hälfte ihres Tages mit Jagen und die andere mit Fischen, hätte Crusoe 3 Kaninchen und 6 Fische, Freitag 2 Kaninchen und 1 Fisch, und beide somit insgesamt 5 Kaninchen und 7 Fische. Wenn sie jedoch zusammenarbeiten und sich spezialisieren, fängt Freitag 4 Kaninchen und Crusoe 12 Fische, wie in den Punkten S in Abbildung 18 dargestellt. Sollten sie es vorziehen, mehr Kaninchen zu haben, könnte Crusoe einen Teil seines Tages mit Jagen verbringen, was ihnen am Ende 5 Kaninchen und 10 Fische bescherte, wie durch Punkt S2 dargestellt. Selbst in diesem Fall hätten sie ihrem täglichen Verbrauch durch ihre Spezialisierung 3 Fische hinzugefügt. Es gäbe verschiedene andere Kombinationen von Fischen und Kaninchen, die sie je nach Vorliebe und Gutdünken produzieren könnten. Solange die Spezialisierung es jedem Erzeuger ermöglicht, sich auf das Gut mit den für ihn geringeren Opportunitätskosten zu konzentrieren, erschließt sie eine subjektiv wertvollere Produktion als die Isolation.

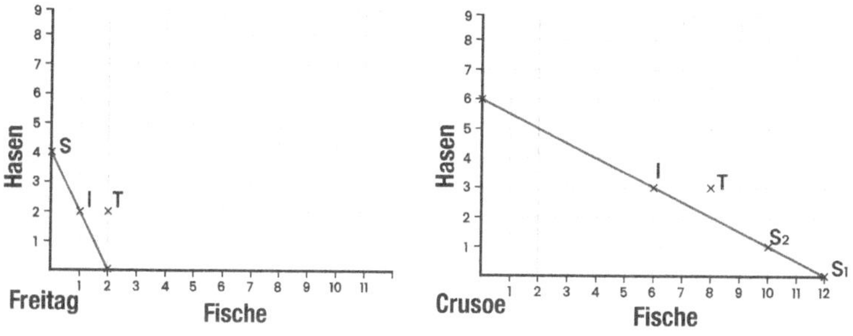

Abbildung 18. Produktionsmöglichkeiten in Isolation oder durch komparativ vorteilhaften Handel

Sowohl Crusoe als auch Freitag arbeiteten die exakt gleiche Anzahl von Stunden, wären dabei aber in der Lage, mehr zu produzieren als zuvor, und das, obwohl Crusoe sowohl in der Jagd als auch beim Fischen produktiver ist. Die Tatsache, dass beiden Männern bei der Produktion beider Güter unterschiedliche Opportunitätskosten entstehen, bedeutet, dass sie ihre Gesamtproduktionsmenge erhöhen können, indem sie jeweils mehr Zeit mit der Produktion des für sie billigeren Gutes verbringen. Da jeder seine Zeit mit der Produktion des Gutes mit den für ihn niedrigeren Opportunitätskosten verbringt, produzieren sie mehr jener Endprodukte, die sie beide begehren.

Die Spezialisierung erfolgt in diesem Beispiel, weil die Opportunitätskosten eines Kaninchens für Crusoe 2 Fische sind, während sie für Freitag einen halben Fisch betragen. Diese Opportunitätskosten werden grafisch durch die Steigung der Produktionsmöglichkeitenkurve ausgedrückt. Auf sich allein gestellt muss Crusoe für jede Zeitspanne, in der er ein Kaninchen beschafft, Zeit opfern, die er zum Fang zweier Fische benötigte. Freitags Opportunitätskosten unterscheiden sich hiervon. Er kann in einer bestimmten Zeitspanne doppelt so viele Kaninchen wie Fische produzieren, weshalb er nur einen halben Fisch aufgeben muss, um ein zusätzliches

Kaninchen zu fangen. Böte jemand Freitag einen ganzen Fisch im Tausch gegen ein Kaninchen an, nähme Freitag diesen Tausch dankend an. Böte Freitag Crusoe ein Kaninchen im Tausch gegen einen Fisch an, nähme Crusoe das Angebot ebenfalls gerne an, da dies eine für ihn billigere Möglichkeit ist, Kaninchen zu bekommen, als die Jagd auf sie.

Crusoe hat zwei Möglichkeiten, sich ein zusätzliches Kaninchen zu sichern: 1) Er kann die Zeit, die er mit Fischen verbringt, reduzieren und auf zwei Fische verzichten, um genug Zeit für die Jagd auf ein Kaninchen zu haben, oder 2) er kann Freitag mehr als einen halben Fisch geben, um ihn dazu zu bringen, sich von einem seiner Kaninchen zu trennen. Die erste Methode kostet Crusoe 2 Fische, die zweite eine einen halben Fisch übersteigende Summe. Aus Eigeninteresse entscheidet sich Crusoe, mit Freitag zu kooperieren, während die gleiche Überlegung Freitag dazu zwingt, mit Crusoe zu kooperieren. Die bloße Existenz von Opportunitätskostendifferenzen zwischen den beiden bedeutet, dass sie sich abstimmen und ihre Arbeit so aufteilen können, dass die zwischen ihnen geteilte Gesamtproduktion auf der Grundlage der Bedingungen, auf die sie sich anfangs einigten, maximiert wird. Der Opportunitätskostenunterschied deutet auf eine Handelsmöglichkeit hin. Er signalisiert jedem, dass der andere das Gewünschte zu niedrigeren Kosten liefern kann und dass die Optimierung der eigenen Produktion unter Berücksichtigung der Möglichkeit, mit jemandem zu handeln, die Produktivität beider Parteien erhöht.

Unabhängig vom Produktivitätsunterschied zwischen beiden bedeutet der Opportunitätskostenunterschied, dass der Handel die Arbeitsverteilung zwischen ihnen zugunsten einer höheren Produktionsmenge verschiebt. Diese Handelsmöglichkeiten ergeben sich in der realen Welt, ohne dass Ökonomen sie untersuchen und für handelnde Individuen ausarbeiten müssten. Wenn Menschen miteinander interagieren, stellen sie fest, dass verschiedene

Güter von Mensch zu Mensch unterschiedlich gewertet werden. Solche Unterschiede eröffnen Tauschmöglichkeiten, von denen beide Parteien profitieren. Diese Logik greift auf der Ebene der Mitglieder in einer Familie, einem Dorf, einer Stadt, einem Land oder länderübergreifend. Unterschiede der Produktionsopportunitätskosten eröffnen Möglichkeiten der Spezialisierung, die zu ergreifen wir Menschen ständig bestrebt sind.

Präferenz- und Produktivitätsunterschiede sind die Triebkräfte des allgegenwärtigen Phänomens des Handels. Mathematische Beispiele sind zur Verdeutlichung dessen hilfreich, wurden in den modernen Wirtschaftswissenschaften jedoch derart überbetont, dass Kurse über den internationalen Handel aktuell wenig wirtschaftliches Verständnis und stattdessen mathematische Operationen vermitteln und abfragen, die mit dem Phänomen selbst nur entfernt zu tun haben. Unsere tiefgreifenden Erkenntnisse über die Vorteile des Handels werden in den meisten Lehrbüchern nur flüchtig in den ersten Kapiteln behandelt, die den im Mittelpunkt stehenden, unnötig komplexen mathematischen Modellen vorausgehen. Solche mathematischen Spitzfindigkeiten erleichtern die Durchführung standardisierter Tests und verwandeln entsprechende Lehrbücher in eine Aneinanderreihung ausgeklügelter, doch halbgarer Rechtfertigungen für staatliche Eingriffe in den Handel. Ein durchschnittliches Handelslehrbuch beginnt mit einem Loblied auf den Freihandel, verkommt dann aber schnell zu einer Wiederverwertung altbackenen merkantilistischen Unsinns, den es durch irrelevante mathematische Modelle einschmuggelt.

Spezialisierung und Arbeitsteilung

„Existenz und Potenziale des Tauschs eröffnen Produzenten die Möglichkeit, für einen ‚Markt' statt sich selbst zu produzieren.

Statt zu versuchen, seine Produktion isoliert zu maximieren, indem er Waren nur für den eigenen Gebrauch herstellt, kann jeder Mensch nun Waren in Erwartung ihres Tauschwerts produzieren und diese Waren gegen andere, die für ihn wertvoller sind, tauschen. Es liegt auf der Hand, dass jeder Mensch seine Produktivität auf diese Weise erhöhen kann, da sie dem Nutzen von Gütern eine neue Bahn eröffnet.“[106]

– Murray Rothbard

Die Beweggründe für den Handel lassen sich, wie oben erwähnt, aus Unterschieden des Geschmacks und der Güterwertung ableiten, resultieren in einer erweiterten Marktordnung jedoch letztlich aus Produktionskostenunterschieden und Spezialisierung.

Während der Mensch auf sich alleine gestellt produziert, was er braucht, produziert er in einem sozialen System auf Grundlage seiner Einschätzungen der Bedürfnisse anderer. Er muss nicht länger den vollen Umfang seiner vielfältigen Bedürfnisse durch seine eigene Arbeit befriedigen, sondern kann sich auf die Produktionsbereiche konzentrieren, in denen er anderen am besten zu dienen vermag. Durch die Spezialisierung auf die Produktion eines Gutes für einen Markt anstelle des eigenen Verbrauchs, wird es möglich, Arbeit dort einzusetzen, wo sie am produktivsten statt schlicht unabdingbar ist. In einer Marktwirtschaft werden Deine Bedürfnisse am besten indirekt befriedigt, indem Du Deine Fähigkeiten zur Spezialisierung auf das, was Du am besten kannst, einsetzt und es gegen die von anderen produzierten Waren und Dienstleistungen eintauschst. Spezialisierung ist also eine weitere Möglichkeit der Produktivitätssteigerung. Über eine einfache Produktivitätssteigerung hinaus führt der Handel zu sozialer Zusammenarbeit und zivilisiertem Verhalten, da die Fähigkeit, mit anderen friedfertig zum Zwecke der Arbeitsteilung zu kooperieren, enorm belohnt wird.

106 Rothbard, Murray. *Man, Economy, and State with Power and Market.* Ludwig von Mises Institute, 1962, S. 89. (eig. Übers. – Anm. d. Hrsg.)

In *Human Action* erläutert Mises, inwiefern Spezialisierung durch Fähigkeitsunterschiede und naturgegebene Faktoren bedingt wird. In *Man, Economy, and State* argumentiert Rothbard, dass Spezialisierung durch Unterschiede (a) in Eignung und Ausbeute naturgegebener Faktoren, (b) des vorhandenen Kapitals und der Bestände langlebiger Konsumgüter sowie (c) von Fähigkeiten und der Attraktivität verschiedener Arbeitstypen bestimmt wird.

Rothbards Erklärung ist in dieser Hinsicht umfassender als die von Mises, und man kann sogar noch weiter gehen als ersterer und argumentieren, dass es tatsächlich überwiegend Kapitalakkumulation ist, die zur Spezialisierung führt, vor allem in einer modernen Wirtschaft.

In obigen Beispielen gingen wir davon aus, dass zwischen Crusoe und Freitag große Produktivitätsunterschiede herrschen, was die Jagd und den Fischfang anbelangt. In der wirklichen Welt werden diese Unterschiede jedoch höchstwahrscheinlich auf Unterschiede der jeweiligen Kapitalstöcke zurückzuführen sein. Crusoe wird Fische effizienter fangen, weil er in den Bau einer Angelrute und eines Fischerbootes investierte, während Freitag Kaninchen deshalb effizienter fängt, weil er in den Bau von Fallen und Speeren investierte. Ohne Kapitalunterschiede fallen Produktivitätsunterschiede aller Wahrscheinlichkeit nach nicht allzu groß aus. Da der technologische Fortschritt und die Kapitalakkumulation im Laufe der Zeit immer weiter fortschritten, haben sie sich zunehmend von den natürlichen Gegebenheiten abgekoppelt, weshalb Produktivität und komparative Vorteile in entsprechenden Wirtschaftszweigen vor allem durch die Akkumulation von Sach- und Humankapital bestimmt werden.

Man kann davon ausgehen, dass geografische und natürliche Faktoren sich stark auf komparative Vorteile im Agrar- und Naturproduktbereich auswirken. Finnland wird sich wahrscheinlich nie auf die Produktion tropischer Früchte wie Mangos spezialisieren, und aus der Sahara-Wüste wird man kaum jemals Flaschenwasser exportieren. Doch in einer modernen industrialisierten Wirtschaft machen solche natürlichen und landwirtschaftlichen Produkte im Vergleich zu Dienstleistungen und Industriegütern einen immer unbedeutenderer Teil der allgemeinen Wirtschaftstätigkeit und individuellen Ausgaben aus. Der Motor der Spezialisierung moderner Wirtschaften ist weitgehend das in verschiedene Branchen investierte Kapital. Orte, die über Jahrzehnte in die Automobilherstellung investierten, haben das für die Automobilproduktion geeignete Sach- und Humankapital angehäuft und werden wahrscheinlich einen langfristigen Vorteil bei der Automobilproduktion haben. In die Infrastruktur der Textilindustrie investierende Orte werden sich ebenfalls einen entsprechenden Vorteil verschaffen. Je höher Wirtschaften entwickelt und je länger ihre Produktionsstrukturen sind, desto mehr ihres komparativen Vorteils geht auf Unterschiede der Kapitalakkumulation denn natürliche Faktoren zurück.

Der heutzutage wahrscheinlich produktivste Wirtschaftszweig ist die Computer- und Telekommunikationsindustrie, die weiterhin enorme Produktivitätssteigerungen erzielt, da sie enorm produktivitätssteigernd in alle anderen Industriezweige eindringt. Wettbewerbsfähigkeit in dieser Branche ist fast völlig von natürlichen und geografischen Faktoren unabhängig. Programmierer brauchen lediglich die notwendige Kapitalinfrastruktur, um zu produzieren, ob sie dies nun auf einer tropischen Insel wie Singapur oder in einer arktischen Eislandschaft wie Nordschweden tun. Dies ist ein weiterer Grund, aus welchem ich glaube, dass sich die moderne Wirtschaftswissenschaft nicht ausreichend auf die Bedeutung der Kapitalakkumulation konzentriert und Handel sowie Arbeitsteilung, in Isolation betrachtet, zu viel Bedeutung beimisst. Ohne eine umfassende Kapitalakkumulation gäbe es nur wenig Produktivitätssteigerungsspielraum, der zu Opportunitätskostenunterschieden führen und dadurch eine Spezialisierung erforderlich machen könnte.

Der Handel ist ein Phänomen, das auf natürliche Weise entsteht, wenn Menschen miteinander interagieren und feststellen, dass sie verschiedene Güter unterschiedlich werten. In dem Maße, in dem sie erkennen, dass sie ihre Bedürfnisse besser befriedigen können, indem sie für den Markt statt direkt für ihre eigenen Bedürfnisse produzieren, stellen sich die Menschen stärker auf die Nachfrage des Marktes ein und beginnen, ihre Produktionskapazitäten auf die Bedürfnisse der Gesellschaft auszurichten. Dies führt zu einer gesamtgesellschaftlichen Arbeitsteilung, in deren Rahmen Aufgaben unter der Bevölkerung ausdifferenziert werden. Je mehr sich der Einzelne auf die Produktion eines Gutes spezialisieren kann, desto stärker wird er seine Produktivität im Laufe der Zeit steigern.

Die Marktausdehnung

> „Jeder Schritt, der auf dem Wege zu weiterer Arbeitsteilung gemacht wird, nützt allen Beteiligten sogleich. [...] Die Kraft, die gesellschaftliche Bindung entstehen lässt und sie fortschreitend verdichtet, ist menschliches Handeln, das der Einsicht in die höhere Ergiebigkeit des Zusammenhandelns und Zusammenwirkens durch Arbeitsteilung entspringt.“[107]
>
> – Ludwig von Mises

In den vorangegangenen Abschnitten analysierten wir das Beispiel zweier Männer auf einer isolierten Insel, die vom Handel miteinander profitieren und sich auf die Produktion jener Güter spezialisieren, die ihnen die geringsten Opportunitätskosten

107 Mises von, Ludwig. *Nationalökonomie: Theorie des Handelns und Wirtschaftens.* Genf, 1940, S. 128. (Englische Passage durch analoge Passage des deutschen Originals ersetzt. – Anm. d. Hrsg.)

abverlangen. Dieses einfache Beispiel veranschaulichte die Gründe für den Handel sowie die Triebkräfte der aus ihm entspringenden Gewinne; die gleiche Logik greift jedoch auch, wenn die Anzahl der Handelspartner im Laufe der Zeit zunimmt, wobei die Gewinne dabei stärker steigen, da hierdurch eine tiefere Spezialisierung, mehr Kapitalakkumulation und eine höhere Produktivität ermöglicht werden.

In der Ein-Mann-Wirtschaft muss Crusoe seine gesamten Bedürfnisse selbst befriedigen. Zwischen der Jagd, dem Bau eines Hauses und von Waffen zur Abwehr von Raubtieren sowie der Herstellung seiner eigenen Kleidung hat er kaum Zeit zur Erledigung aller notwendigen Aufgaben. Er hat sehr wenig Spielraum zur Spezialisierung und sehr wenig Zeit, Investitionsgüter für einen bestimmten Produktionszweig zu entwickeln, weil er seine Zeit auf viele Aufgaben verteilen muss. Mit einem weiteren Mann auf der Insel wird die Spezialisierung beider auf die Hälfte der anfallenden Aufgaben und der Tausch ihrer Produkte möglich. Nur einer von ihnen muss fischen, während der andere sich auf die Jagd konzentriert. Der Jäger kann nun doppelt so viel Zeit auf die Entwicklung von Speeren und Fallen, der Fischer doppelt so viel Zeit auf den Bau von Angelruten und Booten verwenden. Da sie nun jeweils nur noch halb so viele Aufgaben zu erledigen haben, können beide jeder Aufgabe mehr Zeit angedeihen lassen, sich dadurch in ihr verbessern und Kapital zu ihrer Erledigung ansammeln. Das Ausmaß der Kapitalakkumulation und Spezialisierung nimmt zu, wenn weitere Menschen an diesem Markt teilnehmen und miteinander handeln.

Träfen Crusoe und Freitag auf der Insel weitere 20 Menschen an, vergrößerte sich der Spielraum für Spezialisierungen also weiter. Jetzt widmete sich nur noch eine Person dem Hausbau, während sich eine andere auf den Ackerbau, eine andere auf Kleidung, eine andere auf die Jagd, eine weitere auf den Bau von Angelruten und eine sechste auf den Bau von Speeren für die Jagd konzentrierte. Dieselbe Logik der Produktionssteigerung, die wir im Falle Crusoes und Freitags beobachteten, kann nun auf diese größere Gruppe angewandt werden, wobei die Produktivität kontinuierlich zunimmt.

Die Ausweitung des Marktes erhöht nicht nur die Produktivität der Arbeiter, sondern Anzahl und Vielfalt der den Gesellschaftsmitgliedern zur Verfügung stehenden Güter. Nimmt die Anzahl der Marktteilnehmer sowie die Produktivität individueller Produzenten zu, ist jeder Produzent in der Lage, sein Gut in Mengen zu produzieren, die den Bedarf einer wachsenden Menschengruppe zu decken vermögen. Dadurch werden Arbeitskräfte für die Produktion neuerer, innovativer Güter frei, die über die Befriedigung der Grundbedürfnisse hinausgehen.

Die Produktivität und verfügbare Gütermenge einer Person steigen, wenn der Kreis, innerhalb dessen sie handelt, sich ausweitet. Ein Verständnis dieses Marktgrößeneffektes ist ein sehr wirkungsvolles Instrument zur Erklärung wirtschaftlicher Phänomene. Es hilft uns, den wirtschaftlichen Anreiz für die Migration aus ländlichen Gebieten in Großstädte zu erklären. Ein in einem isolierten ländlichen Gebiet arbeitender Mensch produziert für einen kleinen Kreis potenzieller Käufer und kauft von wenigen Produzenten. Er muss viele seiner Bedürfnisse selbst befriedigen, da es keine ihm verfügbaren professionellen Anbieter entsprechender Dienstleistungen gibt. Er muss einen Teil seines Arbeitstages damit verbringen, Dinge zu produzieren, für die es in seinem Gebiet keine Spezialisten gibt, auf die er nicht spezialisiert ist und deren Produktion er daher nicht sehr effektiv erledigt. Arbeitete er beispielsweise als Schuhmacher, wäre er für alle Produktionsschritte eines Schuhs verantwortlich, einschließlich seines Entwurfs und der Herstellung der Sohle, der Schnürsenkel und des Futters. Zieht er jedoch in eine Großstadt, kann er sich auf den Bereich spezialisieren, in dem er sich am besten auskennt und seine Produktivität am höchsten ist, während er sich für die Erledigung der anderen Arbeitsbereiche nun auf Mitmenschen verlässt. Er könnte sich auf die Montage des Schuhs konzentrieren und dabei die Entwürfe spezialisierter und hochproduktiver Designer verwenden und die Schnürsenkel und Sohlen von Spezialisten kaufen, die diese zu viel niedrigeren Kosten herstellen, als er es selbst könnte. Der Schuhmacher kann in einer Großstadt mehr verdienen und produktiver sein als in einem kleinen, isolierten Dorf.

In einer in isolierte, jeweils 1.000 Menschen umfassende Volkswirtschaften aufgeteilten Welt kann es keine Autos, Computer oder Smartphones geben. Die 1.000 Menschen wären mit der Deckung ihrer grundlegenden Überlebensbedürfnisse beschäftigt. Wenn diese isolierten Gemeinschaften beginnen, miteinander Handel zu treiben, nehmen das Ausmaß der Spezialisierung und die Kapitalakkumulation in jedem Produktionsprozess zu, so dass mehr Menschen von der Arbeit fürs Überleben befreit werden und der Produktion von Kapitalgütern, die keine unmittelbaren Konsumgüter hervorbringt, nachgehen können. Je stärker der Markt anwächst, desto größer werden die Erträge der Spezialisierung, weil Produkte an mehr Menschen verkauft werden können. Der heutige Weltmarkt ist der größte Binnenmarkt aller Zeiten und ermöglicht das höchste je erreichte Produktivitätsniveau.

Die technologisch fortschrittlichen Produkte unserer heutigen Zeit wären in einer von 1 % der heutigen Bevölkerung bewohnten oder aus kleinen, voneinander isolierten Märkten bestehenden Welt schlichtweg unmöglich. Damit eine moderne Autofabrik die Anzahl an Autos, die sie produziert, zu dem Preis, zu dem sie produziert, herstellen kann, ist eine große Anzahl von Menschen erforderlich, die sich auf immer spezifischere und minutiösere Aufgaben spezialisieren, was nur möglich ist, wenn die Ausbringungsmenge hoch ausfällt und an einen großen Markt verkauft werden kann. Ein moderner Automobilhersteller hat Ingenieure, die viele Jahre mit ihrer Ausbildung und der Konzentration auf sehr kleine Aspekte der Automobilproduktion, wie z. B. die von Windschutzscheiben, verbringen. Ohne die Möglichkeit, Autos an große Märkte zu verkaufen, würden zwangsläufig der Spezialisierungsgrad und damit auch die Ausgefeiltheit und der Wert der Produkte sowie die Produktivität der Arbeiter sinken.

Der für die Herstellung moderner Produkte notwendige Grad der Aufgabenspezialisierung ist wirklich ein Wunder. In einem berühmten Aufsatz versuchte Leonard Read den Grad der Zusammenarbeit zu skizzieren, der für die Herstellung eines modernen Bleistifts erforderlich ist.[108] Obwohl der Bleistift in einer Fabrik zusammengesetzt und hergestellt wurde, gibt es keinen individuellen Menschen, der weiß, wie man ihn von Grund auf produziert. Die Fabrik, in der er zusammengesetzt wurde, war nur eine Stufe eines langen Produktionsprozesses, an dem zahllose spezialisierte Personen weltweit beteiligt sind. Vom Schlagen des Holzes über die Verarbeitung des Gummis, aus dem der Radiergummi besteht, bis hin zu den Metallen, die in die Halterung des Radiergummis einfließen, mussten unzählige Menschen zusammenarbeiten, um all diese Materialien in ihrer Rohform abzubauen, zu den sie weiterverarbeitenden Fabriken zu transportieren und in das Produkt zu verwandeln, das die schlussendliche Bleistiftfabrik zusammensetzen kann. Diese Arbeitsteilung ist nur möglich, weil es einen großen Markt gibt, auf dem diese Produzenten Handel treiben. Würden sich all diese Menschen dazu entschließen, nicht mit dem Rest der Welt zu handeln, würden sie ihren ganzen Tag mit dem bloßen Überleben zubringen. Durch Kooperation und Handel sind sie in der Lage, sich auf die hochproduktive Herstellung hochentwickelter Güter zu spezialisieren und die Produkte der Spezialisierung anderer zu sehr niedrigen Kosten zu konsumieren. Die äußerst komplexe Produktion von Bleistiften wird weltweit ohne einen einzigen all

108 Read, Leonard. „I, Pencil: My Family Tree as Told to Leonard E. Read." *The Freeman*, Dez. 1958.

ihre Details kennenden Zentralplaner organisiert. Der Output all dessen sind Dutzende Milliarden Bleistifte, die jährlich produziert und zu immer günstigeren Preisen verkauft werden.

Wenn der Markt, auf dem ein Individuum handelt, immer größer wird, kann es aus einer wachsenden Anzahl von Produzenten auswählen und an eine wachsende Anzahl von Konsumenten verkaufen. Es kann sich auf immer spezifischere Aufgaben spezialisieren, was eine zunehmende Arbeitsteilung und die Entwicklung immer anspruchsvollerer Produkte ermöglicht. Es ist in der Lage, immer mehr Kapital zur Erfüllung seiner Aufgabe zu akkumulieren und dadurch immer produktiver zu werden. Der bestmögliche einem Individuum offenstehende Markt ist der größte: die ganze Welt. Menschen, die in Ländern ohne oder ohne hohe Handelszölle leben, können ihre Produktivität steigern, indem sie sich auf ganz bestimmte Aufgaben spezialisieren, deren Output sie an die weltweit Meistbietenden verkaufen können; und sie sind in der Lage, ihre Lebensstandards zu erhöhen, indem sie die für sie selbst besten und günstigsten Produkte von Produzenten aus aller Welt wählen.

Diese Erkenntnis hilft uns auch zu verstehen, warum Produktivität, Einkommen und Lebensqualität steigen, wenn eine Gesellschaft besser in den globalen Handel integriert wird. Die winzige Insel St. Helena liegt im Südatlantik, 1.950 Kilometer westlich der südwestafrikanischen Küste, 4.000 Kilometer östlich von Rio de Janeiro, und hat rund 4.500 Einwohner. Der Handel mit dem Rest der Welt ist für die Einwohner St. Helenas sehr teuer, da er mit sehr hohen Transportkosten einhergeht. Daher ist auch alles Kapital, das nach St. Helena importiert wird, außerordentlich teuer, weshalb die inländische Produktion teurer ist als an besser integrierten Standorten. Sowohl importierte Konsumgüter als auch Exporte der Einwohner St. Helenas werden also teuer sein.

Ein ähnliches Muster können wir beobachten, wenn Regierungsbeamte den Handel einschränkende politische Maßnahmen ergreifen, die ihre Länder in ihrer Isolation St. Helena ähnlich machen. Durch die Verhängung von Zöllen erhöhen solche Regierungen die Kosten des Handels mit dem Rest der Welt, wodurch sich im Endeffekt der ihren Einwohnern offenstehende Markt verkleinert. Die Waren der Welt werden teurer, die Spezialisierungsmöglichkeiten spärlicher. Zu den am stärksten isolierten Volkswirtschaften der Welt gehören Nordkorea, Kuba, Eritrea und Venezuela. Es überrascht nicht, dass Produktivität und Lebensstandards in diesen Volkswirtschaften sehr niedrig sind. In der Vergangenheit, als Venezuela noch eine freie, weltoffene Marktwirtschaft war, genoss es einen der weltweit höchsten Lebensstandards.

Am St. Helena und isolationistischen Volkswirtschaften gegenüberliegenden Ende der Skala befinden sich die weltweit freiesten Volkswirtschaften, deren Bürger in der Lage sind, unabhängig von der Größe ihrer eigenen Wirtschaft mit einem sehr großen globalen Markt Handel zu treiben. Die Bürger Hongkongs, Singapurs, Neuseelands und der Schweiz werden am wenigsten am internationalen Handel gehindert, weshalb ihre Produktivität und Lebensstandards zu den höchsten der Welt zählen. Wenn ein Bürger einer isolierten Volkswirtschaft eine Ware kaufen möchte, kann er sie nur von inländischen Herstellern beziehen. Wenn der Bürger einer offenen Volkswirtschaft das gleiche Gut kaufen möchte, kann er aus der Produktion der ganzen Welt wählen. Die Bürger einer offenen Volkswirtschaft vermögen weitaus produktiver zu sein, da sie in Produktionsprozessen tätig sein können, deren Outputs sich auf dem gesamten Planeten verkaufen lassen, wodurch höhere Einnahmen generiert und größere Investitionen in die Verlängerung und Verfeinerung der Produktionswege möglich werden.

Das Fehlen von Handelsbeschränkungen zwischen den frühen amerikanischen Staaten förderte den wirtschaftlichen Aufstieg der USA ungemein. Der nordamerikanische Freihandel ermöglichte es einer sehr großen Bevölkerung, mit zunehmender Spezialisierung untereinander Handel zu treiben. Zudem waren die internationalen Handelszölle relativ niedrig. Ende des 19. Jahrhunderts waren die USA die bevölkerungsreichste aller sich in diesem Jahrhundert industrialisierenden westlichen Volkswirtschaften, was ihnen einen erheblichen wirtschaftlichen Vorteil verschaffte und eine außergewöhnliche Spezialisierung und Produktivität ermöglichte. Wären zwischen den einzelnen Staaten Handelsschranken errichtet worden, hätten sich die USA wirtschaftlich höchstwahrscheinlich weniger stark entwickelt.

Die Ökonomik versucht, die Universalität des Handels zu erklären. Es ist kein Wunder, dass die Menschen ständig darauf aus sind, miteinander Handel zu treiben, wobei letzterer die Menschen dazu ermutigt, ihre aggressiven und feindseligen Instinkte zugunsten anderer zu zügeln und eine produktive Zusammenarbeit zu organisieren. Die Fähigkeit einander Fremder und nicht durch familiäre oder verwandtschaftliche Bande Geeinter, zu einem für alle Seiten vorteilhaften Austausch zu gelangen, ist einer der Grundbausteine menschlicher Zivilisation. Das Ausmaß, zu dem Fremde einen friedlichen Umgang und Respekt vor ihrem Leib, Eigentum sowie Willen erwarten dürfen, ist das Ausmaß, zu dem sie in einer zivilisierten menschlichen Gesellschaft leben.

KAPITEL 10:

Geld

„Da der Dienst des Geldes durch seinen Tauschwert gegeben ist, da niemand eine bestimmte Anzahl von Geldstücken oder eine bestimmte Gewichtsmenge von Geld in seiner Kasse haben will, sondern eine Geldsumme eines bestimmten Tauschwertes, ist der Dienst, den das Geld dem Einzelnen wie dem gesamten Marktgefüge leistet, stets vollkommen und kann weder durch Vermehrung der Geldmenge verbessert, noch durch ihre Verringerung verschlechtert werden."[109]

Ludwig von Mises

Das durch Geld gelöste Problem

Vom Handel profitierende Menschen haben einen Anreiz zu dessen Intensivierung. Das Haupthindernis für die entsprechende

109 Mises von, Ludwig. *Nationalökonomie: Theorie des Handelns und Wirtschaftens.* Genf, 1940, S. 381. (Englische Passage durch analoge Passage des deutschen Originals ersetzt. – Anm. d. Hrsg.)

Ausweitung des Handels zwischen den Menschen ist das Problem der mangelnden Koinzidenz von Bedürfnissen. Wenn Menschen versuchen, Lösungen für dieses Problem zu finden, führen ihre Handlungen auf natürliche Weise zur Entstehung von Geld, das wir als allgemeines Tauschmittel definieren. Wenn wir verstehen, inwiefern das Problem der Bedürfniskoinzidenz mit Hilfe von Geld gelöst wird, erkennen wir zugleich die Eigenschaften, die für sein erfolgreiches Funktionieren wichtig sind und ein gutes, auf einem freien Markt entstehendes Geld ausmachen.

In Großfamilien oder kleinen Stämmen läuft der Handel wahrscheinlich unkompliziert und direkt ab. Das liegt daran, dass jeder jeden kennt, der Grad der Spezialisierung sehr gering ist und nur eine kleine Anzahl von Waren und Dienstleistungen zur Verfügung steht. In solch einem primitiven Umfeld besteht kein großer Bedarf am Aufkommen eines Geldes. Da nur wenige Güter zur Verfügung stehen, können die Menschen diese Güter direkt miteinander tauschen. Der Jäger kann seine überschüssigen Kaninchen einfach zu einem für beide Seiten akzeptablen Wechselkurs in **einer als Tauschhandel** bezeichneten Transaktion gegen Fische des Fischers eintauschen. Da zwischen den Menschen einer kleinen Gruppe starke Bindungen bestehen, müssen die Einzelnen nicht einmal gegenwärtige Güter für einen unmittelbaren Tausch bereitstellen; es ist möglich, ein gegenwärtiges Gut gegen das Versprechen eines zukünftigen Gutes einzutauschen. Ein Jäger kann einem Bauern heute Kaninchen für einen Teil seiner in ein paar Monaten anfallenden Getreideernte geben. Der heutige Erhalt eines Gutes gegen das Versprechen zukünftiger Bezahlung ist eine Transaktion, die wir als das **Aufnehmen von Schulden** bezeichnen.

Tauschhandel und **Verschuldung** sind zwei Möglichkeiten, Handel zu treiben, aber nur unter bestimmten, immer seltener werdenden Umständen sinnvoll. Ein Tauschhandel findet in den seltenen Fällen statt, in denen eine Person ein Gut gegen ein anderes

Gut tauschen möchte, dessen Besitzer seinerseits ersteres Gut begehrt. Dies wird als **Koinzidenz der Bedürfnisse** bezeichnet: Beide Parteien einer Transaktion wollen genau das, was die andere Partei zu bieten hat. Der Fischer muss einen Jäger finden, der auf der Suche nach Fischen ist, und der Jäger einen Fischer, der Kaninchen möchte. Wenn Kaninchen und Fische die einzigen Güter der entsprechenden Wirtschaft sind, ist es viel wahrscheinlicher, dass beide zueinander finden, als im Falle einer Verfügbarkeit unzähliger anderer Güter und Dienstleistungen, wie sie in einer modernen Wirtschaft herrscht. Je mehr Menschen in einer Gesellschaft leben und je größer die Anzahl der möglichen Waren und Produkte, desto unwahrscheinlicher ist es, dass diese beiden Menschen zueinander finden und so einen Tauschhandel ermöglichen. In einer Wirtschaft von nur 100 Menschen und insgesamt 10 Gütern, wird jeder mit der Produktion eines dieser Güter beschäftigt sein und sich mit diesen Gütern versorgen müssen. Die Wahrscheinlichkeit, einen Handelspartner zu finden, dessen Bedürfnisse mit den eigenen koinzidieren, sinkt drastisch, wenn die Zahl der Menschen und verfügbaren Waren und Dienstleistungen in einer Volkswirtschaft steigt.

In unserer modernen, an Waren und Dienstleistungen überreichen Welt, ist der Tauschhandel praktisch inexistent. Geschwister und Freunde könnten aufgrund ihrer räumlichen Nähe Gelegenheiten für einen direkten Austausch finden und diesen abwickeln, aber niemand, der bei klarem Verstand ist, wacht auf und denkt darüber nach, wie er einen Weg finden könnte, Waren und Dienstleistungen direkt mit anderen auszutauschen. Die Suchkosten alleine würden wahrscheinlich die aus dem Handel zu ziehenden Gewinne übersteigen. Keine einen kleinen, über wenige Güter verfügenden Stamm an Umfang übertreffende Gruppe kann jemals über eine auf dem Tauschhandel basierende Wirtschaft verfügen.

Diese Analyse trifft auch auf die Verwendung von Schulden als Tauschmittel zu. In einer kleinen Gesellschaft, deren Mitglieder stark aneinander gebunden und zum Überleben auf wiederholte Interaktionen miteinander angewiesen sind, ist es möglich, Schulden zur Erleichterung des Handels einzusetzen. Wenn die Gesellschaft jedoch wächst und Interaktionen zunehmend zwischen Fremden stattfinden, die kaum wiederholt miteinander zu tun haben werden, verliert die Verwendung von Schulden an Praktikabilität. Wächst eine Wirtschaft, wird es immer riskanter, Handelspartnern zu vertrauen. Es gibt keinen guten Grund, ein Zahlungsversprechen von einem Fremden anzunehmen, den man vielleicht nie wieder sieht, da es keinen gibt, zu glauben, dass ein Fremder sich um sein Ansehen in den Augen einer Person schert, die er wahrscheinlich nie wieder trifft.

Je mehr Individuen einer Wirtschaft beitreten und je größer die Anzahl der verfügbaren Güter ist, desto ausgeprägter wird das Problem der Koinzidenz von Bedürfnissen. Die menschliche Vernunft kann eine Lösung für dieses Problem finden, indem sie sich auf einen **indirekten Tausch** einlässt: Der Verkauf von Gütern gegen ein Gut, dessen alleiniger Zweck es ist, gegen das gewünschte Gut eingetauscht zu werden. Beim indirekten Tausch erwirbt eine Person ein Gut nicht, weil sie es begehrt, sondern weil sie es gegen etwas tatsächlich Begehrtes eintauschen möchte. Wenn der Fischer feststellt, dass ein Jäger mit einem Kaninchen, das er haben möchte, nicht an Fisch, sondern an Getreide interessiert ist, kann der Fischer Fische gegen Getreide tauschen und das Getreide dem Jäger im Tausch gegen Kaninchen geben. Für den Fischer ist das Getreide kein Konsumgut, sondern ein **Tauschmittel**: Es ist ein Gut, das nicht um seines eigenen Nutzens willen erworben wird, sondern um es gegen das Gut einzutauschen, das der Besitzer des Tauschmittels eigentlich begehrt.

Die Vernunftbegabung des Menschen macht die Entstehung derartiger indirekter Tauschvorgänge zur Lösung des Problems der Bedürfniskoinzidenz unausweichlich. Die Handlungen des Menschen haben jedoch über die unmittelbaren Ziele seiner Vernunft hinausgehende Konsequenzen. Wenn sich der Umfang der Märkte ausweitet und Individuen zunehmend auf den indirekten Austausch zurückgreifen, werden einige Güter diese Funktion natürlich besser erfüllen als andere, was erhebliche Implikationen für alle beteiligten Parteien hat. Carl Menger taufte die Eigenschaft, die Geld seine Attraktivität verleiht „Absatzfähigkeit"; je absatzfähiger – also verkäuflicher – ein Gut ist, desto erfolgreicher ist es als Geld. Ein Verständnis der Tauschmittelfunktion erlaubt es uns, die Eigenschaften nachzuvollziehen, die eine bestimmte Art von Geld begehrenswert machen.

Verkäuflichkeit

Menger definiert **Absatzfähigkeit** als die Leichtigkeit, mit welcher ein Gut auf einem Markt zu einer beliebigen Zeit zu aktuell vorherrschenden Preisen verkauft werden kann. Je verkäuflicher ein Gut, desto eher wird sein Besitzer den gültigen Marktpreis ohne Abschlag für es erhalten, wenn er sich dazu entschließt, es zu verkaufen. Beim Verkauf eines wenig verkäuflichen Guts muss dessen Besitzer einen signifikanten Abschlag seines Preises erwarten, möchte er es schnell verkaufen. Ein hochverkäufliches Gut ist eines großer Markttiefe und Liquidität, das es dem Inhaber ermöglicht, zu einem beliebigen Zeitpunkt seinen aktuellen Marktpreis zu erzielen.

Ein gutes Beispiel für ein heutzutage hochgradig verkäufliches Gut ist die Einhundert-US-Dollar-Banknote, die weltweit häufiger von Händlern und Wechselstuben akzeptiert wird als jedes andere physische Zahlungsmittel. Ein Inhaber eines Hundert-Dollar-Scheins, der ihn gegen Waren und Dienstleistungen eintauschen möchte, wird ihn nur selten gegen etwas anderes eintauschen müssen, um es einem Verkäufer anzubieten, mit dem er eine Transaktion abwickeln möchte. Der Inhaber wird in der Regel jemanden finden, der ihn ihm schnell und zum Nennwert abnimmt. Im Gegensatz dazu ist ein Gut mit geringer Verkäuflichkeit ein Gut, dessen Nachfrage auf dem Markt unregelmäßig und veränderlich ist, so dass es schwierig ist, das Gut schnell zu verkaufen, weshalb sein Besitzer dazu einen Preisnachlass anbieten müssen wird. Gute Beispiele hierfür wären ein Haus, Auto oder andere langlebige Konsumgüter. Der Verkauf eines Hauses ist viel schwieriger als der Verkauf eines Hundert-Dollar-Scheins, da er mit Besichtigungen und erheblichen Transaktionskosten verbunden ist und man auf den richtigen Käufer warten muss, der das Haus in Höhe des vom Verkäufer geforderten Preises wertet. Der Verkäufer muss unter Umständen einen erheblichen Preisnachlass gewähren, um das Haus schnell zu verkaufen. Auf den Kapitalmärkten sind US-Staatsanleihen, deren Gesamtwert zum Zeitpunkt der Niederschrift dieses Buches sich auf rund 28 Billionen Dollar beläuft, die verkäuflichsten Instrumente. Die meisten großen und institutionellen Anleger verwenden US-Staatsanleihen als Wertaufbewahrungsmittel und Reserven, da sie leicht in großen Mengen liquidiert werden können, ohne dabei signifikante Marktbewegungen zu verursachen.

Im Mittelpunkt der Mengerschen Verkäuflichkeitsanalyse steht die Geld-Brief-Spanne, also die Differenz zwischen dem Geld- und dem Briefkurs, d.h. dem Nachfrage- und Angebotspreis von Vermögenswerten. Der Geldkurs ist der Höchstpreis, den ein Käufer zu zahlen, und der Briefkurs der Mindestpreis, den ein Verkäufer zu akzeptieren bereit ist. Wenn ein Gut in großen Mengen auf den Markt gebracht wird, vergrößert sich die Spanne zwischen Geld- und Briefkurs, da der Grenznutzen des Gutes mit zunehmender Menge abnimmt und potenzielle Käufer beginnen, niedrigere Preise anzubieten. Je stärker der Grenznutzen eines Gutes bei steigender Menge zurückgeht, desto weniger eignet es sich für die Rolle des Geldes. Je geringer der Rückgang des Grenznutzens eines Gutes ist, desto weniger weitet sich die Geld-Brief-Spanne aus, wenn größere Mengen auf den Markt kommen, desto verkaufsfähiger ist es und desto besser eignet es sich für die Verwendung als Geld.

Wir können diesen Prozess auch aus der Perspektive von Händlern und Kaufleuten verstehen, die Waren kaufen, um sie später zu verkaufen. Für sie verringern wachsende Lagerbestände eines Gutes die Chance des Verkaufes jeder Grenzeinheit und erhöhen das Risiko eines den Verkäufer schädigenden Preisverfalls. Daher werden sie für steigende Mengen eines Gutes niedrigere Preise bieten. Je schneller die Spanne zwischen Angebot und Nachfrage wächst, desto weniger leicht lässt sich das Gut verkaufen. Güter, bei denen sich die Spanne nur langsam weitet, sind besser verkäuflich, und diese Güter werden eher von Personen gehortet, die ihren Wohlstand räumlich oder zeitlich verlagern wollen. Mit anderen Worten: Die Geld-Brief-Spannen der am besten verkäuflichen Güter schwanken relativ zur auf einen bestimmten Markt gebrachten Menge am wenigsten.

Viele Faktoren, die im Folgenden erörtert werden, können sich auf die Verkäuflichkeit von Waren auswirken, was in einer großen Verkäuflichkeitsbandbreite resultiert. Die verkäuflichsten Güter sind diejenigen, deren Grenznutzen mit zunehmenden Lagerbeständen am wenigsten abnimmt, da zunehmende Lagerbestände leicht gegen andere Güter ausgetauscht werden können. Menger definiert Geld als das absatzfähigste Gut. Im Laufe organischer Markttransaktionen wird sich herausstellen, dass einige Güter einen geringeren abnehmenden Grenznutzen und eine höhere Verkäuflichkeit als andere Güter aufweisen, was die Menschen dazu veranlasst, erstere in größerem Umfang zu halten, was zu einer erhöhten Liquidität des Gutes und einer weiteren Steigerung seiner Verkäuflichkeit führt. Dieser Prozess wird auf natürliche Weise die Verkäuflichkeit der verkäuflichsten Güter weiter erhöhen, wodurch sich die Rolle des Geldes in ihnen konzentriert. Letztendlich wird sich diese monetäre Rolle in einem einzigen Gut, dem absatzstärksten Gut, dem verallgemeinerten Tauschmittel, konzentrieren, nämlich im Geld, und damit in jenem Gut, dessen Grenznutzen am langsamsten abnimmt.

Das folgende Zahlenbeispiel kann uns helfen, die Verkäuflichkeit von Geld zu verstehen. Der Einfachheit halber wird davon ausgegangen, dass der Marktpreis jedes Apfels, jeder Orange und jeder Banane einer Geldeinheit entspricht. Der Nutzen dieser Früchte wird dabei in kardinalen Begriffen ausgedrückt, obwohl klar sein sollte, dass Menschen Nutzen nur in ordinalen Begriffen verstehen, wie oben erläutert wurde.

Gut	Äpfel	Orangen	Bananen	Geld
Nutzen der 1. Einheit	100	90	85	100 (1. Apfel)
Nutzen der 2. Einheit	80	70	65	90 (1. Orange)
Nutzen der 3. Einheit	60	50	45	85 (1. Banane)
Nutzen der 4. Einheit	40	30	25	80 (2. Apfel)
Nutzen der 5. Einheit	20	10	5	70 (2. Orange)
Nutzen der 6. Einheit	0	0	0	65 (2. Banane)

Tabelle 1. Der abnehmende Grenznutzen des Geldes

Der Grenznutzen sinkt im Falle jedes Gutes stärker als jener monetärer Grenzeinheiten. Da Geld das am besten verkäufliche Gut ist, lässt es sich am einfachsten gegen Konsumgüter eintauschen, was es zu einer attraktiven Wahl für die Zahlungsannahme macht. Für dieses Individuum ist die Annahme von Geld als Zahlungsmittel eine bessere Option als die Annahme von Äpfeln, Orangen oder Bananen, weil das Geld leicht gegen dasjenige dieser Konsumgüter eingetauscht werden kann, welches das Individuum zu einem beliebigen zukünftigen Zeitpunkt am meisten wertschätzen wird. Einige wirtschaftliche Güter sind besser als andere geeignet, die Rolle des Tauschmittels zu spielen. Je besser sich ein Gut für den Tausch eignet, desto marktgängiger oder verkaufsfähiger ist es.

Das durch Geld gelöste Problem zu verstehen, kann uns helfen, jene Eigenschaften zu identifizieren, die eine gute Lösung seiner kennzeichnen – mit anderen Worten, was etwas zu einem guten Geld macht. Die fehlende Koinzidenz der Bedürfnisse ist das durch Geld gelöste Problem, welches sich in mehreren Dimensionen manifestiert. Da ist zum einen die fehlende Bedürfniskoinzidenz, was Güter selbst anbelangt, wie sie im obigen Beispiel mit Fischen, Kaninchen und Getreide beschrieben wurde. Darüber hinaus gibt es einen Mangel an räumlicher Bedürfniskoinzidenz. Eine Person könnte etwas an einem Ort verkaufen und im Gegenzug an einem anderen Ort ein Gut erhalten wollen. Der Tausch von Äpfeln gegen ein Auto wäre in den meisten Fällen schon schwierig genug, allerdings noch schwieriger, wenn man die Äpfel zur Abwicklung der Transaktion 1.000 Kilometer weit schleppen müsste.

Die dritte Dimension der Koinzidenz von Bedürfnissen ist ihr Fehlen über verschiedene Maßstäbe hinweg. Wenn Individuen Güter unterschiedlicher Größe und unterschiedlichen Wertes direkt tauschen wollen, ist ein partieller Tausch nicht immer möglich. Die Person, die Äpfel verkaufen möchte, kann nicht jeden Apfel gegen einen kleinen Teil des fremden Autos eintauschen und diese Teile anschließend zusammenbauen. Es wäre unpraktisch und ineffizient, mit so unterschiedlichen Gütern Handel zu treiben. Die Vernunft suggeriert, dass ein anderes, besser teilbares Tauschmittel dieses Problem zu lösen vermag.

Neben den Dimensionen des Gutes, Raumes und Maßstabs existiert eine vierte Dimension der Bedürfniskoinzidenz: Die fehlende Übereinstimmung der für den Handel notwendigen Zeitrahmen, sollte eine Person einen Gegenstand entweder heute oder über einen bestimmten Zeitraum hinweg verkaufen wollen, um ein anderes Gut in der Zukunft zu erhalten. Eine Person möchte vielleicht Äpfel über einen Zeitraum von drei Jahren hinweg verkaufen, um sich ein Auto leisten zu können. Es ist nicht möglich, Äpfel im Wert von drei Jahren anzuhäufen, um sie gegen ein Auto einzutauschen, da die Äpfel verdürben. Die Vernunft des Menschen führt ihn natürlicherweise zur Einsicht der Zweckmäßigkeit des Austauschs von Äpfeln gegen ein lagerbares Tauschmittel, das nicht verrottet oder von Würmern gefressen wird, um mit diesem in der Zukunft ein Auto kaufen zu können.

Durch die Untersuchung der verschiedenen Achsen, entlang derer das Problem der Bedürfniskoinzidenz auftaucht, wird es möglich, die für ein gutes monetäres Medium essenziellen Eigenschaften zu identifizieren. Die Eigenschaften, die etwas zu einem guten Tauschmittel machen, sind es, die es zu einer guten Lösung des Bedürfniskoinzidenzproblems entlang seiner vier Dimensionen machen. Murray Rothbard fasste sie folgendermaßen zusammen: „Die Marktfähigkeit einer Ware wird tendenziell dadurch erhöht, dass sie von vielen Menschen genutzt werden kann sowie ohne Wertverlust in kleine Einheiten teilbar, langlebig und über große Entfernungen hinweg transportabel ist."[110]

Fehlende Bedürfniskoinzidenz im Bezug auf	Beschreibung	Dieses Problem lösende monetäre Eigenschaft
Güter	Ich möchte ein Gut kaufen, dessen Verkäufer nicht begehrt, was ich habe	Konzentration in möglichst wenige monetäre Medien
Raum	Ich mochte etwas an einem Ort verkaufen und etwas an einem anderen Ort kaufen	Transportierbarkeit
Größenordnung	Ich möchte etwas Wertvolles verkaufen und ein Gut geringeren Werts kaufen	Homogenität, Teil- und Kombinierbarkeit
Zeit	Ich möchte heute etwas verkaufen, um in Zukunft etwas kaufen zu können	Haltbarkeit, hoher Produktionsaufwand

Tabelle 2. Die Dimensionen des Bedürfniskoinzidenzproblems

110 Rothbard, Murray. *Man, Economy, and State, with Power and Market.* Ludwig von Mises Institute, 1962, S. 190. (eig. Übers. – Anm. d. Hrsg.)

Die dritte Facette des Problems lässt uns begreifen, warum Metalle ein anderen Artefakten und Konsumgütern natürlicherweise überlegenes monetäres Vehikel darstellten. Da Metalle aus einer homogenen Substanz bestehen, können große Metallmengen in kleinere Stückelungen aufgeteilt und kleine Mengen zu größeren Stücken kombiniert werden, ohne dass es zu einem nennenswerten Verlust wirtschaftlichen Werts oder einer Veränderung der physikalischen Eigenschaften des Metalls kommt. Metall ist also äußerst teil- und kombinierbar. Dies ist eine Artefaktgeldern wie Muscheln, Vieh und Glasperlen fehlende Eigenschaft.

Die zweite Facette des Bedürfniskoinzidenzproblems, nämlich räumliche Verkäuflichkeit, lässt uns verstehen, warum Gold und Silber in früheren Epochen, seit einiger Zeit aber nicht länger die Rolle des Geldes spielen konnten. Da Silber und Gold inert sind, verrotten, verderben, rosten und zerfallen sie nicht. Diese Metalle können relativ leicht transportiert werden, ohne dass man eine Veränderungen oder Beeinträchtigung ihrer Eigenschaften durch den Transport selbst befürchten muss. Da sie in der Lage sind, große Mengen wirtschaftlichen Werts in geringem Gewicht zu konzentrieren, waren diese Metalle im Vergleich zu anderen Geldmitteln besonders erschwinglich zu transportieren. Mit der Entwicklung des modernen Telekommunikations- und Transportwesens im Zuge der Industriellen Revolution des 19. Jahrhunderts wurde die Welt jedoch weitaus vernetzter und der globale Handel immer ausgedehnter. Im Kontext des zunehmend globalen und weiträumigen Handels büßte der Transport physischen Goldes und Silbers seine Wirtschaftlichkeit ein. Auf diesen Metallen basierende Kredite entwickelten sich zu einem eigenständigen Tauschmittel, wobei die staatliche Übernahme von Bankinstituten letztendlich eine Verdrängung von Gold und Silber durch staatlichen Kredit erlaubte, wie in *Der Fiat-Standard* näher erläutert wird.

Historisch gesehen kamen Silber und Gold duale monetäre Funktionen zu, da sie sich in Bezug auf ihre Verkäuflichkeit in verschiedenen Größenordnungen ergänzten. Da Gold wertvoller ist, war es schwierig, es für Transaktionen geringen Werts in sehr kleine Stücke aufzuteilen, während Silber, das weniger wertvoll ist, für große Transaktionen nicht sonderlich geeignet war. In der Vergangenheit diente zudem Kupfer als Mittel zur Zahlung noch kleinerer Werteinheiten. Im Laufe der Zeit verloren Kupfer und Silber ihre monetäre Rolle aus Gründen der zeitlichen Handelbarkeit, wie weiter unten erläutert wird. Mit der Globalisierung der Märkte und einem noch nie dagewesenen Ausmaß internationalen Handels zum Ende des 19. Jahrhunderts einigte sich die Weltwirtschaft auf ein einziges Geld, nämlich Gold, als Lösung für das Problem der Koinzidenz von Bedürfnissen.

Zeitliche Verkäuflichkeit

Die vierte Facette des Problems der Koinzidenz von Bedürfnissen betrifft die Fähigkeit, Werte über die Zeit hinweg auszutauschen. Wert über die Zeit hinweg aufzubewahren oder auszutauschen, erfordert ein Tauschmittel, das seinen Wert ohne große Verluste in die Zukunft hinein bewahren kann. Je besser ein Tauschmittel in der Lage ist, seinen Wert über die Zeit hinweg zu erhalten, desto besser ist es als Tauschmittel geeignet. Dies hilft uns zu verstehen, warum Metalle eine monetäre Rolle spielen, da sie im Allgemeinen langlebig sind, und warum Edelmetalle – insbesondere Gold und Silber – eine wichtigere, dauerhaftere monetäre Rolle spielten als unedle Metalle wie Eisen und Kupfer. Da Edelmetalle inert und unzerstörbar sind, haben sie einen erheblichen Vorteil gegenüber Metallen, die mit der Zeit korrodieren. Der eigentliche Vorteil dieser Metalle liegt jedoch nicht nur in ihrer Langlebigkeit, sondern zudem in den Auswirkungen dieser Langlebigkeit auf ihre Angebotsdynamik. Das Hauptmerkmal, das Edelmetalle von allen anderen Geldformen unterscheidet, ist die relative Größe ihrer Lagerbestände im Verhältnis zu ihrer jährlichen Produktion. Da diese Metalle sich nicht zersetzen oder korrodieren, wachsen ihre Bestände im Laufe der Zeit immer weiter an und gehen nur selten zur Neige. Da unsere Technologie voranschreitet und die Menschen immer raffiniertere Wege finden, das Angebot dieser Metalle zu erhöhen, wachsen deren Lagerbestände weiter an, was dazu führt, dass die Produktion nur mehr einen kleinen Teil der gesamten liquiden Lagerbestände ausmacht.

Diese Eigenschaft wird als *Härte* bezeichnet, womit die Schwierigkeit, die vorhandenen liquiden Vorräte eines Gutes zu erhöhen, gemeint ist. Wir können diese Härte mit einer einfachen Kennzahl, dem Verhältnis der Bestände zur Produktion, quantifizieren, wobei *Bestand* die gesamten oberirdischen liquiden Vorräte, die in einer monetären Rolle verwendet werden können, *Produktion* die jährliche Fördermenge bezeichnet. Dieses sogenannte *Bestand-zu-Umlauf* oder *Stock-to-Flow-Verhältnis* ist ganz einfach der Kehrwert der jährlichen Angebotswachstumsrate, und sowohl theoretische Überlegungen als auch historische Belege zeigen, dass diese Kennzahl bei der Bestimmung des monetären Status von enormer Bedeutung ist. Alle korrodierenden Metalle werden unablässig in industriellen Prozessen verbraucht, wodurch sich ihre chemischen Eigenschaften verändern und sie aus den Lagerbeständen, die der Wertaufbewahrung dienen, verschwinden. Die liquiden Bestände all dieser Metalle liegen in der Größenordnung ihrer jährlichen Produktion. Es gibt nur sehr geringe Vorräte an Kupfer, Nickel, Messing und anderen unedlen Metallen, die als „flüssige“ Wertaufbewahrungsmittel verwendet werden könnten. Soweit solche Bestände vorhanden sind, werden sie als Reserven für Produzenten gelagert, die große Mengen dieser Metalle verbrauchen und sie zur Absicherung gegen mögliche Lieferprobleme benötigen, die ansonsten ihre Produktion zum Erliegen bringen könnten. Die Fördermenge dieser Metalle wird laufend für die industrielle Nutzung eingesetzt, weshalb ihre Lagerbestände nicht wesentlich ansteigen. Die Neuproduktion ist daher im Vergleich zu den vorhandenen Beständen beträchtlich, was den Preis dieser Metall sehr anfällig für Angebotsschwankungen macht. Solche Metalle sind für eine monetäre Rolle ungeeignet, da ihre Verkäuflichkeit im Laufe der Zeit durch Angebotsschwankungen beeinträchtigt werden kann und ihr Einsatz als monetäres Medium zwangsläufig zu Angebotsschocks führt, die ihre monetäre Rolle zerstören.

Um zu verstehen, warum dies so ist, müssen wir zunächst zwischen der **Marktnachfrage** nach einem Gut, in deren Rahmen die Verbraucher das Gut nachfragen, um es um seiner selbst willen zu halten oder zu konsumieren, und der **monetären Nachfrage** nach einem Gut unterscheiden, bei der die Verbraucher das Gut lediglich als monetäres Medium halten, um es später gegen andere Güter und Dienstleistungen zu tauschen. Eine Person kann ein beliebiges Gut als Wertaufbewahrungsmittel und Tauschmittel wählen, wobei sie mit dieser Wahl der Marktnachfrage eine Geldnachfrage hinzufügt, was zu einem Anstieg des Marktpreises führt. Dies führt natürlich zu einem Anstieg der Menge an Ressourcen, Kapital und Arbeit, die der Produktion des Gutes zugeführt werden. An dieser Stelle wird das Stock-to-Flow-Verhältnis relevant. Hat das Gut ein niedriges Stock-to-Flow-Verhältnis, ist der Anteil des liquiden Marktangebots, der von Minenarbeitern produziert wird, sehr hoch, und ein Anstieg der Bergbauproduktion entspricht einem starken Anstieg des liquiden Marktangebots, wodurch der Preis des Metalls sinkt und Sparer bestraft werden. Der Markt reagiert stark auf Produktionssteigerungen von Bergbauunternehmen, da die tägliche Marktliquidität in erster Linie aus ihrer Neuproduktion und nicht aus den Lagerbeständen der Verbraucher stammt, da die Verbraucher das Gut in erster Linie halten, um es in der Marktproduktion einzusetzen, und nicht, um es weiterzuverkaufen. Der überwiegend industrielle Charakter dieser Metalle bedeutet, dass jeder, der sie als Geld verwendet, seinen Reichtum einfach an Minenbetreiber verschenkt, was wir als Weichgeldfalle bezeichnen könnten. Die Aufbewahrung von Wert in einem Gut mit einem niedrigen Stock-to-Flow-Verhältnis führt lediglich dazu, dass dieser Wert von den Produzenten des Gutes vereinnahmt wird.

Damit ein Rohstoff der Weichgeldfalle widerstehen und über einen längeren Zeitraum hinweg gut verkäuflich bleiben kann, müssen seine liquiden Bestände deutlich größer sein als die jährliche Fördermenge. Wenn also die monetäre Nachfrage steigt, wirkt sich ein Anstieg der Bergbauproduktion kaum auf die Marktbedingungen aus, da die Produktion nur einen kleinen Teil des gehandelten liquiden Angebots ausmacht. Bei einem hohen Verhältnis von Lagerbeständen zu Geldflüssen führt ein Anstieg der Geldnachfrage zu einem Preisanstieg; wenn das Stock-to-Flow-Verhältnis jedoch niedrig ist, fließt dieser Anstieg in Form höherer Gewinne in die Taschen der Geldproduzenten.

Hartes Geld ist Geld, dessen Bestände sich nicht wesentlich erhöhen lassen, ganz gleich, was seine Produzenten anstellen, da ihre Produktion nur einen winzigen Bruchteil der vorhandenen Bestände ausmacht. Weiches Geld ist Geld, dessen liquide Bestände leicht zu erhöhen sind. Dies gilt sowohl für Warengeld als auch für nationale Währungen. Weiches Geld ist weltweit in aller Munde, vor allem in Ländern, die von einer schlechten Geldpolitik geplagt sind und deren Bürger sehr wohl wissen, dass relativ harte nationale Währungen wie der Dollar und der Euro begehrenswerter sind als ihre Landeswährungen, die für die lokale Regierung mit ihrem Zentralbankkartell leicht in immer größeren Mengen zu produzieren ist.

Die Stock-to-Flow-Metrik weist im Falle aller Metalle außer Gold und Silber einen Wert nahe 1 auf. Da die Produktion von Basismetallen fortlaufend in industriellen Anwendungen verbraucht wird, sind die vorhandenen liquiden Bestände niemals wesentlich größer als die jährliche Produktion. Da diese Metalle außerdem auf verschiedene Weisen rosten und korrodieren, gibt es wenig Anreiz zu ihrer langfristigen Lagerung in großen Mengen. Die drei wichtigsten Börsenlager für Kupfer enthalten insgesamt durchweg weniger als 1.000.000 Tonnen Kupfer, während die jährliche Kupferproduktion etwa 25.000.000 Tonnen beträgt.[111] Selbst wenn die weltweiten Kupferlager 20-mal mehr Kupfer enthielten als diese 3 wichtigsten, reichte das noch immer nicht aus, um das Stock-to-Flow-Verhältnis von Kupfer auf über 1 zu heben. Im September 2020 beliefen sich die Zinkreserven an den 3 wichtigsten Börsen auf insgesamt 133.300 Tonnen, während die jährliche Produktion bei etwa 13.000.000 Tonnen, also etwa 100-mal höher, lag, was Zink ein Stock-to-Flow-Verhältnis von 0,01 verleiht.[112]

Da Gold als Metall nicht verbraucht oder verändert werden kann, wird es hauptsächlich erworben, um als liquides Geldinstrument gehalten zu werden, so dass die vorhandenen Lagerbestände die jährliche Produktionsmenge in der Regel um viele Größenordnungen übersteigen. Selbst wenn die jährliche Produktion mit zunehmender Effizienz steigt, nehmen gleichzeitig auch die Lagerbestände weiter zu, wodurch sichergestellt wird, dass das Stock-to-Flow-Verhältnis deutlich über 1 bleibt. Eine Betrachtung der Daten des letzten Jahrhunderts zeigt uns, dass das Stock-to-Flow-Verhältnis des Goldes durchweg bei etwa 60 lag, was einer jährlichen Wachstumsrate des Angebots von etwa 1,5 % entspricht. Während die jährliche Goldproduktion im Laufe der Zeit weiter ansteigt, nehmen auch die

111 Dabei handelt es sich um die Reserven des London Metals Exchange, Shanghai Futures Exchange und COMEX.

112 Lutter Sina, and Heinz Jürgen Büchner. „Short Term Commodity Outlook September: Aluminum & Zinc." *Euroguss*, NürnbergMesse, 8. Sept. 2022.

Lagerbestände zu, und das Verhältnis bleibt in etwa konstant, wie in Abbildung 6 zu sehen ist.

Wie Gold hat auch Silber ein Stock-to-Flow-Verhältnis von mehr als 1, welches in der Vergangenheit jedoch sank, da immer mehr Silber in industriellen Anwendungen eingesetzt und zu diesem Zweck aus den liquiden Lagerbeständen entnommen wird. Berechnete man das Stock-to-Flow-Verhältnis von Silber auf der Grundlage des gesamten oberirdischen Silberbestands, läge es zwischen 30 und 60.[113] Das in industriellen Anwendungen eingesetzte Silber kann jedoch nicht zu den liquiden Beständen gezählt werden, da es weder eine monetäre Rolle spielt noch zur Begleichung von Handel und Schulden verwendet werden kann. Der Preis von Besteck, Schmuck, Elektronik oder Maschinen, die Silber enthalten, hängt nicht vom monetären Preis des enthaltenen Silbers ab, der in der Regel nur einen winzigen Bruchteil des Gesamtpreises ausmacht, sondern von der Verbraucherwertung des Gutes als Konsum- oder Kapitalgut, nicht als monetäres Gut. Das Silber aus diesen Waren zu extrahieren, um es in Form von Barren oder Münzen in einen monetären Wert umzuwandeln, ist ein kostspieliger Prozess, der sich nicht von der Gewinnung von Silber aus der Erdkruste unterscheidet. Beschränkt man sich bei der Messung der Bestände auf die monetären, die in Form von Silberbarren, Münzen und Anlageprodukten vorliegen, fällt das Stock-to-Flow-Verhältnis auf etwa 4. Das ist immer noch deutlich höher als das nichtmonetärer Metalle, welches jeweils bei einem Bruchteil von 1 liegt, aber bei weitem nicht hoch genug, um seinen Wert für eine monetäre Rolle ausreichend abzusichern. Das ist der Grund, aus welchem der Marktwert des Silbers im Vergleich zu dem des Goldes in den letzten anderthalb Jahrhunderten sank;

113 Siehe: Nieuwenhuijs, Jan. „How Much Silver Is Above Ground?“ *Voima Gold*, 2. Dez. 2019. Nieuwenhuijs zählt Schmuck und industrielles Silber zu den monetären Reserven, die er auf 1.750.000 Tonnen schätzt. Ihnen steht eine Jahresproduktionsmenge von 27.000 Tonnen gegenüber. Die Ausklammerung industriellen und Schmucksilbers aus den monetären Reserven reduziert diese jedoch auf etwa 108.000 Tonnen, was in einem Stock-to-Flow-Verhältnis von 4 resultiert.

die nichtmonetären Verwendungszwecke des Silbers nahmen überhand und zehren den Großteil der vorhandenen Bestände auf.

Betrachtete man alles industriell eingesetzte Silber als Teil der Silberreserven, wäre sein Stock-to-Flow-Verhältnis wesentlich höher. Da die nichtmonetäre Verwendung des Silbers zugenommen hat, wurde sein monetärer Bestand effektiv aufgebraucht und sein Stock-to-Flow-Verhältnis sank. Infolgedessen sank auch sein realer Marktwert.

Die Demonetarisierung des Silbers hat ihre Wurzeln wohl in diesem niedrigen Stock-to-Flow-Verhältnis sowie dem Fortschritt des modernen Bankwesens. Durch diesen und das Aufkommen der Telekommunikationstechnologie im 19. Jahrhundert konnten die Menschen mit Finanzinstrumenten wie Papiergeld, Schecks und Akkreditiven handeln, die durch im Besitz von Banken und Zentralbanken befindliches Gold gedeckt waren. Dadurch wurden Goldtransaktionen jeder Größenordnung möglich, wodurch die monetäre Rolle des Silbers als Mittel zur Transaktion kleiner Beträge überflüssig und es jedem ermöglicht wurde, die Vermögenswerte mit dem höchsten Stock-to-Flow-Verhältnis und der größten Wertsteigerungswahrscheinlichkeit zu halten.

Die Demonetarisierung des Silbers setzte vor allem 1871, nach dem Ende des Deutsch-Französischen Krieges, ein. Deutschland, das damals die größte nach wie vor einen Silberstandard aufrechterhaltende Volkswirtschaft war, verlangte seine Entschädigung von Frankreich in Gold und nutzte dieses, um auf einen Goldstandard umzustellen. Als die deutsche Nachfrage nach Silber zurückging und die Nachfrage nach Gold stieg, fiel das etwa 1:15 betragende Werteverhältnis von Silber zu Gold, was zu wirtschaftlichen Verlusten für Silberbesitzer und Länder mit Silberstandards führte und sie dazu veranlasste, ihr Silber gegen Gold zu tauschen. Seitdem ist das Verhältnis zwischen den Gold- und Silberpreisen nur noch gestiegen und liegt derzeit bei etwa 80, also mehr als fünfmal so hoch wie noch vor 150 Jahren. Länder wie Indien und China, die den Silberstandard erst spät aufgaben, erlebten durch den Wertverlust ihrer Währungen große wirtschaftliche Schwierigkeiten.

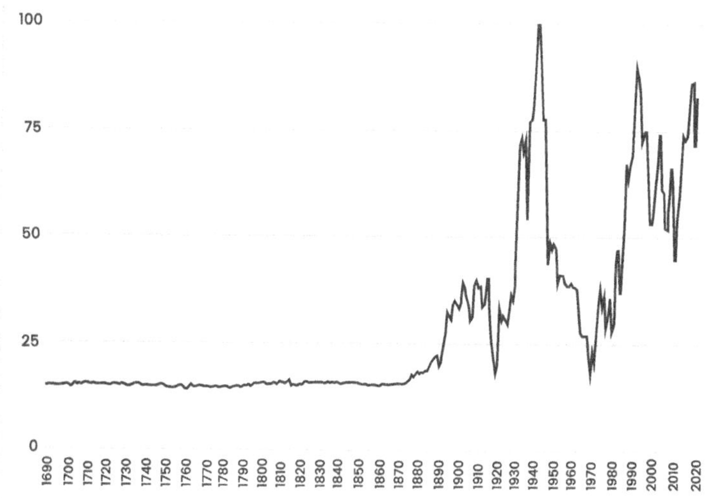

Abbildung 19. Das Gold-Silber-Werteverhältnis

Sein hohes Stock-to-Flow-Verhältnis ist für die monetäre Rolle des Goldes verantwortlich, weil es ihm die beste zeitliche Verkäuflichkeit verleiht. Da die Goldproduktion seine Reserven nur geringfügig erhöht, behält es seinen Wert über die Zeit hinweg besser, weshalb der in ihm gespeicherte Marktwert durch seine Aufwertung gegenüber anderen Rohstoffen im Laufe der Zeit zunimmt. Diese Wertsteigerung der in einem Medium gehaltenen Guthaben entspricht einer Erhöhung seiner Marktliquidität, einer Verringerung der Geld-Brief-Spanne und damit einer Erhöhung seiner Marktfähigkeit. Dieser Trend wird noch verstärkt, wenn sich die Menschen dessen bewusst werden und ihre Bargeldbestände in das Gut mit der höchsten zu erwartenden Wertsteigerung und der geringsten Geld-Brief-Spanne konvertieren.

Der Bezugsrahmen zeitlicher Verkäuflichkeit und des Stock-to-Flow-Verhältnisses sind besonders interessante Instrumente zur Analyse des Aufstiegs von Bitcoin, einem neuen monetären Phänomen mit vorprogrammiertem Angebotsplan und einem unablässig und schließlich bis zur Unendlichkeit steigenden Stock-to-Flow-Verhältnis. Dieser analytische Rahmen bildet die Grundlage meines ersten Buches, *Der Bitcoin-Standard*.

Warum nur ein Geld?

Eine steigende monetäre Nachfrage nach der bestverkäuflichen Ware wird deren Preis und Wert weiter erhöhen, wodurch ihre zeitliche Verkäuflichkeit noch weiter verbessert und der Umfang ihrer Liquidität vergrößert wird. Da sich Wohlstand naturgemäß in den verkäuflichsten Gütern konzentriert, wird deren Verkäuflichkeit noch weiter gesteigert. Die Inhaber der verkäuflichsten Ware können innerhalb eines größeren und liquideren Marktes Handel treiben. Durch seine zunehmende monetäre Verwendung wird der monetäre Wert eines Gutes weiter angehoben, wodurch der Anreiz, es als Geld zu verwenden, verstärkt wird, was dem Geldmarkt eine „Winner-takes-all"-Dynamik verleiht. Die historische Entwicklung belegt dies. Ende des 19. Jahrhunderts hatte der gesamte Planet Gold als Geld übernommen, obwohl zuvor weltweit viele tausend verschiedene Güter für diese Rolle verwendet wurden. Dass sich Silber seine monetäre Funktion bis ins neunzehnte Jahrhundert hinein bewahren konnte, lag an seiner besseren Verkäuflichkeit in kleinen Größenordnungen; das moderne Bankwesen jedoch machte dies überflüssig und Gold zum einzigen Weltgeld. Etwas Ähnliches geschieht auf dem modernen globalen Nationalwährungsmarkt, auf dem eine unersättliche Nachfrage nach der verkäuflichsten Währung, dem US-Dollar, zu herrschen scheint. Nicht nur, dass eine große Anzahl Nicht-Amerikaner statt ihrer Landeswährung US-Dollars halten will – praktisch alle anderen Landeswährungen sind durch Dollars gedeckt, da die jeweiligen Zentralbanken große Dollarmengen halten, die sie für den internationalen Handel verwenden.

Je verbreiteter ein Tauschmittel ist, desto verkäuflicher ist es und desto größer ist sein potenzieller Absatzmarkt. Die Menschen werden sich natürlicherweise zu den am besten verkäuflichen Gütern hingezogen fühlen, was deren Verkäuflichkeit weiter steigert und noch mehr Menschen dazu bringt, sie zu nutzen. Rothbard erklärte diesen Prozess folgendermaßen: „Wenn die Mitglieder einer Gesellschaft beginnen, marktgängigere Güter als Tauschmittel zu wählen, wird sich ihre Wahl schnell auf die wenigen marktgängigsten Güter konzentrieren.“[114]

Das fundamentale Problem der Bedürfniskoinzidenz schließt die Koinzidenz der Wünsche nach Gütern mit ein. Mit zunehmender Größe einer Volkswirtschaft steigt der Grad der Spezialisierung und die Anzahl der produzierbaren Güter an, was den direkten Austausch erschwert. Die einzig mögliche Lösung für dieses Problem und die einzige Möglichkeit, den Umfang eines Marktes auszuweiten, ist der indirekte Tausch, in dessen Rahmen die Menschen Güter ausschließlich zu dem Zweck erwerben, sie später gegen andere Güter zu tauschen. Wenn die Menschen verschiedene Güter indirekt tauschen, ist es nur natürlich, dass einige Güter die Rolle des Tauschmittels besser spielen werden als andere, was diejenigen belohnt, die sie einsetzen, und diejenigen bestraft, die für diese Rolle ungeeignete Tauschmittel verwenden. Im Laufe der Zeit werden die Vorteile des Einsatzes geeigneter Tauschmittel sowie die Nachteile des Einsatzes schlechter Tauschmittel immer klarer hervortreten.

114 Rothbard, Murray. *Man, Economy, and State, with Power and Market*. Ludwig von Mises Institute, 1962, S. 191.

Menschen, die kurzlebige, heterogene, unteil- und untransportierbare Tauschmittel übernehmen, werden die schrittweise Erosion ihres Wohlstands erleben, während jener der Menschen, die sich dauerhafte, homogene, gut teilbare und transportierbare Tauschmittel aneignen, zunimmt. Im Laufe der Zeit werden primitive und ungeeignete monetäre Medien ausrangiert und ignoriert, da ihre Nutzer ihren Wohlstand verlieren, während die Härte bzw. das Stock-to-Flow-Verhältnis langfristig zum wichtigsten Maßstab für die Bestimmung des monetären Status aufsteigt.

Der Prozess des monetären Wettbewerbs wird sowohl durch menschliches Handeln als auch die rohen physikalischen, chemischen und geologischen Realitäten angetrieben, welche die Produktion verschiedener Güter prägen. Intelligente Individuen werden ihre Vernunft zur Bestimmung der besten Geldform einsetzen, doch selbst wenn niemand einen Gedanken daran verschwendete, zeitigten wirtschaftliche Realitäten dasselbe Ergebnis. Diejenigen, die das beste Geld verwenden, werden mehr Reichtum anhäufen, während diejenigen, die ungeeignetes Geld verwenden, ihren Reichtum verlieren, weshalb sich der Großteil des Reichtums mit der Zeit auf diejenigen konzentriert, die geeignetes Geld verwenden, und zwar unabhängig davon, ob sie dieses Ergebnis bewusst anstrebten oder nicht.

Die obige Analyse erklärt die Entstehung des Geldes durch seine Eignung, die wesentliche monetäre Funktion zu erfüllen, nämlich als Tauschmittel zu fungieren. Rothbard definierte Geld als eine Ware, die als Tauschmittel allgemein gebräuchlich wird. Während der Begriff des Tauschmittels präzise ist, ist es der Begriff des „allgemeinen Tauschmittels" nicht. Es ist leicht, etwas zu identifizieren, das als Tauschmittel fungiert, doch seine Charakterisierung als *allgemeines* Tauschmittel ist eine Frage subjektiver Beurteilung.

Geld und Staat

Die Österreichische Auffassung der Ökonomik als Lehre vom menschlichen Handeln erlaubt uns durch eine Analyse des menschlichen Verhaltens zur Lösung der Tauschprobleme ein Verständnis und eine Bestimmung jener Güter, denen wahrscheinlich eine monetäre Rolle zufallen wird. Schon bevor die Menschen ihre Handlungen aufzeichnen konnten, tauschten sie sowohl direkt als auch indirekt. Und im Zuge ihrer Versuche, sich Wünsche durch den indirekten Tausch zu erfüllen, beginnen einige Güter die Rolle des Tauschmittels besser zu spielen als andere, was die es verwendenden Individuen profitieren lässt. Andere ahmen sie nach, was erfolgreiche Lösungen weiter verbreitet. Wer erfolglose Lösungen nachahmt, verliert seinen Reichtum an diese Personen. Bessere Lösungen setzen sich so durch, wie es die wirtschaftliche Realität immer tut: indem diejenigen, die sie übernehmen, belohnt und diejenigen, die sie nicht übernehmen, bestraft werden. Es bedarf keiner zentralen Behörde, die ein Tauschmittel vorschreibt und alle dazu zwingt, es zu akzeptieren. Geld entsteht auf dem Markt, aus den Handlungen der Menschen, und nicht als Ergebnis einer zentral planenden Regierung.

Wie Carl Menger erklärte: „Das Geld ist keine staatliche Erfindung, nicht das Product eines legislativen Actes und die Sanction desselben Seitens der staatlichen Autorität ist demnach dem Begriffe des Geldes überhaupt fremd. Auch die Existenz bestimmter Waaren als Geld hat sich naturgemäss aus den ökonomischen Verhältnissen herausgebildet, ohne dass die staatliche Einflussnahme hiebei erforderlich gewesen wäre.“ [sic][115] Bestimmte Güter werden auf natürliche Weise die Rolle des Geldes besser spielen als andere, und der Marktprozess diese in den Vordergrund stellen und ihre

115 Menger, Carl. *Grundsätze der Volkswirthschaftslehre.* Wien, 1981, S. 259. (englische Passage durch analoge Passage des deutschen Originals ersetzt. – Anm. d. Hrsg.)

Annahme als Geld ankurbeln. Dieser Prozess unterscheidet sich nicht von der Auswahl bestimmter Rohstoffe für die Produktion von Konsumgütern: So wie Leder für Schuhe, Benzin für den Autoantrieb und Silizium für die Elektronik verwendet wird, führt der Marktprozess zur Auswahl der am besten verkäuflichen Güter als Geld.

Mises ging mit seinem **Regressionstheorem** bei der Erklärung davon, wie die Wahl des Geldes durch den Markt alleine getroffen werden kann, noch weiter als Menger. Dieses Theorem erklärt, wie sich ein normales Marktgut zu einem Geldgut entwickeln kann, wenn eine monetäre Nachfrage nach ihm entsteht, die seinen Wert und seine Verkäuflichkeit steigen lässt. Mit zunehmender monetärer Nachfrage steigt der Preis des Gutes über seinen Marktnachfragepreis hinaus.

Der Prozess der Geldentstehung und -selektion durch den Markt lässt sich ausschließlich unter Rückbezug auf menschliches Handeln verstehen. Es ist unnötig, zur Wahl oder Herstellung eines monetären Mediums auf irgendeine Zwangsgewalt zurückzufallen. Wie alle Güter entsteht Geld auf dem Markt, weil es einen Nutzen bietet, der die Menschen dazu veranlasst, ihm einen Wert beizumessen. Historische und empirische Aufzeichnungen stützen diese Behauptung, denn sie belegen die Existenz monetärer Medien vor der Einführung staatlicher Geldmandate. Gold wurde seine globale monetäre Rolle von keiner Regierungsbehörde verliehen. Es gewann seine monetäre Rolle auf dem Markt, und Regierungsbehörden mussten Gold als Marktgeld annehmen, wollten sie erfolgreich agieren. Gold wurde nicht Geld, weil man es zu staatlichen Münzen prägte. Staatliche Münzen wurden zu Geld, weil man sie aus Gold geprägt hatte.

Die Geschichte kennt kein einziges Beispiel dafür, dass ein Gut oder Vermögenswert eine monetäre Rolle durch ein staatliches Mandat erhalten hätte. Modernes staatliches Geld wird unter Bezug auf das lateinische Wort *fiat*, mit dem der Erlass einer Autorität gemeint ist, als Fiatgeld bezeichnet. Und doch wurde es nicht per Erlass zu Geld. Alle existenten Nationalwährungen erlangten ihre monetäre Rolle ursprünglich dadurch, dass die Geldwahl des freien Marktes auf Gold fiel. Nur durch seine Kopplung an dieses Edelmetall konnte staatliches „Fiat"-Geld überhaupt als Geld akzeptiert werden, und es entstand nicht durch ein einfaches Dekret, sondern über die betrügerische Aufhebung der Eintauschbarkeit dieses Geldes gegen Gold. Die letztendliche Abschaffung der Goldeinlösbarkeit ändert nichts an der Tatsache, dass kein Geld seine monetäre Rolle jemals per Gesetz erlangte. Darüber hinaus zeigt die Tatsache, dass Regierungen Bankmonopole und Zahlungsmittelgesetze nach wie vor für notwendig erachten, dass ihre Auferlegung des Geldes den Wettbewerb des freien Marktes nicht überstehen kann. Regierungen konnten den Geldwert des Goldes nicht wegdekretieren; sie konfiszierten es gewaltsam, um es selbst zu horten. Und mehr als ein Jahrhundert nach dem Ende des Goldstandards akkumulieren die Zentralbanken dieser Welt noch immer wachsende Goldmengen.

Eine weitere schlagkräftige Widerlegung etatistischer Geldtheorien stellt der Aufstieg von Bitcoin dar, der sich in den letzten 14 Jahren aus dem Nichts zu einer der 20 größten Währungen der Welt entwickelte, ohne dass auch nur eine einzige gesetzliche Behörde seine Verwendung gefördert oder angeordnet hätte. El Salvador erklärte Bitcoin im Jahr 2021 zwar zum gesetzlichen Zahlungsmittel, doch zu diesem Zeitpunkt war Bitcoin im Hinblick auf seinen Gesamtwert bereits zu einer der 10 größten Währungen weltweit aufgestiegen. Wie im Falle von Gold, Silber und allen anderen Geldformen folgt die staatliche Anerkennung der wirtschaftlichen Realität; weder geht sie ihr voraus noch schreibt sie sie vor. Wäre Geld eine Erfindung des Staates und bedürfte seiner Sanktion, wären Bitcoins Funktion und sein tatsächlicher Erfolg unmöglich gewesen.

Der Wert des Geldes

Wie die ihm vorausgehenden Methoden des Wirtschaftens ist Geld ein Instrument, mit dem die Menschen Menge und Wert der für sie auf Erden verfügbaren Zeit erhöhen können. Die Einführung von Geld in eine Volkswirtschaft wird alle drei Triebkräfte des Wirtschaftswachstums und Fortschritts verstärken. Wir können die wirtschaftliche Bedeutung des Geldes anhand seiner drei Hauptfunktionen verstehen: Tauschmittel, Wertaufbewahrungsmittel und Rechnungseinheit.

1 – Intensivierung der Arbeitsteilung.
Da Geld das Problem der Koinzidenz von Bedürfnissen beseitigt, vergrößert es das mögliche Handelsausmaß zwischen Fremden, die sich weder gegenseitig vertrauen noch in sie schützende politische und wirtschaftliche Strukturen eingebunden sein müssen. Die Etablierung eines Geldes vergrößert den Spielraum zu **Spezialisierung und Arbeitsteilung**, wodurch der Markt für jeden Verbraucher und jedes Produkt immens erweitert wird. Je effektiver ein monetäres Medium seinen Wert im Raum transportieren kann und je häufiger es von anderen gehalten wird, desto mehr potenzielle Handelsmöglichkeiten bietet es seinem Inhaber und desto größer wird der Markt. Wenn Individuen erkennen, dass sie eine zunehmende Anzahl ihrer Bedürfnisse durch den Austausch von Gütern mit anderen befriedigen können, sind sie eher geneigt, Kooperation und Frieden mit Fremden zu suchen, die in keinen wiederholten Kontakt mit ihnen kommen werden. Mit Geld finden menschliche Arbeit, Kapitalakkumulation, technologische Innovationen und Handel in einem großen, ausgedehnten System unpersönlichen Austauschs statt. Menschen, die sich weder kennen noch direkt miteinander absprechen, schaffen es dennoch, gemeinsam über komplexe Produktionsstrukturen hochentwickelte Produkte

herzustellen. Geld ist ein wesentliches Instrument menschlicher Zivilisation; seine Zerstörung ging immer mit der Zerstörung der Gesellschaft und des zivilisierten Lebens einher.

2 – Die Ermöglichung wirtschaftlicher Berechnungen

Eine wichtige Implikation der Verwendung von Geld ist, dass alle Preise in Form eines Gutes ausgedrückt werden. In einer Wirtschaft mit Geld stellt das Geld die eine Hälfte jeder Transaktion dar. Eine Tauschwirtschaft mit 10 Gütern würde 45 verschiedene Preise erfordern, von denen jeder ein Gut im Verhältnis zu einem anderen ausdrückt (Anzahl der Einzelpreise = $n (n - 1) / 2$, wobei n = Anzahl der Güter). Im Gegensatz dazu wären in einer Geldwirtschaft mit 10 Gütern (einschließlich des Geldgutes) nur 9 Preise erforderlich (Anzahl der Einzelpreise = $n - 1$). Die Anzahl der Preise in einer Tauschwirtschaft steigt im Quadrat zur Anzahl der Güter, während die Beziehung zwischen der Anzahl der Preise und der Güter in einer Geldwirtschaft linear ist. Wir können berechnen, dass eine Tauschwirtschaft mit 100 Gütern 4.950 verschiedene Preise erfordert, während es in einer Geldwirtschaft mit 100 Gütern nur 99 Preise sind. Eine Tauschwirtschaft mit 1.000.000 Gütern erforderte beinahe 500 Milliarden verschiedene Preise, eine Geldwirtschaft mit 1.000.000 Gütern nur 999.999. Durch die Einführung von Geld wird die Anzahl der für den Tausch erforderlichen Preise drastisch reduziert, was zu einer außerordentlichen Effizienz des Handels und der Märkte führt.

Wenn der Preis aller Güter als Menge nur eines Gutes ausgedrückt wird, kann der Einzelne den außerordentlich wichtigen Prozess wirtschaftlicher Kalkulation vollziehen, der im Mittelpunkt von Kapitel 12 stehen wird. Werden alle Preise in einer Einheit ausgedrückt, kann ein Unternehmer die von einem Unternehmen zu erwartenden Kosten und Einnahmen sorgfältig berechnen. Durch Berechnungen auf der Grundlage des gemeinsamen Nenners Geld kann der Einzelne „eine immer größer werdende Struktur verlängerter Produktionsstufen errichten, um zu gewünschten Gütern zu gelangen, weil Geld komplexe Berechnungen ermöglicht", wie Rothbard es ausdrückte.[116]

Der in der modernen globalen Wirtschaft existierende Grad an Spezialisierung ist nur durch den Einsatz von Geld möglich. Individuen sind in der Lage, Güter ohne Bezug zu ihrem eigenen Konsum zu produzieren, da sie wissen, dass sie sie auf dem Markt gegen das am besten verkäufliche Gut und dieses dann gegen jedes beliebige eintauschen können. Komplexe Produktionsprozesse und lange Lieferketten sind nur dank der durch Geld ermöglichten Spezialisierung möglich.

3 – Senkung der Zeitpräferenz

Geld als Werttauschmittel erlaubt es seinen Besitzern, Wert zu speichern und effizienter in die Zukunft zu transferieren, als sie es sonst könnten. Wie oben erläutert, ist Geld verkäuflicher als andere Marktgüter und daher naturgemäß ein Gut von hoher zeitlicher Verkäuflichkeit. Dies macht es wertbeständiger als die meisten anderen Marktgüter. Da seine Verkäuflichkeit eine bessere Vorsorge für die Zukunft ermöglicht, nimmt deren Ungewissheit ab, und ihre Diskontierung durch den Einzelnen sinkt. Der Rückgang der Zukunftsabwertung ist nichts anderes als die in den Kapiteln 3 und 13 erörterte Verringerung der Zeitpräferenz.

Geld kann somit als eine wichtige Technologie zur Senkung der menschlichen Zeitpräferenz verstanden werden, weil es ein äußerst leistungsfähiges Instrument zur Vorsorge für die Zukunft darstellt, da es deren Unwägbarkeit verringert und seinen Inhabern ihre Planung erlaubt. Die Absicherung gegen Ungewissheit ist eine der Hauptfunktionen des Geldes[117] und der Grund dafür, dass

---

116 Rothbard, Murray. *Man, Economy, and State, with Power and Market.* Ludwig von Mises Institute, 1962, S. 193. (eig. Übers. – Anm. d. Hrsg.)

117 Hoppe, Hans-Hermann. „'The Yield From Money Held' Reconsidered.„ Ludwig von Mises Institute, 14. Mai 2009.

Menschen es vorziehen, etwas Geld statt nur Investitionsgüter zu besitzen, obwohl letztere eine Rendite abwerfen, während ersteres dies nicht tut. Investitionen sind weniger gut verkäuflich und mit einem unternehmerischen Risiko verbunden. Geld ist, zumindest auf einem freien Markt, das Gut mit der größten Verkäuflichkeit und dem geringsten Risiko; es ist das Gut, das immer unter dem geringsten Verlust seines wirtschaftlichen Wertes in andere Güter umgewandelt werden kann. Geld wirft keine Rendite ab und wird dennoch gehalten, weil es unter allen Vermögenswerten die geringste Unsicherheit aufweist.[118] Die Zeitpräferenz ist ein Maß für die Diskontierung der Zukunft, und Unsicherheit trägt wesentlich zu dieser Abwertung bei. Der Zugang zu Geld, insbesondere zu gutem, hartem Geld, ist eine Möglichkeit, diese Unsicherheit zu reduzieren.

Hans-Hermann Hoppe sagte, dass die Senkung der Zeitpräferenz den Prozess der Zivilisation einleitet.[119] Geld spielt dabei eine zentrale Rolle. Je härter es ist, desto besser transportiert es seinen Wert in die Zukunft und desto wägbarer wird diese sein. Und je mehr die Menschen für ihre Zukunft planen und langfristig gedeihen können, desto mehr wird Geld dazu führen, dass die Zeitpräferenz sinkt und die Zivilisation gedeiht.

Die Einzigartigkeit des Geldes

Geld unterscheidet sich als Gut in mehrfacher Hinsicht von anderen Gütern. Der erste Unterschied besteht darin, dass Geld weder ein Konsum- noch ein Kapitalgut darstellt. Konsumgüter werden erworben, um konsumiert zu werden, weil sie der Befriedigung menschlicher Bedürfnisse dienen. Kapitalgüter hingegen befriedigen menschliche Bedürfnisse nicht direkt, sondern werden erworben, weil sie zur Herstellung von Gütern verwendet werden

118 Ebd.

119 Hoppe, Hans-Hermann. *Democracy: The God That Failed.* Transaction Publishers, 2001, S. 7.

können, die ihrerseits menschliche Bedürfnisse befriedigen. Geld ist keins von beidem. Es wird nicht erworben, weil es menschliche Bedürfnisse befriedigt, und kann auch nicht für die Produktion anderer Güter verwendet werden; es wird lediglich erworben, um in Zukunft gegen andere Güter, seien es Konsum- oder Investitionsgüter, eingetauscht zu werden.

Die Verwendung als Tauschmittel ist seine wesentliche Funktion, was bedeutet, dass es keinen direkten Nutzen braucht, um die Wertschätzung der Menschen zu ergattern. Der Nutzen des Geldes ergibt sich aus dem Nutzen der Güter, gegen die es getauscht werden kann. Geld ist wie allen Gütern ein abnehmender Grenznutzen zu eigen, der allerdings weniger stark abnimmt als der aller anderen Güter, da mit jeder weiteren Geldeinheit die nächsthöhere Einheit eines beliebigen Gutes gekauft werden kann, nicht nur die nächsthöhere Einheit desselben Gutes. In einer Wirtschaft mit Geld und nur drei weiteren Gütern – Bananen, Äpfeln und Orangen – sinkt der Nutzen des Geldes beispielsweise weniger stark als der von Äpfeln, Orangen und Bananen. Die Tatsache, dass Geld liquide und leicht gegen andere Güter austauschbar ist, macht seine Akkumulation nützlicher als die anderer Güter, da es leicht gegen dasjenige Gut eingetauscht werden kann, das der Einzelne zu einem bestimmten Zeitpunkt am meisten schätzt. Diese Verkäuflichkeit ist der Grund dafür, dass Menschen es vorziehen, in Geld statt in weniger verkäuflichen Gegenständen bezahlt zu werden. Seine hohe Verkäuflichkeit verleiht Geld den Nutzen desjenigen Gutes, das für den Inhaber des Geldes zu einem bestimmten Zeitpunkt am wertvollsten ist.

Wie viel Geld sollte es geben?

Der vielleicht wichtigste geldpolitische Unterschied zwischen den etablierten und den Österreichischen Ökonomen besteht darin, dass die Österreicher der Meinung sind, die absolute Geldmenge sei unwichtig und müsse folglich nicht wachsen, um den Bedürfnissen einer wachsenden Wirtschaft nachzukommen. Jede Geldmenge reicht, solange sie teilbar ist, für jede Wirtschaft aus. Geld unterscheidet sich von allen anderen Wirtschaftsgütern dadurch, dass es das einzige Gut ist, dessen absolute Menge für seinen Besitzer keine Rolle spielt. Geld bietet dem Inhaber keine anderen Leistungen als die Möglichkeit, es gegen andere Güter einzutauschen, weshalb seine eigene Menge für den Inhaber irrelevant bleibt. Der einzige für seinen Inhaber relevante Aspekt des Geldes ist seine Kaufkraft. Sein wirtschaftlicher Wert liegt in seiner Fähigkeit, gegen andere Güter getauscht zu werden, weshalb sein Wert aus seiner Kaufkraft und nicht aus seiner Menge resultiert. Jede beliebige Geldmenge kann jeder Volkswirtschaft genügen, sofern sie in ausreichend kleine Einheiten aufgeteilt werden kann.

Rothbard erklärt hierzu:

> „[G]eld unterscheidet sich in mindestens einer entscheidenden Hinsicht grundlegend von Konsum- und Produktionsgütern. Unter sonst gleichen Bedingungen kommt eine Erhöhung des Angebots an Konsumgütern der Gesellschaft zugute, da so ein oder mehrere Verbraucher besser gestellt werden. Dasselbe gilt für eine Erhöhung des Angebots an Produktionsgütern, die schließlich in ein erhöhtes Angebot an Konsumgütern umgewandelt wird; denn die Produktion selbst ist der Prozess der Umwandlung natürlicher Ressourcen in neue Formen und Standorte, die von Verbrauchern für den direkten Gebrauch gewünscht werden. Mit Geld verhält es sich jedoch ganz anders: Geld wird nicht direkt für den Konsum oder die Produktion verwendet, sondern gegen solche direkt verwendbaren Güter getauscht. Sobald sich ein Rohstoff oder ein Gegenstand als Geld etabliert hat, leistet er die maximale Tauscharbeit, zu der er fähig ist. Eine Erhöhung des Geldangebots

führt zu keinerlei Erhöhung der Tauschleistung des Geldes; alles, was geschieht, ist, dass die Kaufkraft jeder Geldeinheit durch das erhöhte Angebot verwässert wird. Es besteht also niemals ein gesellschaftliches Bedürfnis nach einer Erhöhung des Geldangebots, weder durch ein erhöhtes Warenangebot noch durch eine Zunahme der Bevölkerung. Die Menschen können bei einem festen Geldangebot ihren Anteil an allen Geldguthaben dadurch vergrößern, dass sie weniger ausgeben und dadurch die Kaufkraft ihrer Geldguthaben erhöhen, wodurch ihre realen Geldguthaben zunehmen."[120]

Im Anschluss an diese Passage zitiert Rothbard Mises:

„Da der Dienst des Geldes durch seinen Tauschwert gegeben ist, da niemand eine bestimmte Anzahl von Geldstücken oder eine bestimmte Gewichtsmenge von Geld in seiner Kasse haben will, sondern eine Geldsumme eines bestimmten Tauschwertes, ist der Dienst, den das Geld dem Einzelnen wie dem gesamten Marktgefüge leistet, stets vollkommen und kann weder durch Vermehrung der Geldmenge verbessert, noch durch ihre Verringerung verschlechtert werden. Die Veränderungen der Kaufkraft der Geldeinheit bringen Verschiebungen in den Einkommens- und Vermögensverhältnissen hervor, um derentwillen manche eine Politik treiben wollen, die solche Veränderungen hervorruft ; vom Standpunkte dieser Wünsche kann man die Geldmenge als unzureichend oder als übermassig gross bezeichnen. Doch, davon abgesehen, ist die vollkommene Erfüllung des Tauschmitteldienstes von der Grösse der Geldmenge unabhängig. Es gibt wohl in der Kasse der Einzelnen mitunter zu viel oder zu wenig Geld, doch das Gesamtgefüge der Marktwirtschaft leidet nie darunter, dass unzureichende Versorgung mit Geld ihm

120 Rothbard, Murray. *Economic Controversies*. Ludwig von Mises Institute, 2011, S. 698-9. (eig. Übers. – Anm. d. Hrsg.)

> etwas von den Vorteilen nehmen würde, die der Geldgebrauch gewahrt; Vermehrung der Geldmenge kann nie die Dienste, die das Geld leistet, erhöhen. Die Nutzwirkung, die vom Gelde ausgeht, ist von der Geldmenge unabhängig. Veränderungen in der Geldmenge können die Vorteile, die der indirekte Tausch und der Geldgebrauch bringen, weder für den Einzelnen noch für die Gesamtheit verändern."[121]

Rothbard fügt dem Folgendes hinzu:

> „Eine Welt mit konstanter Geldmenge ähnelte derjenigen des 18. und 19. Jahrhunderts, welche durch die erfolgreiche Blüte der industriellen Revolution gekennzeichnet war, in der erhöhte Kapitalinvestitionen das Angebot an Gütern vergrößerten, während die Preise für diese Güter sowie die Kosten ihrer Produktion fielen."[122]

Nach Österreichischer Auffassung wird ein Anwachsen der Wirtschaft bei fixer Geldmenge dazu führen, dass die Preise realer Güter und Dienstleistungen sinken, so dass die Menschen mit ihrem Geld in Zukunft immer größere Mengen an Gütern und Dienstleistungen kaufen können. Eine solche Welt würde in der Tat von unmittelbarem Konsum abschrecken, ganz so wie es Keynesianer befürchten, würde dabei jedoch das Sparen und Investieren für eine Zukunft anregen, in welcher mehr Konsum möglich wird. Da keynesianische Ökonomen wenig Verständnis für das Konzept des Kapitals und der Grenzkostenanalyse haben, malen sie sich einen Rückgang des Konsums als Katastrophe aus. Wenn die Gesamtausgaben in keynesianischen, auf einer hohen Zeitpräferenz beruhenden Wirtschaftsmodellen zurückgehen, werden Arbeitnehmer entlassen, was

121 Mises von, Ludwig. *Nationalökonomie: Theorie des Handelns und Wirtschaftens*. Genf, 1940, S. 381. (englische Passage durch analoge Passage des deutschen Originals ersetzt. – Anm. d. Hrsg.)

122 Rothbard, Murray. *Economic Controversies*. Ludwig von Mises Institute, 2011, S. 699. (eig. Übers. – Anm. d. Hrsg.)

die Ausgaben weiter drückt, was wiederum dazu führt, dass noch mehr Arbeitnehmer entlassen werden, wodurch eine kontinuierliche Abwärtsspirale in Gang gesetzt wird, die im Elend endet. Nur aktive, großzügig Geld ausgebende Zentralregierungen können den Alptraum der Keynesianer abwenden.

Doch für Nicht-Keynesianer, d. h. für Ökonomen, die mit dem Konzept des Kapitals vertraut sind, ist ein Rückgang der Ausgaben nicht nur harmlos, sondern die Grundlage einer zivilisierten Gesellschaft. Nur durch eine Verringerung des Konsums und eine Erhöhung des Sparens ist der Einsatz von Kapital möglich, wie in Kapitel 6 erläutert wurde. Für mit der Grenzanalyse vertraute Ökonomen führt ein Ausgabenrückgang zu einem Rückgang der Grenzausgaben statt zu einer vollständigen Aussetzung allen Konsums. Wie in Kapitel 3 erörtert, ist alle Zeitpräferenz positiv; der Einzelne zieht gegenwärtigen Konsum zukünftigem stets vor. Gegenwärtiger Konsum ist lebensnotwendig. Die Menschen müssen nicht der Entwertung ihres Geldes zusehen, um zu konsumieren; die Natur zwingt sie dazu. Wenn das Sparen für die Zukunft verlässlicher wird, können sie ihren Grenzkonsum reduzieren, aber sie können nicht völlig aufs Konsumieren verzichten. Diese marginale Verringerung des Konsums kann zu einem Rückgang der Grenzbeschäftigung in der Konsumgüterproduktion führen, aber zu keinem völligen Beschäftigungseinbruch. Andererseits werden Ressourcen durch einen Rückgang ihres Verbrauchs als Konsumgüter für die Nutzung als Investitionsgüter frei. Geld zu sparen, entspricht der Einsparung wirtschaftlicher Ressourcen, wodurch mehr Möglichkeiten geschaffen werden, Arbeit auf die früheren Stufen der wirtschaftlichen Produktion zu lenken. Eine Gesellschaft, die ihren Konsum kontinuierlich aufschiebt, wird auf lange Sicht mehr konsumieren als eine wenig sparende Gesellschaft, da diejenige mit niedriger Zeitpräferenz mehr investiert und in der Folge höhere Einkommen für ihre Mitglieder erzeugt. Selbst wenn ein größerer Prozentsatz ihres Einkommens in ihre Ersparnisse fließt, werden Gesellschaften mit geringerer Zeitpräferenz langfristig höhere Konsumniveaus und größere Kapitalstöcke aufweisen. Die Verringerung des Konsums ist kein Pfad in die Verarmung, sondern der einzige Weg zum Überfluss.

KAPITEL 11:

Märkte

> „Die Marktwirtschaft ist durch zwei Elemente gekennzeichnet: es besteht Sondereigentum an den Produktionsmitteln und Arbeitsteilung. Jeder handelt für sich, doch jedermanns Handeln ist mittelbar auch auf die Erfüllung der Zwecke der anderen Handelnden gerichtet. Jedes Handeln wird dadurch zu einem Mithandeln, jedermann dient handelnd seinen mithandelnden Genossen. Jeder gibt, um zu empfangen ; jeder dient, um bedient und bedankt zu werden. Jeder ist Zweck und Mittel zugleich : Zweck sich selbst und Mittel allen anderen zur Erreichung ihrer Zwecke“[123]
>
> – Ludwig von Mises

Geld ermöglicht Spezialisierung und Arbeitsteilung, welche ihrerseits Entstehung und Wachstum einer Marktwirtschaft begünstigen. **Eine Marktwirtschaft ist eine Gesellschaftsordnung, innerhalb**

123 Mises von, Ludwig. *Nationalökonomie: Theorie des Handelns und Wirtschaftens.* Genf, 1940, S. 350. (Englische Passage durch analoge Passage des deutschen Originals ersetzt. – Anm. d. Hrsg.)

derer die Menschen in großer Zahl für die wirtschaftliche Produktion zusammenarbeiten können, indem sie einander zum Nutzen aller Beteiligten freiwillig Waren und Dienstleistungen zur Verfügung stellen, ohne dass eine Zwangsinstanz ihr Handeln diktiert und koordiniert.

Um die enormen Vorteile der Marktwirtschaft schätzen zu lernen, stelle Dir einmal vor, welche Auswirkungen es auf Dein Leben, Deine Überlebenschancen, Deine Zeit und deren Qualität hätte, wenn Du von der Welt isoliert oder in einem kleinen Stamm ohne Handel mit dem Rest der Menschheit lebtest. Die Auswahl der Dir zur Verfügung stehenden Waren wäre winzig, und Deine Möglichkeiten, Dich vor der Natur zu schützen, sehr begrenzt. Eine Spezialisierung, z. B. aufs Schweißen oder Malen, wäre unmöglich, weil Du Deine ganze Zeit damit zubrächtest, die einfachsten Arbeiten zu verrichten, um nicht zu verhungern oder zu erfrieren. Die Menschen fühlen sich von der Marktwirtschaft angezogen, weil sie ihren Teilnehmern im Gegensatz zu den hoffnungslosen, elenden Alternativen überzeugende und unübertroffene Vorteile bietet.

In einer Marktwirtschaft muss der Einzelne beim Produzieren nicht über seine eigenen Konsumbedürfnisse nachdenken. Zunehmende Spezialisierung und Arbeitsteilung ermöglichen es jedem Individuum, sich auf jene Produktionswege zu konzentrieren, die ihm den größten monetären Ertrag für seine Bemühungen bieten, was ihm dann die Maximierung der Güter erlaubt, die es für seine eigenen Bedürfnisse zu erwerben vermag. Anstatt Güter für sich selbst zu produzieren, spezialisiert sich ein Marktwirtschaftsmitglied darauf, die von ihm produzierten Güter bestmöglich anderen Menschen bereitzustellen, und ist seinerseits bei der Beschaffung der Güter, die es selbst braucht, auf andere Menschen angewiesen. Der profunde Beitrag des kapitalistischen Marktsystems besteht darin, die Menschen dazu zu bringen, sich auf das zu spezialisieren, was sie am besten können, und sich darauf zu konzentrieren, wie sie anderen einen Wert bieten können, anstatt sich auf das zu konzentrieren, was sie selbst schätzen. In einem kapitalistischen System entscheiden die Menschen sich dafür, anderen zu dienen, weil dies weitaus produktiver und effizienter ist, als in Isolation und ungeteilter Arbeit für sich selbst zu produzieren.

Das unterschätzte Wunder der Marktwirtschaft ist die Ermöglichung einer Zusammenarbeit zwischen Menschen, welche ohne Zwang, zentrale Steuerung oder soziale Bindungen auskommt. Was die Aktivitäten arbeitsteilender Produzenten koordiniert, ist deren Fähigkeit, ökonomische Kalkulationen zur idealen Nutzung ihrer Ressourcen anzustellen und dabei einen Nenner, nämlich Geldpreise, zu verwenden. Wächst eine Wirtschaft so stark, dass alle Wirtschaftsgüter auf einem Markt im Tausch gegen ein Gut gekauft und verkauft werden können, vermögen Wirtschaftsakteure die verschiedenen Kosten und Nutzen jeder Handlungsweise zu berechnen und anhand ihrer eigenen Präferenzen mit verfügbaren Alternativen zu vergleichen. Die Freiheit aller, ihre Präferenzen durch wirtschaftliche Handlungen zum Ausdruck zu bringen, gibt jedem den eigennützigen Anreiz, zur Befriedigung fremder Wünsche zu handeln. Weder Autorität noch Gewalt diktieren das Handeln der Menschen, sondern ihr Wunsch, die eigenen Bedürfnisse zu befriedigen, wozu sie auf der Grundlage von Preisen Berechnungen anstellen, welche die Präferenzen der anderen Marktteilnehmer zum Ausdruck bringen. Mises erklärte hierzu:

> „Markt und Geldrechnung fallen zusammen. Der Markt, auf dem nur im direkten Tausch umgesetzt wird, ist eine Fiktion des wissenschaftlichen Denkens, und Geldgebrauch und Geldrechnung sind an die Marktwirtschaft gebunden."[124]

124 Mises von, Ludwig. *Nationalökonomie: Theorie des Handelns und Wirtschaftens*. Genf, 1940, S. 227. (Englische Passage durch analoge Passage des deutschen Originals ersetzt. – Anm. d. Hrsg.)

Wenn der Marktpreis aller Güter anhand eines Gutes gemessen wird, können Individuen Preise sowohl mit anderen Preisen als auch ihren eigenen subjektiven Wertungen vergleichen und sowohl Konsum- als auch Produktionsentscheidungen treffen. Wert ist, wie im zweiten Kapitel dieses Buches erörtert, subjektiv. Er kann nicht objektiv gemessen werden, da es keine konstante Einheit gibt, anhand derer dies bewerkstelligt werden könnte. Wenn ein Individuum jedoch wirtschaftliche Entscheidungen auf einem Markt trifft, wägt es diese gegen seine subjektiven Wertvorstellungen ab. Diese Werte sind vielleicht nicht anhand einer konstanten Einheit messbar, aber mit einem konstanten Bezugsrahmen vergleichbar – und zwar dem jener Person, welche die Wertungen vornimmt. Die Kenntnis der eigenen Präferenzen ermöglicht es dem Menschen, verschiedene Wahlmöglichkeiten entlang einer Präferenzskala anzuordnen. Zwar können wir verschiedenen Möglichkeiten keine kardinalen numerischen Wertungen zuweisen, sie aber individuellen Präferenzen nach sortieren. In diesem Kapitel wird ein mathematisch-graphisches Modell erläutert, mit dessen Hilfe sich modellieren lässt, wie solche Entscheidungen im marktwirtschaftlichen Kontext getroffen werden.

Konsumgütermärkte

Wirtschaftsakteure erwerben Konsumgüter, um ihre Bedürfnisse und Wünsche zu befriedigen, wofür sie einen Geldpreis bezahlen. Der Einzelne führt ökonomische Berechnungen durch, um den Marktpreis von Gütern gegenüber der Wertung, die er ihnen beimisst, abzuwägen. Wenn sich die Preise ändern, ändert sich natürlich auch die Menge einer Ware, die er kaufen würde. Wertungen sind subjektiv und ordinal, nicht kardinal. Mit anderen Worten: Der Einzelne bewertet Waren, indem er sie im Verhältnis zu anderen

Waren rangordnet. Menschen bewerten Objekte nicht numerisch, sondern vergleichen ihren Nutzen und ordnen sie ihren Präferenzen gemäß, was sich in ihren Marktentscheidungen widerspiegelt.

Wir können uns das Zustandekommen dieser wirtschaftlichen Entscheidungen als die Konsequenz individuell generierter Wertskalen vorstellen, die eine Präferenz-Rangfolge von Gütern darstellen. Die Wertskala spiegelt die Wertung bestimmter Mengen eines beliebigen Gutes im Verhältnis zu Geldeinheiten wider.

Nehmen wir als Beispiel einen Mann, der über seinen täglichen Rindfleischbedarf reflektiert. Das erste Pfund täglich verzehrten Rindfleischs ist sehr wertvoll für ihn, und er wäre bereit, einen beträchtlichen Preis für es zu zahlen, da er ansonsten an Unterernährung und Hunger litte. In Anbetracht seines Einkommens, Wohlstands und seiner Vorliebe für Rindfleisch wäre er nicht bereit, 31 Euro für ein Pfund Rindfleisch zu zahlen. Aber er wäre bereit, 30 Euro für das erste Pfund Rindfleisch des Tages zu zahlen, was bedeutet, dass er das erste Pfund Rindfleisch höher schätzt als 30 Euro. Sobald er sich dieses Pfund gesichert hat, wird das zweite Pfund Rindfleisch etwas weniger wert für ihn, der ihm verbleibende Geldbetrag hingegen wertvoller, da er durch die Zahlung des ersten Pfundes Fleisch bereits geschrumpft ist. Zu diesem Zeitpunkt wäre der Mann bereit, bis zu 16 € für das zweite Pfund Rindfleisch zu zahlen, da er es etwas höher wertet als diesen Betrag. Die Kosten eines dritten Pfundes trüge er nur bei einem Preis von 12 oder weniger €. Das vierte Pfund Rindfleisch würde er nur für maximal 8 € kaufen. Sinkt der Preis, verlangt der Mann mehr Einheiten, und er würde bei einem vorherrschenden Marktpreis von 4 € pro Tag ein fünftes Pfund Rindfleisch verbrauchen. Bei einem Rindfleischpreis von 2 € wären es sechs und sieben bei einem Preis von 1 €. Bei einem Preis von 0 €, in einer Welt unbegrenzten Rindfleischangebots, konsumierte er lediglich 8 Pfund Rindfleisch pro Tag.

Auf der Grundlage dieser subjektiven Entscheidungen kann der Mann seine Wertungen verschiedener Rindfleisch- und Euromengen in eine ordinale Rangfolge bringen:

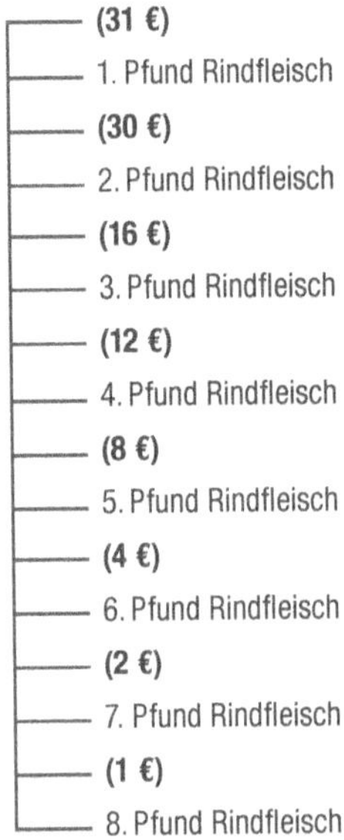

Abbildung 20. Ordinale Wertskala eines Konsumenten

Die ordinale Güterrangfolge ist ein konzeptionelles Instrument, das Ökonomen zum Verständnis des Kaufentscheidungen lenkenden Denkprozesses einsetzen. Die ordinale Wertskala kann als unbewusste Grundlage dieser Entscheidung verstanden werden, doch in der realen Welt wird der Käufer mit nur einem Preis konfrontiert, anhand dessen er über die zu kaufende Menge entscheidet. Wir können jeweils die Mengen ableiten, die er zu einem bestimmten Preis kaufen würde. Aus dieser ordinalen Gewichtung von Rindfleisch und Geldeinheiten lässt sich eine **Nachfragetabelle ableiten: Eine Tabelle, welche die auf jedem Preisniveau nachgefragte Menge angibt.**

Marktpreis in €	Nachgefragte Menge an Rindfleisch in Pfund
31 €	0
30 €	1
20 €	1
16 €	2
12 €	3
8 €	4
4 €	5
2 €	6
1 €	7
0 €	8

Tabelle 3. Nachfragetabelle

Diese Nachfragetabelle kann dann in grafischer Form dargestellt werden, um die auf jeder Stufe nachgefragten Mengen zu visualisieren. In den Wirtschaftswissenschaften ist es üblich, die Menge entlang der x-Achse und den Preis entlang der y-Achse abzubilden. Dies kann für jemanden, der aus den Naturwissenschaften kommt, kontraintuitiv erscheinen, da dort die abhängige Variable üblicherweise auf der y-Achse und die unabhängige auf der x-Achse liegt. Nichtsdestoweniger ist die nachgefragte Menge in der Ökonomik eine Funktion des Preises.

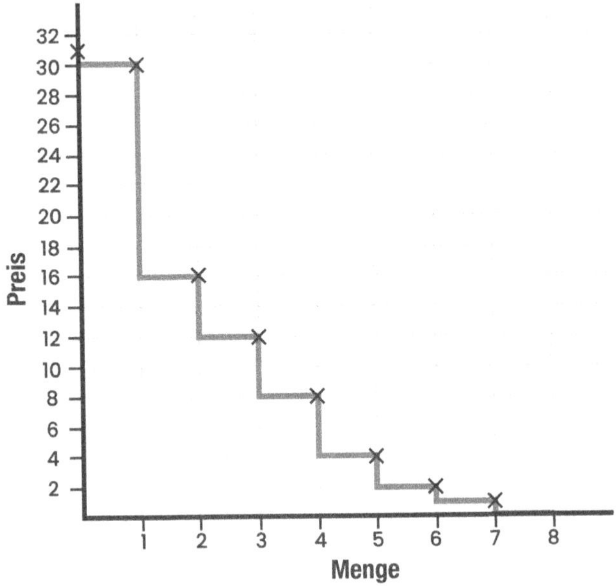

Abbildung 21. Nachfragekurve

Wie in Kapitel 2 erläutert, schätzen Individuen die erste Einheit eines Gutes höher ein als alle folgenden, wobei ihre Wertung mit jeder zusätzlich erworbenen Einheit weiter fällt. Andererseits führt die Ausgabe von Geld für gekaufte Einheiten dazu, dass das Guthaben des Käufers sinkt, wodurch der Grenznutzen seines Geldes steigt. Mit jeder zusätzlichen Einheit des Gutes sinkt der Grenzpreis, den der Käufer zu zahlen bereit wäre, was **das Gesetz der Nachfrage impliziert: Wenn der Preis steigt, nimmt die nachgefragte Menge ab. Nachfragekurven fallen oder verlaufen senkrecht, können aber nicht steigen, weil die nachgefragte Menge eines Gutes nicht steigen kann, wenn der Preis steigt.**

Diese Analyse wurde für eine Einzelperson durchgeführt, kann jedoch auf alle Personen eines Markt ausgedehnt werden. Addiert man die von jeder Person nachgefragte Menge auf jedem

Preisniveau, erhält man eine Kurve der Gesamtmarktnachfrage zu allen Preispunkten. Nehmen wir der Einfachheit halber an, dass dieser Markt aus 100 Verbrauchern besteht, deren Durchschnitt durch den oben genannten Verbraucher repräsentiert wird, so dass die nachgefragte Menge das Hundertfache der in seiner individuellen Nachfragetabelle angegebenen Werte beträgt. Weil die Zahlen anwachsen und individuelle Präferenzen leicht variieren, ergibt sich eine im Vergleich zur oben dargestellten Treppenfunktion der individuellen Nachfragekurve feinere Mengenverteilung.

Marktpreis in €	Nachgefragte Menge an Rindfleisch in Pfund
31 €	0
30 €	100
20 €	140
16 €	200
12 €	300
8 €	400
4 €	500
2 €	600
1 €	700
0 €	800

Tabelle 4. Marktnachfragetabelle

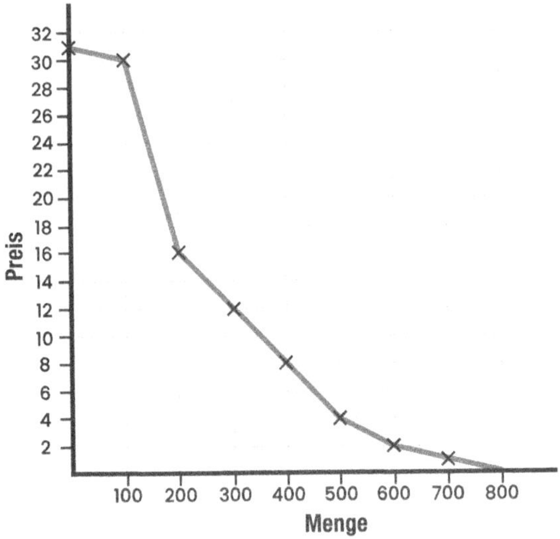

Abbildung 22. Marktnachfragekurve

Auf der Angebotsseite führen Produzenten ein ähnliches Gedankenkalkül mit den von ihnen verkauften Waren durch. Auch Produzentenpräferenzen können als Wertskala ausgedrückt werden, die zu einer ordinalen Einstufung von Güter- und Geldmengen führt. In einer Marktwirtschaft, in der Produzenten nicht für den eigenen Verbrauch sondern den Verkauf produzieren, sind Produktionskosten die wichtigste Determinante der ordinalen Produzentenwertskala. Je höher der Marktpreis ist, desto höher ist der aus dem Verkauf zu erwirtschaftende Gewinn und desto mehr Ressourcen können für die Produktion weiterer Einheiten des Endprodukts eingesetzt werden.

Ein Beispiel zur Veranschaulichung: Ein Fleischer verkauft Rindfleisch an die oben genannten Verbraucher. Bei einem Preis von 0 oder 1 € pro Pfund wird der Metzger kein Rindfleisch verkaufen, da der Preis die Kosten für die Bereitstellung des Rindfleischs nicht deckt, so dass der Metzger es vorzieht, es entweder für sich selbst zu behalten oder gar nicht erst zu schlachten. Erst bei einem Preis von 2 € pro Pfund ist der Metzger in der Lage, mit der Produktion zu beginnen. Zu diesem Preispunkt kann er mithilfe einer einfachen Grundausstattung 10 Pfund Rindfleisch liefern, indem er dieses von den nächstgelegenen Betrieben bezieht. Bei einem Preis von 3 € pro Pfund kann er einen Arbeiter einstellen und 30 Pfund produzieren. Wenn er mit einem Preis von 4 € pro Pfund Rindfleisch rechnen kann, vermag er einen weiteren Arbeiter einzustellen und 50 Pfund zu produzieren. Bei einem Preis von 5 € steigt seine Produktion auf 60 und bei 6 € auf 70 Pfund an, womit er seine Produktionsgrenze erreicht. Weitere Preiserhöhungen können seine Kapazität nicht über 70 Pfund Rindfleisch hinaus steigern.

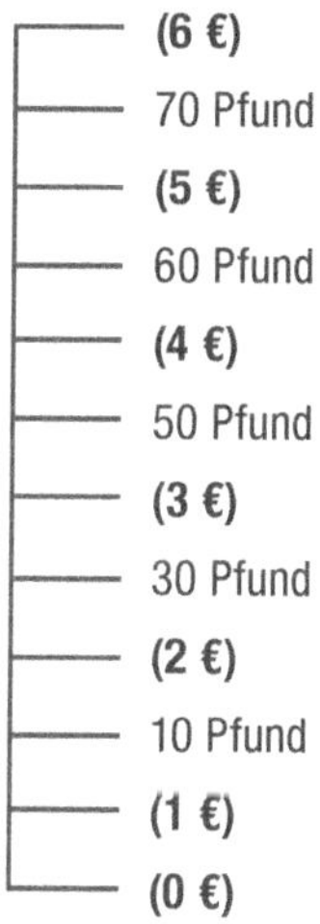

Abbildung 23. Ordinale Produzentenwertskala

Diese Wertskala kann in eine Angebotstabelle bzw. -kurve konvertiert werden; diese zeigen die vom Produzenten beim jeweiligen Preis bereitgestellten Mengen.

Marktpreis in €	Nachgefragte Menge an Rindfleisch in Pfund
7 €	70
6 €	70
5 €	60
4 €	50
3 €	30
2 €	10
1 €	0
0 €	0

Tabelle 5. Angebotstabelle eines Produzenten

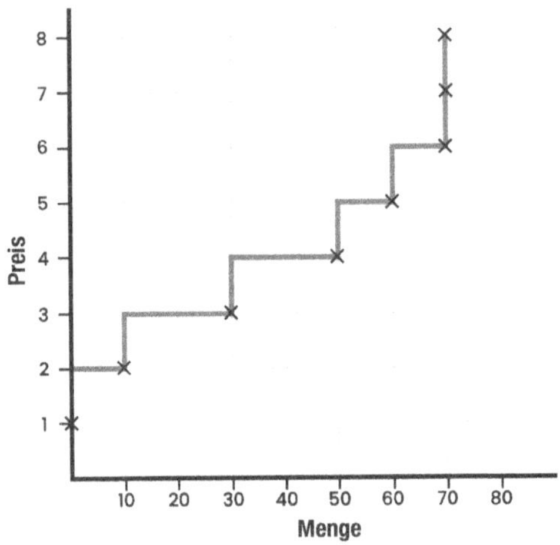

Abbildung 24. Angebotskurve eines Produzenten

Das Angebotsgesetz besagt, dass die Besitzer eines wirtschaftlichen Guts bei steigendem Preis eher bereit und in der Lage sind, größere Mengen zu verkaufen. Folglich haben Angebotskurven immer eine positive Steigung. Dies lässt sich anhand der Präferenz des Einzelnen für den Besitz von Gütern nachvollziehen, die in dem Maße abnimmt, in welchem der Preis, den er als Gegenleistung für seine Waren zu erhalten vermag, steigt. Auch lässt es sich aus der Perspektive von Produzenten nachvollziehen; steigende Preise erhöhen ihren Anreiz, mehr zu produzieren und ermöglichen größere Investitionen in die Sicherung von Rohstoffen und Arbeitskräften, was die Liefermengen erhöht.

Im Falle eines Gutes mit mehreren Produzenten können die Angebotstabellen und -kurven aller Produzenten zu einer Marktangebotskurve aggregiert werden. Die Marktangebotskurve zeigt, welche Mengen auf jedem gegebenen Preisniveau von allen Produzenten zusammen produziert würden. Nehmen wir für das folgende Beispiel an, es gäbe zehn Produzenten, deren Durchschnitt durch obiges Beispiel repräsentiert wird.

Marktpreis in €	Nachgefragte Menge an Rindfleisch in Pfund
7 €	700
6 €	700
5 €	600
4 €	500
3 €	300
2 €	100
1 €	0
0 €	0

Tabelle 6. Marktangebotstabelle

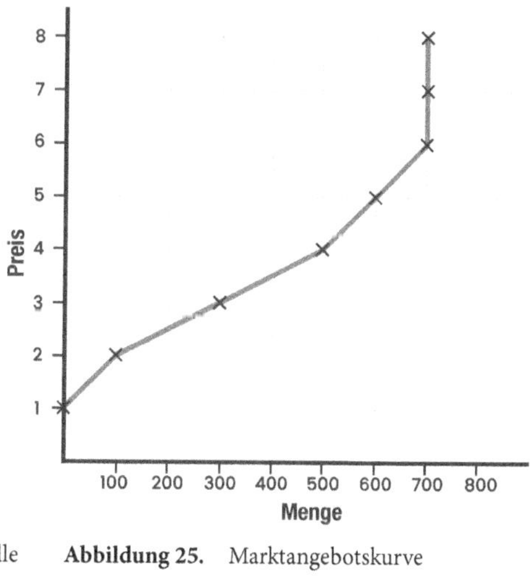

Abbildung 25. Marktangebotskurve

Gleichgewicht

Bei einem Preis von null ist die nachgefragte Menge sehr groß, die angebotene Menge hingegen wahrscheinlich ebenfalls null. Wenn der Preis von null ansteigt, nimmt die nachgefragte Menge ab, während das Angebot steigt. Es gibt höchstens einen Preispunkt, an welchem die nachgefragten und die angebotenen Mengen gleich sind – er wird als **Gleichgewichtspreis** bezeichnet. Dieser Preis wirkt auf Käufer und Verkäufer wie ein Magnet, der sie dazu anreizt, stets in seiner Nähe zu handeln.

Werden die Preise über dem Gleichgewichtspreis angesetzt, bieten die Verkäufer eine größere Menge des Gutes an, als dessen Käufer nachfragen, was zu einem **Überangebot** führt. Die Verkäufer würden ihren Preis dann natürlich senken wollen, um mehr Kunden zum Kauf ihrer überschüssigen Ware zu ermutigen, wodurch der Preis auf den Gleichgewichtspreis fiele. Lägen die Preise hingegen unter diesem, würden die Verbraucher eine das Angebot übersteigende Menge nachfragen, was zu **einer Knappheit des Gutes** führte, welche die Verkäufer zur Erhöhung ihrer Preise veranlassen müsste, um das Angebot zu rationieren und ihre Gewinne zu maximieren. Sie könnten ihre Preise bis zur Erreichung des Gleichgewichtspreises erhöhen; ab diesem Punkt führte jede weitere Preiserhöhung zu fallenden Käuferzahlen und einem Überangebot. Die Dynamiken des Marktes bewegen Preise stets auf den Gleichgewichtspreis zu.

Wir können das Marktgleichgewicht des vorigen Beispiels ausmachen, indem wir die Angebots- und Nachfragekurven in einem Diagramm übereinanderlegen. Da die Nachfragekurve abwärts verläuft, während die Angebotskurve steigt, können sich die beiden Kurven, wenn überhaupt, nur in einem Punkt schneiden. Auf diesem Markt würden die zehn Rindfleischproduzenten 500 Pfund Rindfleisch produzieren und zu einem Preis von 4 € verkaufen, und die 100 Verbraucher würden diese Menge zu einem Preis von 4 € restlos aufkaufen. Es gäbe keinerlei Überschüsse oder Knappheiten. Ändern sich bestimmte Wertskalen, werden sich die Angebots- und Nachfragekurven entsprechend anpassen, und das Gleichgewicht sich verschieben – doch es wird Käufer und Verkäufer weiterhin anziehen.

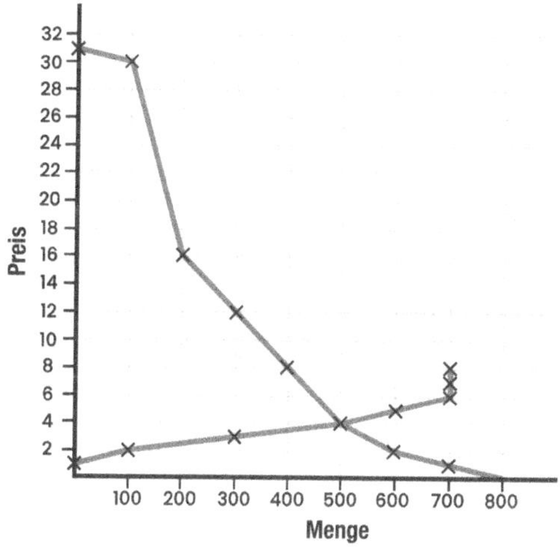

Abbildung 26. Marktgleichgewicht

Alle Marktteilnehmer handeln zum eigenen Vorteil. Sie nehmen freiwillig an diesen Transaktionen teil, weil sie von ihnen zu profitieren erwarten. Welche Transaktionen sie wählen, richtet sich danach, welche Angebote ihnen als die besten erscheinen. Das Konzept des Gleichgewichts zeigt uns, wie freiwillige Marktinteraktionen ohne Vorschriften oder den Eingriff einer Zwangsgewalt zu Preisen führen. Es ist jedoch produktiver, Märkte nicht als eine Menge rigider Gleichgewichtspreise aller Güter sondern als Gleichgewichtsprozesse zu betrachten. Die Sphäre menschlichen Handelns ist in ständigem Wandel begriffen; Angebot und Nachfrage unterliegen dem fortwährenden Einfluss vieler Faktoren. Ändern sich diese

Bedingungen, wandeln sich auch die Gegebenheiten des Marktes. Ein Gleichgewicht ist also kein endgültiger Zustand, den Märkte erreichen. Märkte sind vielmehr ständige Entdeckungsprozesse, innerhalb derer sich die Angebots- und Nachfragebedingungen stets auf die Preise zubewegen, die allen beteiligten Akteuren den größten Nutzen bringen.

Preisänderungen führen zu einer Änderung der von Individuen nachgefragten Menge, die sich grafisch als Bewegung entlang ihrer Nachfragekurven ausdrückt. Änderungen anderer Nachfragefaktoren führen hingegen zu einer Neuformulierung des Preis-Nachfrage-Verhältnisses mit neuen Preis-Mengen-Paaren und somit zu einer Verschiebung der gesamten Nachfragekurve. Zu den Faktoren, die eine Verschiebung der Nachfragekurve bewirken können, gehören veränderte Präferenzen, Einkommen und Vermögen oder Preise anderer Waren und Dienstleistungen. Steigen Einkommen oder Vermögen der Käufer, werden sie wahrscheinlich mehr der meisten Güter nachfragen und deren Nachfragekurven sich deshalb nach rechts verschieben, wodurch die auf allen Preisniveaus nachgefragten Mengen steigen. Im Falle minderwertiger Güter hat ein Anstieg der Einkommen oder Vermögen jedoch den gegenteiligen Effekt: Die nachgefragte Menge sinkt für alle Preisniveaus und die Nachfragekurve verschiebt sich nach links, da sich die Menschen bessere Alternativen leisten können. Bohnen sind ein Beispiel für ein solches minderwertiges Gut: Wenn die weltweiten Einkommen steigen, werden die Menschen wahrscheinlich weniger Bohnen, dafür aber mehr Rindfleisch nachfragen.

Die Nachfragekurve eines Gutes kann auch durch Preisänderungen anderer Güter beeinflusst werden. Ein Anstieg des Preises eines Gutes führt zu einem Rückgang der Nachfrage nach ihm und bewirkt, dass die nachgefragte Menge eines komplementären Gutes über alle Preispunkte hinweg sinkt, wodurch sich seine Nachfragekurve nach links verschiebt. Sinkt der Preis desselben Gutes, so steigt die Nachfrage nach ihm, während die nachgefragte Menge des Komplementärgutes auf allen Preisniveaus steigt und sich dessen Nachfragekurve nach rechts verschiebt. Das Gegenteil ist der Fall, wenn es sich bei dem Gut um ein Substitutionsgut handelt.

Neben dem Preis wird das Marktangebot auch von den Produktionskosten und den Preisen verwandter, mit denselben Produktionsfaktoren herstellbarer Produkte beeinflusst. Wenn die Produktionskosten der Produzenten steigen, können sie auf jedem Preisniveau nur noch geringere Mengen ihres Produkts anbieten, wodurch sich die Angebotskurve nach links verschiebt. Auch wenn der Produzent feststellt, dass er bessere Erträge zu erzielen vermag, wenn er seine Produktionsfaktoren auf die Produktion eines anderen Gutes verlagert, dessen Preis steigt, verschiebt sich die Angebotskurve des ursprünglichen Gutes nach links, wodurch sich die Angebotsmenge auf allen Preisstufen verringert.

Dieser grafische Zugang veranschaulicht, wie ein freier Markt auf Veränderungen der Angebots- und Nachfragebedingungen im Laufe der Zeit reagieren würde. In Branchen, in denen technologische Innovationen es den Herstellern ermöglichen, immer größere Mengen eines Gutes zu einem bestimmten Preis zu produzieren, führt diese Dynamik zu einer Verschiebung der Marktangebotskurve nach rechts. Die Folge dieser Verschiebung ist, dass der Gleichgewichtspreis sinkt und die verkaufte Menge steigt. Dieser Trend ist in der Hochtechnologie-Industrie zu beobachten, in der aufgrund von Produktivitätssteigerungen und technologischer Innovation die Preise ständig sinken, während die ausgestoßenen Mengen ständig anwachsen.

Graphisch kann dies durch eine Verschiebung von S1 auf S2 in Abbildung 27 dargestellt werden.

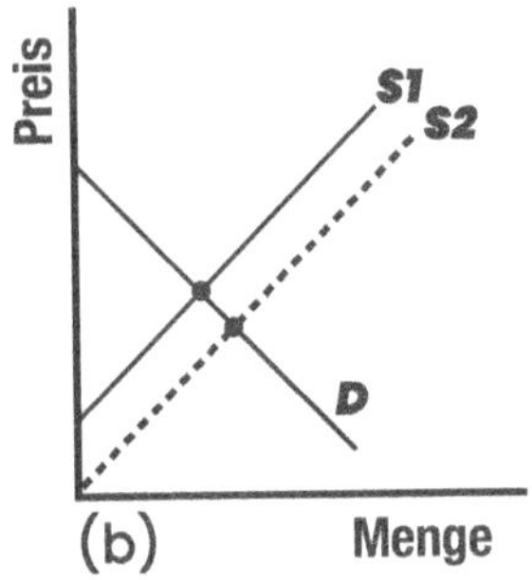

Abbildung 27. Verschiebungen der Angebotskurve

Im umgekehrten Fall, d. h. wenn sich ein Problem in der Versorgungskette negativ auf die Produktion des Gutes auswirken würde, könnten die Produzenten bei einem gegebenen Preisniveau nur noch eine verminderte Menge des Gutes anbieten, wodurch sich die Angebotskurve nach links verschöbe. In dieser Situation würde sich das neue Gleichgewicht bei einem höheren Preis und einer geringeren Menge einpendeln. Ein extremes Beispiel hierfür wäre eine Naturkatastrophe, bei der die verfügbaren Mengen eines Gutes enorm zurückgehen, während die Preise steigen. Dies wird in Abbildung 27 durch die Verschiebung von S2 nach S1 grafisch veranschaulicht. Wir können dieselbe Analyse auf die Verschiebung der Nachfragekurve anwenden. Faktoren, die zu einem Anstieg der Verbrauchernachfrage bei allen Preisen führen, wie z. B. eine erhöhte Präferenz der Verbraucher für das Gut bei allen Preisen oder ein Anstieg der Preise von Substitutionsgütern oder ein Rückgang der Preise von Komplementärgütern, würden eine Verschiebung der Nachfragekurve nach rechts bewirken, die in Abbildung 28 grafisch durch den Übergang von Kurve D1 zu Kurve D2 dargestellt ist. Ein Rückgang der Verbrauchernachfrage nach dem Gut zu allen

Preisen oder ein Anstieg des Preises von Komplementärgütern oder ein Rückgang des Preises eines Substitutionsgutes verschöbe die Nachfragekurve nach links. Grafisch wird dies durch den Übergang von Kurve D2 zu D1 in Abbildung 28 dargestellt.

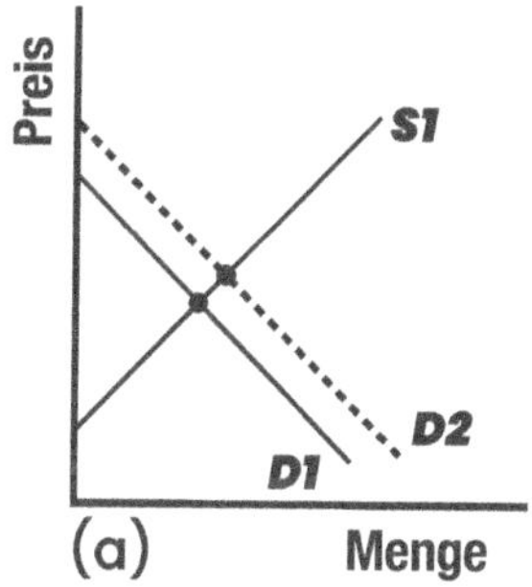

Abbildung 28. Verschiebungen der Nachfragekurve

Produktionsgutmärkte

Bei ihren Produktionsentscheidungen orientieren sich auch Produzenten an dem Nutzen, den ihnen verschiedene Handlungsmöglichkeiten bieten. Der Unterschied zwischen der Konsumentensouveränität und der Produzentensouveränität liegt darin, dass der Produzent aus den von ihm eingesetzten Faktoren keinen persönlichen Nutzen zieht, sondern sie lediglich einsetzt, um den monetären Gewinn zu maximieren, den er aus seinem Geschäft erzielen kann. Konsumentensouveränität bedeutet, dass der Produzent alle seine Geschäftsentscheidungen an den Wünschen und Bedürfnissen der Konsumenten ausrichtet. Der Produktionsprozess besteht in der Umwandlung von Produktionsfaktoren in fertige Waren und Dienstleistungen, die an Verbraucher verkauft werden. Die Menge jedes eingesetzten Produktionsfaktors wird bestimmt, indem man seine Kosten mit den Erträgen vergleicht, die er zur

Geschäftstätigkeit beiträgt, also mit der Gewinnspanne. Jede zusätzliche Einheit an Arbeit oder Kapital, die in der Produktion eingesetzt wird, führt zu einem marginalen Anstieg der produzierten Menge an finalen Gütern. Die Arbeitgeber werden so lange Produktionsfaktoren aufwenden, wie der erwartete Grenzerlös des eingesetzten Faktors die Kosten für seinen Einsatz übersteigt. Die Preise dieser Produktionsfaktoren werden wiederum dadurch bestimmt, wie gut sie die Verbrauchernachfrage befriedigen. Wird erwartet, dass die Einstellung eines zusätzlichen Arbeiters für einen Tag einem Unternehmen zusätzliche Einnahmen in Höhe von 10 Euro bringt, so wird dieses Unternehmen nur dann einen zusätzlichen Arbeiter einstellen, wenn dessen Lohnnachfrage unterhalb von 10 Euro liegt. Wenn ein Unternehmer erwägt, eine Maschine zu kaufen, die 1.000 Euro kostet, wird er sie nur kaufen, wenn das erwartete abgezinste Grenzprodukt, das sie über ihre Lebensdauer hinweg produziert, größer als 1.000 Euro ist. Letztlich ist es also die Bewertung der Endprodukte durch die Verbraucher, die Produktionsfaktoren ihren Wert verleiht. Die Aufgabe des Unternehmers besteht darin, Einschätzungen über die künftigen Wünsche der Verbraucher zu treffen, in Produktionsfaktoren zu investieren, bevor die Produktion stattgefunden hat, und das Risiko einzugehen, dass er sich in Bezug auf den Wert, den die Verbraucher seinen Produkten nach deren Produktion beimessen, irrt. Es ist sinnlos, sich über Löhne oder Kapitalrenditen zu beschweren. Sie sind wichtige Signale des Marktes, die dem Einzelnen sagen, wie wertvoll seine Arbeit, sein Land und sein Kapital sind. Unternehmer können Löhne nicht einfach im Alleingang festlegen; sie sind den subjektiven Wertungen der Verbraucher unterworfen. Entscheidet sich ein Unternehmer, zu hohe Löhne zu zahlen, verliert er seine Profitabilität und wird von Unternehmern ersetzt, die einen angemesseneren Preis zahlen. Entscheidet sich der Unternehmer, einen niedrigeren Lohn zu zahlen, wird er seine Arbeitskräfte an andere verlieren, die bereit sind, einen höheren zu bezahlen. Um als Unternehmer in einer bestimmten Branche bestehen zu können, hat der Unternehmer keine andere Wahl, als die Arbeitnehmer für ihre Grenzproduktivität zu bezahlen. In einem System der freien Marktwirtschaft können Kapitalisten und Unternehmer die Arbeitnehmer nicht unterdrücken, weil die Arbeitnehmer die Freiheit haben, das Unternehmen zu verlassen und woanders zu arbeiten, und weil die Verbraucher die Freiheit haben, ihre Produkte woanders zu kaufen. Nur durch eine sorgfältige und korrekte Gratwanderung zwischen Arbeitnehmern und Verbrauchern können Unternehmer im Geschäft bleiben.

Das Wirtschaften in einer Marktordnung

Wir können uns das Marktsystem als den größeren Rahmen vorstellen, innerhalb dessen sich all die zuvor erörterten wirtschaftlichen Verhaltensweisen am produktivsten praktizieren lassen. Arbeit, Kapital, Technologie, Macht, Handel und Geld sind allesamt Werkzeuge, die im Kontext freien und unpersönlichen Marktaustauschs weitaus produktiver als sonst eingesetzt werden können. Die Marktwirtschaft erhöhte die Reallöhne von Arbeitnehmern unablässig, weil sie ständig neue Wege findet, den Wert menschlicher Zeit zu steigern, indem sie diese produktivstmöglich zur Befriedigung der Bedürfnisse anderer Menschen einsetzt.

Marktteilnehmer teilen sich gegenseitig ihre wechselnden Präferenzen und Bedingungen mit, indem sie zu bestimmten Preisen kaufen oder es nicht tun. Dieser Prozess der gegenseitigen Zusammenarbeit ermöglicht es allen Marktteilnehmern, in ihrem Eigeninteresse zu handeln und ihre Handlungen zugleich zum wechselseitigen Nutzen zu koordinieren. Alle Verbraucherpräferenzen werden anderen Marktteilnehmern in Form von Entscheidung, zu einem bestimmten Preis zu kaufen oder nicht zu kaufen, mitgeteilt, wodurch Produzenten wertvolle Informationen erhalten, auf die sie ihre Produktionsentscheidungen stützen können. Mises formuliert dies folgendermaßen:

> „Der Marktprozess ist die Anpassung individueller Handlungen der verschiedenen Mitglieder einer Marktgesellschaft an die Anforderungen gegenseitiger Zusammenarbeit. Marktpreise kommunizieren Produzenten, was sie wie und in welcher Menge produzieren sollten. Der Markt ist der Brennpunkt, auf welchen die Handlungen dieser Individuen konvergieren."[125]

Des Weiteren fügt er hinzu:

> „In der Natur herrschen unüberbrückbare Interessenkonflikte. Überlebensressourcen sind knapp. Die Fortpflanzung tendiert dazu, Lebensgrundlagen zu übersteigen. Nur die bestangepassten Pflanzen und Tiere überdauern. Der Antagonismus zwischen einem verhungernden und einem ihm die Nahrung streitig machenden Tier ist unerbittlich. Soziale Zusammenarbeit im Rahmen der Arbeitsteilung hebt derartige Antagonismen auf. Sie ersetzt Feindschaft durch Partnerschaft und Gegenseitigkeit. Die Gesellschaftsmitglieder vereinen sich in einem gemeinsamen Unterfangen."[126]

Verbrauchersouveränität

Die sorgfältige Analyse des Marktprozesses verdeutlicht, warum in einem freien Markt der Verbraucher König ist. Der Einzelne ist in einer Marktwirtschaft in seiner Eigenschaft als Verbraucher

---

125 Mises, Ludwig von. *Human Action: The Scholar's Edition.* Ludwig von Mises Institute, 1998, S. 259. (eig. Übers. – Anm. d. Hrsg.)

126 Ebd. S. 273f.

souverän, da Produzenten ihn nicht zum Kauf ihrer Waren zwingen sondern nur bewegen können, und zwar indem sie Waren herstellen, die den Bedürfnissen und Wünschen der Verbraucher entsprechen, und sie zu einem Preis anbieten, den diese sich leisten können. Produzenten investieren ihre Kapitalressourcen in den Produktionsprozess und sind zur Rechtfertigung dieser Investition auf das Interesse der Verbraucher angewiesen. Produzenten sind nicht in der Lage, Verbrauchern Bedingungen zu diktieren oder sie auszubeuten, da letztere Wahlfreiheit genießen. Mises erklärt in Bezug auf Produzenten:

> „[S]ie selbst müssen dort einkaufen, wo sie die für die Befriedigung der Wünsche der Verbraucher benötigten Güter höherer Ordnung am billigsten erstehen können. Würden sie nicht die billigsten Einkaufsquellen ausnützen, würden sie nicht so verfahren, dass sie die Güter höherer Ordnung so zweckmassig als möglich zur Herstellung der Güter erster Ordnung verwenden, dann waren sie nicht fähig, die Wünsche der Verbraucher zu den niedrigsten Preisen zu befriedigen ; tüchtigere Unternehmer, die besser einzukaufen und besser zu verarbeiten verstehen, würden sie aus dem Markte drangen. Der Verbraucher mag als Käufer seinen Launen und Liebhabereien folgen ; der Unternehmer darf für seine Unternehmung nur so einkaufen, wie es die zweckmassigste Befriedigung der Wünsche der Verbraucher verlangt. Jede Abweichung von dieser ihm durch die Verbraucher vorgeschriebenen Linie geht zu seinen Lasten, mindert seinen Gewinn oder zehrt ihn ganz auf, schwächt damit seinen Vermögensstand, bringt ihm Verlust und gefährdet seine Unternehmerstellung. Das ist die vielberufene Harte des alles in Heller und Pfennig berechnenden Unternehmers. Er übt sie im Auftrage des Verbrauchers, der nicht bereit ist, den ihm dienenden Unternehmern mehr zu vergüten, wenn sie überflüssige Ausgaben gemacht haben. Das, was man

im Sprachgebrauch des Alltags Wirtschaftlichkeit nennt, wird von den Verbrauchern durch ihr Verhalten auf dem Markte dem Handeln der Unternehmer und ihrer Gehilfen als Gesetz vorgeschrieben." [sic][127]

Mises vergleicht die Marktmacht der Verbraucher mit dem demokratischen Prozess und zeigt dabei ihre Überlegenheit anhand des Umstandes auf, dass sie die Bedürfnisse aller, die Demokratie jedoch nur die der siegreichen Mehrheit befriedigt:

„Mit jedem Groschen, den sie ausgeben, beeinflussen sie Richtung, Umfang und Art der Produktion und der Absatzorganisation. Man hat diese Gestaltung der Dinge mit der politischen Demokratie verglichen und davon gesprochen, dass der Markt eine Demokratie bilde, bei der jeder Pfennig einen Stimmzettel darstelle. Die demokratische Wahlordnung mag eher als ein unzulänglicher Versuch angesehen werden, im politischen Leben die Marktverfassung nachzubilden. Auf dem Markt geht keine Stimme verloren. *Jeder* verausgabte Betrag, er mag noch so klein sein, übt seine Wirkung auf die Produktion. Die Entscheidung des Verbrauchers setzt sich mit dem ganzen Gewicht, das er ihr durch die Aufwendung des Geldbetrages gibt, bis in die entferntesten Bezirke des gesellschaftlichen Produktionsapparates durch. Niemand vermag sich diesem Einfluss zu entziehen."[128]

Kontrastierende Ansätze

Der Drang, Preise per Dekret festzulegen, ist so alt wie Regierungen selbst und hat zu einer Reihe furchtbarer und vorhersehbarer

127 Mises von, Ludwig. *Nationalökonomie: Theorie des Handelns und Wirtschaftens*. Genf, 1940, S. 259f. (Englische Passage durch analoge Passage des deutschen Originals ersetzt. – Anm. d. Hrsg.)
128 Ebd. S. 260. (Englische Passage durch analoge Passage des deutschen Originals ersetzt. – Anm. d. Hrsg.)

Konsequenzen geführt.[129] Doch die vielen und verschiedenen vergeblichen Versuche von Zentralregierungen, Preise festzulegen, hatten auch eine positive Folge: Sie brachten viele Menschen dazu, die Ökonomie als ein Produkt menschlichen Handelns zu verstehen, auch wenn sie sich vielleicht nicht exakt in diesen Mises'schen Begriffen ausdrücken würden. Indem wir die Analyse des Politikers, der eine Preiskontrolle durchsetzt, jener eines Ökonomen gegenüberstellen, können wir die Überlegenheit der ökonomischen Denkweise eindrücklich demonstrieren.

Der mit einem Marktpreis unzufriedene Politiker betrachtet ersteren als etwas Willkürliches, das er festlegen kann. Er denkt nicht ökonomisch, weil er Preise nicht als das Ergebnis menschlichen Handelns betrachtet, das menschliche Wahlen widerspiegelt. Er ignoriert das Element individueller und persönlicher Entscheidungen, das bei der Festlegung von Preisen eine Rolle spielt, und konzentriert sich stattdessen auf die politischen und sozialen Auswirkungen besagter Preise. Er vergleicht die aktuelle Realität mit einer hypothetischen, in welcher der Preis niedriger und die konsumierte Menge höher ist, während alles andere gleich bleibt.

Die meisten politischen Führer gelangen nicht aufgrund ihres Verständnisses der Wirtschaft in ihre Positionen. Ein ökonomisches Verständnis ist in der Politik wahrscheinlich eher ein erhebliches Hindernis. Politiker betrachten die Preise wirtschaftlicher Güter und Dienstleistungen lediglich als Maßstab ihrer Erschwinglichkeit, und wissen, dass die Bevölkerung umso glücklicher wird, je niedriger die Preise ausfallen. Ohne Preise als Ergebnis menschlichen Handelns in Reaktion auf wirtschaftliche Realitäten zu verstehen, glaubt der Politiker, sie zur Erreichung seiner Ziele steuern zu können, und erlässt daher Gesetze zur Deckelung bestimmter Güterpreise. Dieser fehlerhafte Gedankengang beruht auf der Annahme,

129 Schuettinger, Robert L., and Eamonn F. Butler. *Forty Centuries of Wage and Price Controls: How Not to Fight Inflation*. Heritage Foundation, 1978.

dass Käufer und Verkäufer keine andere Wahl haben, als zu diesen Preisen zu kaufen und zu verkaufen.

Sollte der politische Führer einen Ökonomen zu Rate ziehen, wird er wahrscheinlich quantitativen Wirtschaftswissenschaftlern den Vorzug geben, da sie eine scheinbar stichhaltige Begründung für diese Art der Politik liefern können. Ein quantitativer Wirtschaftswissenschaftler kann die Auswirkungen von Preisen auf die Wirtschaftstätigkeit mathematisch modellieren und eine theoretische quantitative Beziehung zwischen dem Preis einer Ware, dem gesamtwirtschaftlichen Ausgabenniveau und dem Wirtschaftswachstum herstellen. Es ist möglich, auf der Grundlage realer Daten kausale Mechanismen zu unterstellen, in deren Rahmen die Senkung des Preises eines wichtigen Gutes zu einer Erhöhung des Lebensstandards eines großen Teils der Bevölkerung führt, was wiederum in vermehrten Ersparnissen sowie Investitionen und einem schnelleren Wirtschaftswachstum resultiert. Durch die mit unüberprüfbaren Kausalitätsannahmen gepaarte quantitative Erfassung entsprechender Größen kann der quantitative Wirtschaftswissenschaftler der Regierung eine scheinbar wissenschaftliche Formel zur Verbesserung der Wirtschaftslage liefern, sollten wichtige Preise per Gesetz vorgeschrieben werden. Ohne konstante Maßeinheit können diese Gleichungen jedoch nicht akkurat ausfallen, weshalb sich so jedes gewünschte Ergebnis arrangieren lässt.

Aus der Sicht eines tatsächlichen Ökonomen ist ein Preis aber mehr als nur ein Maß für die Erschwinglichkeit eines Gutes. Er ist ein Produkt freiwilliger menschlicher Handlungen und Entscheidungen sowie die Lösung eines Kalkulationsproblems von sowohl Produzenten als auch Verbrauchern. Sollte die Regierung einen anderen Preis für das Gut vorschreiben, besteht keine Garantie dafür, dass die beteiligten Individuen auch unter dieser neuen Bedingung dieselben Handlungen ausführen würden oder sich gegenseitig auf dieselbe Weise zufrieden stellen könnten.

Preise sind keine willkürlichen Zahlen, die von Händlern festgelegt werden, sondern kommen durch ein komplexes Zusammenspiel von Menschen zustande, die agieren und so Angebot und Nachfrage des Marktes beeinflussen. Eine Markttransaktion, die zu einem bestimmten Preis stattfindet, bedeutet, dass sowohl der Käufer als auch der Verkäufer sich für diesen Preis entschieden haben. Beide hätten natürlich andere Preise bevorzugt, der Käufer einen niedrigeren und der Verkäufer einen höheren, doch der tatsächliche Preis war eindeutig für beide akzeptabel, da sie miteinander ins Geschäft kamen. Würde ein Politiker eingreifen und eine Preisänderung per Gesetz erzwingen, gäbe es keinen Grund zu der Annahme, dass Käufer und Verkäufer noch immer die gleichen Entscheidungen träfen. Und aus der Sicht eines Ökonomen wäre ein solches Gesetz weitaus destruktiver als die Preise, die sich auf dem Markt herausgebildet hatten, ganz gleich, wie unangenehm sie politischen Führern gewesen sein mögen.

Ein Marktpreis sagt uns, dass der Verkäufer das entsprechende Gut gerne zu diesem Preis verkauft und der Käufer es gerne erwirbt. Sollten sich die Käufer weigern, dieses Gut zu diesem Preis zu kaufen, müsste der Hersteller seinen Preis senken. Sollte er nicht in der Lage sein, seinen Preis der Wertung der Käufer entsprechend zu senken, wird das Gut nicht produziert. Soll ein Unternehmen ein bestimmtes Gut verkaufen, muss der Preis den Produzenten für alle Kosten und Opportunitätskosten entschädigen, die bei der Bereitstellung des Produkts anfallen. Wenn durch Preiskontrollen ein Höchstpreis für ein Gut festgelegt wird, der unter den Selbstkosten des Produzenten liegt, wird der Produzent einfach aufhören, das Gut zu verkaufen, was zu Engpässen führt.

Da Produzenten eigennützige Menschen sind, werden sie ein Gut nicht zu einem Preis verkaufen, der ihre Gesamtproduktionskosten nicht zu decken vermag. Eher würden sie ihr Geschäft aufgeben und zu Hause bleiben, als in einem Unternehmen zu arbeiten, das sie Geld kostet. Der Versuch, niedrigere Preise vorzuschreiben, führt also lediglich dazu, dass der menschliche Anreiz, ein Gut zu produzieren, zunichtegemacht wird, was zu höheren Preisen und einem noch geringeren Angebot führt. Die weitere unvermeidliche Folge von Preiskontrollen ist das Entstehen von Schwarzmärkten, auf denen Verkäufer und Käufer ohne Regierungsaufsicht zu Preisen handeln können, die für beide akzeptabel sind.

KAPITEL 12:

Kapitalismus

> „Wenn uns die historische Erfahrung etwas zu lehren vermag, dann, dass das Privateigentum untrennbar mit Zivilisation verbunden ist."[130]
>
> – Ludwig von Mises

Eine Marktwirtschaft ist, wie im vorangegangenen Kapitel erläutert, eine Gesellschaftsordnung, deren Mitglieder im Eigeninteresse zum Nutzen aller Beteiligten wirtschaftlich handeln. Alle Methoden individuellen Wirtschaftens, Arbeitens, Kapitalakkumulierens, Handelns, technologischen Innovierens, und der modernen Energieerzeugung werden von diesen Individuen freiwillig ausgeführt, indem sie monetäre Mittel dazu einsetzen, die Reichweite ihrer Produktion auszudehnen und ihre materielle Bedürfnisbefriedigung deutlich über das hinaus zu steigern, was sie alleine erreichen könnten. Diese erweiterte monetäre Marktwirtschaft ermöglicht die Entstehung des Kapitalismus, also des Systems privaten

130 Mises, Ludwig von. *Human Action: The Scholar's Edition*. Ludwig von Mises Institute, 1998, S. 264.

Eigentums an Kapitalgütern, in welchem der Einzelne Kapital frei kaufen sowie verkaufen und entscheiden kann, wie er es einsetzt, wobei er die Früchte einer produktiven Nutzung erntet und die Verluste einer unproduktiven Nutzung trägt.

In *The End of Socialism and the Calculation Debate Revisited* (z. Dt. Das Ende des Sozialismus und die Wiederaufnahme der Debatte über die Wirtschaftsrechnung im Sozialismus) beschreibt Rothbard die Kriterien, die Mises zufolge eine Marktwirtschaft ausmachen:

> „Einmal, während eines Seminars von Mises an der New York University, fragte ich ihn, ob er angesichts des breiten Spektrums von Volkswirtschaften, das von einer vollkommen freien Marktwirtschaft bis hin zu glattem Totalitarismus reicht, ein einziges Kriterium nennen könne, anhand dessen er sagen könne, ob eine Volkswirtschaft im Wesentlichen ‚sozialistisch' oder eine Marktwirtschaft sei. Zu meiner Überraschung antwortete er bereitwillig: ‚Ja, der Schlüssel ist, ob die Wirtschaft einen Aktienmarkt hat.' Das heißt, ob die Wirtschaft über einen umfassenden Markt für Eigentumsrechte an Land und Kapitalgütern verfügt. Kurz gesagt: Wird die Allokation des Kapitals im Wesentlichen von der Regierung oder von Privateigentümern bestimmt?"[131]

Für Mises und die Österreicher stellt das Vorhandensein eines Aktienmarktes einen effektiven Lackmustest des Kapitalismus dar, weil er das untrügliche Zeichen eines freien, allen Gesellschaftsmitgliedern offenstehenden Produktionsgütermarktes ist und die Zuteilung von Kapital an diejenigen ermöglicht, die es am produktivsten einsetzen. An der Börse gehandelte Unternehmen werden einen beträchtlichen Teil des produktiven Kapitals einer Gesellschaft besitzen, das damit jedem zum Kauf oder Verkauf nach eigenem

131 Rothbard, Murray. „The End of Socialism and the Calculation Debate Revisited." *The Review of Austrian Economics*, Bd. 5, Nr. 2, 1991, S. 59.

Ermessen verfügbar ist. Jeder, der glaubt, Kapitalgüter produktiver als ihr Besitzer nutzen zu können, kann sie erstehen, indem er den üblichen Aktienpreis bezahlt. Jeder kann seine eigenen Ersparnisse einem Produktionsprozess zufließen lassen, von dem er sich größere Vorteile als vom Halten baren Geldes erhofft. Diejenigen, denen es gelingt, ihr Kapital produktiv einzusetzen, profitieren davon, indem sie Gewinne erwirtschaften, die ihnen die Möglichkeit geben, über wachsende Kapitalressourcen zu verfügen. Diejenigen, die ihre Kapitalressourcen unproduktiv einsetzen, erleiden Verluste, die den Besitz von Kapital zu einem unhaltbaren und teuren Fehler machen und sie ermutigen, ihre Kapitalressourcen an Käufer zu veräußern, die bereit sind, einen höheren Preis zu zahlen, weil sie erwarten, diese Ressourcen produktiver einzusetzen. Beim Vorhandensein eines Aktien- und eines freien Kapitalmarkts gibt es keine Schutzmechanismen für Kapitaleigentümer, die ihre Kapitalgüter missbrauchen. Sie werden entweder an diejenigen verkaufen, die sie besser nutzen, oder fortgesetzt Verluste anhäufen, bis ihre gesamte Kapitalbasis aufgebraucht ist. So oder so ist das Kapital immer Teil eines Verlagerungsprozesses in produktivere und fähigere Hände. In einem freien marktwirtschaftlichen System können per Definition keine Privilegien oder Mandate diesen unaufhaltsamen Marsch hin zu einer produktiveren Nutzung des Kapitals aufhalten.

Indem sie ihre Definition und Erklärung des Kapitalismus auf den Kontext menschlichen Handelns stützen, liefern die Ökonomen der Österreichischen Schule seine umfassendste und kohärenteste Definition und Beschreibung und damit ein aufschlussreiches und praktisches Analyseinstrument zum Verständnis realer wirtschaftlicher Probleme sowie der Funktionsweise kapitalistischer Systeme. Dies steht in krassem Gegensatz zur oberflächlichen Behandlung des Themas durch andere Schulen. Marxistische Ökonomen betrachten Kapital als eine Kraft des Bösen, die es seinen Eignern ermöglicht, andere Mitglieder der Gesellschaft auszubeuten und zu versklaven. Sie nehmen wenig Rücksicht auf die Vorteile, die seine produktivitätssteigernde Funktion Arbeitnehmern bietet, oder auf die Opportunitätskosten, Verantwortung und Risiken, die mit seinem Besitz verbunden sind. Die meisten heutigen Wirtschaftswissenschaftler der etablierten akademischen Hauptströmungen betrachten Kapital als eine aggregierte Größe – einen homogenen, sich selbst erhaltenden Klumpen, der für die Produktion eingesetzt wird. In keiner dieser beiden Charakterisierungen wird die Bedeutung des Privateigentums für die Vermehrung von Kapital und die Bedeutung eines freien Marktes für die Zuteilung desselben an seine produktivsten Nutzer erläutert. Da die wesentliche Funktion der Kapitalmärkte ignoriert wird, erlauben beide Wirtschaftsschulen ihren Anhängern die Vorstellung, dass die kapitalistische Produktion auch in einem System, in welchem das Privateigentum und der freie Produktionsmittelaustausch kompromittiert werden, stattfinden könnte, obgleich diese Faktoren ihr Lebenselixier bilden.

Der Wert aller Kapitalgüter ist subjektiv und von der Wertung Einzelner abhängig. Er ist weder inhärent noch intrinsisch. Ob etwas ein Investitionsgut darstellt oder nicht, hängt ausschließlich von der Einschätzung und den Handlungen desjenigen ab, der über es verfügt. Ein zum Spielen verwendeter Computer ist ein Konsumgut; derselbe für professionelles Grafikdesign verwendete Computer ein Kapitalgut. Ohne die Möglichkeit, Kapitalgüter gewinnbringend zu veräußern, gibt es für niemanden einen Anreiz, überhaupt Kapital zu akkumulieren und aufrechtzuerhalten. Ohne die Möglichkeit, Kapital gegen monetäre Erträge einzutauschen, fehlt ein Mechanismus, der sicherstellt, dass es für produktive Zwecke eingesetzt und nicht von denjenigen monopolisiert wird, die es missbrauchen und erodieren. Kapital ist kein Maschinenhaufen, sondern ein geistiges Konstrukt, das wie ein lebender Organismus innerhalb eines Ökosystems überlebt, in welchem es ständig von handelnden Individuen gewertet und gehandelt wird. Es macht daher wenig Sinn, von einem gesellschaftlichen Kapitalstock zu sprechen, solange Individuen nicht in der Lage sind, diese Kapitalgüter frei zu werten und zu verwenden, sie in der Produktion einzusetzen und von ihrer Nutzung zu profitieren. Außerhalb einer Marktwirtschaft befindliches Kapital ist wie ein Fisch auf dem Trockenen – ein schlaffer, lebloser Schatten seines früheren vitalen Selbst.

Kapitalmärkte

Laien, Politiker und Vorzeigeökonomen bezeichnen häufig verschiedene Länder als sozialistisch oder kapitalistisch, ohne eine klare Definition dieser Bezeichnungen zu haben. Mises' Kriterium konstituiert jedoch einen sehr aussagekräftigen Lackmustest zur Unterscheidung kapitalistischer und sozialistischer Volkswirtschaften.

Eine Volkswirtschaft, die keinen Aktienmarkt herausbildete, ist keine kapitalistische Marktwirtschaft, da sie den Grad an wirtschaftlicher Spezialisierung und Verlängerung der Produktionskapitalstruktur, der für die Entstehung eines Kapitalmarktes notwendig ist, nicht entwickelt hat. Eine Volkswirtschaft, deren Aktienmarkt von der Regierung gewaltsam geschlossen wird, ist eine sozialistische Volkswirtschaft, da das Kapital aus der Domäne des Marktwettbewerbs entfernt und in die Hände von Bürokraten gelegt wurde, denen es nicht gehört, die nicht legitimerweise von ihm profitieren und keine ökonomischen Berechnungen anstellen können, um über die bestmöglichen Produktionswege und -methoden für seine Nutzung zu entscheiden. Mises' Kriterium erlaubt es uns, Volkswirtschaften in drei Kategorien zu unterteilen: vorkapitalistisch, kapitalistisch und sozialistisch. Die Geschichte der meisten Länder dieser Welt ist eine positive – vom Vorkapitalismus zum Kapitalismus, unterbrochen von katastrophalen Ausflügen in sozialistische Verwüstungen.

Die russische Börse wurde durch ein Edikt Peters des Großen im frühen 18. Jahrhundert etabliert, wobei sich sagen ließe, dass Russland sich zu diesem Zeitpunkt von einer Agrar- zu einer kapitalistischen Wirtschaft entwickelt hatte. Die Aktienmärkte waren bis zum bolschewistischen Putsch von 1917 geöffnet, als Russland in ein sozialistisches Wirtschaftssystem verfiel. Mit dem Ende des bolschewistischen Staatsstreichs nahm die Börse 1991 ihre Tätigkeit wieder auf, und das Land wurde wieder zu einer kapitalistischen Wirtschaft. Die Russland heimsuchenden Verheerungen seines Sozialismus fielen exakt mit dem Zeitraum der Schließung seines Aktienmarktes zusammen.

Deutschland liefert ein weiteres eindrückliches Beispiel für die Aussagekraft des Mises'schen Kriteriums. Bereits im sechzehnten Jahrhundert wurden in Hamburg, Frankfurt und anderen deutschen Städten mehrere Börsen gegründet. Im Jahr 1815 nahm die Hamburger Börse den Handel mit Unternehmensaktien auf und markierte damit wohl den Übergang Deutschlands zu einer modernen kapitalistischen Wirtschaft. Die Aktienmärkte Deutschlands florierten bis zur Machtübernahme der nationalsozialistischen Partei Adolf Hitlers im Jahr 1933, als alle Unternehmen gezwungen wurden, sich Kartellen anzuschließen, und ihr Kapital dem NS-Regime unterstellt wurde.

Die Gruppe Deutsche Börse beschreibt diese Episode folgendermaßen: „Mit der Machtübernahme durch die Nationalsozialisten 1933 wurde die gesamte Wirtschaftspolitik in die allgemeine Staats- und Kriegspolitik eingegliedert. Die Börsenaufsicht ging von den Ländern auf das Reich über und die Zahl der Wertpapierbörsen wurde von 21 auf 9 verringert. Die Frankfurter Börse nahm 1935 die Mannheimer Börse auf und hieß fortan Rhein-Mainische Börse. Zwar hatte die Frankfurter Börse als ‚Heimatbörse' immer noch Bestand, faktisch übernahm sie aber keine wichtigen Funktionen mehr. Die NS-Wirtschaftslenkung behinderte die Entwicklung des freien

Marktes und damit auch den Börsenhandel. Das potenzielle Anlagekapital sollte weitgehend nur noch der Kriegswirtschaft zugute kommen und konnte damit nicht mehr in größere Anleihen oder Anteilsscheine investiert werden.“[132]

Nach der Niederlage des NS-Regimes wurde der Westen Deutschlands zu einer kapitalistischen Volkswirtschaft, da seine Aktienmärkte zur normalen Dynamik des freien Marktes zurückkehrten, während der Osten Deutschlands bis zur deutschen Wiedervereinigung im Jahr 1990 eine sozialistische Wirtschaft ohne funktionierende Aktienmärkte blieb.

Polen ist ein weiteres lehrreiches Beispiel. Polens erste, 1817 gegründete Warenbörse stieg in den 1840er Jahren in den Handel von Unternehmensanteilen ein und blieb bis 1915 geöffnet, als sie aufgrund des Zusammenbruchs der polnischen Wirtschaft während des Ersten Weltkriegs geschlossen wurde. 1919 nahm die Börse ihren Betrieb wieder auf und etablierte Polen erneut bis 1939 als kapitalistische Wirtschaft, als beide Seiten der nationalsozialistisch-sowjetischen Allianz einmarschierten und die Kontrolle über das Land zwischen Deutschland und Russland aufgeteilt wurde. Nach der Niederlage der Nazis im Jahr 1945 geriet das noch immer börsenlose Polen unter sowjetische Kontrolle und damit in sozialistische Armut und Dysfunktionalität, bis 1991 das polnische sozialistische Wirtschaftssystem zusammenbrach und erneut ein marktwirtschaftliches System eingeführt wurde. Polens Börse öffnete im April 1991 erneut ihre Pforten.[133]

In allen drei Ländern fungierte das Vorhandensein einer Börse als zuverlässiger Indikator für eine Volkswirtschaft, die sich im Übergang zwischen vorkapitalistischen, kapitalistischen und sozialistischen Formen ihrer Organisation befindet. Dass die Abwesenheit einer Börse in all diesen Ländern mit Armut, Krieg und massiver Kapitalressourcenvernichtung zusammenfiel, ist kein Zufall.

---

132 „Historie der FWB.„ Gruppe Deutsche Börse.
133 „About the Company.“ *GPW Main Market*.

Es ist für heutige Politiker, insbesondere die der Vereinigten Staaten und der Dritten Welt, üblich, die skandinavischen Länder als Beispiele für erfolgreiche sozialistische Regime anzuführen. Die Börsen aller skandinavischen Länder sind jedoch seit mehr als einem Jahrhundert geöffnet und in Betrieb. Die dänische Börse seit 1808, die schwedische seit 1863, die norwegische seit 1881 und die finnische seit 1912.[134] Nicht ein einziges Mal wurde eine skandinavische Börse von einer Regierung übernommen, was bedeutet, dass Kapitalallokation und -besitz in all diesen Volkswirtschaften stets von den Präferenzen und Handlungen frei handelnder Individuen statt den Befehlen einer zentralen Regierungsbehörde bestimmt wurden. Anders als die inkohärenten und emotionalen Stammtischdiskussionen um dieses Thema stellt Mises ein klares Kriterium zur Bestimmung sozialistischer Wirtschaftssysteme auf.

Kapitalismus ist unternehmerisch, nicht buchhalterisch

Warum das Privateigentum an den Produktionsmitteln für ein Wirtschaftssystem so entscheidend ist, zeigt Mises' Abgrenzung des Kapitalismus als unternehmerisches System von buchhalterischen Systemen. Die Verwirrung um diese subtile Unterscheidung ist die Wurzel aller Versuche, Marktwirtschaften außer Kraft und eine zentrale Planung an ihre Stelle zu setzen. In einer kapitalistischen Wirtschaft schließt die Arbeitsteilung den Investitionsprozess selbst mit ein, wobei der Investitionsakt in drei verschiedene Rollen aufgegliedert wird: die des Kapitalisten, des Unternehmers und des Managers. Der Investitionsprozess beginnt mit dem Kapitalisten, der sich dafür entscheidet, den Verbrauch wirtschaftlicher Ressourcen aufzuschieben und sie stattdessen für eine spätere Investition

134 „About Us." *Nasdaq OMX Nordic.*

anzusparen. Die Senkung der Zeitpräferenz, das *sine qua non* des Sparens, ist der erste Schritt jeder Investition, und in einer modernen kapitalistischen Wirtschaft kann ein Investor sein Geld den Finanzmärkten zufließen lassen, um es verschiedenen Produktionszweigen und Unternehmen verfügbar zu machen. Der Investor kann das Geld entweder selbst investieren, oder es einem professionellen Anleger überlassen, der das Kapital für verschiedene wirtschaftliche Zwecke einsetzt. Die Zuteilung dieses Kapitals ist die unternehmerische Funktion der Märkte. Sobald das Geld verschiedenen Unternehmen verfügbar gemacht wurde, ist es die Aufgabe der Manager dieser Unternehmen, es für die Produktion von Endprodukten und Dienstleistungen zu verwenden. Durch die Trennung von Eigentum, Zuteilung und Verwaltung kann das kapitalistische System große Mengen an Kapital von Sparern der gesamten Gesellschaft allozieren, wobei diese sich auf ihre eigenen Aufgaben zu spezialisieren vermögen, ohne sich Gedanken über die Kapitalzuteilung oder -verwaltung machen zu müssen.

Ein freier Kapitalgütermarkt zwingt jeden Kapitaleigentümer, sein Kapital entweder produktiv zu nutzen oder es an andere, die dazu in der Lage sind, zu verlieren. Die Funktion der Finanzmärkte und ihrer zahllosen Finanzinstrumente besteht darin, Reichtum von denjenigen, die bereit sind, ihre Ersparnisse zu riskieren, also von Kapitalisten, an Unternehmer weiterzuleiten, die es dann nach eigenem Ermessen zur Erzielung seiner höchsten Produktivität allozieren. Unternehmer wiederum vertrauen ihre Investitionen professionellen Managern an, die darauf spezialisiert sind, Kapital und Arbeitskraft in Produktion umzusetzen.

Trotz ihrer Wichtigkeit unterscheidet sich die Rolle des Managers von der des Kapitalisten, der Kapital bereitstellt, und der des Unternehmers, der es einsetzt, obgleich diese Funktionen in bestimmten Zusammenhängen von ein und derselben Person ausgeführt werden können. Der Unternehmer bringt wirtschaftliches

Kalkül in die Kapitalmärkte ein und wählt den produktivsten Einsatz des Kapitalstocks. Der Manager führt wirtschaftliches Kalkül an den eingesetzten Kapitalgütern durch und entscheidet, wie sie am besten in der vom Unternehmer gewählten Fertigungslinie eingesetzt werden.

Die marktwirtschaftliche Funktion des Unternehmers besteht darin, die Kapitalallokation auf verschiedene Produktionszweige und Branchen vorzunehmen. Der Unternehmer entscheidet, welche Produkte hergestellt werden sollen und welche Fertigungslinien eingeführt, erweitert, verkleinert oder stillgelegt werden müssen. Sobald diese Grundlagen geschaffen sind, beauftragt der Unternehmer den Manager mit der Überwachung des täglichen Betriebs der Produktionsprozesse. Der Manager ist nicht für die Bereitstellung von Kapital für die Produktion verantwortlich, sondern lediglich für die Verwaltung des Kapitals nach dessen Zuteilung. Mises drückte dies folgendermaßen aus: „Es ist der Kardinalfehler dieser und aller ähnlichen Vorschläge, dass sie das Problem der Wirtschaftsrechnung aus der Froschperspektive des subalternen Buchhalters sehen und nicht erfasst haben, um was es sich dabei eigentlich handelt [...]. Sie sehen nicht, dass das Handeln der Manager von Aktiengesellschaften darin besteht, dass sie Aufgaben durchführen, die ihnen von ihren Auftraggebern zugewiesen wurden.“[135] Für im Unternehmertum gänzlich unerfahrene Akademiker und Wissenschaftler ist diese Unterscheidung nicht offensichtlich, was sie zum Glauben verleitet, dass das Privateigentum am Kapital eingeschränkt werden kann, ohne den Produktionsprozess zu beeinträchtigen, da in ihren Modellen Arbeiter und Manager den gesamten Produktionsprozess zu bewältigen vermögen, Kapitalisten nichts beitragen und der Unternehmer nur ein unbedeutendes Detail ist.

In der echten Welt jedoch leitet die unternehmerische Allokation von Kapital das Handeln von Managern und Arbeitskräften an.

---

135 Mises von, Ludwig. *Nationalökonomie: Theorie des Handelns und Wirtschaftens*. Genf, 1940, S. 638f.

Die tatsächlichen Kosten und Nutzen von Handlungen können nur dann berechnet werden, wenn sich die betreffenden Kapitalgüter im Besitz einer Person befinden, die auf jede ihr gefällige Weise über sie zu verfügen vermag. Stehen dem Eigentümer alle Optionen zur Verfügung, kann er diejenige wählen, die der Gesellschaft am besten dient und ihm den größten Gewinn einbringt. Ohne Gewinne und Verluste mit sich bringendes Eigentum an Kapitalgütern und die volle Verfügungsgewalt über sie gibt es keinen Spielraum für eine rationale Gewinn- und Verlustrechnung.

Gewinn und Verlust

Unternehmer spekulieren auf die Produktivität bestimmter Produktionsprozesse und wenden Produktionsfaktoren (Arbeit, Kapital und Land) für diese auf. Sie übernehmen Anlaufkosten sowie -risiken und streichen dafür Einnahmen und Gewinne ein. Die Verwendung von Geld als Tauschmittel bedeutet, dass es in einer Marktwirtschaft die Hälfte jeder wirtschaftlichen Transaktion bildet; dieser Umstand ermöglicht es Geld, Unternehmern als Instrument zur Berechnung von Gewinnen und Verlusten zu dienen, da alle ihre Kosten und Einnahmen in ihm denominiert werden. Berechnen Unternehmer für einen Geschäftszweig die Ausgaben übersteigende Einnahmen, wird ihnen klar, dass dieser einen Gewinn erzielt. Das impliziert, dass die Marktwertung aller vom Unternehmer erwirtschafteten Einnahmen die für die Produktion getätigten Ausgaben übersteigt. Die subjektive Wertung der Produktionsprozessoutputs durch andere Marktteilnehmer ist größer als die der Inputs. Indem sie einen Gewinn erzielen, dienen die Unternehmer der Gesellschaft. Sie wandeln Arbeit, Land, Kapital und Rohstoffe produktiv in Endprodukte um, die von der Gesellschaft höher geschätzt werden, welche sie dafür mit Gewinnen belohnt, die es ihnen ermöglichen, weitere unternehmerische Aufgaben zu übernehmen.

Wenn die Einnahmen des Unternehmers geringer als seine Ausgaben ausfallen, erleidet er einen Verlust, weil der gängige Marktpreis seiner Inputs den seiner Outputs übersteigt. Der Unternehmer wandelt knappe, wertvolle Ressourcen in wertlosere Endprodukte um und verarmt damit die ihn umgebende Gesellschaft. Dafür erleidet er einen Verlust, der das ihm zur Verfügung stehende Kapital reduziert und ihn dazu anreizt, seine Produktionsmethoden zu ändern, sich einem anderen Geschäftszweig zuzuwenden oder das Unternehmertum an den Nagel zu hängen. Der Stand des kapitalistischen Spiels wird anhand des Reichtums und Wohlstands des Unternehmers selbst erfasst, und ohne diese sehr persönliche und folgenreiche Beteiligung kann es keine rationale Berechnung bestmöglicher Kapitalverwendungen und keinen Marktprozess geben, der unablässig sicherstellt, dass Kapital von den Fähigsten verwaltet wird. Wirtschaftswissenschaftler, die sich einbilden, die Marktproduktion könne ohne Privateigentum, Gewinn und Verlust reproduziert werden, betreiben eine Art Cargo-Kult-Wissenschaft, dem Verhalten primitiver Stämme ähnlich, die zum ersten Mal Flugzeuge sahen und glaubten, das Nachbilden ihrer Form mit Holzstöcken erlaube die Konstruktion eines funktionierenden Flugzeugs.

Die Knappheitserörterung der ersten Kapitel dieses Buches ist die Grundlage eines Verständnisses dafür, warum wirtschaftliche Berechnungen nur im Zusammenhang mit privaten Eigentumsrechten funktionieren können. Solange derjenige, der ihre Allokation vornimmt, keine wirklichen Entscheidungen zwischen verschiedenen Einsatzmöglichkeiten knapper Ressourcen treffen muss, wird er nicht in der Lage sein, die wahren dadurch entstehenden Kosten zu berücksichtigen. Kapitalismus funktioniert gerade deshalb, weil für die Teilnehmer stets viel auf dem Spiel steht: „Spekulieren kann man nur für eigene Rechnung; der Spekulant muss die günstigen und die ungünstigen Chancen seines Einsatzes gegeneinander abwiegen, um dann gemäss seiner Beurteilung der Lage zu handeln. Wer am Ausgang des Geschäftes nicht persönlich unmittelbar interessiert ist, sieht die Chancen in einem ganz anderen Licht als der, der seine eigene Haut zu Markte trägt. Dem Unbeteiligten erscheint kein Einsatz zu hoch, kein Wagnis zu riskant. In der Marktwirtschaft werden die Kapitalisten und Unternehmer durch ihr Vermögensinteresse zur Bedienung der Wünsche der Verbraucher gezwungen. Sie sind, wenn sie spekulieren, Diener der Verbraucher, die sich im eigenen Interesse bestreben müssen, sich, so gut sie es nur verstehen und vermögen, dem Verbraucher nützlich zu erweisen."[136] Dies ist der Prozess des wirtschaftlichen Kalküls, und die wesentliche Rolle des Unternehmers. Einer der nachhaltigsten und bedeutendsten Beiträge Mises' ist die Erklärung der zentralen Rolle des Berechnungsprozesses innerhalb einer kapitalistischen Wirtschaft.

Das Problem der sozialistischen Wirtschaftsrechnung

Die meisten Laien und modernen Wirtschaftswissenschaftler führen das spektakuläre Scheitern sozialistischer Wirtschaftssysteme auf Anreizprobleme zurück. In einem System, das die Eigentumsrechte beschneidet und Entlohnungen zentralplanerisch festlegt, gibt es kaum einen finanziellen Anreiz, sich mit seiner Arbeit hervorzutun. Es gibt auch wenig Anreiz dazu, die unangenehmsten und härtesten Arbeiten zu übernehmen. Warum sollte jemand bei gleichbleibendem Lebensstandard Müll sammeln oder eine jahrzehntelange Ausbildung zum Gehirnchirurgen absolvieren? Warum überhaupt arbeiten, wenn der Staat jedem den Lebensunterhalt

136 Mises von, Ludwig. *Nationalökonomie: Theorie des Handelns und Wirtschaftens*. Genf, 1940, S. 640.

garantiert? Dies ist zwar in der Tat ein Problem sozialistischer Wirtschaftssysteme, nicht aber ihr grundlegendstes. Die meisten sozialistischen Regime fanden in der Gewalt eine zufriedenstellende Antwort auf das Anreizproblem: Wer sich weigerte, den Müll zu sammeln oder strenge Befehle zu befolgen, wurde getötet oder in ein Arbeitslager verfrachtet. Der Anreiz, den eigenen Tod zu vermeiden, ist für Menschen wohl dringender und motivierender als der, reich zu werden. Berichte über den Zusammenbruch sozialistischer Volkswirtschaften zeigen, dass das Problem nicht darin bestand, dass Arbeiter zuhause blieben. Häftlinge der Gulags hatten keine andere Wahl, als zu erscheinen, und reguläre Arbeiter erschienen in der Regel zu ihren normalen Arbeitszeiten, weil sie Angst hatten, in die Gulags geschickt zu werden. Und dennoch scheiterten sozialistische Regime.

Mises geht sogar noch weiter und behauptet, dass der Sozialismus selbst dann scheitern müsste, wenn es den Sozialisten gelänge, eine Gesellschaft zu errichten, die restlos aus den sagenumwobenen neuen sozialistischen Menschen bestünde, die sich vollkommen selbstlos der sozialistischen Sache widmeten. Rothbard erklärt: „Was genau würden diese Planer ihrer Armee befehlen? Woher wüssten sie, welche Produkte sie ihren eifrigen Sklaven auf welcher Fertigungsstufe und in welchen Mengen zu produzieren befehlen, welche Techniken oder Rohstoffe sie in welchen Quantitäten für diese Produktion verwenden und wo genau sie all diese Produktion ansiedeln sollten? Woher sollen sie ihre Kosten kennen oder wissen, welcher Produktionsprozess effizient ist und welcher nicht?“[137] In seiner Analyse des Sozialismus, die im Jahr 1922 und damit zu einer Zeit erschien, als die meisten Ökonomen von dieser neuen, populären und sich wie ein Lauffeuer über den Globus ausbreitenden Idee angetan waren, erkannte Mises die Achillesferse sozialistischer Wirtschaftssysteme ganz korrekt als die Unfähigkeit, Berechnungen zur

137 Rothbard, Murray. „The End of Socialism and the Calculation Debate Revisited.“ *The Review of Austrian Economics*, Bd. 5, Nr. 2, 1991, S. 52. (eig. Übers. – Anm. d. Hrsg.)

Zuteilung von Kapitalgütern ohne Berücksichtigung der damit verbundenen privaten Eigentumsrechte durchzuführen. Ohne Eigentum, Preise und einen Markt für Unternehmer und Verbraucher, auf dem wirtschaftliche Berechnungen durchgeführt werden können, gibt es kein rationales Mittel zur Bestimmung einer sinnvollen Ressourcenverteilung. Um Rothbard zu zitieren:

> „Mises zeigte, dass sozialistische Planungskomitees in einer die Crusoes oder einer primitiven Familie an Komplexität übersteigenden Wirtschaft schlicht nicht wüssten, was sie tun oder wie sie eine dieser lebenswichtigen Fragen beantworten sollten. Indem er das umwälzende Konzept der Berechnung entwickelte, zeigte Mises, dass Planungskomitees diese Fragen nicht beantworten könnten, weil dem Sozialismus das unentbehrliche Instrument fehlt, das private Unternehmer zur Bewertung und Berechnung verwenden: die Existenz eines Produktionsmittelmarktes, der Geldpreise hervorbringt, die auf einem genuin gewinnorientierten Tausch dieser Produktionsmittel durch private Eigentümer beruhen. Da das Wesen des Sozialismus im kollektiven Eigentum aller Produktionsmittel besteht, wären Planungskomitees nicht in der Lage zu planen oder irgendeine Art rationaler wirtschaftlicher Entscheidungen zu treffen. Ihre Entscheidungen wären notwendigerweise vollkommen willkürlich und chaotisch, weshalb die Existenz einer sozialistischen Planwirtschaft buchstäblich ‚unmöglich' ist.
> […]
> Mises kommt zu dem Schluss, dass in der sozialistischen Wirtschaft „anstelle der ‚anarchischen' Produktionsmethode einer freien Marktwirtschaft auf die sinnlose Produktion eines absurden Apparates zurückgegriffen werden wird. Die Räder werden sich zwar drehen, ohne jedoch etwas zu bewegen."[138]

138 Ebd. S. 52f, 63. (eig. Übers. – Anm. d. Hrsg.)

Woher können Planer wissen, ob ein bestimmter Stahlvorrat besser für die Produktion von Autos oder Zügen verwendet werden sollte? Wenn es keinen Markt für Autos oder Züge gibt, werden diese den Bürgern von der Regierung zugewiesen, weshalb Planer keinen Mechanismus zur Erhellung davon haben, wie viel sie den Bürgern im Verhältnis zueinander wert sind. Auf welcher Grundlage sollte ein Zentralplaner die Allokation festlegen? In einem marktwirtschaftlichen System kaufen Verbraucher Autos und Zugfahrkarten auf der Grundlage ihrer Präferenz für eines der beiden Güter, und private Hersteller von Autos und Zügen erhalten entsprechende Geldsummen, mit denen sie auf Kapitalgüter bieten können. Der Höchstbietende ist jener Kapitalist, der diese Ressourcen am produktivsten einsetzen kann. Der Stahl wandert dorthin, wo er am meisten gebraucht wird.

Mehrere sozialistische Ökonomen (Du magst dieses Oxymoron verzeihen) akzeptierten Mises' Kritik und formulierten ihre Wirtschaftssysteme in einer Weise um, von der sie sich eine Antwort auf diese Kritik versprachen. Sie wollten den albernen Glauben ablegen, dass die Enteignung von Kapitaleigentümern eine unendliche Fülle an Gütern hervorbrächte, angesichts derer sich jeder einfach alles von ihm Benötigte nehmen könne. Auch unsinnigen Ideen zu einer geld- und preislosen Wirtschaft oder einer, in der die Preise der Arbeitswerttheorie entsprechend ausgedrückt werden, wollten sie entsagen. Stattdessen vertraten Sozialisten wie Oskar Lange, Abba Lerner und Fred Taylor die Ansicht, dass eine sozialistische Zentralplanungsbehörde Manager anweisen solle, Waren Preise zuzuordnen, um dann Käuferreaktionen zu beobachten und durch Versuch und Irrtum zu angemessenen Preisen zu gelangen, wie es auch Kapitalisten täten: Auf einen Überschuss würden sie mit Preissenkungen und auf eine Knappheit mit Preiserhöhungen reagieren. Mit diesem scheinbar cleveren Trick sollten sozialistische Zentralplaner das umsetzen, was diese „Ökonomen" als den einzig wichtigen Teil der Marktwirtschaft ansahen, und so das Funktionieren ihrer sozialistischen Pläne sicherstellen.

Oskar Lange war ein polnischer sozialistischer Ökonom und Freund Joseph Stalins, und seine verrückten Pläne standen an der Spitze der wirtschaftlichen Verheerung Polens. Nachdem er Mises' Kritik verinnerlichte und glaubte, den Sozialismus an sie angepasst zu haben, schrieb er sogar von der Dankbarkeit, welche die künftige sozialistische Utopie Mises als dem einzigen schulden würde, der sie auf die essenziellsten Aspekte der Marktwirtschaft aufmerksam machte, die ihr kindisches Modell ignoriert hatte.

> „Sozialisten haben sicherlich guten Grund, Professor Mises, dem großen *advocatus diaboli* ihrer Sache, dankbar zu sein. Denn es war seine schwerwiegende Herausforderung, welche Sozialisten dazu zwang, die Bedeutung eines angemessenen Systems wirtschaftlicher Berechnung anzuerkennen [...] das Verdienst, die Sozialisten veranlasst zu haben, dieses Problem systematisch anzugehen, kommt ganz und gar Professor Mises zu."[139]

Die sozialistische Realitätsferne ging so weit, dass Lange vorschlug, eine Mises-Statue in der zentralen Planungsbehörde des erfolgreichen sozialistischen Staates zu errichten! Hätten die Sozialisten Mises' Lektionen anständig gelernt, wären sie sich ihres bevorstehenden Erfolgs nicht so lachhaft sicher gewesen. Die Manager der sozialistischen Zentralplanung waren keine Unternehmer. Sie hatten kein wirkliches Eigentum an den von ihnen verwalteten Gütern und konnten die mit verschiedenen Fertigungslinien assoziierten Gewinne und Verluste nicht kalkulieren. Selbst wenn es einen Konsumgütermarkt gegeben hätte, würde die Regierung nach wie vor das Eigentum an den Kapitalgütern beanspruchen, da das die Definition des Sozialismus ist. Rationales wirtschaftliches Kalkül

139 Lange, Oskar. „On the Economic Theory of Socialism: Part One." *The Review of Economic Studies*, Bd. 4, Nr. 1, Oxford University Press, 1936, S. 53. (eig. Übers. – Anm. d. Hrsg.)

kann nicht allein auf der Grundlage eines Marktes für Endprodukte erfolgen. Kapitalisten müssen um das Kapital wetteifern, damit sich dessen produktivste Verwendungsmöglichkeiten herausbilden, wobei die erfolgreichen Kapitalisten und Unternehmer mit zusätzlichem Kapital belohnt und die erfolglosen mit schrumpfenden Kapitalstöcken bestraft werden. Wenn sich das gesamte Kapital im Besitz einer einzigen Entität befindet und diese es alloziert, ohne sich an Marktpreisen sowie Gewinn- und Verlustberechnungen zu orientieren, kann Kapital nicht rational zugewiesen werden. Dementsprechend schloss Mises:

> „Doch das charakteristische Merkmal des sozialistischen Systems ist, dass die Produktionsmittel von nur einer Stelle kontrolliert werden, in deren Namen der Leiter handelt, dass sie weder gekauft noch verkauft werden und dass es keine Preise für sie gibt. Daher steht ein arithmetischer Vergleich von Aufwendungen und Erträgen außer Frage."[140]

Sozialisten haben verschiedene andere Modifikationen ihres Systems versucht, um den von Mises identifizierten fatalen Fehler zu beheben. Ein solcher Vorschlag war die Verwendung von Verbraucherumfragen zur Ergründung von Verbraucherpräferenzen, was die Lenkung zentralplanerischer Entscheidungen erlauben sollte. Abstrakte Umfragen können jedoch in keiner Weise Marktentscheidungen ersetzen, die auf realen Preisen und Knappheit beruhen. Auf die Frage, welches Auto sie sich am meisten wünschen, werden Menschen in der Regel mit Ferraris, Lamborghinis und Modellen der teuersten Autohersteller antworten. In der wirklichen Welt jedoch begnügen sich die meisten Menschen mit Toyotas, Hondas, Kias und jenen erschwinglichen Optionen, die ihren

140 Mises, Ludwig von. *Human Action: The Scholar's Edition*. Ludwig von Mises Institute, 1998, S. 701. (eig. Übers. – Anm. d. Hrsg.)

Bedürfnissen und begrenzten Budgets entsprechen. Ohne eine Vorstellung von den Opportunitätskosten ist die Nachfrage unbegrenzt und jedes Abwägen ausgeschlossen.

Die Vorstellung, dass eine Marktallokation dadurch erreicht werden könne, dass Manager das ihnen unterstellte Kapital wie ihr Eigentum behandeln und Verbraucher ihre Präferenzen in Umfragen zum Ausdruck bringen, ist so absurd, dass sie nichts weiter als eine vollständige Ignoranz davon beweist, was eine Marktwirtschaft ist und wie sie funktioniert. Wirtschaftliche Entscheidungen werden nur im Kontext von Knappheit getroffen, wo jede Entscheidung mit realen Kosten und realem Nutzen verbunden ist, die dem Entscheidungsträger in der wirklichen Welt widerfahren. Ohne Eigentum, Opportunitätskosten und echte Konsequenzen haben sozialistische Scheinmärkte mit wirklichen Märkten nichts zu tun. Mises brachte dies auf den Punkt:

> „Was diese Neosozialisten vorschlagen, ist in der Tat paradox. Sie wollen die private Kontrolle über die Produktionsmittel, den Marktaustausch, die Preisbildung und den Wettbewerb abschaffen. Zugleich wollen sie jedoch die sozialistische Utopie so organisieren, dass die Menschen weiter zu handeln vermögen, als ob diese Dinge noch gegenwärtig seien. Sie wollen, dass die Menschen Markt spielen, wie Kinder Krieg, Eisenbahn oder Schule spielen. Sie begreifen nicht, inwiefern sich dieses kindliche Spiel von der Realität unterscheidet, die es zu imitieren sucht."[141]

141 Ebd. S. 702f. (eig. Übers. – Anm. d. Hrsg.)

Wirtschaftliche Berechnung in den modernen Wirtschaftswissenschaften

Die Vorstellung, zentrale Planer könnten die Wirtschaftsrechnung durchführen, ohne Privateigentum zu berücksichtigen, wird ebenfalls unhaltbar, sobald man die dynamische und sich ständig verändernde Natur einer Marktwirtschaft begreift. Die Allokation von Ressourcen und Kapital für die Produktion ist keine einmalige Entscheidung, welche Zentralplaner einmal korrekt treffen müssen, damit ihre Wirtschaft fortan von selbst läuft. Die Welt ist dynamisch und veränderlich, Unternehmer entdecken ständig neue Fertigungsmöglichkeiten, und Verbraucher unablässig neue Vorlieben für neue Produkte. Die Welt ist unausgesetzten Wandlungen unterworfen und Unsicherheit daher allgegenwärtig. Der kapitalistische Unternehmer ist der wichtigste Akteur im Wirtschaftssystem, da sein Eigentum von seiner Fähigkeit abhängt, Veränderungen korrekt zu antizipieren. Er ist die Kraft, die den Wandel beeinflusst und wirtschaftliche Realitäten schafft. Die allgemeinen Gleichgewichtsmodelle der modernen Wirtschaftswissenschaften sind weitgehend wertlos, weil sie der Rolle des Unternehmers, der wirtschaftliche Realitäten gestaltet und kreiert, nicht gerecht werden. Diese Modelle nehmen die wirtschaftliche Realität schlicht, wie sie ist, ignorieren, wie sie zustande kam, und lassen dabei dem Prozess, der sie unweigerlich verändern wird, keinen Raum.

Moderne Vorzeigeökonomen brachten es erstaunlicherweise fertig, Mises' Sozialismuskritik völlig zu ignorieren. Ihre Schriften, die Wirtschaftstätigkeit weiterhin mittels Walras'scher Gleichgewichtsmodellierungen beschreiben, gehören zu einem Genre, das bestenfalls Regale der Belletristik, nicht jedoch die der Wirtschaftswissenschaften füllen sollte. Aus diesem fiktiven Blickwinkel sind allen Marktteilnehmern alle Wirtschaftsdaten bekannt, von Vorlieben und Wertskalen bis hin zu den verfügbaren Technologien und Ressourcen; zwischen den Produzenten herrscht ein vollkommener Wettbewerb, und alle Manager kennen alle Preise. Es gibt keine Unternehmer im Mises'schen Sinne, nur Manager, und die Kapitalallokation wird als etwas Gegebenes angesehen. Eine solche statische und völlig realitätsfremde Welt lässt sozialistischen und keynesianischen Ökonomen die zentrale Planung einer Wirtschaft als durchaus praktikabel erscheinen. Anstatt diesen gesamten Zugang zur Ökonomie zu verurteilen, erblicken Wirtschaftswissenschaftler in derlei absurden Modellen die Apologie des Sozialismus.

Das allgemeine Gleichgewicht ist ein gedankliches Konstrukt, das von der realen Welt abstrahiert, damit wir sie analysieren können. Es ist rein theoretisch. Natürlich kann die Berechnung eines Zentralplaners im theoretischen Modell des allgemeinen Gleichgewichts funktionieren; dafür sind diese Modelle ja auch gedacht. Aber das bedeutet nicht, dass die Berechnung in Wirklichkeit möglich ist, da die reale Welt sich enorm von der Theorie unterscheidet. In ihrem Versuch, ihre irrelevanten und vereinfachten Modelle auf die Realität zu projizieren, ähneln moderne Wirtschaftswissenschaftler Navigatoren, die in einer bestimmten Zeit um eine Landkarte herumgehen und dabei zu dem Schluss kommen, dass sie das von der Karte dargestellte Gebiet im selben Zeitraum umrunden könnten.

Nur wenn man die Absurdität des Fetischismus des Walras'schen allgemeinen Gleichgewichts versteht, kann man die belustigende und skandalöse Erfolgsbilanz moderner westlicher Wirtschaftswissenschaftler begreifen, welche die Wirtschaft der Sowjetunion loben. Paul Samuelson verfasste das populärste Wirtschaftslehrbuch des zwanzigsten Jahrhunderts, mit dessen Hilfe Millionen von Menschen auf der ganzen Welt in den Glauben an ein sozialistisch-keynesianisches Gedankenwirrwarr verbildet wurden. Verblüffende Details hierzu sind in „Soviet Growth and American Textbooks“[142]

142 Levy, David, and Sandra Peart. „Soviet Growth and American Textbooks: An Endogenous Past.“ *Journal of Economic Behavior & Organization*, Bd. 78, Ausg. 1-2, Elsevier, Apr. 2011, S. 110-25.

(z. Dt. Sowjetisches Wachstum und amerikanische Lehrbücher – Anm. d. Übers.), einem Aufsatz von David Levy und Sandra Peart, zu finden. Levy und Peart untersuchten die verschiedenen Versionen von Samuelsons Lehrbuch und stellten fest, dass er das sowjetische Wirtschaftsmodell wiederholt als dem Wirtschaftswachstum förderlicher als das amerikanische darstellte und in der vierten Auflage von 1961 vorhersagte, dass die Wirtschaft der Sowjetunion die der Vereinigten Staaten irgendwann zwischen 1984 und 1997 überholen würde. Diese Vorhersagen setzten sich mit wachsender Zuversicht über sieben Auflagen des Lehrbuchs bis hin zur elften Auflage im Jahr 1980 fort, wobei die Abschätzungen des Überholungszeitpunkts variierten. In der dreizehnten Auflage, die 1989 veröffentlicht wurde und auf Studentenschreibtischen landete, als die Sowjetunion zu zerfallen begann, schreiben Samuelson und sein damaliger Mitverfasser William Nordhaus: „Die sowjetische Wirtschaft ist der Beweis dafür, dass eine sozialistische Planwirtschaft im Gegensatz zu dem, was viele Skeptiker früher glaubten, nicht nur funktionieren sondern sogar gedeihen kann.“[143] Nicht, dass dies auf ein Lehrbuch beschränkt gewesen wäre; Levy und Peart demonstrieren, dass solcherlei Einsichten in die vielen Auflagen des wahrscheinlich zweitbeliebtesten Wirtschaftslehrbuchs, McConnells *Economics: Principles, Policies and Problems* [z. Dt. Ökonomik: Prinzipien, Politik und Probleme – Anm. d. Übers.], und mehrere andere Lehrbücher Eingang fanden.[144] Jeder während der Nachkriegszeit Wirtschaftswissenschaften nach einem amerikanischen Lehrplan lernende Student (also im Wesentlichen die Mehrheit der Studenten weltweit), erfuhr, dass das sowjetische Modell eine überlegene Art der wirtschaftlichen Organisation darstellt. Selbst nach dem Zusammenbruch und völligen Scheitern der Sowjetunion wurden dieselben Lehrbücher weiterhin an denselben Universitäten

143 Samuelson, Paul, and William Nordhaus. *Economics*. 13. Aufl., McGraw-Hill, 1989, S. 837.

144 McConnell, Campbell, Stanley Brue, and Sean Flynn. *Economics: Principles, Problems, and Policies*. McGraw-Hill, 2009.

gelehrt, wobei die großspurigen Verlautbarungen über den sowjetischen Erfolg in den neueren Ausgaben gestrichen wurden, ohne den Rest der ihnen zugrundeliegenden wirtschaftlichen Weltsicht und methodischen Instrumente in Frage zu stellen.[145]

Die Auswirkungen unternehmerischer Investitionen

Die in einer unternehmerischen Marktwirtschaft stattfindenden Berechnungen zeitigen mehrere wichtige wirtschaftliche Folgen. Die offensichtlichste und bemerkenswerteste ist, dass die Produktivität von Kapitalinvestitionen gesteigert wird. Unternehmertum bringt die Vorteile der Spezialisierung und Arbeitsteilung in den Prozess der Kapitalallokation und -nutzung ein. Es ermöglicht es Sparern, zu Kapitalisten zu werden, indem sie die unternehmerischen und verwaltungstechnischen Funktionen des Kapitalismus an andere delegieren, was zu vermehrtem Sparen und höheren Investitionen anreizt und die Zinssätze senkt. Diese Zunahme des Sparens und der Investitionen führt zu einer Verlängerung der Produktionsumwege, da Kapital für immer längere Zeiträume verfügbar gemacht wird. Die Anhäufung von Kapital fördert Erfindungen und Innovationen, wodurch sich das Angebot an Waren und Dienstleistungen für alle Marktteilnehmer vervielfacht. Wirtschaftliches Kalkül im Rahmen unternehmerischer Investitionen führt außerdem zu einer erhöhten Produktivität von Investitionen, da die produktivsten belohnt und die unproduktivsten bestraft werden.

Die Vorteile des kapitalistischen Unternehmertums einer freien Marktordnung gehen über den Unternehmer und Investor hinaus. Kapitalistisches Unternehmertum führt zu einem anhaltenden Anstieg der Reallöhne, da zusätzliches Kapital und eine effizientere

145 Dieser Paragraf stützt sich stark auf S. 219 von *Der Bitcoin-Standard*.

Kapitalallokation die Arbeitsproduktivität erhöhen. Obgleich die Löhne real steigen, werden sie langfristig wahrscheinlich nominal sinken, da die erhöhte Produktion von Gütern zu einem wahrscheinlichen Rückgang ihrer nominalen Preise führt, die in Geld denominiert sind, als welches der Markt das am schwierigsten zu produzierende Gut auswählt.

Unternehmer und Kapitalisten profitieren von ihrem Unternehmertum, doch ihre Gewinne sind im Allgemeinen flüchtig, da sie dem Wettbewerb mit anderen Unternehmern ausgesetzt sind, welche die Preise von Produktionsfaktoren in die Höhe bieten können. Kapitalisten profitieren nicht unbedingt von einer Kapitalakkumulation, da diese, wie in Kapitel 6 erörtert, teuer ist. Es besteht immer ein Verlustrisiko. Und selbst wenn ein Gewinn anfällt, wird der Markt beginnen, an diesem zu nagen. Höhere Gewinne kommen unweigerlich den Arbeitern und Grundbesitzern zugute, deren Löhne und Pachten ihrer wachsenden Produktivität entsprechend weiter steigen werden. Unternehmertum ist kein reines Vergnügen; es ist mit weitaus größerer Unsicherheit verbunden als Arbeit. Es ist absolut verständlich, dass eine große Anzahl von Menschen die Arbeit dem Unternehmertum vorzieht. Arbeit innerhalb eines großen, Arbeit hochproduktiv teilenden Marktes kann sehr lohnend und zugleich risikoarm sein.

Von den wirtschaftlichen Vorteilen des Kapitalismus abgesehen, besteht seine soziale Implikation darin, dass er Verhaltensweisen fördert, die dem friedlichen Zusammenleben in einer Gesellschaft förderlich sind. Die Fähigkeit, sich zivilisiert zu verhalten, ermöglicht es einer Person, in wirtschaftliche Netzwerke wachsender Gruppen sich immer stärker spezialisierender Menschen einzutreten.

TEIL IV:

Die Ökonomik des Geldes

KAPITEL 13:

Zeitpräferenz

> „[U]nabhängig davon, wie hoch die ursprüngliche Zeitpräferenzrate einer Person ist oder wie die ursprüngliche Verteilung dieser Raten innerhalb einer bestimmten Bevölkerung aussieht, wird, sobald sie niedrig genug ist, um überhaupt Ersparnisse und Kapital oder langlebige Konsumgüter zu ermöglichen, ein Prozess der Senkung dieser Zeitpräferenzraten in Gang gesetzt, der von einem ‚Zivilisationsprozess' begleitet wird."[146]
>
> – Hans-Hermann Hoppe

Während Geld in Kapitel 10 begrifflich erörtert wurde, wird in diesem und den beiden folgenden Kapiteln die Funktionsweise des Geldes in einer kapitalistischen Marktwirtschaftsordnung, wie sie in Kapiteln 11 und 12 behandelt wird, näher betrachtet. Dieses Kapitel beginnt mit einer Durchleuchtung der Zeitpräferenz und ihrem Einfluss auf die Bestimmung marktüblicher Zinssätze. Das darauffolgende Kapitel führt in das Thema des Bankwesens ein, wonach

146 Hoppe, Hans-Hermann. *Democracy: The God That Failed*. Transaction Publishers, 2001, S. 6. (eig. Übers. – Anm. d. Hrsg.)

in Kapitel 15 erläutert wird, wie die Verzerrung des Geldmarktes den Konjunkturzyklus hervorbringt. Dieses Thema ist für die Ökonomik von größter Bedeutung, da die wirtschaftlichen Katastrophen, welche die Welt das letzte Jahrhundert hindurch heimsuchten, nur als Folge einer Störung des Geld- und Kapitalmarktes verständlich werden. Das Standardlehrbuch der staatlich geförderten Wirtschaftswissenschaften betrachtet Wirtschaftskrisen als normalen, unvermeidlichen und unerklärlichen Teil des Marktprozesses. Aus seiner Perspektive ist der Konjunkturzyklus – dem Wetter oder Naturkatastrophen ähnlich – ein unaufhaltsamer Akt unserer Umwelt, der von Zentralregierungen durch eine weise Steuer- und Geldpolitik gesteuert und abgefedert werden muss. Die eng verwandten marxistischen Ökonomen fassen den wirtschaftlichen Abschwung als unvermeidliche Folge eines kapitalistischen Wirtschaftssystems und als den Vorläufer der ebenso unvermeidlichen Arbeiterrevolte gegen dieses auf.

Wendet man jedoch die Denkweise und Instrumente der ökonomischen Analyse auf die Frage des Geldes an, wird es einem möglich, zu erklären, wie und warum Krisen entstehen, wie sie vermieden werden können und an welchen Problemen staatlich geförderte Wirtschaftslehrbücher kranken. Die Implikationen der Österreichischen Methode sind vielleicht für keinen Bereich der Wirtschaftsanalyse bedeutsamer als für diesen. Der Grund für die Verunglimpfungen der Anhänger dieser Schule und für ihren Ausschluss aus der akademischen Hauptströmung besteht nicht in der offensichtlichen Fehlerhaftigkeit ihrer Ideen. Er liegt in ihrer schlüssigen Erklärung für die Entstehung des Geldes auf einem freien Markt und für die verheerenden Folgen der Unterwerfung dieser äußerst wichtigen Technologie unter staatliche Monopolkontrolle. Geld kann ohne Staat existieren und lässt sich ohne den lächerlichen quasi-religiösen Glauben moderner Wirtschaftslehrbücher an allmächtige und allwissende monetäre Zentralplaner analysieren.

Ökonomen der Österreichischen Schule werden verunglimpft, weil ihr akkurates Verständnis der Wirtschaft eine Bedrohung für alle darstellt, die von starken, das Geld kontrollierenden Zentralregierungen profitieren.

Den größten Teil ihrer Geschichte hindurch musste die Österreichische Schule ihre Theorien mit von staatlich geförderten Wirtschaftswissenschaftlern vorgegebenen Begriffen explizieren. Dieses Buch nähert sich der Frage des Geldes aus der Perspektive der Österreichischen Schule selbst und leitet ihren Standpunkt von einfachen Axiomen ab. Um Geld als ein Marktphänomen zu erklären, müssen wir unsere Analyse mit einem Verständnis der Zeitpräferenz einleiten.

Die Knappheit unserer Zeit ist der Ausgangspunkt aller wirtschaftlichen Entscheidungen. Zeitknappheit zwingt den Menschen dazu, zu jedem Zeitpunkt seines Lebens zwischen Alternativen zu wählen, und verbindet jede Entscheidung mit Opportunitätskosten. Selbst wenn die verfügbaren Ressourcen unbegrenzt sind, führen individuelle Zeitallokationsentscheidungen dazu, dass alle anderen Verwendungsmöglichkeiten der entsprechenden Zeit wegfallen.

Das Wirtschaften mit Zeit ist deshalb einzigartig, weil die Zeit vergeht und weder angehalten noch wiederhergestellt werden kann. Mit seiner Geburt beginnt die Lebensuhr des Menschen zu ticken und tickt fortan unaufhörlich weiter, bis er stirbt. Man kann nicht wissen, wann diese Uhr stehen bleibt, und man kann sie hinterher auch nicht wieder in Gang setzen. Der Mensch hat nur ein Leben, von dem er nie weiß, wann es zu Ende sein wird.

Zeit ist kein normales Gut, dessen Quantität der Mensch an seine Vorlieben anpassen kann. Es gibt keinen Markt, auf welchem man zwischen verschiedenen Mengen an Zeit wählen könnte, und sie lässt sich nicht direkt handeln. Die Art und Weise, auf die ein Individuum Zeit wertet, ist subjektiv und veränderlich, aber es gibt in dieser Hinsicht einige Regelmäßigkeiten. Je näher eine Zeitspanne der Gegenwart rückt, desto wertvoller erscheint sie dem Einzelnen. Die Gegenwart ist gewiss, da sie bereits eintrat, die Zukunft auf der anderen Seite immer ungewiss, da sie vielleicht nie kommen wird. Die Zukunft kann nur durch die erfolgreiche gegenwärtige Sicherung des Überlebens erreicht werden, weshalb die Bedürfnisse der Gegenwart stets die dringlichsten und wichtigsten sind. Die Gegenwart ist der Ort, an dem alle Sinne das Leben und seine Freuden sowie Schmerzen erfahren. Zukünftige Schmerzen und Freuden sind hypothetisch, gegenwärtige real und spürbar. Der in der Gegenwart empfundene Hunger ist viel drängender als der in Zukunft erwartete, was die Nahrung der Gegenwart wertvoller macht als die der Zukunft. Die Gefahr der Gegenwart ist viel akuter als die künftige, und Werkzeuge, die heute Sicherheit bieten, sind heute wertvoller als in Zukunft. Vor die Wahl gestellt, dasselbe physische Gut sofort oder in Zukunft zu erhalten, entscheidet sich der Mensch für die Gegenwart.

Die höhere Wertung gegenwärtiger Güter ist ein fester Bestandteil menschlichen Handelns. Die Tatsache, dass Menschen sich für den Konsum entscheiden, anstatt einfach immer mehr der von ihnen geschätzten Güter, einschließlich Geld, anzuhäufen, bestätigt diesen Hang. Ihre Entscheidung, in der Gegenwart zu konsumieren, zeigt, dass die Menschen einem gegenwärtigen Gut einen höheren Wert als demselben zukünftigen Gut beimessen. Die Zeitpräferenz ist das Ausmaß, zu welchem gegenwärtige Güter zukünftigen gegenüber bevorzugt werden. Sie ist immer positiv, weil die Menschen gegenwärtigen Gütern immer den Vorzug vor zukünftigen Gütern geben. Ihre Intensität variiert jedoch von Person zu Person und für jede Person im Laufe ihres Lebens je nach Situation. Eine hohe Zeitpräferenz deutet auf eine starke Abwertung der Zukunft zugunsten der Gegenwart und eine stärkere Gegenwartsorientierung hin, während eine niedrige Zeitpräferenz eine geringere Diskontierung der Zukunft und eine stärkere Zukunftsorientierung impliziert.

Eine unendliche Vielzahl von Faktoren kann die Zeitpräferenz eines Individuums beeinflussen, wobei Hoppe zwischen externen, biologischen und sozialen bzw. institutionellen Faktoren unterscheidet. Externe Ereignisse beeinflussen die Zukunftserwartungen einer Person und damit auch das Ausmaß, zu welchem sie der Zukunft Priorität einräumt. Auch die biologischen Realitäten des Lebens prägen die Zeitpräferenz des Einzelnen. Hoppe erklärt:

> „Es ist eine Tatsache, dass der Mensch als Kind geboren und später zum Erwachsenen wird, dass er während eines Teiles seines Lebens fortpflanzungsfähig ist, dass er altert und stirbt. Diese biologischen Tatsachen haben einen direkten Einfluss auf die Zeitpräferenz. Aufgrund biologischer Einschränkungen ihrer kognitiven Entwicklung haben Kinder eine extrem hohe Zeitpräferenzrate. Sie haben keine klare Vorstellung einer persönlichen Lebenserwartung, die sich über einen längeren Zeitraum erstreckt, und kein volles Verständnis für die Produktion als indirekte Konsumform. Folglich werden gegenwärtige Güter und sofortige Befriedigung gegenüber zukünftigen Gütern und verzögerter Befriedigung stark bevorzugt. Sparen und Investieren sind selten, und Zeiträume der Produktion und Versorgung reichen kaum über die unmittelbare Zukunft hinaus. Kinder leben von Tag zu Tag und von einer unmittelbaren Befriedigung zur nächsten.
> Im Laufe des Erwachsenwerdens sinkt die anfänglich extrem hohe Zeitpräferenzrate eines Akteurs tendenziell. Mit dem Wissen um die eigene Lebenserwartung und die Möglichkeiten der Produktion als Mittel des indirekten Konsums steigt der Grenznutzen zukünftiger Güter. Sparen und Investieren werden angeregt, und die Produktions- und Versorgungszeiten verlängern sich. Wenn man schließlich alt wird und sich dem Ende seines Lebens nähert, steigt die Zeitpräferenzrate tendenziell wieder an. Der Grenznutzen zukünftiger Güter sinkt, weil weniger Zukunft übrig ist. Ersparnisse

> und Investitionen gehen zurück, und der Konsum – einschließlich der Nichterneuerung von Kapital und langlebigen Konsumgütern – steigt. Dieser Alterseffekt kann jedoch abgeschwächt und aufgehoben werden. Der biologischen Tatsache der Fortpflanzung wegen kann ein Akteur seine Vorsorgedauer über die Dauer seines eigenen Lebens hinaus verlängern. Wenn und soweit dies der Fall ist, kann seine Zeitpräferenzrate bis zu seinem Tod auf dem Erwachsenenniveau bleiben."[147]

Zahlreiche soziale und institutionelle Faktoren beeinflussen die Zeitpräferenz des Einzelnen. Der vielleicht wichtigste unter ihnen ist die Sicherheit des eigenen Eigentums, die dem Menschen eine sehr effektive Möglichkeit der Zukunftsvorsorge bietet. Der Erwerb langlebiger Güter ist wohl der Beginn des menschlichen Zeitpräferenzsenkungsprozesses. Ein Mensch, der über ein wertvolles, in der Zukunft nutzbares Gut verfügt, verringert die seine Zukunft einhüllende Unwägbarkeit und ist weniger geneigt, erstere abzuwerten. Wenn sich das in Kapitel 5 erörterte Konzept von Eigentumsrechten in einer Gesellschaft durchsetzt, führt dies zu einem weitläufigen Rückgang der Zeitpräferenz, da der Einzelne beginnt, seine zunehmend sichere Zukunft höher zu werten. Die aus Eigentumsrechten hervorgehende Sicherheit hat einen starken Einfluss auf die Zeitpräferenz. Wenn die Gewissheit eines Eigentümers, über ein Gut zu verfügen, mit der Zeit zunimmt, wird er es wahrscheinlicher in gutem Zustand erhalten und zukunftsorientierter handeln.

Zeitpräferenz und Geld

Die Zukunftsvorsorge wirft das Problem der Bedürfniskoinzidenz, das im Kontext des Handels in Kapitel 9 erörtert wurde, auf. Die

147 Hoppe, Hans-Hermann. *Democracy: The God That Failed.* Transaction Publishers, 2001, S. 4f. (eig. Übers. – Anm. d. Hrsg.)

Zukunft ist ungewiss und unbestimmt, weshalb niemand mit Sicherheit wissen kann welche Güter er in Zukunft benötigen wird. Geld löst das Problem der Bedürfniskoinzidenz für die Zukunftsvorsorge auf dieselbe Art und Weise wie die zwischen Handelspartnern. Durch das Sparen von Geld, dem liquidesten Gut und allgemeinen Tauschmittel, ist der Sparer in der Lage, es in Zukunft zu einem Zeitpunkt seiner Wahl gegen die ihm wertvollsten verfügbaren Güter einzutauschen. Geld wird also gerade aufgrund von Unsicherheit gehalten. Im Falle einer vollkommen vorhersehbaren Zukunft könnte der Einzelne die Verteilung all seiner künftigen Finanzströme an die Anbieter in Zukunft gewünschter Güter einrichten, und bräuchte kein Geld zu halten. In der realen Welt jedoch, in der die Zukunft unvorhersehbar ist, stellt Geld das beste Instrument der Zukunftsvorsorge dar, da es aufgrund seiner Liquidität in jedes zukünftig gewünschte Gut umgewandelt werden kann. Als das am besten verkäufliche Gut kann Geld zu zukünftigen Zeitpunkten am billigsten in dasjenige Gut umgewandelt werden, das dem Inhaber des Geldes zu dieser Zeit den höchsten Grenznutzen bietet. Sowie eine menschliche Gesellschaft ein monetäres Gut entwickelt, begreifen die Menschen dieses als ein bequemes und effizientes Instrument zur Übertragung von Werten in die Zukunft, was es ihnen ermöglicht, ihre Zeitpräferenz zu senken, mehr zu sparen und besser vorzusorgen. Geld steigert unsere Sparfähigkeit im Vergleich zur langfristigen Aufbewahrung von Konsumgütern, da deren zukünftiger Nutzen ungewisser ist und sie weniger leicht verkauft werden können.

In dem Maße, zu welchem die Menschen Geld für den Handel verwenden, verbessert sich die fürs Geld verwendete Technologie. Dadurch wird es effizienter bei der Erfüllung seiner Aufgabe als Tauschmittel, und zwar sowohl zwischen mehreren gegenwärtigen Individuen als auch zwischen einem gegenwärtigen Individuum und dessen zukünftigem Selbst. Geld ist eine Technologie – die

Vermehrung seiner Nutzer führt zu einer Vermehrung miteinander konkurrierender technischer Lösungen. Die besseren Ideen und Technologien setzen sich durch und verdrängen minderwertige. Im Falle eines Geldes beruht die Produktivität einer Technologie darauf, wie gut sie ihre Funktion als Tauschmittel erfüllt, d.h. auf ihrer Verkäuflichkeit, wie in Kapitel 10 erläutert wurde.

Ein monetäres Medium, das in Reaktion auf seine Nachfrage leicht in übermäßigen Mengen produziert werden kann, wird wahrscheinlich langfristig einen erheblichen Anstieg seines Angebots und eine Verringerung seines wirtschaftlichen Wertes erfahren. Demgegenüber wird sich das Angebot monetärer Medien, die auch bei steigender Nachfrage nur schwer in steigenden Mengen produziert werden können, wahrscheinlich nur geringfügig ausweiten, was dazu führt, dass ihr Preis angesichts der wachsenden Nachfrage steigen wird, wodurch sie ihren Wert besser bewahren. Diejenigen, die ihren Reichtum in härteren Geldern aufbewahren, werden Zeuge seiner Erhaltung und Wertsteigerung, während diejenigen, die ihn in weichen Geldern aufbewahren, seiner Vernichtung beiwohnen. Sie können diese Lektion lernen, bevor es zu spät ist, und ihr Vermögen in härteres Geld umschichten, oder sie können es lassen. In beiden Fällen ist das Ergebnis dasselbe: Der Großteil des Vermögens wird dem härteren Geld zufallen. Dieser Prozess erklärt die weltweite Demonetisierung von Muscheln, Glasperlen, Eisen, Kupfer und anderen primitiven Zahlungsmitteln zugunsten von Gold und Silber. Er erklärt darüber hinaus die im neunzehnten Jahrhundert stattfindende Demonetisierung des Silbers und dessen rapiden Wertverlust gegenüber Gold, dem zum Jahrhundertende unbestrittenen Gewinner des globalen Geldmarktes. Da sich die überwiegende Mehrheit der Weltbevölkerung auf den einen Rohstoff konzentrierte, der die zuverlässig niedrigste jährliche Wachstumsrate aufwies, wurden sichere Ersparnisse für die Zukunft allgegenwärtig und ermutigten die Menschen auf der ganzen Welt, für ihre Zukunft vorzusorgen, wodurch ihre Zeitpräferenz sank. Dies machte eine Fülle von Ersparnissen für Kapitalinvestitionen verfügbar, die Arbeitsproduktivität stieg, Investitionen in technologische Innovationen wurden attraktiver und der Wohlstand nahm zu.

Wenn die Menschheit zur Verwendung schwer herzustellender Geldmittel übergeht, steigt unsere Fähigkeit, für unsere Zukunft vorzusorgen. Die Effizienz der Transaktionen mit unserem zukünftigen Selbst steigt, und die Unwägbarkeit der Zukunft nimmt ab. Die durch Geld als Sparmedium bereitgestellte Sicherheit ermöglichte es zahllosen Menschen, den Verheerungen von Krieg und Katastrophen mit einem Vermögen zu entkommen, das sie leicht in die ganze Welt transportieren konnten. In dem Maße, in welchem die Ungewissheit der Zukunft ab- und der erwartete Wohlstand, den wir in sie zu transferieren vermögen, zunimmt, sinkt die Diskontierung der Zukunft und damit die Zeitpräferenzrate. In jeder Gesellschaft und zu jeder Zeit ist die Härte der den Menschen zur Verfügung stehenden Geldtechnologien untrennbar mit der Zeitpräferenz verbunden – zum Guten wie zum Schlechten.

Die Zeitpräferenz und das Sparen

Wirtschaftliche Güter lassen sich auf dreierlei Arten verwenden: Sie können konsumiert, für den zukünftigen Konsum aufbewahrt oder in die Produktion weiterer wirtschaftlicher Güter investiert werden. Das Gleiche gilt für Geld, das ein für den Werterhalt über die Zeit hinweg optimiertes wirtschaftliches Gut darstellt. Geld wird immer auf eine von drei Arten verwendet: Es wird gegen Konsumgüter getauscht, angespart oder in dem Glauben, so eine höhere Rendite erzielen zu können, gegen Investitionsgüter getauscht und in den Produktionsprozess anderer Güter investiert.

Die wichtige Unterscheidung zwischen Sparen und Investieren ist in der modernen Wirtschaftswissenschaft so weit verloren gegangen, dass beide Begriffe bisweilen austauschbar werden. Dies ist nicht zuletzt den vielen Studenten zu verdanken, die das Pech hatten, diese Begriffe auf die unsinnige im Rahmen des Keynesianismus unterrichtete Art und Weise zu lernen. Für den Keynesianer sind Ersparnisse und Investitionen staatlich kontrollierte, von jeder Vorstellung von Opportunitätskosten losgelöste Hebel. Während Zentralregierungsbürokraten dies, nicht zuletzt, weil es ihre Gehälter rechtfertigt, lieben, sieht die Realität ganz anders aus.

Der Unterschied zwischen Sparen und Investieren liegt in der jeweils implizierten Verkäuflichkeit und dem jeweils eingegangenen Risiko. Sparen bezieht sich auf die Anhäufung von Geld in flüssigen Beständen. Dies geschieht aus dem Wunsch heraus, sich gegen künftige Unsicherheiten abzuschirmen. Lebte der Mensch in einer vollkommen vorhersehbaren Welt, hätte er keinen Grund zur Anhäufung von Geld. Wäre der Zeitpunkt aller künftigen Einnahmen- und Ausgabenströme vollkommen vorhersehbar, könnte er sein gesamtes Vermögen in Rendite abwerfenden Anlagen halten und diese nur zu Zeitpunkten auflösen, zu denen er Ausgaben tätigen muss. Da das Leben jedoch ungewiss ist und er nicht weiß, wann er etwas ausgeben muss, zieht der Mensch es selbst unter Aufopferung entsprechender Renditen vor, einen Restbestand an Geld zu halten, um von dessen hoher Verkäuflichkeit zu profitieren. Investitionen können zwar Renditen abwerfen, sind aber weniger verkäuflich, schwieriger zu liquidieren und bergen ein Verlustrisiko. Wenn ein Mensch seine Investition zur Tätigung von Ausgaben liquidieren muss, riskiert er, niemanden zu finden, der bereit ist, den von ihm gewünschten Preis zum von ihm gewünschten Zeitpunkt zu zahlen. In Zeiten systemweiter Krisen, in denen jeder seine Investitionen gegen Geld eintauschen möchte, wäre der Rückgang ihres Marktpreises zudem sehr groß. Im Gegensatz dazu steigt der Wert des

Geldes in Krisenzeiten, während derer Marktteilnehmer ihre Ausgaben reduzieren und Anlagen liquidieren.

Liquide Geldbestände ermöglichen es ihren Besitzern, seien das nun Privatpersonen oder Unternehmen, sich einerseits gegen unerwartete wirtschaftliche Schocks zu schützen und andererseits wirtschaftliche Chancen zu nutzen. Sollte ein Geldinhaber in einen Unfall verwickelt werden und eine medizinische Behandlung benötigen, kann er sein Geld ausgeben, statt eine seiner Investitionen zu liquidieren. Wenn sich ihm eine gute Geschäftsmöglichkeit bietet, kann er diese unverzüglich wahrnehmen, sofern er über liquide Geldbestände verfügt. Wenn sein Geld bereits in anderen Anlagen gebunden ist, kann er dies möglicherweise nicht tun. Die großmütterliche Weisheit, immer Ersparnisse parat zu haben, ist überall auf der Welt anzutreffen. Wertorientiertes Anlegen gibt Investoren zumindest in einer Geld nicht durch Inflation entwertenden Welt einen Anreiz dazu, große Geldbeträge als „trockenes Pulver" zu halten, um rapide auf gute Investitionsmöglichkeiten reagieren zu können. Wer seine gesamten liquiden Mittel sofort in alle sich bietenden Gelegenheiten investiert, verpasst mit Sicherheit einige der besten, da diese unerwartet auftauchen und schnell ausgeschöpft werden.

Geld wird wegen nur einer Eigenschaft erworben: seiner Marktfähigkeit bzw. Verkäuflichkeit, d. h. der Leichtigkeit, mit der es ohne nennenswerten Wertverlust verkauft werden kann. Seine Verkäuflichkeit wird durch seine weite Verbreitung, Teilbarkeit, Langlebigkeit, Transportfähigkeit und die Erwartung seiner Inflationsresistenz begünstigt. Geldersparnisse werden nicht zur Erwirtschaftung einer Rendite gehalten, sondern ihrer Liquidität und des geringen Wertminderungsrisikos wegen. Goldmünzen oder US-Dollar-Scheine sind heutzutage weltweit sehr gut verkäuflich. Solltest Du eine Goldmünze besitzen und diese veräußern müssen, wird es wahrscheinlich nicht an willigen Käufern mangeln, die bereit dazu sind, die Münze zu einem dem gängigen Marktwert nahen Betrag zu erwerben. Ein Haus, ein Auto, Unternehmensanteile oder ein schönes Gemälde sind dagegen weitaus weniger verkäuflich. Sollte man diese Güter verkaufen müssen, dauerte es wahrscheinlich einige Zeit, einen guten, den marktüblichen Preis zahlenden Käufer zu finden. Ein Haus, das 10 Bitcoin wert ist, wird diese 10 Bitcoin nicht sofort einbringen, nachdem es auf den Markt gebracht wurde. Viele Leute werden das Haus zunächst sehen, es inspizieren und darüber nachdenken wollen, bevor sie es kaufen. Möglicherweise findest Du nicht umgehend jemanden, dessen Anforderungen an ein Haus genau denen Deines Hauses entsprechen, so dass Du nur Angebote von Leuten erhalten wirst, die Dein Haus weniger hoch schätzen und einen niedrigeren Preis dafür bieten. Wenn Du keine andere Wahl hast, als zu verkaufen, wirst Du gezwungen sein, mit einem erheblichen Verlust zu verkaufen. Solltest Du ein Haus verkaufen wollen, wäre Dir ein zeitunabhängiger Verkauf lieb, was es Dir erlaubte, zu warten, bis der richtige, das Haus hoch einschätzende Käufer auftaucht. Für dringende, unerwartete Ausgaben solltest Du daher über gut verkäufliche liquide Mittel verfügen.

Im Gegensatz zum Sparen muss man beim Investieren die Kontrolle über sein Kapital aufgeben, damit es in der Produktion eingesetzt werden kann. Man verzichtet auf die Verkäuflichkeit und Zuverlässigkeit flüssiger Mittel, um das Kapital in der Hoffnung, dass es so einen Gewinn abwerfen wird, einem produktiven Prozess zuzuführen. Der Investor opfert die Liquidität des Geldes und nimmt ein Verlustrisiko in Kauf, um im Gegenzug eine Rendite zu erzielen. Es gibt keine risikolose Investition, da stets das Risiko eines teilweisen oder vollständigen Kapitalverlustes besteht.

Zeitpräferenz kann als die Triebfeder des Sparens und Investierens gesehen werden. Sobald ein Individuum seine Zeitpräferenz zu senken und sich an Aktivitäten zu beteiligen vermag, die keine unmittelbaren Belohnungen bieten, kann es sich dafür entscheiden, gegenwärtige Zeit zugunsten der Zukunft zu opfern.

Sobald die Entscheidung fällt, auf den Konsum gegenwärtiger Güter zu verzichten, um diese für die Zukunft zu sparen, sinkt die Zeitpräferenz weiter.

Sowohl konzeptionell als auch chronologisch kann das Sparen nur als Vorläufer und Voraussetzung des Investierens betrachtet werden. Jedes Kapitalgut kann konsumiert oder gegen Konsumgüter eingetauscht werden. Bevor man es zu investieren vermag, muss man seinen Verbrauch aufschieben, indem man es anspart. Ganz gleich wie kurz der Zeitraum zwischen der Erwirtschaftung von Wohlstand und seiner Investition ausfällt, handelt es sich bei ihm doch um einen Zeitraum des Sparens. Das ist die Logik von Großmüttern und Vermögensverwaltern auf der ganzen Welt: Reduziere Deine Ausgaben, um eine gewisse Summe anzusparen, die Du als liquiden Notgroschen benötigst, und beginne dann nach der Erreichung dieses Zieles damit, weitere Ersparnisse in produktive Unternehmen zu investieren.

Man muss sich nicht unbedingt zwischen Sparen und Investieren entscheiden; beides hat seinen Platz in individuellen Portfolios. Die Wahl zwischen diesen Optionen wird in Grenzeinheiten getroffen und hängt von der jeweils besessenen Menge ab. Junge Menschen mit geringen Vermögen werden es wahrscheinlich vorziehen, sich einen risikofreien Geldbestand zu sichern, bevor sie Risiken auf den Kapitalmärkten einzugehen bereit sind. Wer erhebliche Ersparnisse angehäuft hat, wird eher auf den Kapitalmärkten investieren.

Wenn jemand beginnt, seine liquiden Mittel von null weg anzuhäufen, ist der Grenznutzen des Geldbesitzes aufgrund der geringen besessenen Menge extrem hoch. Zu diesem Zeitpunkt ist der Nutzen eines Geldbestandes wahrscheinlich höher als jede Investition, da alle Investitionen mit Risiken und Verkäuflichkeitseinbußen verbunden sind. Jemand, der nur über ein geringes Vermögen verfügt, schätzt jedoch gerade dessen Verkäuflichkeit und kann zugleich kein großes Risiko eingehen. Mit der Anhäufung von Geld sinkt der

Grenznutzen weiterer Ersparnisse, bis er unter die erwartete Rendite der besten verfügbaren Anlagemöglichkeit fällt. Je mehr Bargeld ein Individuum besitzt, desto höhere Investitionsrisiken kann es verkraften. Eine Fehlinvestition wird es nicht ruinieren, da es im Fall der Fälle noch immer über seine Ersparnisse verfügt.

Eine Senkung der Zeitpräferenz ist es, die den Einzelnen dazu bringt, Geld anzuhäufen und zu investieren. Je geringer die Zeitpräferenz, desto weniger wird konsumiert und desto mehr Mittel stehen zum Sparen und Investieren zur Verfügung. Jede Person hält Ersparnisse bereit, über die sie mit Sicherheit verfügen möchte, und geht mit ihren Investitionen auf der Suche nach Renditen ein Risiko ein. Bei einem Hartgeldstandard wie dem Goldstandard hielte man hartes Geld selbst als Ersparnis, da es aufgrund seiner relativen Knappheit jedes Jahr etwas an Wert gewänne. In einer modernen Wirtschaft weichen Geldes gilt „Bargeld ist Müll", wie jeder Vermögensverwalter weiß. Die Menschen halten stattdessen den Gegenwert ihrer Ersparnisse in Staatsanleihen oder risikoarmen Investmentaktien, und gehen mit dem Rest ihres Portfolios höhere Risiken ein.

Sparen und Investieren konfligieren nicht; das Investieren folgt aufs Sparen. Beiden geht notwendigerweise eine Verringerung der Zeitpräferenz und ein Aufschieben der Bedürfnisbefriedigung voraus. Wenn eine Wertsteigerung des Geldes erwartet wird, nimmt die Wahrscheinlichkeit der Konsumverzögerung zu, da die Menschen hartes Geld sparen möchten. Wenn die Ersparnisse anwachsen, erhöhen sich die Investitionsmöglichkeiten. Wenn Geld im Vertrauen auf seinen Wert gehalten werden kann, hat der Einzelne die Freiheit, mit seinen Investitionen höhere Risiken einzugehen. In einer Welt des harten Geldes wären nur Investitionen mit positiven realen Renditen sinnvoll, während im gegensätzlichen Szenario weichen Geldes Investitionen mit positiven nominalen, aber negativen realen Renditen praktikabel werden, was zu einer realen

Kapitalvernichtung führt. Keynesianischer Propaganda zum Trotz fördert Inflation Investitionen nicht, sondern führt lediglich zu Fehlallokationen derselben. In Kapitel 6 sahen wir, auf welche Weise das keynesianische Modell die unbegründete Behauptung aufstellt, dass Ersparnisse und Investitionen sich im Gleichgewicht zu befinden hätten. Aus dieser Sicht führt ein an den Investitionen gemessener Überschuss an Ersparnissen zu Arbeitslosigkeit und Rezessionen. In Wirklichkeit aber folgen Investitionen auf Ersparnisse und steigen tendenziell mit diesen. Die Entscheidung über die Aufteilung zwischen Konsum, Sparen und Investitionen wird in Grenzeinheiten getroffen und ist von der Zeitpräferenz abhängig. Wenn die Zeitpräferenz abnimmt, werden wirtschaftliche Ressourcen vom Konsum in Ersparnisse umgelenkt. Wenn die Ersparnisse anwachsen, sinkt der Grenznutzen zusätzlicher Ersparniseinheiten, wodurch höhere Investitionsrisiken tolerierbarer werden.

Je stärker die Zeitpräferenz sinkt, desto eher werden die Menschen Konsum aufschieben, und je mehr Geld sie zur Verfügung haben, desto eher sind sie zu Investitionen und der Vergabe von Krediten bereit. Die Verfügbarkeit von Krediten ermöglicht die Finanzierung einer wachsenden Anzahl produktiver Unternehmen zu immer niedrigeren Zinssätzen. Steht mehr Kapital zur Verfügung, steigt die Arbeitsproduktivität, was Einkommen und Lebensstandards erhöht. Ein Einkommenszuwachs wiederum ermöglicht weitere Kapitalakkumulation, was zu einem positiven Kreislauf materiellen Wohlstands führt. Dies ist der Prozess der Zivilisierung.

Zeitpräferenz und Zivilisation

In dem Maße, in dem der Einzelne seine Zeitpräferenz senkt und Kapital anhäuft, steigt seine Produktivität, was ihn dazu anreizt, seine Zeitpräferenz weiter zu senken. In *The History of Interest*

Rates (z. Dt. Die Geschichte der Zinssätze – Anm. d. Übers.) beschreiben Homer und Sylla einen über 5.000 Jahre andauernden Prozess sinkender Zinssätze, der während Kriegs-, Seuchen- und Katastrophenepisoden durch erhebliche Zinserhöhungen unterbrochen wurde.[148] Die Entwicklung härterer, sowohl räumlich wie zeitlich besser verkäuflicher Gelder kann als ein Beitrag zu diesem epochalen Rückgang der Zeitpräferenz angesehen werden, da sie den Menschen eine überlegene Spartechnologie verfügbar und die Zukunft wägbarer und damit wertvoller machte. Dies führte zu wachsenden Ersparnissen und damit zu mehr und zu niedrigeren Zinssätzen verfügbarem Kapital.

Solange der Einzelne Kapital akkumulieren und vernünftigerweise erwarten kann, dass es ihm auch nach der Tätigung einer Investition erhalten bleibt, wird sich dieser Prozess wahrscheinlich fortsetzen und höhere Kapitalstöcke sowie niedrigere Zinssätze hervorbringen. Er kann jedoch durch verschiedene Faktoren unterbrochen und umgekehrt werden. Naturkatastrophen zerstören Eigentum und Kapital, senken den Lebensstandard und gefährden das Überleben, was zu einer höheren Abwertung der Zukunft führt und es notwendig macht, mehr verfügbare Ressourcen in der Gegenwart zu verbrauchen, die Kapitalakkumulation zu verringern und die Zeitpräferenz zu erhöhen. Vom Menschen selbst verursachte Katastrophen sind jedoch eine ebenso große und vielleicht sogar häufigere Bedrohung für das Eigentum.

Die Verletzung von Eigentumsrechten ist der wichtigste soziale und institutionelle, die Zeitpräferenz affizierende Faktor. Diebstahl, Vandalismus und andere Kriminalitätsformen haben eine Naturkatastrophen ähnliche Wirkung, da sie den Kapital- und Güterbestand verringern und den Einzelnen zwingen, einen größeren Teil seiner Ressourcen gegenwärtig zu verbrauchen, was seine Unsicherheit über die Zukunft erhöht. Eine Verbreitung von Kriminalität führt

148 Homer, Sidney, and Richard Sylla. *A History of Interest Rates*. John Wiley & Sons, Inc., 2005.

außerdem dazu, dass steigende Ressourcenmengen für den Schutz vor ihr aufgewendet werden müssen, was sie anderen produktiven Unternehmungen entzieht. Je stärker Kriminalität ansteigt, desto mehr Ressourcen müssen für den Schutz vor ihr aufgewendet und damit der Erhöhung des Wohlstands vorenthalten werden.

Weitaus bedeutsamer als Kleinkriminalität ist jedoch die institutionelle oder organisierte Kriminalitätsform einer räuberischen Regierungspolitik, zu der wohl alle Formen obligatorischer Regulierungen zählen, wie Per Bylund in *The Seen, The Unseen, and the Unrealized* (z. Dt. Das Gesehene, das Ungesehene, und das Unbemerkte – Anm. d. Übers.) erörtert.[149] Während es möglich ist, sich Schutz vor kriminellen Individuen zu erkaufen, sind staatliche Übergriffe auf das Eigentumsrecht systemisch, wiederkehrend und unausweichlich. Da sie als legitim angesehen werden, ist es viel schwieriger, sich ihrer als gegen individuelle Straftaten zu erwehren. Besteuerung verringert Einkommen und Investitionsrenditen.

Eine die Zukunftsorientierung sowie den Prozess der Zeitpräferenzreduktion stark beeinträchtigende Verletzung der Eigentumsrechte ist die Währungsabwertung. Die Verringerung der Zeitpräferenz ist untrennbar mit unserem Geld verbunden. Geld ermöglicht es dem Menschen, seinen Konsum aufzuschieben und dafür etwas zu erhalten, das wertbeständig und leicht tauschbar ist. Ohne Geld wäre es schwieriger, den Konsum hinauszuzögern und etwas zu sparen, weil Güter tendenziell mit der Zeit an Wert verlieren. Man könnte Getreide für die Aussaat lagern, aber die Gefahr, dass es vor der nächsten Saison verdirbt, ist größer als die Verderbensgefahr einer Goldmünze. Wenn man das Getreide gegen Gold zu verkaufen imstande ist, kann es bei Bedarf wieder in Getreide umgetauscht und in der Zwischenzeit etwas anderes damit gekauft werden. Geld erhöht im Vergleich zu einer geldlosen Welt auf natürliche Weise den erwarteten Zukunftswert aufgeschobenen

149 Bylund, Per. *The Seen, the Unseen, and the Unrealized: How Regulations Affect Our Everyday Lives.* Lexington Books, 2016

Konsums. Dies reizt zur Zukunftsvorsorge an. Je besser unser Geld seinen Wert in die Zukunft zu transportieren vermag, desto zuverlässiger kann der Einzelne mit ihm für seine Zukunft vorsorgen und desto geringer ist die Unwägbarkeit seines künftigen Lebens.

Salz, Vieh, Glasperlen, Kalksteine, Seeschneckenhäuser, Eisen, Kupfer und Silber wurden zu verschiedenen Zeiten und an verschiedenen Orten als Geld verwendet, doch gegen Ende des 19. Jahrhunderts war praktisch der gesamte Globus an einen Goldstandard gebunden. Mit dem Goldstandard des späten 19. Jahrhunderts hatte der Großteil der Welt Zugang zu einer Geldform, die ihren Wert bis weit in die Zukunft hinein zu halten imstande war und sich gleichzeitig immer einfacher im Raum transportieren ließ. Das Sparen für die Zukunft wurde weltweit für immer mehr Menschen immer zuverlässiger. Die Möglichkeit, in einem Hartgeld zu sparen, reizt zum Sparen, der Senkung der eigenen Zeitpräferenz und dem Ernten künftiger Früchte an. Jeder kann diese Vorteile jeden Tag in Form sinkender Preise und immer wohlhabenderer Sparer um sich herum beobachten. Die wirtschaftliche Realität führt uns allen ständig die in geopfertem zukünftigem Glück anfallenden hohen Opportunitätskosten gegenwärtiger Ausgaben vor Augen.

Die Umstellung auf ein weicheres Geldmedium im zwanzigsten Jahrhundert drehte diesen jahrtausendealten Prozess der allmählichen Zeitpräferenzreduktion um. Statt einer Welt, in der fast jeder Zugang zu einem Wertaufbewahrungsmittel hatte, dessen Angebot nur um etwa 2 % pro Jahr erhöht werden konnte, bescherte uns das zwanzigste Jahrhundert ein Sammelsurium staatlich herausgegebener Abscheulichkeiten, deren Angebot nur in den besten Fällen um 6–7 % wächst, in der Regel jedoch ein zweistelliges, gelegentlich sogar ein dreistelliges Wachstum aufweist. Das durchschnittliche Wachstum der weit gefassten Geldmengen aller Nationalwährungen betrug zwischen 1960 und 2020 jährlich 30 %. Berechnet man den nach Währungsgröße gewichteten Durchschnitt, so ergibt sich ein jährlicher Anstieg des Marktangebots aller Fiat-Währungen um etwa 14 %, was als durchschnittlicher Anstieg der Geldmenge angesehen werden kann, den der Durchschnittsbürger der Fiat-Nationen des späten zwanzigsten und frühen einundzwanzigsten Jahrhunderts erlebte.[150]

Statt die Erwartung eines allmählichen Wertzuwachses des Geldes und damit Vertrauen in den zuverlässigen Werttransport über die Zeit hinweg zu schaffen, versetzte Fiat die Menschen des 20. Jahrhunderts in weitaus primitivere Zeiten zurück, in denen der Werttransport in die Zukunft viel ungewisser war und ihr Reichtum mit der Zeit voraussichtlich sank oder sich ganz verflüchtigte. Weiches Geld macht die Zukunft unvorhersehbarer, was die Vorsorge für sie erschwert und Sicherheit erodiert. Diese größere Ungewissheit führt zu einer höheren Diskontierung der Zukunft und damit zu einer höheren Zeitpräferenz. Fiatgeld besteuert im Endeffekt die Zukunftsvorsorge, was diese abwertet und das Verhalten der Menschen stärker an der Gegenwart ausrichtet. Warum Konsum aufschieben, wenn man morgen weniger mit seinen Ersparnissen kaufen kann? So verzerren Fiatgeldsysteme natürliche wirtschaftliche Anreize und natürliches menschliches Verhalten auf eine die Entfaltung der Menschen oft hemmende und ihr Wohlergehen untergrabende Art und Weise, wie ich in *Der Fiat-Standard* ausführlicher darlege.

Das Extrem dieses Prozesses lässt sich in Fällen einer Hyperinflation, d. h. des Übergangs zu einer sehr weichen und schnell abwertenden Währung, beobachten. Die jüngsten hyperinflationären Episoden der modernen Volkswirtschaften des Libanon, Simbabwes oder Venezuelas geben neben Dutzenden Beispielen des zwanzigsten Jahrhunderts gute Fallstudien ab. Adam Fergusons *When Money Dies* (z. Dt. Wenn Geld stirbt – Anm. d. Übers.) verschafft einen guten Überblick über die Auswirkungen der Hyperinflation im

150 Ammous, Saifedean. *Der Fiat-Standard: Das Schuldknechtschaftssystem als Alternative zur menschlichen Zivilisation*. Aprycot Media, 2022, S. 60-62.

Deutschland der Zwischenkriegszeit, also in einer Gesellschaft, die wenige Jahre zuvor zu den fortschrittlichsten der Welt gehörte.[151] In jedem dieser Hyperinflationsszenarien wurde der Wert des Geldes und mit ihm die Rücksicht auf die Zukunft vernichtet. Alle Aufmerksamkeit richtete sich stattdessen auf das kurzfristige Überleben. Sparen wird undenkbar, und die Menschen versuchen, Geld nach dessen Erhalt so schnell wie möglich auszugeben. Sie beginnen, alle Dinge von langfristigem Wert geringer zu schätzen und Kapital zu verkonsumieren. In hyperinflationären Volkswirtschaften werden fruchttragende Bäume im Winter für Brennholz gefällt und Unternehmen liquidiert, um Ausgaben zu finanzieren – man isst das sprichwörtliche Saatkorn. Human- und Sachkapital verlassen das Land, um dorthin zu gehen, wo Sparer es sich leisten können, es aufrechtzuerhalten und produktiv zu betreiben. Da die Zukunft so stark abgewertet wird, gibt es weniger Anreize dazu, sich zivilisiert, umsichtig und gesetzestreu zu verhalten, während rücksichtsloses, kriminelles oder gefährliches Verhalten belohnt wird. Kriminalität und Gewalt ufern aus, da sich jeder beraubt fühlt und versucht, dieses Gefühl an allen auszulassen, die etwas besitzen. Familien brechen unter den finanziellen Belastungen zusammen. Auch wenn diese Tendenzen im Falle einer Hyperinflation extremer zutage treten, so sind sie doch in milderen Formen auch unter dem Joch der schleichenden Fiat-Inflation allgegenwärtig.

Die unmittelbarste Auswirkung einer abnehmenden Fähigkeit des Geldes, seinen Wert über die Zeit hinweg zu erhalten, ist ein Anstieg des Konsums und ein Rückgang des Sparens. Der Aufschub des Konsums und die Verzögerung der Befriedigung erfordern einen Verzicht auf unmittelbares Vergnügen im Austausch für eine zukünftige Belohnung. Je unzuverlässiger das Tauschmittel bei der Umwandlung von Wert in künftige Belohnungen ist, desto geringer fällt der erwartete Sparwert dieser Belohnungen aus, desto teurer

151 Ferguson, Adam. *When Money Dies: The Nightmare of Deficit Spending, Devaluation, and Hyperinflation in Weimar Germany.* Perseus Books, 2010.

wird das anfängliche Opfer, und desto eher reduziert sich die Wahrscheinlichkeit, dass die Menschen ihren Konsum tatsächlich aufschieben. Eine extreme Ausprägung dieses Phänomens lässt sich zu Monatsbeginn in Supermärkten von Ländern mit sehr rapider Inflation beobachten. Die Menschen eilen mit ihrem frisch ausgezahlten Gehalt in den Supermarkt, um es sofort in Lebensmittel und Güter umzuwandeln, wohl wissend, dass sie aufgrund des Wertverfalls der Währung am Ende des Monats viel kleinere Mengen zu erwerben imstande wären. Eine niedrige und stetige Fiat-Inflation verursacht auf subtilere Weise Ähnliches.

Die unseren Planeten heutzutage überziehende Kultur massenhaften Geltungskonsums kann nur im Lichte der verzerrten Konsumanreize verstanden werden, die Fiatgeld schafft. Da unser Geld ständig an Wert verliert, fällt der Erwartungswert aufgeschobenen Konsums und des Sparens wahrscheinlich negativ aus. Dies veranlasst naive Sparer dazu, in Wertpapiere zu investieren. Taugliche Anlagen zu finden ist jedoch schwierig, erfordert eine aktive Verwaltung sowie Überwachung und geht mit Risiken einher. Der Weg des geringsten Widerstands, der die Richtung der gesamten Fiat-Gesellschaftskultur vorgibt, besteht darin, stets sein gesamtes Einkommen zu verbrauchen und von Zahltag zu Zahltag zu leben.

Wenn Geld hart ist und an Wert zu gewinnen vermag, wird der Einzelne wahrscheinlich sehr genau darauf achten, wofür er es ausgibt, da die mit solchen Ausgaben verbundenen Opportunitätskosten im Laufe der Zeit ansteigen. Warum einen minderwertigen Tisch, ein minderwertiges Hemd oder ein minderwertiges Haus kaufen, wenn man eine Weile warten und zusehen kann, wie die eigenen Ersparnisse an Wert gewinnen, um dann mit ihnen bessere Produkt zu erstehen? Im Gegensatz dazu sind Verbraucher, deren Geld erodiert, was die Qualität ihrer Einkäufe angeht weniger wählerisch. Ein minderwertiger Tisch, eine minderwertige Wohnung oder ein minderwertiges Hemd werden zu einem vernünftigen Angebot, wenn die Alternative darin besteht, Geld zu halten, das im Laufe der Zeit an Wert verliert und nur gegen immer noch minderwertigere Produkte eingetauscht werden kann. Selbst minderwertige Tische halten ihren Wert besser als eine abwertende Fiat-Währung.

Die Unsicherheit des Fiatgeldes erstreckt sich auf alle Besitztümer. Eine durch ihre Fähigkeit, Geld aus dem Nichts zu erschaffen, ermutigte Regierung gewinnt zunehmende Macht über das Eigentum ihrer Bürger und kann ihnen dessen Verwendung vorschreiben oder es sogar konfiszieren. In *The Great Fiction* (z. Dt. Die große Fiktion – Anm. d. Übers.) vergleicht Hoppe Fiat-Eigentum mit dem Damoklesschwert, das über dem Kopf seiner Eigentümer schwebt, da es jederzeit beschlagnahmt werden kann, was ihre Unsicherheit über die Zukunft erhöht und ihre Vorsorge für sie verringert.[152]

Ein weiterer die Kapitalakkumulation störender Effekt von Inflation besteht darin, dass sie Sparer ermutigt, in alles zu investieren, von dem sie sich eine bessere Rendite als von ihrem Geld versprechen. Mit anderen Worten senkt Inflation den wahrgenommenen Wert von Unterscheidungskraft. Wenn Geld seinen Wert behält und an Wert gewinnt, muss eine akzeptable Anlage eine positive nominale Rendite abwerfen, die in diesem Szenario zugleich eine positive reale Rendite darstellen wird. Potenzielle Anleger können anspruchsvoll sein und ihr Geld behalten, während sie auf bessere Investitionsgelegenheiten warten. Wenn Geld jedoch an Wert verliert, werden seine Sparer dazu gedrängt, der Entwertung ihrer Ersparnisse durch Investitionen zu entgehen, was sie bei diesem Unterfangen weniger wählerisch macht. Investitionen, die eine positive nominale Rendite bieten, können in einem solchen Szenario eine negative reale Rendite abwerfen. Wirtschaftliche Aktivitäten, die wirtschaftlichen Wert vernichten und Kapital verbrauchen, erscheinen an der abwertenden Geldeinheit gemessen als sinnvoll und können überdauern, Investoren finden und weiteres

152 Hoppe, Hans-Hermann. *The Great Fiction*. Ludwig von Mises Institute, 2021.

Kapital aufsaugen. Die Vernichtung von Ersparnissen multipliziert nicht auf magische Weise die produktiven Möglichkeiten einer Gesellschaft, wie keynesianische Phantasten glauben machen wollen; sie führt zu einer Umverteilung dieses Vermögens in destruktive und gescheiterte Unternehmungen. Des Weiteren kreiert sie eine riesige Investitionsverwaltungsindustrie, die den Menschen das verkauft, was der Goldstandard ihnen kostenlos bot: wertsteigernde Ersparnisse. Es resultiert ein Negativsummenspiel: Der zur Finanzierung verschwenderischer Staatsausgaben weginflationierte Wert kann nicht von allen Inflationsopfern zurückgekauft werden. Nur ein Bruchteil dieser Opfer wird in der Lage sein, zu investieren, um der Inflation entgegenzuwirken, während die Finanzindustrie mit ihren Zentralbankmonopolprivilegien sich stets darauf verlassen kann, am Ende als Gewinner dazustehen. All dies stellt eine außerordentlich regressive Steuer dar: Diejenigen, die sich mit ihren Investitionen am ehesten von der Inflation abzuschirmen vermögen, sind wahrscheinlich nicht die Armen, sondern die Reichen, die es sich leisten können, Ressourcen in die Marktanalyse zu stecken.

Auch die eine Gesellschaft überhaupt ermöglichenden Sitten und Bräuche leiden, wenn die Zeitpräferenz steigt, da eine allgemeine Diskontierung der Zukunft zu vermehrten zwischenmenschlichen Konflikten führt. Handel, soziale Kooperation und die Fähigkeit der Menschen, in engem Kontakt miteinander in dauerhaften Siedlungen zu leben, hängen davon ab, dass sie lernen, ihre niederen, feindseligen, tierischen Instinkte und Reaktionen zu kontrollieren und sie durch Vernunft und Zukunftsorientierung zu ersetzen. Religiöse, bürgerliche und soziale Normen ermutigen die Menschen dazu, ihre unmittelbaren Impulse zu zügeln und im Gegenzug die langfristigen Vorteile des gesellschaftlichen Zusammenlebens, der Zusammenarbeit mit anderen und der Arbeitsteilung und Spezialisierung zu genießen. Wenn diese langfristigen Vorteile in weiter Ferne zu liegen scheinen, wird der Anreiz, Opfer für sie zu erbringen, geschwächt. Wenn der Einzelne mit ansehen muss, wie sich sein Wohlstand verflüchtigt, fühlt er sich zu Recht beraubt. Der vermeintliche Gesellschaftsvertrag scheint gebrochen worden zu sein, was den Nutzen des gesellschaftlichen Zusammenlebens und des Respekts vor entsprechenden Sitten in Frage stellt. Anstatt für mehr Wohlstand für alle zu sorgen, erscheint die Gesellschaft als ein Mechanismus zur Ausbeutung der Mehrheit durch einige wenige. Unter Inflation steigen die Kriminalitäts- und Konfliktraten.[153] Diejenigen, die sich von der wohlhabenden Elite der Gesellschaft beraubt fühlen, werden relativ leicht Rechtfertigungen für Übergriffe auf das Eigentum anderer finden. Getrübte Zukunftsaussichten schwächen den Anreiz dazu, sich Kunden, Arbeitgebern und Bekannten gegenüber höflich und respektvoll zu verhalten. In dem Maße, in dem die Fähigkeit, für die Zukunft vorzusorgen, beeinträchtigt wird, sinkt der Wunsch, für sie einzustehen. Je unwägbarer die Zukunft einer Person erscheint, desto wahrscheinlicher ist es, dass sie sich auf rücksichtslose Verhaltensweisen einlässt, die sie kurzfristig belohnen, auf lange Sicht jedoch gefährden könnten. Die langfristigen Risiken derartiger Aktivitäten – bspw. Haft, Tod oder Verstümmelung – werden im Vergleich zur unmittelbaren Sicherung von Grundbedürfnissen massiver abgewertet.[154]

Zeitpräferenz und Bitcoin

Das Aufkommen Bitcoins bietet eine faszinierende Möglichkeit, die Auswirkungen von Geld auf die Zeitpräferenz zu begreifen und

153 Fischer, David Hackett. 1996. *The Great Wave: Price Revolutions and the Rhythm of History*. Oxford University Press. • Rosenfeld, Richard. „Crime and Inflation in Cross-National Perspective.„ *Crime and Justice*, Bd. 43, Nr. 1, 2014, S. 341-66. • Tang, Chor, und Hooi Lean. „Will Inflation Increase Crime Rate?: New Evidence From Bounds and Modified Wald Tests.„ *Global Crime*, Bd. 8, Nr. 4, Nov. 2007, S. 311-23.

154 Mehr zu den sozialen, kulturellen und moralischen Implikationen von Inflation findet sich in Salerno, Joseph. „Hyperinflation and The Destruction of Human Personality." *Studia Humana*, Bd. 2, Nr. 1, 2013, S. 15-27. • Hülsmann, Jörg Guido. *The Ethics of Money Production*. Ludwig Von Mises Institute, 2008. • Hülsmann, Jörg Guido. *Deflation and Liberty*. Ludwig Von Mises Institute, 2008.

den Fiat-induzierten globalen Trend steigender Zeitpräferenz umzukehren. Bitcoin ist eine kostenlose und quelloffene Software für den Betrieb eines Peer-to-Peer-Zahlungsnetzwerks mit einer eigenen Währung. Die beiden wichtigsten Merkmale Bitcoins sind das streng festgelegte, nicht auf die Nachfrage reagierende Angebot seiner nativen Währung, was diese zum härtesten je erfundenen Geld macht, und dass es grenzüberschreitende Zahlungen ermöglicht, ohne dass eine politische Behörde die Transaktionen überwachen müsste. Diese beiden Eigenschaften – Härte und Zensurresistenz – versetzen Bitcoin wohl in die Lage, das zeitlich und räumlich am besten verkäufliche Gut darstellen zu können. Aufgrund seiner Knappheit kann sein Angebot nicht unerwartet verwässert werden, was es wahrscheinlich macht, dass er seinen Wert auch in Zukunft behält. Zugleich sorgt seine automatisierte Zahlungsabwicklung, die durch ein genuin dezentrales Netzwerk gesichert ist, dafür, dass er weltweit verbreitet werden kann und keine Behörde die Macht hat, ihn zu blockieren oder zu beschlagnahmen.

Bitcoin ist ziemlich einfach und ermöglicht es einem schlichtweg, Währungseinheiten zu halten und zu transferieren. In der Praxis wird Bitcoin zumeist als Wertaufbewahrungsmittel oder Sparkontoersatz verwendet. Millionen von Menschen auf der ganzen Welt haben Bitcoin als Sparkonto genutzt und immens davon profitiert, da der Bitcoin-Preis langfristig erheblich stieg.

All dies eröffnet uns einen sehr interessanten Einblick in die Bedeutung des Geldes für die Zeitpräferenz. Demokratie, Inflation, Regierungsübergriffe, Kriege, der keynesianische Verwaltungsstaat und ein überwiegender Großteil der modernen Faktoren, die zu einem Anstieg der Zeitpräferenz führen, sind noch immer in Kraft und spitzen sich im Allgemeinen weiter zu. Doch für eine kleine, aber wachsende Minderheit der Weltbevölkerung stellt Bitcoin eine Fluchtmöglichkeit vor monetärer Inflation dar. Anders als die große Mehrheit der Menschen des vergangenen Jahrhunderts können

Bitcoiner heute in einem vor Entwertung geschützten Geldmedium für die Zukunft sparen und so mit relativ geringer Unsicherheit erwarten, dass ihnen ihre Ersparnisse in der Zukunft zur Verfügung stehen und an Kaufkraft gewinnen werden. Wenn Geld für die Zeitpräferenz wichtig ist, wäre zu erwarten, dass diese Menschen sich durch eine geringere Zeitpräferenz von ihren Fiat-Mitmenschen unterscheiden. Meine jahrelange persönliche Erfahrung mit Bitcoinern hat mir dafür überzeugende Belege geliefert.

Die Geschichte, dass Bitcoin zu vermehrtem Sparen führte, ist eine mir sehr häufig begegnende. Vor Bitcoin hatten viele Menschen einfach keine Vorstellung vom Sparen und verzögerter Bedürfnisbefriedigung. Sie gaben alles Geld, das sie verdienten, aus und verschuldeten sich, wenn größere Ausgaben anfielen. Sie arbeiteten weiter und zahlten stets Schulden ab. Sofern die Menschen investieren, tun sie dies zumeist über ihre betriebliche Altersvorsorge. Die meisten Menschen, die investieren, verbringen viel Zeit damit, die Märkte zu analysieren und Börsenhandel zu treiben, was es fast zu einem Beruf macht. Der Gedanke, passiv zu sparen, während man gleichzeitig im Rahmen seiner Arbeit Geld verdient, war sehr selten. Mit Bitcoin wurde diese Idee immer üblicher.

Da seine Abwertung erwartet werden kann, ist weiches Geld kein verlässlicher Weg, für die Zukunft vorzusorgen; dies erhöht künftige Ungewissheiten und fördert eine stärkere Diskontierung der Zukunft bzw. eine höhere Zeitpräferenz, wie es im zwanzigsten Jahrhundert unter dem Fiat-Standard zu beobachten war. Da man davon ausgehen kann, dass es seinen Wert in die Zukunft transportieren wird, erhöht hartes Geld den potenziellen Nutzen von Ersparnissen und aufgeschobener Bedürfnisbefriedigung, was die Unsicherheit der Zukunft verringert und zu vermehrtem Sparen und einem eher zukunftsorientierten Verhalten anregt, wie es im Rahmen des Goldstandards der Fall war und unter dem aufkommenden Bitcoin-Standard der Fall sein wird. Bitcoin könnte die Lösung des freien Marktes für das Problem der steigenden Zeitpräferenz sein. Er ist die technologische Lösung, die es jedem ermöglicht, wieder am Prozess der Zeitpräferenzreduzierung, des Sparens, der Kapitalakkumulation und der Zivilisation teilzunehmen. Er erfordert keine politische Erlaubnis, macht (Geld-)Politik überflüssig, ist unaufhaltsam und für jeden, der sich an ihm beteiligt, äußerst lohnend.

KAPITEL 14:

Kredit und Bankwesen

„Alle Arten menschlicher Arrangements stehen auf die eine oder andere Weise mit Geldzahlungen in Verbindung. Wenn man also das Geldsystem eines Landes oder der ganzen Welt zerstört, zerstört man viel mehr als nur eine Facette. Wenn man das Geldsystem zerstört, zerstört man in gewisser Hinsicht die Grundlage aller zwischenmenschlichen Beziehungen. Wenn man vom Geld spricht, spricht man von einem Bereich, in welchem Regierungen das Schlimmste getan haben, was sie tun konnten, nämlich den Markt zu zerstören, die menschliche Zusammenarbeit zu zerstören, alle friedlichen Beziehungen zwischen den Menschen zu zerstören."[155]

– Ludwig von Mises

155 Greaves, Bettina Bien. 2010. *Ludwig von Mises on Money and Inflation: A Synthesis of Several Lectures*. Ludwig von Mises Institute. (eig. Übers. – Anm. d. Hrsg.)

Das Bankwesen

Nimmt die Zeitpräferenz ab, sparen die Menschen mehr und investieren folglich auch mehr, werden dadurch tendenziell produktiver, was wiederum die verfügbaren Ersparnisse vermehrt. Wenn die Ersparnisse anwachsen und die Arbeitsteilung fortschreitet, verwandelt sich die Verwaltung des Geldes selbst zu einer Dienstleistung, die spezialisierte Fachleute auf dem Markt anbieten. Die Arbeitsteilung erstreckt sich auf alle Güter und Dienstleistungen – Geld stellt hierzu keine Ausnahme dar. Wie im Falle von Lebensmitteln, Kleidung oder Häusern erhöht Spezialisierung die Produktivität, mit der ein Gut auf den Markt gebracht wird. Das Bankwesen ist der Wirtschaftszweig, der sich auf die Verwaltung von Geld spezialisiert hat, und besitzt zwei wesentliche Funktionen: die Verwaltung von Einlagen und die von Investitionen.

Auf individueller Ebene können wir beobachten, wie eine fallende Zeitpräferenz zu verzögerter Bedürfnisbefriedigung und erhöhten Ersparnissen, Investitionen und Produktivität sowie wirtschaftlichem Reichtum führt. Auf marktwirtschaftlicher Ebene, auf der die Arbeitsteilung in einem großen, unpersönlichen Maßstab stattfindet und Geld als gemeinsames Tausch- und Sparmittel verwendet wird, erhöht das Bankwesen die Produktivität des Sparens und Investierens, was eine größere Kapitalakkumulation und höhere Produktivität ermöglicht. Mitglieder der ganzen Gesellschaft profitieren davon, dass andere ihre Zeitpräferenz auf diese Weise senken. Die Ersparnisse anderer erhöhen die Produktivität der eigenen Arbeit.

Die erste Aufgabe des Bankwesens besteht darin, Sparern dabei zu helfen, ihr Vermögen zu erhalten und vor Diebstahl oder Zerstörung zu bewahren. Wohnhäuser sind auf eine schöne Lage, Bequemlichkeit und verschiedene andere Merkmale, aber nicht den bestmöglichen Schutz vor Einbrechern ausgelegt. Eine zunehmend spezialisierte Wirtschaft wird Individuen und Unternehmen die Möglichkeit bieten, ihr Vermögen in Einrichtungen zu lagern, die auf seine sichere Aufbewahrung ausgelegt sind. Banken nehmen Einlagen entgegen, verwahren diese und stellen den Eigentümern diese Dienstleistung in Rechnung. Der Bau einer entsprechenden Einrichtung ermöglicht eine Optimierung des Gebäudes hinsichtlich Sicherheit und Schutz vor Diebstahl oder Zerstörung. Indem sie geringe Gebühren von vielen Vermögensinhabern verlangen, finanzieren Bankeigentümer den Bau und Betrieb sicherer Einrichtungen, deren Plünderung unwahrscheinlicher ist als die von Privathäusern oder Arbeitsstätten. In dieser grundlegenden Ausprägung sicher, vernünftig und ehrlich betrieben, ist das Einlagengeschäft ein langweiliges und weitgehend uninteressantes Marktgut, das keine ausschweifende wirtschaftliche Analyse verdient. Erst dessen Missbrauch zeitigt interessante und tragische Folgen. Zum Leidwesen von Sparern wird das Einlagengeschäft so häufig missbraucht, dass ein sicheres und langweiliges Bankwesen inzwischen der Vergangenheit angehört.

Kredit

Die erste Aufgabe von Banken besteht darin, Ersparnisse für deren Eigentümer einzulagern. Die zweite besteht in der Investition dieser Ersparnisse zur Erzielung von Gewinnen, was die Ersparnisse unter Inkaufnahme eines Verlustrisikos vermehrt. Die Vergabe von Krediten ermöglicht es dem Sparer, mit seinen Ersparnissen eine Rendite zu erwirtschaften, indem er sein Geld einem Unternehmer verfügbar macht, dessen Unternehmen in der wirtschaftlichen Produktion tätig ist. Durch den Verzicht auf Konsum und das Ansparen von Geld wird der Sparer zum Investor und stellt seine Ersparnisse zum Kauf von Produktionsfaktoren zur Verfügung. Diese

Produktionsfaktoren werden dann miteinander kombiniert, um Erzeugnisse zu produzieren, die auf dem Markt verkauft werden, im Idealfall zu einem Erlös, der ihre Kosten übersteigt, so dass der Unternehmer und seine Kapitalisten mit Gewinnen belohnt werden. Sollte das Unternehmen keinen Gewinn erwirtschaften, verlieren die Gläubiger ihre Ersparnisse.

Während ein Kapitalist einem Unternehmer sein eigenes Geld leiht, verleiht eine Bank das Geld ihrer Einleger, wobei sie sich auf die Allokation von Investitionen spezialisiert, während die Sparer sich auf das spezialisieren, womit sie ihr Einkommen erzielen. Diese Spezialisierung und Arbeitsteilung bei der Anlage von Kapital ermöglicht eine Steigerung der Produktivität. Sie ermöglicht es Individuen, Geldbeträge zu investieren, für die sie in ihren eigenen Arbeitsbereichen keine offensichtliche Verwendung hätten. Ihre Fähigkeit, zu investieren, wird dadurch vom Wachstumspotenzial ihres eigenen Unternehmens entkoppelt. Indem sie in Produktionszweige investieren, die nichts mit ihrer eigenen Branche zu tun haben, können sich Anleger gegen das Scheitern ihres Unternehmens oder Krisen ihrer Branche absichern.

Bankiers haben die Aufgabe, als Vermittler zwischen dem Sparer und dem Unternehmer zu fungieren. Sie prüfen eine große Anzahl möglicher Investitionen und treffen dann eine unternehmerische Entscheidung darüber, welche Projekte es wert sind, mit den Ersparnissen ihrer Einleger finanziert zu werden. Die Aufgabe des Investmentbankiers erlaubt es Sparern, die Auswahl ihrer Investitionen an Fachleute zu delegieren, und Unternehmern, Ersparnisse von Banken zu erhalten, statt sie von unspezialisierten Privatpersonen einsammeln zu müssen.

Nicht alle Bankkredite gleichen einander. Mises trifft eine wichtige Unterscheidung zwischen zwei verschiedenen Arten: dem Sach- und dem Zirkulationskredit.[156] Der Rest dieses Kapitels befasst sich

156 Mises von, Ludwig. *Nationalökonomie: Theorie des Handelns und Wirtschaftens.* Genf, 1940, S. 518-521. (Englische Passage durch analoge Passage des deutschen Originals ersetzt. – Anm. d. Hrsg.)

mit Sachkrediten, während sich das darauffolgende Kapitel mit Zirkulationskrediten auseinandersetzt.

Sachkredite

Mises verwendet den Begriff des Sachkredits zur Bezeichnung von Krediten, die von Banken aufgenommen und an Unternehmer vergeben werden, was Banken zu bloßen Vermittlern macht, die von der Differenz zwischen dem Zinssatz, den sie ihren Kreditgebern auszahlen, und dem, den sie ihren Kreditnehmern berechnen, profitieren. Diese Differenz resultiert aus der Erwartung, dass die Bank aufgrund ihrer Spezialisierung höhere Renditen zu erzielen vermag als ein Kreditgeber, der versucht, auf eigene Faust Gegenparteien zu finden. Damit eine Bank ein Sachkredite vergebender Intermediär sein kann, muss ihre Kreditvergabe einer goldenen Regel folgen, die nach Mises folgendermaßen lautet: „Der Kredit, den die Bank erteilt, soll nicht nur in Quantität, sondern auch in Qualität jenem Kredit entsprechen, den sie selbst in Anspruch nimmt. Genauer ausgedrückt: ‚Es darf der Termin für die fälligen Zahlungsverbindlichkeiten der Bank nicht diesseits des Termines für die Realisierung entsprechender Forderungen fallen.“[157] Mit anderen Worten: Es ist von wesentlicher Bedeutung, dass die Menge der von der Bank gewährten Kredite nicht die Menge der ihr von Sparern geliehenen Ersparnisse übersteigt. Außerdem darf der Zeitpunkt der Kreditrückzahlung an die Bank nicht jenseits des Zeitraums liegen, für welchen dieser Kredit von Sparern an die Bank vergeben wurde. Nach dieser goldenen Regel kann eine Bank die einjährige Einlage eines Sparers nicht unter der Annahme für zwei Jahre an einen Unternehmer vergeben, dass man in einem Jahr einen weiteren Kreditgeber für eine gleichwertige Einlage finden wird, mit der man

157 Mises, Ludwig von. *Theorie des Geldes und der Umlaufsmittel.* München und Leipzig: Ferlag von Duncker & Humblot, 1912, S. 299f. (englische Passage durch analoge Passage des deutschen Originals ersetzt. – Anm. d. Hrsg.)

dann dem ursprünglichen Einleger seine Ersparnisse zurückzuzahlen plant.

Sollte es eine Diskrepanz zwischen der Menge des Kredits, den die Bank aufnimmt, und der Kreditmenge, die sie verleiht, oder eine Diskrepanz zwischen den Fälligkeitsterminen geben, so betätigt die Bank sich nicht mehr mit der Vergabe von Sachkrediten, sondern mit der von Zirkulationskrediten. In diesem Fall leitet die Bank nicht einfach Geld von Sparern an Unternehmer weiter, sondern gibt Kredite aus, die als Geld verwendet werden, wodurch sie *de facto* die Geldmenge vergrößert, was erhebliche, im nächsten Kapitel erörterte Folgen hat.

Der Sachkredit zeichnet sich dadurch aus, für den Kreditgeber ein Opfer darzustellen. Jemand muss während der gesamten Laufzeit des Kredits auf den Zugang zu monetären Instrumenten im Umfang seines vollen Wertes verzichten. Erst das ermöglicht die Vergabe eines Sachkredits. Der Kreditgeber verzichtet in der Gegenwart auf das Geld, weil er erwartet, dass er in der Zukunft eine höhere Rückzahlung erhalten wird. Der Kreditnehmer hingegen erhält unmittelbaren Zugriff auf das Geld, nimmt aber bei der Rückzahlung des Kredits zusätzliche Kosten auf sich. Der Zinssatz, zu dem der Kredit vergeben wird, verdeutlicht die unterschiedliche Wertung der Zeit durch beide Parteien. Der Kreditgeber hat eine geringere Zeitpräferenz, so dass der zukünftige Wert des verzinsten Kapitals für ihn höher ausfällt als sein heutiger unverzinster, was die Kreditvergabe zum entsprechenden Zinssatz in seinen Augen rentabel macht. Im Gegenzug hat der Kreditnehmer eine höhere Zeitpräferenz, so dass die zukünftige Kapital- und Zinsrückzahlung in seinen Augen weniger wert ist als der unmittelbare Zugriff auf das Kapital. Der Unterschied zwischen beiden Zeitpräferenzen schafft die Bedingungen eines Tausches.

Zinssätze

In den Hauptströmungen der Wirtschaftswissenschaften werden Zinssätze als die Determinanten der Sparquote angesehen: Die Menschen vergleichen ihre Zeitpräferenz mit den vorherrschenden Zinssätzen, um sich dann für oder gegen das Sparen zu entscheiden. Dies ist jedoch nur in einer zentral geplanten Welt haltbar, in der die Zinssätze von der Regierung festgelegt werden. Wovon hinge der Zinssatz in einem freien Markt ab? Von den Zeitpräferenzen der Menschen. Der Zinssatz kann nicht durch die Rentabilität kreditfinanzierter Projekte bestimmt werden, da diese sich, was das anbelangt, stark voneinander unterscheiden. Welche Projekte finanziert werden und welche nicht, hängt nicht von ihrer Rentabilität ab, sondern von der Kapitalverfügbarkeit, die ihrerseits eine Funktion der Zeitpräferenz ist. Zeitpräferenz macht Kapital verfügbar, und unternehmerisches Urteilsvermögen versucht, es Projekten mit den höchsten Renditeerwartungen zuzuweisen.

> „Die Funktion der Kapitalisten ist also eine *Zeitfunktion*, und ihr Einkommen entspricht exakt dem Agio gegenwärtiger gegenüber zukünftigen Gütern. **Dieses Zinseinkommen entspringt also nicht konkreten, heterogenen Kapitalgütern, sondern der verallgemeinerten Investition von Zeit.** Es entspringt der Bereitschaft, dem Kauf zukünftiger Güter gegenwertige Güter zu opfern. Als Resultat dieser Käufe erhalten die Eigentümer der Produktionsfaktoren in der Gegenwart Geld für ein Produkt, das erst in Zukunft fertiggestellt werden wird.“[158]

Das Verhältnis zwischen dem Wert, der einem gegenwärtigen Gut zugewiesen wird, und dem einem identischen zukünftigen Gut zugewiesenen, nennt man *Urzins*. Der Urzins misst den prozentualen

158 Rothbard, Murray. *Man, Economy, and State, with Power and Market.* Ludwig von Mises Institute, 1962, S. 355. (eig. Übers. – Anm. d. Hrsg.)

Abschlag vom Wert eines Gutes, den eine Person verlangt, um es erst in Zukunft zu erhalten. So müsste beispielsweise einer Person, die heute eine Lieferung von 10 Scheffeln Mais erwartet, eine bestimmte Prämie angeboten werden, um diese Lieferung ein Jahr zu verschieben. Der prozentuale Anstieg der Menge, die dieser Person für die Verzögerung ihres Konsums angeboten werden muss, ist der Urzins.

Aus der Sicht der Österreichischen Volkswirtschaftslehre haben alle wirtschaftlichen Phänomene, einschließlich des Zinses, ihren Ursprung im menschlichen Handeln. Zeitpräferenz bringt das Phänomen des Urzinses hervor. Die tief verwurzelte Zeitpräferenz aller Individuen spiegelt sich zwangsläufig in einer Aufwertung gegenwärtiger gegenüber zukünftigen Gütern wider, was seinerseits durch den Markt für Geld reflektiert wird, das ein Marktgut wie alle anderen ist. Unter der Annahme einer wertstabilen Währung müsste einer Person, der heute eine Zahlung von 100 Euro geschuldet wird, eine Prämie dafür angeboten werden, eine Aufschiebung dieser Zahlung um ein Jahr zu akzeptieren, genauso wie ihr eine Prämie für die Aufschiebung der Entgegennahme von 10 Scheffeln Mais offeriert werden müsste. Die Zeitpräferenz ist Determinante und Ursprung des Geldzinses.

Das Vorhandensein von Geld ermöglicht die Angleichung des Urzinses über alle Güter und Personen hinweg. Dies geschieht durch die Entstehung eines Kreditmarktes, auf dem künftige Zahlungsverpflichtungen gegen unmittelbare Zahlungen gehandelt werden, wodurch ein allgemeiner Diskontsatz der Zukunft, also ein Zinssatz, festgelegt wird. Abweichungen der Diskontsätze bestimmter Güter vom vorherrschenden Geldzins schaffen Arbitragemöglichkeiten, was die Zinssätze aller Güter in eine enge Spannbreite zwingt, die sich auf dem Markt als Marktzins widerspiegelt. Hoppe beschreibt diesen vom Markt bestimmten Zinssatz als „das Aggregat aller individuellen Zeitpräferenzraten, das die soziale Zeitpräferenzrate widerspiegelt und soziale Ersparnisse (d.h. das Angebot an gegenwärtigen Gütern, die zum Tausch gegen zukünftige Güter angeboten werden) und soziale Investitionen (d.h. die Nachfrage nach gegenwärtigen Gütern, von denen angenommen wird, dass sie zukünftige Erträge abwerfen werden) ins Gleichgewicht bringt".[159]

Während individuelle Kapitalgüter jeweils über eigene Märkte verfügen, auf denen sie zirkulieren, wird Kapital in einer modernen Geldwirtschaft als abstraktes Gut durch das Leihen und Anlegen monetärer Beträge gehandelt. Die Geldersparnisse einer Gesellschaft werden Finanzinstituten zur Verfügung gestellt, die sie an Unternehmer verleihen, welche sie zum Kauf von Investitionsgütern verwenden. Die Nachfrage nach Investitionen und dem Kauf von Investitionsgütern ist praktisch unbegrenzt, da es viel einfacher und günstiger ist, sich unternehmerische Ideen auszudenken, als den Verbrauch vorhandener Ressourcen aufzuschieben. Der begrenzende Faktor der Investitionsmenge ist die Summe gesparten Geldes, und diese wiederum wird durch den Wunsch und das Bedürfnis zu konsumieren, also positive Zeitpräferenz, eingeschränkt. Die Existenz von Investitionsgütern und Kapitalmärkten im Allgemeinen hängt vollends davon ab, dass Individuen ihre Zeitpräferenz auf ein zur Bereitstellung von Kapital notwendiges Niveau senken. Investierbare Mittel sind es, die nachgefragt werden, wobei es nicht die erwarteten Renditen der Kreditnehmer sind, welche die Zinssätze bestimmen, da Projekte innerhalb einer sehr großen Renditenbandbreite existieren. Die Zeitpräferenz bestimmt die Quantität der leihbaren Mittel, die dann zur Finanzierung der Projekte mit den höchsten Renditeerwartungen verwendet werden, deren Kreditnehmer bereit sind, die höchsten Zinssätze zu bezahlen. Je mehr Mittel angespart werden, desto niedriger fallen die Zinssätze aus, desto mehr Projekte können finanziert werden, und desto niedriger ist die erwartete Rendite des Grenzprojektes. Vermehrtes

159 Hans-Hermann, Hoppe. 1994. „Time Preference, Government, and the Process of De-Civilization – From Monarchy to Democracy„, Journal des Economistes et des Etudes Humaines, Bd. 5, Nr. 2-3, S. 320. (eig. Übers. – Anm. d. Hrsg.))

Sparen führt darüber hinaus zu einer zunehmenden Vielfalt an Finanzierungsmechanismen, was die Liquidität des Kapitalmarktes und seiner Instrumente erhöht.

Durch den Aufschub seines Konsums und die Bereitstellung von Kapital entstehen dem Kapitalisten Zeitkosten. Der Kapitalist investiert diese Zeit in Unternehmen, indem er gegenwärtige Güter zukünftigen opfert. Dieses Opfer ermöglicht es Zulieferern und Arbeitern, bezahlt zu werden, bevor die Produktion abgeschlossen ist und die Endprodukte auf dem Markt verkauft werden. So wie ein isoliert lebender Fischer Zeit, die er auf dem Wasser verbringen könnte, opfern muss, um eine Angelrute zu bauen, muss jemand den Verbrauch von Ressourcen zurückstellen, damit ein Produktionsprozess stattfinden kann. Der Unternehmer nutzt die Ressourcen und Opfer des Kapitalisten, um Arbeiter, Grundbesitzer und Verkäufer von Kapitalgütern im Hier und Jetzt zu bezahlen. Der Produktionsprozess läuft dann mit der Zeit ab, und der Unternehmer verkauft die Endprodukte. Erst dann wird dem Kapitalisten der vereinbarte Zins gezahlt. Arbeitskräfte und Verkäufer von Vorleistungsgütern werden bezahlt, sobald sie ihre Leistung erbringen, und nicht erst, wenn das Produkt dieser Leistung verkauft wird, da sie ihre Zeit nicht opfern und ihren Konsum nicht aufschieben. Der Kapitalist ist derjenige, der den Konsum aufschiebt und damit jene Zeit beisteuert, in der Ressourcengüter zu Endprodukten reifen. Zeit ist ein wesentlicher Input des Produktionsprozesses, ganz so wie es Arbeit, Land und Kapital sind, weshalb der Kapitalist für sie vom Unternehmer eine Vergütung in Form des marktüblichen Zinssatzes erhält.

Wenn die Einnahmen aus dem Verkauf des Produktionsprozessendprodukts die Kosten für die Bereitstellung von Arbeit, Land, Kapital und Zeit übersteigen, ist das Unternehmen rentabel. Dabei ist es wichtig, zwischen Zins und Gewinn zu unterscheiden. Der Gewinn ergibt sich aus der Differenz zwischen dem Marktwert der Produktionsgüter und dem Marktwert der Endprodukte. Der Zins ist lediglich das Entgelt für den Zeitaufwand, den der Kapitalist für den Produktionsprozess erbringt. Gewinn oder Verlust errechnen sich aus der Differenz der Marktwertungen aller Inputs und Outputs.

Die handelnden Individuen eines Kapitalmarktes verfügen über Wertskalen, anhand derer gegenwärtige Güter mit zukünftigen Gütern verglichen werden. Gegenwärtige Güter sind wertvoller als identische zukünftige Güter; die Menschen diskontieren zukünftige Güter. Der Einzelne vergleicht seinen eigenen Diskontsatz für Güter mit dem Marktzins. Wäre der persönliche Diskontsatz einer Person höher als der Marktzins, nähme sie einen Kredit auf, da sie die zukünftige Rückzahlung des Kapitals samt Zinsen in diesem Fall geringer wertet als den unmittelbaren Zugriff auf das Kapital. Ist ihr persönlicher Diskontsatz hingegen niedriger als der Marktzins, verleiht sie ihre Ersparnisse auf dem Kapitalmarkt, da sie die zukünftige Rückzahlung des Kapitals samt Zinsen höher wertet als den gegenwärtigen Besitz der Ersparnisse. Je größer die Diskrepanz zwischen persönlicher Zeitpräferenz und Marktzins ausfällt, desto größer ist die nachgefragte Menge an Kreditvergabe und -aufnahme.

Wir können diese Beziehung grafisch darstellen: Eine Person hat eine „Zeitmarktkurve", welche die Geldmenge bestimmt, die sie zu einem bestimmten Zinssatz leihen oder verleihen möchte. Ein Sparer, der einen jährlichen Abschlag von 5 % auf die Zukunft vornimmt, möchte bei einem Marktzins von 5 % Geld weder leihen noch verleihen, da der Abschlag des Marktes mit seinem identisch ist. Steigt der Marktzins auf 7 %, bietet sich ihm nun jedoch eine verlockende Gelegenheit: Verzichtet er heute auf den Konsum dieser Geldsumme, kann er sie verleihen und in einem Jahr samt einem Zins von 7 % zurückerhalten. Da er das zukünftige Geld um 5 % abzinst, würde er auf diese Weise eine Rendite von 2 % erzielen. Sänke der Zinssatz hingegen auf 3 %, hätte er einen Anreiz dazu, einen Kredit aufzunehmen. Ein mit 3 % verzinster Kredit bedeutet, dass er in einem Jahr 103 % des Kapitals zurückzahlen muss; da er die

Zukunft jedoch um 5 % abwertet, liegt diese Rückzahlung für ihn unter dem Wert des aktuellen Kredits. Natürlich sinkt die Nachfrage nach Kreditaufnahmen, wenn der Zinssatz steigt, während die Nachfrage nach Kreditvergaben zunimmt.

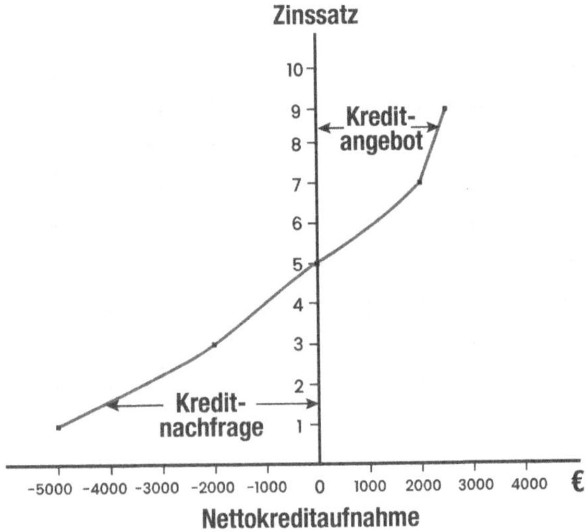

Abbildung 29. Eine individuelle Zeitmarktkurve

Auf der Ebene des Kapitalmarkts werden sämtliche individuellen Zeitpräferenz-, Geldnachfrage- und -angebotskurven zu gesamtwirtschaftlichen Angebots- und Nachfragekurven kreditfähiger Mittel aggregiert. Für jeden Zinssatz gibt es einen Gesamtbetrag an Kapital, der für die Kreditvergabe zur Verfügung steht und für die Kreditaufnahme nachgefragt wird. Da das für die Kreditvergabe verfügbare Kapital mit steigendem Zinssatz zunimmt, während das für die Kreditaufnahme nachgefragte Kapital mit steigendem Zinssatz abnimmt, können diese beiden Mengen nur einmal zusammenfallen, und zwar bei dem Zinssatz, bei dem sämtliche Kapitalangebote des Marktes abgewickelt werden, weil die Menge der Kredite der Menge des angesparten und den Kreditnehmern zur Verfügung gestellten Kapitals entspricht.

Es ist wichtig, hier noch einmal zu betonen, dass Zeitpräferenz und Zukunftsabwertung subjektive Phänomene sind und nicht durch Zinssätze gemessen werden. Was in den Köpfen der handelnden Menschen existiert, ist eine ordinale Rangfolge zukünftiger und gegenwärtiger Güter. Wenn ihnen ein Zinsangebot gemacht wird, versetzt sie das in die Lage, den impliziten Zukunftsabschlag des Marktes mit ihrem eigenen ordinal zu vergleichen und zwischen beiden zu entscheiden. Außerdem gibt es in Wirklichkeit keinen marktüblichen, sondern nur individuelle Zinssätze, die von einzelnen Projekten und den an ihnen beteiligten Personen beeinflusst werden. Es ist sinnvoll, den Marktzins, wie auch den Marktgleichgewichtspreis, als ein Instrument zum Verständnis dieser wirtschaftlichen Konzepte zu betrachten. Die Instrumente der mathematischen Analyse sind zwar nützlich, um ein Verständnis für bestimmte Marktphänomene zu vermitteln, doch man darf nicht in die Falle tappen, sie als wissenschaftliche Einheiten zu begreifen, die auf der exakten Messung von Konstanten beruhen.

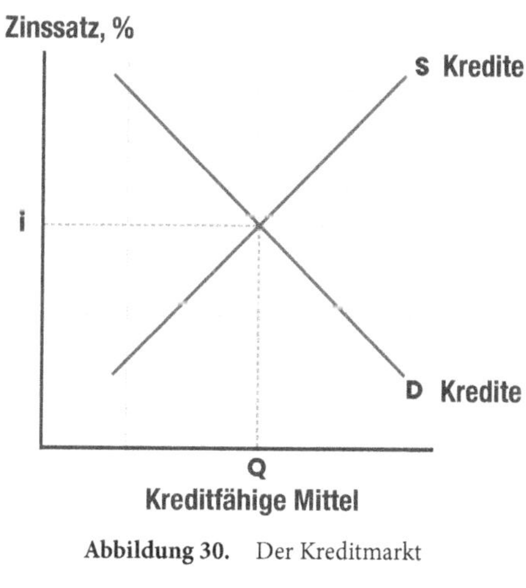

Abbildung 30. Der Kreditmarkt

Wenn Kapital für die wirtschaftliche Produktion eingesetzt wird, steigen Produktivität und Einkommen. Unter garantierten Eigentumsrechten und zunehmender Zukunftssicherheit sollte die Zeitpräferenz sinken, wodurch der Einzelne seinen Konsum eher aufschiebt, eher spart, eher Kredite vergibt und sich weniger verschuldet. Der daraus resultierende Überfluss an zu verleihenden Guthaben ermöglicht die Finanzierung einer zunehmenden Anzahl produktiver Unternehmen zu immer niedrigeren Zinssätzen. Sofern er nicht durch Kriege, Seuchen, Ausbeutung und die perversen Regulationsbürden zentralisierter Regierungen oder gewaltsam auferlegtes weiches Geld unterbrochen wird, setzt sich dieser positive Kreislauf wachsenden materiellen Wohlstands, der als der Prozess aller Zivilisation verstanden werden kann, fort. Wie weit kann er jedoch schlussendlich gehen? Wie tief können die Zinssätze fallen?

Ließen sich Zinsen abschaffen?

Die Vergabe verzinster Kredite ist ein historisch, politisch und religiös aufgeladenes Thema. Die Erhebung von Zinsen wurde von vielen Religionen verboten und wird bis heute weltweit von vielen Menschen als unmoralisch angesehen – selbst innerhalb eines Geldsystems, das sich stark auf die Kreditschöpfung stützt. Mises und andere Österreichische Ökonomen gaben sich große Mühe, den Zins als unverzichtbaren Bestandteil der Marktwirtschaft zu erläutern und ihn als eine produktive Institution der Marktwirtschaft zu rechtfertigen. Aus Österreichischer Sicht ist der Zins kein der Gesellschaft von ihren Herrschern aufgezwungener Fremdkörper. Wie alle wirtschaftlichen Phänomene hat der Zins seine Wurzeln im menschlichen Handeln und in der Zeitpräferenz, die im Falle aller Individuen positiv ist. Wie Mises erklärt:

> „Der Urzins kann aus dem menschlichen Werten und Handeln nicht verschwinden.[160] [...] Wenn es keinen Urzins gäbe, würden die Kapitalgüter nicht etwa aufgezehrt werden. Im Gegenteil: in einer Welt ohne Urzins würde stets nur gespart und für künftigem Verbrauch dienende Erzeugung investiert werden. Nicht das – unausdenkbare und mit dem menschlichen Handeln unvereinbare – Verschwinden des Urzinses konnte Kapitalaufzehrung bewirken, sondern die – bei Fortbestand der elementaren Werterscheinung des Urzinses – institutionell verfügte Enteignung der Zinsbezüge der Kapitalseigner. Wenn man den Zinsbezug des Kapitalisten abschafft, wird der Kapitalist gerade darum die Kapitalgüter aufbrauchen, weil Urzins besteht und gegenwärtiger Verbrauch dem künftigen Verbrauch vorgezogen wird."[161]

Der Versuch, Zinsen abzuschaffen, würde Mises zufolge nicht die Zinsleihe beenden, sondern stattdessen den Konsum von Kapitalbeständen herbeiführen, da Sparer weniger Anreiz haben, ihr Kapital aufzubewahren, wenn sie mit ihm keine Rendite erzielen können. Individuen den Handel finanzieller Vermögenswerte auf der Grundlage ihrer Zeitpräferenz zu untersagen, wird die ihre Konsum- und Produktionsentscheidungen lenkende Zeitpräferenz nicht beseitigen. Kapitalbesitzer mit positiver Zeitpräferenz, die keine Möglichkeit mehr haben, ihr Kapital verzinst zu verleihen, haben einen stärkeren Anreiz dazu, ihren Kapitalstock aufzubrauchen. Ein Zinsverbot benachteiligt also Kreditnehmer, denen der Zugang zu dringend benötigten Mitteln verwehrt wird. Auch Kreditgeber stellt es schlechter, da sie mit ihren Ersparnisse keine Rendite mehr zu erzielen vermögen. Darüber hinaus schadet ein solches Verbot der Gesellschaft im Allgemeinen, da es den Anreiz zum Sparen verringert und so zu einer reduzierten Kapitalakkumulation führt.

---

160 Mises von, Ludwig. *Nationalökonomie: Theorie des Handelns und Wirtschaftens*. Genf, 1940, S. 478. (Englische Passage durch analoge Passage des deutschen Originals ersetzt. – Anm. d. Hrsg.)

161 Ebd. S. 483.

Eine zinslose Gesellschaft ist weniger produktiv, innovativ und wohlhabend.

Aus Österreichischer Sicht wäre es schwierig zu argumentieren, dass Zinsen eine Ausbeutung des Kreditnehmers darstellen. Ein Kreditvertrag ist kein erzwungener – beide Parteien schließen ihn freiwillig ab, weshalb keine rechtlichen oder moralischen Gründe dafür bestehen, ihn als illegal zu bezeichnen oder zu versuchen, beide Parteien gewaltsam an der Abwicklung des Geschäfts zu hindern.

> „Man kann daher den Zins nicht « abschaffen ». Man kann den Zinsbezug der Eigentümer der Produktionsmittel beschränken oder beseitigen ; doch dann hat man eine Lage herbeigeführt, in der die Kapitalien aufgezehrt werden. Wer den Urzins beseitigen wollte, müsste die Menschen dazu bringen, einen Apfel, der in hundert Jahren verfügbar sein wird, nicht niedriger zu schätzen als einen genussreifen Apfel."[162]

Der größte Bruch dieses Buches mit der Österreichischen Orthodoxie besteht darin, dass es die Ansicht vertritt, dass der Zinssatz zwar nicht per Erlass, wohl aber durch einen freien Markt beseitigt werden kann. Wie im vorangegangenen Abschnitt erörtert und von Hoppe in *Democracy* ausführlich dargelegt, beginnt der Zivilisationsprozess mit der Senkung der Zeitpräferenz, die zu Kapitalakkumulation, Produktivitätssteigerung und Verbesserung der Lebensstandards führt, was wiederum eine weitere Senkung der Zeitpräferenz in einer sich ständig verstärkenden Rückkopplungsschleife begünstigt. Kriege, Krankheiten, Naturkatastrophen, zunehmende Ungewissheit über die Zukunft und über die Sicherung von Eigentumsrechten können diesen Prozess stören, indem sie zu einem Anstieg der Zeitpräferenz führen und die Menschen dazu

162 Ebd.

zwingen, der Gegenwart auf Kosten der Zukunft eine immer höhere Priorität einzuräumen.

Die historische Empirie stützt diese Behauptung. Wie im vorangegangenen Kapitel erörtert und in der enzyklopädischen Untersuchung Homers und Syllas[163] ausführlich dargelegt, erlebte die Menschheit in den letzten 5.000 Jahren einen stetigen, langfristigen, zuweilen durch die oben erwähnten Katastrophen unterbrochenen Rückgang der Zinssätze. Hoppe fasst die Geschichte des Zinsrückgangs wie folgt zusammen:

> „Tatsächlich kennzeichnet eine Tendenz zu sinkenden Zinssätzen die langfristige Entwicklungsrichtung der Menschheit. Zu Beginn der griechischen Finanzgeschichte im sechsten Jahrhundert v. Chr. lagen die Mindestzinssätze für ‚normale, sichere Kredite' bei etwa 16 Prozent und fielen im Laufe der hellenistischen Periode auf 6 Prozent. In Rom fielen die Mindestzinssätze von mehr als 8 Prozent zu Beginn der Republik auf 4 Prozent im ersten Jahrhundert des Kaiserreichs. Im Europa des dreizehnten Jahrhunderts lagen die niedrigsten Zinssätze ‚sicherer' Kredite bei 8 %. Im vierzehnten Jahrhundert sanken sie auf etwa 5 Prozent. Im fünfzehnten Jahrhundert fielen sie auf 4 Prozent. Im siebzehnten Jahrhundert gingen sie auf 3 Prozent zurück. Ende des neunzehnten Jahrhunderts waren die Mindestzinssätze auf unter 2,5 Prozent gesunken."[164]

Dieser Trend fallender Zinssätze kehrte sich jedoch im zwanzigsten Jahrhundert um. Die Einführung des Fiatgeldes spielte, zusammen mit vielen anderen Faktoren, die in Hoppes *Democracy* ausführlich erörtert werden, bei dieser Entwicklung wahrscheinlich eine entscheidende Rolle. An dieser Stelle wird folgendes Gedankenexperiment interessant: Was wäre mit den Zinssätzen geschehen, wären sie im zwanzigsten Jahrhundert weiter gesunken? Was wäre passiert,

163 Homer, Sidney, and Richard Sylla. *A History of Interest Rates.* John Wiley & Sons, 2005.
164 Hoppe, Hans-Hermann. *Democracy: The God That Failed.* Transaction Publishers, 2001, S. 63.

wenn die Welt auf dem Goldstandard verblieben wäre und die Menschen weiterhin die Möglichkeit gehabt hätten, für ihre Zukunft zu sparen? Wenn Kapital weiterhin in Fülle vorhanden gewesen und Produktivität entsprechend gestiegen wäre? Wie weit wären die Zinssätze gefallen?

Wir können Mises' Behauptung, der Urzins könne niemals auf null sinken, akzeptieren und dennoch zu einem Marktzins von null kommen. Der Schlüssel dazu ist die Überlegung, dass Geld, wie alle anderen Güter auch, mit Lagerungskosten verbunden ist. Unabhängig von seiner Form muss Geld aufbewahrt und gelagert werden, und dies ist immer mit Kosten verbunden, die nicht bei null liegen. Außerdem entsteht dadurch ein Diebstahl- und Verlustrisiko, das ebenfalls nicht bei null liegt. Diese Kosten können auf vielerlei Weisen gezahlt werden, z. B. durch den Kauf eines Tresors oder einer Lagereinrichtung, durch die Gebühren eines Einlagekontos bei einer Bank oder durch den Abschluss einer Versicherung. Oder sie können in Form von Diebstahl und Verlust bezahlt werden, deren Risiko immer besteht. Für die Aufbewahrung von Geld trägt man stets über null liegende Kosten. Für einen Kreditgeber bestehen die Opportunitätskosten der Kreditvergabe nicht darin, sich sein nominales Vermögen in vollem Umfang zu bewahren. Der Verzicht auf die Kreditvergabe impliziert vielmehr einen durch Lagerungskosten langsam sinkenden Wert seines Geldes.

Wenn die Zeitpräferenz und damit der Urzins stark genug sinkt, kann der implizite Marktzins schließlich unter die Lagerungskosten von Geld fallen. In einer solchen Situation wäre der Kreditgeber froh, das Geld zu einem nominalen Zinssatz von 0 % verleihen zu können, da dies eine bessere Rendite als die negative Rendite der bloßen Lagerung darstellte. Statt eine Abschaffung per Dekret zu erfordern, könnte der fortschreitende Prozess der Zivilisation, der Kapitalakkumulation und der Verringerung der Zeitpräferenz die Verzinsung von Krediten auf natürliche Weise vollständig abschaffen.

Ein Rückgang der Zeitpräferenz erhöht die Kapitalverfügbarkeit, und wenn seine Verfügbarkeit steigt, sinkt der Preis dieses Kapitals, also der Zins. In einer sich ständig weiterentwickelnden Zivilisation fiele die Zeitpräferenz, was eine stärkere Zukunftsorientierung und wachsende moralischer Sorge um künftige Generationen nach sich zöge, was wiederum dazu führte, dass eine Fülle von Kapital vorhanden wäre. Wenn die Menschen größere Mengen an Kapital besitzen, sinkt die Nachfrage nach Krediten. Dadurch könnte sich ein Kreditnehmer einen Kredit bei den vielen verfügbaren Kreditgebern einfach dadurch sichern, dass er garantierte, den Kredit vollständig zurückzuzahlen, weil er dem Kreditgeber so die Kosten für Lagerung und Versicherung bzw. das Risiko von Diebstahl und Verlust abnimmt.

Wenn die Zinssätze mitsamt der Zeitpräferenz sinken, wird die Asymmetrie des Kreditgeschäfts für den Kreditgeber zunehmend unattraktiv. Warum sollte er das Risiko eingehen, das gesamte Kreditkapital im Austausch für eine so geringe Rendite zu verlieren? Der Kreditvertrag begrenzt den potenziellen Vorteil des Kreditgebers, auf der anderen Seite existiert jedoch keine Kraft, die wirklich garantieren kann, dass er sein Geld zurückbekommt. Risiken bestehen, und das Risiko eines vollständigen und katastrophalen Verlusts kann niemals per Gesetz aus der Welt geschafft werden. Im modernen fiat-basierten Wirtschaftssystem wurde das Risiko der Bankeninsolvenz durch seine Übertragung auf die Landeswährung stark reduziert. Kredite sind durch die Fähigkeit der Zentralbank, sie zu monetisieren und Kreditgeber im Falle eines Verlustes ihres Portfolios zu entschädigen, effektiv garantiert. Das ist der Grund, aus welchem die FDIC in der Lage ist, die Bankkonten der modernen Welt abzusichern. Dabei handelt es sich jedoch nicht um ein Phänomen, das in unserer hypothetischen Gesellschaft der fortgeschrittenen Kapitalakkumulation und Zeitpräferenzreduktion zu erwarten wäre, da sie diesen Zustand inflationären Fiatgelds, das die Zentralbank verwenden kann, um Banken zu retten, nicht erreicht haben könnte, weil ein solches Geld vom Sparen abhält und einen entsprechenden Rückgang der Zeitpräferenz und der Zinssätze nicht erlaubt. Wir würden nur erwarten, einen solchen Punkt unter einem Hartgeldstandard zu erreichen, der das Sparen fördert und weder Rettungsaktionen für Banken noch Kreditgeberschutz zulässt. In einer solchen Welt der geringen Zeitpräferenz, des harten Geldes und des Verzichts auf Rettungsaktionen, würde die Kreditvergabe gegen Zinsen unwahrscheinlich. Kreditgeber erhielten nur eine sehr geringe Rendite, während sie in vollem Umfang an den Verlusten beteiligt wären. Trügen sie jedoch das volle Verlustrisiko, zögen sie es vor, durch eine Unternehmensbeteiligung auch in den Genuss potenzieller Gewinne zu kommen.

In einer Welt hoher Kapitalmengen und vernachlässigbar niedriger Zinssätze, also einer Welt mit nominalen Zinssätzen von null, hätten kreditwürdige Personen kein Problem damit, sich bei Freunden und Verwandten Kapital für Notausgaben oder Notlagen zu beschaffen. Eine zinslose Kreditvergabe befreite den Geldbesitzer von der Notwendigkeit, sein Geld aufzubewahren und nähme ihm das Verlustrisiko ab. Bei einer sehr niedrigen Zeitpräferenz wäre die Kreditvergabe an einen vertrauenswürdigen Kreditnehmer daher dem Halten von Geld vorzuziehen. Was Unternehmensinvestitionen anbelangt, basierte der Markt jedoch höchstwahrscheinlich überwiegend auf Aktien. In einer solchen Welt würde sich das Bankwesen sauber in zwei Kategorien aufteilen: das aktienbasierte Investitions- und das Einlagengeschäft.

Der oben erwähnten goldenen Regel Mises' zufolge sollten Sachkredite während ihrer gesamten Laufzeit vollständig durch Ersparnisse gedeckt sein. In Abwesenheit eines Kreditgebers letzter Instanz und über null liegender nominaler Zinssätze würde diese Regel jedoch um eine zusätzliche Bedingung ergänzt werden müssen: Der Kreditgeber erhält einen zu Beginn festgelegten Anteil am Gewinn des Unternehmens. Mit anderen Worten: Er wäre in diesem Fall kein Kreditgeber mehr, sondern ein Unternehmensanteile haltender Investor.

Die Zeitpräferenztheorie der Zinssätze aus Österreichischer Perspektive zu analysieren, kann uns bei der Erklärung historischer und religiöser Anti-Zins-Argumente helfen. Die Welt des nominalen Nullzinses ist eine, in der die sehr niedrige Zeitpräferenz den Urzins unter die Geldlagerungskosten drückt. Religiöse Zinsverbote können als Vorschriften für die Anhänger der Religion verstanden werden, ihre Zeitpräferenz so weit zu senken, dass verzinste Kredite keine Anziehungskraft mehr auf sie ausüben. Der Glaube an ein Leben nach dem Tod könnte dabei als förderlich für die Senkung der Zeitpräferenz aufgefasst werden. Gläubige erwarten ein ewiges Leben im Jenseits und damit unendliche Belohnungen und Strafen für ihre Handlungen, was eine unendlich niedrige Diskontierung zukünftiger Konsequenzen impliziert.

Während einige Religionen und Traditionen versuchen, ihren Gläubigen diese Realität durch Gebote aufzuzwingen, ist die moderne Marktwirtschaft durch ständige Kapitalakkumulation, Arbeitsteilung, technologische Fortschritte und Senkung der Zeitpräferenz das Werkzeug, das uns in der Praxis dieser Realität zuführt. Mit anderen Worten: Wenn die Prozesse des Marktes und der Zivilisation ununterbrochen ablaufen, sinkt die Abwertung der Zukunft bis auf den Punkt, an dem ein Marktzins für die Kreditvergabe entfällt, was zu einem vom Zinswucher befreiten System führt, das in dieser Hinsicht den traditionell christlichen und islamischen Bankwesen ähnelt.

Joseph Schumpeter fasste die Arbeit Eugene Böhm-Bawerks, des österreichischen Ökonomen, der am meisten zur Entwicklung der Österreichischen Zinstheorie beitrug, trefflich zusammen:

„[Der Zins] ist sozusagen die Bremse oder der Regulator, der Individuen daran hindert, die ökonomisch akzeptable Verlängerung der Produktionszeit zu überschreiten, und der die Deckung der gegenwärtigen Bedürfnisse erzwingt – was letztendlich Unternehmer auf den Druck letzterer aufmerksam macht. Und deshalb spiegelt er die relative Intensität wider, mit der sich in jeder Wirtschaft zukünftige und gegenwärtige Interessen bemerkbar machen, und damit auch die Intelligenz und moralische Stärke eines Volkes – je ausgeprägter diese sind, desto niedriger wird der Zinssatz sein. Deshalb reflektiert der Zinsfuß das Kulturniveau eines Volkes; denn je höher dieses Niveau, desto größer der verfügbare Vorrat an Konsumgütern, desto länger die Produktionsabläufe, desto geringer nach dem Gesetz der Mehrergiebigkeit längerer Produktionsumwege der Ertragszuwachs, den eine weitere Verlängerung der Produktionsabläufe verspräche, und desto niedriger daher der Zinsfuß. Und hier haben wir Böhm-Bawerks Gesetz des abnehmenden Zinssatzes, seine Lösung dieses uralten Problems, das die besten Köpfe unserer Wissenschaft auf die Probe gestellt und für unzureichend befunden hatte.“[165]

Ob ein anhaltender Rückgang der Zeitpräferenz die Zinssätze auf einen nominalen Satz von null senken würde, ist eine andere Frage als die der wirtschaftlichen Effektivität eines auferlegten Zinsverbots. Ohne ausreichend niedrige Zeitpräferenz führte ein Verbot der Zinsvergabe wohl zu mehr Konsum, verringertem Sparen, zurückgehenden Kreditvergaben und wahrscheinlich zu insgesamt schrumpfenden Investitionen. Es könnte sein, dass sich die Zinsleihe nur durch ebendiese abschaffen lässt. Indem sie zum Sparen anreizt und die Kapitalakkumulation erhöht, führt die Vergabe verzinster Kredite zu einem Rückgang der Zeitpräferenz und der Zinssätze, bis diese schließlich ganz verschwinden.

165 Schumpeter, Joseph. *Ten Great Economists: From Marx to Keynes.* Routledge, 1997, S. 182.

KAPITEL 15:

Monetäre Expansion

„[Eine] Kreditausweitung kann Kapital nicht ersetzen [...].“[166]
– Ludwig von Mises

Zirkulationskredit

Im vorangegangenen Kapitel wurde die Funktionsweise des Sachkredits erläutert. Mises definiert diesen als Kredit, bei dem Menge und Fälligkeit des Kredits von Sparern an die Bank und des Kredits von der Bank an Investoren genau übereinstimmen. Mit anderen Worten: Der Sachkredit ist ein Kreditgeschäft, bei welchem die Bank lediglich als Vermittler fungiert, der Sparer und Investoren zusammenbringt. Bei jedem Sachkreditgeschäft führt die Höhe des investierten Kapitals zu einem gleichwertigen Konsumverzicht aufseiten der Einleger, was bedeutet, dass die entsprechenden Zinssätze die Zeitpräferenz der Kreditgeber widerspiegeln. In diesem Kapitel

166 Mises, Ludwig von. *The Theory of Money and Credit*. 2. Aufl., Foundation for Economic Education, 1971, S. 22. (eig. Übers. – Anm. d. Hrsg.)

werden Kreditvereinbarungen erörtert, die keinen Konsumverzicht auf Seiten der Kreditgeber voraussetzen. Durch die Vergabe von Mises so genannter Zirkulationskredite wird im Endeffekt neues Geld geschaffen.

Die gängigste Art von Zirkulationskrediten kommt zustande, wenn Finanzinstitute Geld verleihen, dem Einleger aber zugleich garantieren, es ihm auf Verlangen erneut zur Verfügung zu stellen. Diese Praxis wird als **Teilreservesystem** bezeichnet. Der Kreditgeber, in diesem Fall der Einleger der Bank, muss nicht auf den Konsum seiner Einlage verzichten, während diese als Kredit an einen Unternehmer verliehen wird, wie dies bei einem fristenkongruenten Sachkredit mit voller Reserve der Fall ist, bei dem der Einleger für die gesamte Laufzeit des Unternehmerkredits auf seine Einlage verzichtet.

Eine andere Möglichkeit für eine Bank, Zirkulationskredite zu generieren, besteht in der Inkongruenz der Laufzeiten ihrer Kredite und Einlagen. Wenn die Bank lediglich Kredite in Höhe ihrer Einlagen vergibt, dabei die Laufzeiten dieser Kredite jedoch über die der Einlagen ausdehnt, schafft sie effektiv ebenfalls Zirkulationskredite. Diese Kredite setzen nämlich voraus, dass die Bank in der Lage sein wird, Einleger zu finden, die bereit sind, Geld zu einem niedrigeren Zinssatz als dem, den die Bank dem Unternehmer veranschlagt, anzulegen. Ein Zirkulationskredit wird also immer dann geschaffen, wenn die in Kapitel 14 erörterte goldene Regel verletzt wird.

Eine dritte Entstehungsmöglichkeit von Zirkulationskrediten ist die Weiterverpfändung von Kreditsicherheiten, d. h. die Wiederverwendung von Sicherheiten für mehr als einen Kredit. Wenn die Sicherheit bereits zuvor für einen Kredit verpfändet wurde, setzt der zweite Kredit keinen Konsumverzicht durch den Kreditgeber voraus.

In all diesen Fällen werden Kredite ohne ein entsprechendes Opfer seitens des Kreditgebers generiert und als **Umlaufsmittel** ausgegeben: Schuldverschreibungen und Bankguthaben, die gegen Geld einlösbar sind, denen aber kein entsprechender Geldbetrag in den

Konten der Bank gegenübersteht, der auf Verlangen seines Inhabers die gesamte Einlagenfrist hindurch ausgezahlt werden könnte.

Wie in Kapitel 10 erörtert, ist Geld insofern einzigartig, als es das einzige Gut darstellt, das nur für den Tausch gegen etwas anderes erworben wird. Es wird weder wie Konsumgüter konsumiert noch wie Investitionsgüter für die Produktion anderer Güter eingesetzt. Da sein einziger Zweck darin besteht, weitergegeben zu werden, und es für seinen Besitzer keine physische Funktion erfüllt, kann ein Anspruch auf oder ein Ersatz für es seine Rolle in einer Weise spielen, die im Falle eines Ersatzes für oder Anspruchs auf ein Konsum- oder Kapitalgut undenkbar wäre. Ein Steak-Gutschein kann nicht gegessen werden, eine Quittung für eine Maschine keine Waren produzieren, und ein Flugticket niemanden transportieren. Ein Anspruch auf Geld kann jedoch die wesentliche Funktion des Geldes erfüllen: Er kann gegen andere Güter getauscht werden. Mises beschrieb dieses Phänomen folgendermaßen:

> „Das eigenartige psychologische Verhalten der Individuen in den Geschäften des Zirkulationskredites hat seinen Grund in dem Umstande, daß die Forderungsrechte des Zirkulationskredites von ihnen in jeder Beziehung an Stelle des Geldes verwendet werden können. Wer Geld bedarf, um damit zu kaufen oder um es zu verleihen, um Schulden zu tilgen oder um Steuern zu entrichten, ist nicht erst genötigt, die Geldforderungsrechte (Noten oder Kassenführungsguthaben) zu Geld zu machen; er kann diese auch unmittelbar für die Zahlungen verwenden. Für den einzelnen sind sie daher wirklich Geldsurrogate, sie leisten Geldesdienst wie das Geld, sie sind ihm ready money, gegenwärtiges, nicht künftiges Geld.[167]
>
> Wer tausend Laib Brot zur sofortigen Verfügung hat, wird nicht mehr als tausend Marken ausgeben dürfen, von denen jede

167 Mises, Ludwig von. *Theorie des Geldes und der Umlaufsmittel.* München und Leipzig: Ferlag von Duncker & Humblot, 1912, S. 303f. (englische Passage durch analoge Passage des deutschen Originals ersetzt. – Anm. d. Hrsg.)

> einzelne den Inhaber berechtigt, jederzeit die Ausfolgung eines Laibs Brot zu fordern. Anders ist es beim Gelde. Da das Geld von jedermann nur begehrt wird, um im Verkehre weiter gegeben zu werden, da es nur dann an einen Gebraucher oder Verbraucher gelangt, wenn es aufgehört hat, allgemein gebräuchliches Tauschmittel zu sein, ist es recht wohl möglich, daß an seiner Stelle Forderungen, die auf die jederzeitige Ausfolgung eines bestimmten Geldbetrages lauten und bei denen weder hinsichtlich ihrer Einlöslichkeit überhaupt, noch auch hinsichtlich des Umstandes, daß diese auch wirklich sofort auf Verlangen des Berechtigten stattfinden werde, Bedenken obwalten, verwendet werden und von Hand zu Hand gehen, ohne daß der Versuch unternommen wird, das ihnen inwohnende Recht dem Verpflichteten gegenüber geltend zu machen."[168]

Aufgrund dieser eigentümlichen Natur des Geldes können Geldsubstitute wie bspw. Umlaufsmittel von Menschen wie Geld verwendet, erworben und als Bezahlung für Waren oder Dienstleistungen ausgegeben werden, ohne dass sie bei der sie ausgebenden Bank gegen Geld eingelöst werden müssten. Die Banknoten oder Kontoguthaben, welche die Bank als Umlaufsmittel ausgibt, fungieren selbst als Tauschmittel. Dabei ist zu beachten, dass sich Umlaufsmittel in einem sehr wichtigen Punkt klar von Banknoten, die in einem Vollreservesystem ausgegeben werden und in welchem das entsprechende Geld tatsächlich bei der Bank eingelagert und jederzeit verfügbar ist, unterscheiden: Die Ausgabe von Umlaufsmitteln ist für den Ausgeber mit keinerlei Opfern verbunden. Wenn Banknoten unter 100%iger Geldreserve emittiert werden, hat dies keine Auswirkungen auf die Gesamtgeldmenge. Bei der Emission von Umlaufsmitteln hingegen handelt es sich um eine Erhöhung der existenten Geldmenge. Während der Goldabbau ein teures und

168 Ebd. S. 305.

unsicheres Unterfangen ist, dessen Kosten in der Regel in etwa dem erwarteten Verkaufswert des Goldes entsprechen, erhöht die Emission von Umlaufsmitteln die Geldmenge, ohne dass dem emittierenden Finanzinstitut dadurch wesentliche Kosten entstehen. Die Ausweitung der Geldmenge wirkt sich aber natürlich auf den Marktwert des Geldes aus, was erhebliche Konsequenzen hat, die von der Österreichischen Schule seit mehr als einem Jahrhundert sorgfältig analysiert und im Folgenden dargelegt werden.

Mises' Geldtypologie

Die besondere, nicht-konsumierbare Natur des Geldes erlaubt es Geldsubstituten und Umlaufsmitteln, eine der des Geldes analoge monetäre Rolle zu spielen, was zu Verwirrung darüber führen kann, was genau mit dem Begriff ‚Geld' gemeint ist. Es existieren in dieser Hinsicht jedoch wichtige Unterscheidungen, und es ist sinnvoll, der Typologie zu folgen, die Mises in *Theorie des Geldes und der Umlaufsmittel* entwickelt und die in *Mises: The Last Knight of Liberalism*[169] (z. Dt. Mises: Der letzte Ritter des Liberalismus – Anm. d. Übers.), Jörg Guido Hülsmanns intellektueller Biografie Mises', erklärt wird:

> „Mises entwickelte eine umfassende Typologie monetärer Objekte, d.h. in der Mengerschen Sprache, aller Dinge, die allgemein als Tauschmittel akzeptiert werden. Auf der grundlegendsten Ebene unterschied er mehrere Arten von ‚Geldern im engeren Sinne' von mehreren Arten von ‚Geldsurrogaten' oder -substituten. Geld im engeren Sinne ist ein eigenständiges Gut. Im Gegensatz dazu sind Geldsubstitute rechtliche Ansprüche auf Geld im engeren Sinne. Sie wurden in der Regel von Banken ausgegeben und waren an

169 Hülsmann, Jörg Guido. *Mises: The Last Knight of Liberalism.* Ludwig von Mises Institute, 2007, S. 216.

den Schaltern der ausgebenden Bank in echtes Geld einlösbar. Mit dieser grundlegenden Unterscheidung zwischen Geld und Geldforderungen wandte er entscheidende Erkenntnisse aus Böhm-Bawerks bahnbrechenden Arbeiten zur Ökonomik juristischer Personen an. Er betonte: ‚Forderungen sind keine Güter. Sie sind Wege zur Erlangung der Verfügungsgewalt über wirtschaftliche Güter. Dies bestimmt ihr ganzes Wesen und ihre Stellung im Wirtschaftsleben.‘ Wie seine Ausführungen in späteren Teilen des Buches zeigen, sind diese Unterscheidungen von großer Bedeutung, sowohl für die Integration der Geldtheorie in den Rahmen der Mengerschen Wert- und Preistheorie als auch für die Analyse der Rolle des Bankwesens im Geldsystem. Im Mittelpunkt seiner Theorie des Bankwesens steht eine vergleichende Analyse der wirtschaftlichen Bedeutung zweier sehr unterschiedlicher Arten von Geldsubstituten. Mises stellte fest, dass Geldsubstitute entweder durch eine entsprechende Geldmenge gedeckt sein können – in diesem Fall handelt es sich um ‚Geldzertifikate‘ – oder sie können einer solchen Deckung ermangeln, wobei es sich bei ihnen dann um Umlaufsmittel handelt. Mises widmet das gesamte letzte Drittel seines Buches einer Analyse der ökonomischen Konsequenzen der Verwendung von Umlaufsmitteln.“[170]

Der Begriff ‚Geld‘ ist geläufig für Geld im engeren Sinne, wird aber auch für Geldsubstitute strapaziert. Mises verdeutlicht die Relevanz dieser Unterscheidung auf eine Weise, die zur Erklärung der

170 Hülsmanns Fußnote ist es wert, hier vollständig wiedergegeben zu werden: „Bedauerlicherweise ist dieser vergleichende Schwerpunkt seiner Analyse in der englischen Übersetzung des Buchtitels, Theory of Money and Credit, verloren gegangen. Der Begriff Umlaufsmittel wurde mit ‚fiduciary media‘ ins Englische übertragen. Folglich hätte der Titel des Buches Theory of Money and Fiduciary Media lauten müssen, doch der Verleger entschied, dass diese ungewöhnliche Terminologie die Leser irritieren würde, und wählte daher den glatteren, aber zahnlosen Titel Theory of Money and Credit, ohne die Tatsache zu würdigen, dass der Begriff selbst in der deutschen Originalfassung ungewöhnlich war. Mises lehnte sprachliche Neuerungen ab, die nicht durch die Analyse bisher vernachlässigter Phänomene gerechtfertigt wurden. Der Unterschied zwischen Geldscheinen einerseits und Umlaufsmitteln andererseits war jedoch ein derart vernachlässigtes Phänomen, dass der etablierten wissenschaftlichen Terminologie sogar die Mittel fehlten, diesen Unterschied auszudrücken. Mises führte deshalb den Begriff Umlaufsmittel ein und verwendete ihn zur Hervorhebung seiner Bedeutung sogar im Titel seines Buches.

Österreichischen Analyse des Konjunkturzyklus beiträgt. Geld im engeren Sinne kann in drei Formen auftreten:

Sach- bzw. Warengeld: Ein allgemeines Tauschmittel, das zugleich ein mit Gütern gleicher Art austauschbares wirtschaftliches Gut ist. Es wird auf einem offenen Markt mit einer Vielzahl von Produzenten und Konsumenten verkauft. Historische Beispiele sind vor allem Edelmetalle. In jüngster Zeit kann Bitcoin als neue Form eines nichtmetallischen digitalen Rohstoffs in diese Kategorie aufgenommen werden.

Kreditgeld: Eine künftige finanzielle Forderung gegenüber einem Unternehmen, die als Tauschmittel verwendet wird. Kreditgeld unterscheidet sich von Krediten dadurch, dass der Empfänger es in der Absicht annimmt, es an einen anderen Empfänger weiterzugeben, und nicht, weil er die Geldforderung einlösen möchte.

Zeichen- bzw. Fiatgeld: Ein Tauschmittel, das aufgrund einer gesetzlichen Anordnung einer Behörde akzeptiert wird. „Beim Zeichengeld hingegen gibt der Stempel, das Zeichen, allein den Ausschlag. Geld ist hier nicht der Stoff, der das Zeichen tragt, sondern das Zeichen selbst."[171] Fiatgeld kann die Form von Papiergeld, Bankeinlagen oder Münzgeld annehmen.

Geldsurrogate werden häufig mit Geld verwechselt, sind aber nicht dasselbe.

Geldsurrogate oder -forderungen: Physische oder finanzielle Instrumente, die Rechtstitel auf Geld im engeren Sinne sind. Sie können bei Bedarf gegen Geld eingelöst werden und fungieren bei Transaktionen als Tauschmittel. Geldsurrogate existieren in zwei Formen:

Geldzertifikate: Ein Finanzinstrument oder ein Stück Papier, das auf Verlangen in vollem Umfang gegen Geld eingelöst werden kann. (Der Wert wird zu 100 % von der ausstellenden Behörde gedeckt.) Beispiele wären ein Dollarschein, der unter einem

171 Mises, Ludwig von. *Theorie des Geldes und der Umlaufsmittel.* München und Leipzig: Ferlag von Duncker & Humblot, 1912, S. 48. (englische Passage durch analoge Passage des deutschen Originals ersetzt. – Anm. d. Hrsg.)

strengen Goldstandard in Gold einlösbar ist, oder ein Bankkonto, das auf goldgedeckten Dollars basiert. Im Bitcoin-Bereich können wir Bitcoin im Lightning-Netzwerk als eine einzigartige Sorte von Geldzertifikat betrachten, da sein Betrieb vollständig vom Geldinhaber kontrolliert wird und die Einlösung nicht von Dritten abhängt. Handelbare Quittungen für verwahrte Bitcoins wären ebenfalls Geldzertifikate. In diesem Fall gäbe es zwar eine emittierende Gegenpartei, doch derartige Quittungen wären relativ billig und leicht gegen Bitcoin einlösbar, da der Zugang zum Netzwerk nicht leicht zu zensieren ist.

Umlaufsmittel: Geldsurrogate, die nicht durch Geldbestände gedeckt sind. Wenn ein Finanzinstitut Geldsurrogate ausgibt, aber nicht über das Geld verfügt, sie alle einzulösen, handelt es sich um Umlaufsmittel. Dieser Begriff spielt eine zentrale Rolle in der Mises'schen Erklärung des Konjunkturzyklus, denn es ist die Schaffung dieser Medien, die zyklische Auf- und Abschwünge in Gang setzt. In der digitalen Domäne wären sie das Äquivalent zu Bitcoin-Krediten, die ohne entsprechende Bitcoin-Unterlegung ausgegeben werden.

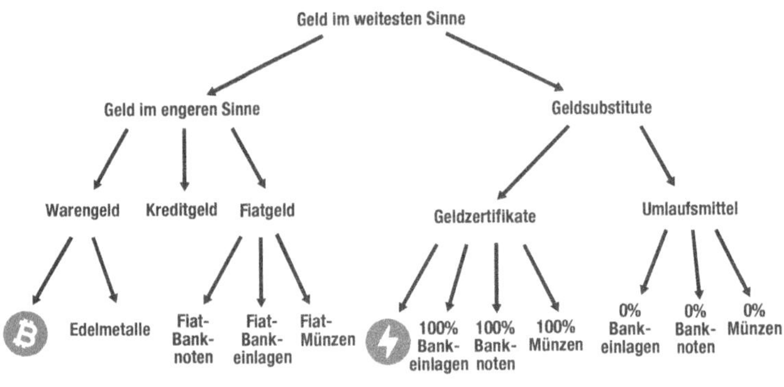

Abbildung 31. Geldtypologie 172

172 An die Interpretation Guido Hülsmanns angelehnte Darstellung mit freundlicher Genehmigung von @Conza.

In der Mises'schen Typologie ist die Funktion des Geldes von seiner physischen Form unabhängig. Bankeinlagen nehmen die Form von Geldzertifikaten an, wenn sie vollständig gegen Geld einlösbar sind, werden zu Umlaufsmitteln, wenn sie ohne Gelddeckung emittiert werden, oder zu Fiatgeld, wenn sie auf behördlichen Erlässen beruhen.[1] In ähnlicher Weise kann Papiergeld ein 100%iges Geldzertifikat darstellen, wenn es wie unter einem Goldstandard gegen Warengeld in Höhe seines Nennwertes einlösbar ist; wird es von einer Bank ausgegeben und ist nicht gegen Geld einlösbar, handelt es sich um ein Umlaufsmittel, und um Fiatgeld, wenn es ohne Einlösbarkeit von einer Regierung gedruckt wird. Physische Münzen können in Form von Warengeld, wie Gold- und Silbermünzen, existieren, sind Umlaufsmittel, wenn sie von einer Bank ausgegeben werden; Geldzertifikate, wenn sie gegen Geld eingelöst werden können, oder Fiatgeld, wenn man sie aus einem unedlen Metall prägt und ihren Wert unabhängig von ihrem Metallgehalt behördlich festsetzt. Dadurch, dass er in seiner Analyse über die physischen Formen des Geldes hinausging und den Unterschied zwischen Umlaufsmitteln und Geldzertifikaten erhellte, konnte Mises eine Erklärung für Wirtschaftszyklen auf der Grundlage menschlichen Handelns liefern.

Geldzertifikate setzen voraus, dass eine äquivalente Summe Geldes im engeren Sinne bei der emittierenden Institution hinterlegt und seinem Inhaber auf Verlangen ausgehändigt wird; ihre Emission führt nicht zu einer Erhöhung der im Umlauf befindlichen Geldmittel. Wenn ein Geldzertifikat als Zahlungsmittel verwendet wird, liegt das sich hinter ihm verbergende Geld sicher in einem Banktresor, wechselt jedoch den Besitzer. Solange das Geldzertifikat im Umlauf ist, kann das Geld, mit dem es unterlegt wurde, keine Transaktionen abwickeln. Sobald das Geldzertifikat gegen das hinter ihm stehende Geld eingelöst wird, kann das Geld, das Zertifikat jedoch nicht mehr, ausgegeben werden. Geldzertifikate erhöhen die breite Geldmenge nicht. Die Einführung von Geldsurrogaten in Form von Umlaufsmitteln führt dagegen zu einer Erhöhung des Gesamtangebots an Geld und Geldsubstituten.

In der Vergangenheit bereicherten sich Könige auf Kosten ihrer Untertanen, indem sie Münzen von ihren Untertanen einsammelten und diese zu neuen Münzen prägten, denen zur Senkung des Edelmetallgehalts einige unedle Metalle beigemischt wurden. Durch die Beimischung unedler Metalle war der König in der Lage, mehr Münzen zu prägen, als ihm an Edelmetall zur Verfügung stand, was ihm zulasten der Inhaber der ursprünglichen Währung zusätzliche Kaufkraft verlieh. Im Laufe der Zeit stiegen die Preise der Waren, um den Rückgang des Edelmetallgehalts der Münzen widerzuspiegeln, und ein Teil des realen Reichtums aller ging an den König über.

Obwohl moderne Zentralregierungen ihre physischen Münzen nicht länger entwerten, erreichen sie dennoch etwas sehr Ähnliches, indem sie Gesetze, d.h. die Androhung von Gewalt, sowie ihre Monopolmacht dazu einsetzen, die Menschen dazu zu zwingen, Geldscheine, die nicht mehr in Geld einlösbar sind, zu akzeptieren, als wären sie Geld. Durch die Aufhebung der Rücktauschbarkeit werden Geldscheine zu Umlaufsmitteln, was das Gesamtangebot an Geld erhöht. So wie Könige von der Vermischung unedler mit edlen Metallen profitierten, profitieren moderne Regierungen von der Vermischung von Umlaufsmitteln mit Geld. Die Folgen reichen in beiden Fällen über eine bloße Bereicherung der Regierung auf Kosten der Gesellschaft hinaus. Die Einführung eines billigen Geldzusatzes verbessert die Funktion des Geldes nicht, sondern beeinträchtigt sie. Geld unterscheidet sich von anderen Gütern dadurch, dass seine absolute Menge für seinen Besitzer keine Rolle spielt – nur seine Kaufkraft ist für ihn relevant. Eine Erhöhung der Geldmenge erhöht weder den Wohlstand noch macht sie Geld effektiver; stattdessen entwertet sie das Vermögen der bisherigen Inhaber, überträgt seine

Kaufkraft auf die Empfänger des neuen Geldes und verändert die Güterpreise, was zu wirtschaftlichen Fehlkalkulationen führt.

Konjunkturzyklen

Die etablierten Wirtschaftswissenschaften sind ausgezeichnet darin, die Frage nach den Ursachen von Konjunkturzyklen mit großer Behutsamkeit zu umgehen – und das aus triftigen Gründen. Da die moderne Wirtschaftswissenschaft größtenteils von Zentralbanken zu dem Zweck finanziert wird, Einfluss auf die Politik zu nehmen, wird sie jemandem, dessen Schlussfolgerungen Zentralbanken in ein schlechtes Licht rückten, keine sehr erfolgreiche Karriere in Aussicht stellen.[173] Die etablierte Wirtschaftsforschung hat sich hauptsächlich auf die Erörterung davon konzentriert, wie man Rezessionen entgehen kann, sich aber nur sehr wenig mit ihren Ursachen beschäftigt. Es ist eine kindische Unverschämtheit, ein Problem lösen zu wollen, ohne sich mit seinen Ursachen zu befassen, doch Fiatgeld ermöglicht es Zentralbanken, ihre eigene Realität zu erschaffen, indem sie Untersuchungen finanzieren, die sich ausschließlich auf die Suche nach Lösungen konzentrieren und zentralbankkritische Forscher ausgrenzen. Dieser Ansatz wurde am besten in Krugmans Einleitung zu einer kürzlich erschienenen Neuauflage von Keynes *General Theory* [z. Dt. Allgemeine Theorie – Anm. d. Übers.] veranschaulicht, in der Krugman Keynes' Unfähigkeit lobt, eine Erklärung für die Ursachen des Konjunkturzyklus zu liefern:

> „Anstatt sich in dem Versuch zu verzetteln, die Dynamik des Konjunkturzyklus zu erklären – eine bis heute umstrittene Thematik – konzentrierte sich Keynes auf eine Frage, die beantwortet werden konnte. Und die [...] am dringendsten einer Antwort bedurfte: Wie

173 White, Lawrence H. „The Federal Reserve System's Influence on Research in Monetary Economics." *Econ Journal Watch*, Bd. 2, Nr. 2, 2005, S. 325-54.

können wir angesichts einer – ganz gleich weshalb – gedrückten Gesamtnachfrage mehr Beschäftigung herbeiführen?"[174]

In der modernen Fiat-Forschung hängt Erfolg in erster Linie von der Loyalität gegenüber Zentralbanken ab und nicht von der Kohärenz oder dem Wert von Ideen, weshalb der Konjunkturzyklus weiterhin als normaler, unvermeidlicher Teil der Funktionsweise einer modernen kapitalistischen Wirtschaft und als so unvermeidlich wie Tag und Nacht oder der Wechsel der Jahreszeiten dargestellt wird.

Im krassen Gegensatz dazu bieten die Österreichischen Ökonomen mit ihrem realistischen, auf Kausalität fußenden Bezugsrahmen für ein Verständnis der Welt eine schlüssige Erklärung dafür, warum Konjunkturzyklen auftreten und wie sie verhindert werden können. Von der Notwendigkeit unbelastet, Zentralbankiers zur Sicherung von Forschungsmitteln nach dem Mund reden zu müssen, sind die Österreicher in der Lage, mehr zu bieten als zweifelhafte keynesianische Tipps zur Überwindung einer Depression: Sie können darlegen, wie man eine Depression von vornherein vermeidet.

Die Österreichische Theorie des Konjunkturzyklus basiert auf der Österreichischen Theorie des Geldes sowie der oben erwähnten Unterscheidung zwischen Umlaufsmitteln und Geld, welche sie auf organische Weise ergänzt. Die Grundprämisse der Theorie ist das einfache Diktum, dass wirtschaftliche Ressourcen nicht herbeigezaubert werden können, indem man ungesicherte Ansprüche auf sie erhebt. Das mag nach gesundem Menschenverstand klingen, ist allerdings für die meisten modernen Wirtschaftswissenschaftler ein radikales Konzept. Der Versuch von Regierungen und Banken, ungedeckte Forderungen auf wirtschaftliche Ressourcen als diesen Ressourcen oder gedeckten Forderungen auf sie gleichwertig darzustellen, führt zu einem Anstieg des Geldangebots, der sich in

174 Krugman, Paul. Introduction. *The General Theory of Employment, Interest, and Money*, von John Maynard Keynes, Palgrave Macmillan, 2018, S. xxxiii. (eig. Übers. – Anm. d. Hrsg.)

einer vergrößerten Menge finanziellen Kapitals in den Händen von Unternehmern manifestiert. Dieses inflationierte Finanzkapital veranlasst Unternehmer dazu, Investitionen zu tätigen, für die sie nicht über ausreichende Mittel verfügen, was sich erst zeigt, nachdem sie mit der Ausgabe ihres Finanzkapitals begonnen haben, die zu einem unvorhergesehenen Anstieg der Preise benötigter Produktionsgüter führt und sie daran hindert, ihre Projekte zu Ende zu führen.

In einer Wirtschaft, in der ausschließlich Sachkredite existieren, wird der Zinssatz durch das Zusammenspiel der Präferenzen der Einzelnen für die Aufnahme und Vergabe von Krediten zu unterschiedlichen Zinssätzen bestimmt. Die Präferenzen dieser Personen, Geld zu halten, zu leihen oder zu verleihen, werden durch die ihnen zur Verfügung stehenden Geldmengen sowie ihre wirtschaftlichen Bedingungen und Wünsche bestimmt. In einer Welt, in der ausschließlich Sachkredite existieren, müssen alle Kredite von einem Sparer stammen, der sich dafür entscheidet, auf Konsum zu verzichten, um eine positive Rendite aus der Kreditvergabe zu erzielen.

Die finanzielles Kapital betreffenden Spar- und Verbrauchsentscheidungen korrespondieren direkt mit den das Sachkapital betreffenden. Die Individuen, die auf den Konsum von Finanzkapital verzichten, tun dies, indem sie auf den Konsum der wirtschaftlichen Güter und Dienstleistungen verzichten, die sie mit ihm hätten kaufen können. Diese nicht konsumierten Ressourcen können nun stattdessen dem Produktionsprozess zufließen und werden in produktive Unternehmen investiert.

Ein einfaches Beispiel: Der Verbraucher, der auf den Verzehr von Mais verzichtet, kann diesen als Saatgut verwenden. Ein komplexeres Beispiel aus einer komplexen Volkswirtschaft: Der Verbraucher, der auf einen Strandurlaub verzichtet, verringert die Nachfrage nach Hotelpersonal und die Wahrscheinlichkeit, dass der Inhaber ein neues Grundstück zur Erweiterung des bestehenden kauft. Der auf den Urlaub Verzichtende deponiert das Geld, das er für die Reise ausgegeben hätte, bei seiner Bank, so dass die Bank dieses Geld nun einem Autohersteller zu leihen vermag, der sich jetzt mit größerer Wahrscheinlichkeit den Grenzarbeiter, der nicht vom Hotel eingestellt wurde, sowie das Stück Land, auf das dessen Inhaber verzichtete, leisten kann. Indem er der unmittelbaren Befriedigung eines Urlaubs entsagt und stattdessen sein Geld Unternehmern zur Verfügung stellt, leitet der Sparer Ressourcen von der Befriedigung der Konsumnachfrage nach Urlaub in die langfristige Autoproduktionskapazität um.

Knappheit ist der Ausgangspunkt allen Wirtschaftens. Geld und Finanzinstitute sind Instrumente, die wir einsetzen, um zu sparen, unsere Produktivität und Effizienz zu steigern und mit Knappheit umzugehen, können jedoch die Knappheit unserer Ressourcen nicht eliminieren. Es gibt eine begrenzte Anzahl von Arbeitskräften, Büroräumen, Maschinen, Computern, Land und Ressourcen, und der Handel mit ihnen ist die Art und Weise, auf die wir sie verteilen. Solange eine Wirtschaft auf der Grundlage von Sachkrediten funktioniert, decken sich finanzielle und reale Ressourcen, und Konsumentscheidungen spiegeln reale individuelle Präferenzen in Bezug auf reale Ressourcen wider, was sich in den Preisen letzterer ausdrückt.

Dieser Prozess wird durch die Einführung von Umlaufsmitteln, die wie Geld zirkulieren, aber nicht durch Geld gedeckt sind, verzerrt. Wenn ein Finanzinstitut einen Kredit vergibt, ohne dass dieser durch Geld gedeckt ist, gibt es einen Kredit aus, hinter dem kein Konsumverzicht aufseiten eines Verbrauchers steht. Die Bank händigte dem Landwirt eine Banknote zum Kauf von Saatgetreide aus, das bereits verzehrt wurde. Der Gesamtbetrag der für den Kauf von Saatgut ausgegebenen Kredite übersteigt den Marktwert allen Saatguts, welches aus der vorherigen Ernte zum aktuellen Marktpreis übrigblieb. Die Bank hat dem Autohersteller Geld für den Kauf von Grundstücken und die Einstellung von Arbeitskräften zur Verfügung gestellt, obgleich der Urlauber sein Geld im Hotel ausgab, das aus diesem Grund dieselben Arbeitskräfte anstellen und Grundstücke zu kaufen vermag.

Wenn Umlaufsmittel als Kredite an Unternehmer vergeben werden, ist vielleicht zunächst niemandem (außer Mises'schen Ökonomen) klar, dass diese Kredite mehr Forderungen schafften, als Ressourcen vorhanden sind. Die Menge an Mais, die Landwirte zu kaufen beabsichtigen, übersteigt bei aktuellen Preisen die Menge an auf dem Markt verfügbarem Saatgut. Sobald aber die Saatzeit beginnt und Landwirte Saatgut kaufen, bieten sie dessen Preis schnell in die Höhe. Diejenigen, die ihren Mais früh kaufen, erhalten vielleicht die gesamte von ihnen geplante Menge, doch auf die meisten wird das nicht zutreffen. Diese Fehleinschätzung wird für Landwirte einen teuren Fehler darstellen, die in Erwartung einer bestimmten Saatgutmenge zu viel in Land, Arbeit und Kapital investierten.

Sowohl der Inhaber des Hotels als auch jener der Autofabrik gehen davon aus, dass ihre Geld- und Umlaufsmittelbestände ausreichen, ihnen benötigtes Land und ausreichende Arbeitskräfte zu sichern. Sobald sie sich jedoch daran machen, Arbeiter einzustellen und Land zu kaufen, führen die nun erhöhten Umlaufsmittel zu einem an diesen Gütern gemessenen Rückgang des Geldwerts, wodurch die Preise steigen. Da der Landbesitzer Angebote von beiden Inhabern erhält, beginnt er einen Bieterkrieg zwischen ihnen und kann in dessen Rahmen einen höheren Preis veranschlagen. Da Arbeitnehmer nun von beiden Unternehmen Stellenangebote erhalten, steigen auch ihre Löhne. Da Umlaufsmittel durch eine Senkung der Zinsen den Banken und Unternehmern übertriebene Vorstellungen der ihnen tatsächlich zur Verfügung stehenden Ressourcen vermitteln, beginnen viele Geschäftsmöglichkeiten in unternehmerischen Berechnungen profitabel zu erscheinen, obwohl die tatsächlich verfügbaren Ressourcen zu ihrer Realisierung nicht ausreichen.

Mit steigenden Kosten für Land, Arbeit und Investitionsgüter werden die Pläne der beiden Unternehmer zunichtegemacht. Sie hatten all ihre wirtschaftlichen Kalkulationen auf der Grundlage jener Preise angestellt, die vor dem Eindringen von Umlaufsmitteln in die Zirkulation galten. Mit steigenden Preisen ihrer Produktionsfaktoren werden ihre bisherigen Berechnungen unbrauchbar. Ihre Profitabilität wird – ggf. bis auf null – verringert. Einer von ihnen oder beide könnten liquidiert, und damit ihre Arbeit und Investitionen zunichtegemacht werden.

Bei einem Marktzins von 6 % würde eine Geschäftsmöglichkeit mit einer erwarteten Rendite von 4 % kein Kapital von Kreditgebern anziehen. Wenn aber die Einführung von Umlaufsmitteln dazu führt, dass der Zinssatz auf 3 % fällt, wird sie Kapital anziehen. Dasselbe vormals unrentable Unternehmen mit demselben Kapitalstock wird auf demselben Markt allein durch die Einführung von Umlaufsmitteln, die zu vernachlässigbaren Kosten produziert werden können, plötzlich rentabel. Die Absurdität dieser Situation sollte offensichtlich sein: Geld ist ein Gut, das an sich keinen Wert hat und nur dazu erworben wird, weitergegeben zu werden. Seine Menge ist irrelevant; was zählt, ist seine Kaufkraft. Die Ausschüttung zusätzlicher Geldeinheiten kann nichts an der wirtschaftlichen Realität von Unternehmen ändern, deren Inputs und Outputs Kapital- und Konsumgüter sind. Wenn ihre Profitabilität plötzlich von negativ in positiv umschlägt, kann das nur an der Fehlerhaftigkeit des verwendeten Geldes liegen.

Die Zahlungsunfähigkeit dieser unrentablen Unternehmen wird offenkundig, sobald sie die Preise ihrer Produktionsgüter in die Höhe treiben und ihre Gewinnkalkulationen revidieren müssen. Eine Infusion zusätzlicher Umlaufsmittel kann zu diesem Zeitpunkt dazu dienen, den Tag der Abrechnung hinauszuzögern, indem den Unternehmen weitere Umlaufsmittel zur Verfügung gestellt werden, die ihre Rentabilität auf dem Papier so lange beschönigen, bis sie ausgegeben werden und einen erneuten Anstieg der Preise verursachen. Damit dieser Aufschwung anhält, muss die Kreditschöpfung beschleunigt werden. Sie lässt sich aber nicht unendlich beschleunigen, da dies einen Kollaps der Währung zur Folge hätte.

Eine grafische Darstellung des Konjunkturzyklus

Die Einführung von Umlaufsmitteln auf dem Kreditmarkt kann als eine Verschiebung der Angebotskurve verleihbarer Geldmittel nach rechts ausgedrückt werden: Eine im Vergleich zu einer Welt reiner Sachkredite zunehmende Menge des zu jedem Zinssatz verfügbaren Geldkapitals. Das Ergebnis ist nicht nur ein Anstieg des gesamtwirtschaftlichen Kreditvolumens, sondern ein Rückgang des Zinssatzes, der es Kreditnehmern ermöglicht, sich zu einem niedrigeren Zinssatz zu verschulden, als sie es in Abwesenheit von Umlaufsmitteln tun könnten. Umgekehrt erhalten Kreditgeber niedrigere Renditen, was sie dazu veranlasst, weniger zu sparen. Gestiegene Gewinnerwartungen verschlimmern diese Situation noch, indem sie die Menschen zu erhöhten Ausgaben verleiten.

Dieser Rückgang der Zinssätze unterscheidet sich von dem, der durch die Abnahme der Zeitpräferenz und dadurch vermehrtes Sparen hervorgerufen wird. Ersterer Rückgang der Zinssätze wird ausschließlich durch geldpolitische Manipulationen hervorgerufen, nicht durch den Verzicht auf gegenwärtigen Konsum – und genau das macht ihn kurzlebig. Die Emission von Umlaufsmitteln führt simultan zu einem Anstieg der Kreditvergabe sowie des Konsums und zu einem Rückgang der Ersparnisse, wodurch eine Kluft zwischen den realen und wahrgenommenen wirtschaftlichen Ressourcen, die für Unternehmer verfügbar sind, entsteht.

In *Time and Money* [z. Dt. Zeit und Geld – Anm. d. Übers.] entwickelt Roger Garrison einen grafischen Ansatz zur Erklärung der Österreichischen Konjunkturtheorie sowie des Unterschiedes zwischen den abwechselnden Phasen starker wirtschaftlicher Auf- und Abschwünge gegenüber nachhaltigem Wirtschaftswachstum. Garrison verwendet die Produktionsmöglichkeitenkurve (PMK), ein Diagramm, das alle einem Individuum oder einer Gesellschaft möglichen Kombinationen von Investitionen und Konsum zeigt.[175] Die PMK veranschaulicht den Zielkonflikt zwischen Konsum und Investitionen. Auf der PMK erfordert eine Steigerung der Investitionen einen Verzicht auf laufenden Konsum und umgekehrt, wobei die Steigung der Kurve an jedem Punkt den Preis des Kapitals in Bezug auf den Konsum angibt. Im Laufe der Zeit wird sich die Kurve mit steigendem Wirtschaftswachstum nach außen verschieben, so dass zusätzliche Kapital-Konsum-Kombinationen möglich werden, während eine wirtschaftliche Kontraktion die Kurve nach innen verschiebt und die Anzahl der möglichen Kombinationen von Konsum und Investitionsgütern schrumpfen lässt.

Das zweite Diagramm zeigt den Markt verleihbarer Guthaben, auf dem die Nachfragekurve der Kreditnehmer die Menge an Krediten zeigt, die sie zu allen gegebenen Zinssätzen aufnähmen, während die Nachfragekurve der Kreditgeber die Menge an Krediten darstellt, die Kreditgeber auf jedem Preisniveau vergeben würden. Diese beiden Kurven treffen bei dem Zinssatz aufeinander, der die Nachfrage und das Angebot ins Gleichgewicht bringt. Schließlich verwendet Garrison die intertemporale Struktur von Produktionsdreiecken, die auf Hayeks Arbeit zu Konjunkturzyklen basiert.[176] Dieses Dreieck ist zwar einfach, aber zur in der keynesianischen Analyse kläglich fehlenden Vermittlung der intertemporalen Natur

---

175 Garrison, Roger. *Time and Money: The Macroeconomics of Capital Structure*. Routledge, 2001.

176 Hayek, Friedrich von. *Prices and Production and Other Works: F.A. Hayek on Money, the Business Cycle, and the Gold Standard*. Ludwig von Mises Institute, 2008. • Hayek, Friedrich von. *Monetary Theory and the Trade Cycle*. Martino Pub, 2012.

aller wirtschaftlichen Produktion sowie der sequenziellen Interdependenz der Produktionsstufen unerlässlich. Die horizontale Achse des Dreiecks repräsentiert Zeit in aufeinanderfolgenden Phasen der wirtschaftlichen Produktion, während die vertikale Achse den Marktpreis wirtschaftlicher Güter im Verlauf des Produktionsprozesses darstellt, der mit jeder Produktionsphase bis hin zum Endprodukt steigt.

Die vertikale Achse des Dreiecks stellt die Summe der in einer Volkswirtschaft produzierten Konsumgüter dar, was der y-Achse der Produktionsmöglichkeitenkurve entspricht. Die x-Achse der Produktionsmöglichkeitenkurve stellt die Gesamtmenge der Investitionen dar und entspricht der x-Achse des Kreditmarktes. Die drei Diagramme können nebeneinandergestellt werden, um die Dynamiken des Wirtschaftswachstums und -rückgangs sowie den Konjunkturzyklus zu veranschaulichen.

Bei einer Verringerung der Zeitpräferenz verschiebt der Einzelne den Konsum von Endprodukten und investiert in frühere Produktionsphasen, wodurch sich die Produktionsumwege verlängern, wie anhand der Beispiele des Fischers in Kapitel 6 erläutert wurde. Wenn der Fischer darauf verzichtet, an einem Tag ein paar Fische zu fangen, um seine Zeit mit dem Bau eines Bootes zu verbringen, um seine Produktivität zu steigern, verringert er die Höhe des Dreiecks, indem er seinen Konsum reduziert, verlängert jedoch die Basis des Dreiecks, indem er den Produktionsprozess verlängert. Dies entspricht einer Abwärtsbewegung entlang der Produktionsmöglichkeitenkurve, da der Verbrauch sinkt und die Investitionen steigen. Derselbe Prozess findet in einer modernen kapitalistischen Marktwirtschaft statt, da sich die Verschiebung des Konsums in einer Verschiebung der Kreditangebotskurve nach rechts niederschlägt, was einen Rückgang des Zinssatzes und einen Anstieg der verfügbaren Kreditmenge zur Folge hat.

Sollte die Investition erfolgreich sein, wofür es keine Garantie gibt, wird der Produktionsoutput den ursprünglichen Konsum, auf den verzichtet wurde, übersteigen, was sich in einer Verschiebung der Produktionsmöglichkeitenkurve nach außen, einem Anstieg der Höhe des Produktionsdreiecks und der Beibehaltung des gleichen Investitionsniveaus widerspiegelt. Da sich die Menschheit in der Fischproduktion über die Stufen des manuellen Fischens bis hin zu modernen Fischerbooten weiterentwickelt hat, hielt dieser Prozess steigender Investitionen, zunehmenden Konsums und immer längerer Produktionsstufen an, wie in Abbildung 32 dargestellt ist. Er wird durch die Entwicklung des Bankwesens und des Kreditmarktes fortgesetzt, die einen größeren, spezialisierteren Markt für die Zuteilung von Kapital ermöglichen, so dass Sparer und Kreditnehmer Transaktionen miteinander tätigen können, ohne sich überhaupt kennen zu müssen. Er setzt sich fort, solange es sich bei den verwendeten Geldinstrumenten um Geldzertifikate handelt.

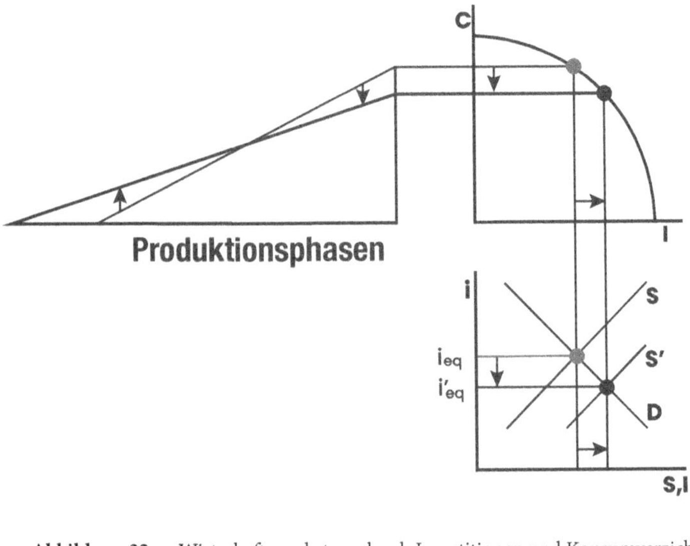

Abbildung 32. Wirtschaftswachstum durch Investitionen und Konsumverzicht

Zu 100 % gedeckte Geldscheine vergrößern die Geldmenge nicht. Jedes Geldzertifikat, das als Kredit ausgegeben wird, entspricht einer bestimmten Menge eines Marktgutes, das sich im Besitz des Zertifikatsemittenten befindet. Ein tatsächliches Marktgut, das Geld, wird den Händen der Sparer entzogen und dem Kreditnehmer in Form des Geldtitels zur Verfügung gestellt. Durch diesen Verzicht werden wirtschaftliche Ressourcen freigesetzt, die in den frühen Phasen der Produktion statt für Konsumgüter verwendet werden.

Ganz anders sieht es aus, wenn anstelle von Geldzertifikaten Umlaufsmittel in Zirkulation gebracht werden, wie in Abbildung 33 dargestellt. Umlaufsmittel werden emittiert, ohne dass die Bank über entsprechende Geldbestände verfügt. Sie erfordern von niemandem einen Verzicht auf wirtschaftliche Güter. Grafisch ablesbar, erlaubt die Kreditexpansion Kreditnehmern über die Ausgabe von Umlaufsmitteln den Versuch die Produktionsphasen zu verlängern (der nach oben gerichtete Pfeil im Dreieck in Abbildung 33 – Anm. d. Hrsg.), und das ohne korrespondierenden Konsumverzicht (die gepunktete Linie im Dreieck und der weisse Punkt in der Grafik – Anm. d. Hrsg.). Kreditnehmende Unternehmer versuchen, mit einer Menge an Investitionen und Konsum, welche die insgesamt zur Verfügung stehenden Ressourcen übersteigt, über die Grenze der Produktionsmöglichkeiten hinauszugehen (das Kreuz in der Grafik – Anm. d. Hrsg.). Auf dem Kreditmarkt wird so die Angebotskurve künstlich verschoben, indem finanzielles Kapital erhöht und damit der Zinssatz gesenkt wird. Die Senkung des Zinssatzes geht jedoch nicht mit einem Anstieg der Ersparnisse zur Finanzierung der gesteigerten Investitionen einher. Tatsächlich reizen niedrige Zinssätze zum genauen Gegenteil, nämlich einer Reduktion des Sparens, an.

In Abbildung 33 ist die Menge der investierten Mittel, I2, viel größer als die Menge der gesparten Mittel, S2. Die Geldmengenausweitung führt nicht nur dazu, dass Unternehmer glauben, mehr Mittel als sie tatsächlich haben zu besitzen, sondern zu einer

Reduktion verfügbarer Ressourcen, da sie vom Sparen abhält und den Konsum fördert. Die Differenz zwischen I2 und S2 in diesem Schaubild ist das Kapital, das zur Finanzierung von etwas verwendet wurde, das Mises als **Fehlinvestitionen** bezeichnet – Investitionen, die ohne Verzerrungen auf dem Kapitalmarkt nicht getätigt worden wären und die nicht zu Ende geführt werden können, sobald diese Verzerrungen zutage treten.[177] Wenn diese Investitionen nicht den gewünschten Output abwerfen, geht die Produktionsmöglichkeitengrenze zurück, da die Menge der verfügbaren Ressourcen abnimmt. Das Produktionsdreieck wird flacher, und die Produktionsstufen schrumpfen.

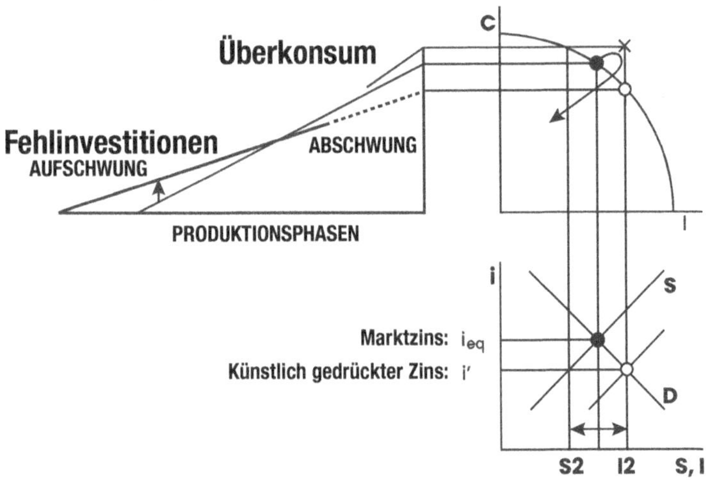

Abbildung 33. Kreditexpansion durch Umlaufsmittel und der Konjunkturzyklus

Auf dem Kapitalmarkt sind die Opportunitätskosten allen Kapitals entgangener Konsum, und die Opportunitätskosten des Konsums entgangene Investitionen. Der Zinssatz ist der Preis, der diese Beziehung reguliert: Wenn die Menschen mehr Investitionen nachfragen, steigt der Zinssatz, was für Sparer einen Anreiz darstellt,

177 von Mises, Ludwig. *Nationalökonomie: Theorie des Handelns und Wirtschaftens.* Genf, 1940, S. 513. (Englische Passage durch analoge Passage des deutschen Originals ersetzt. – Anm. d. Hrsg.)

mehr ihres Geldes auf die Seite zu legen. Wenn der Zinssatz sinkt, bietet er Investoren Anreize dazu, mehr Investitionen zu tätigen und in technologisch fortschrittlichere Produktionsmethoden mit längeren Zeithorizonten zu investieren. Ein niedrigerer Zinssatz ermöglicht also den Einsatz längerer, hochproduktiver Produktionsumwege: Die Gesellschaft geht vom Angeln mit Ruten zum Fischen mit großen ölgetriebenen Schiffen über.

Wenn eine Wirtschaft voranschreitet und sich zunehmend ausdifferenziert, ändert sich der Zusammenhang zwischen Sachkapital und verleihbarem Geldkapital in Wirklichkeit nicht, wird jedoch in den Köpfen der Menschen verunklart. Eine moderne Wirtschaft mit einer Zentralbank fußt darauf, dass man diesen grundlegenden Kompromiss ignoriert und davon ausgeht, dass Banken Investitionen mit neuem Geld finanzieren können, ohne dass Verbraucher auf Konsum verzichten müssten. Die Beziehung zwischen Ersparnissen und Krediten ist so vollständig gekappt, dass sie nicht einmal mehr in Wirtschaftslehrbüchern gelehrt wird. In einem Standardlehrbuch wird die Kreditangebotskurve als eine gerade vertikale Linie dargestellt, deren Höhe von politischen Entscheidungsträgern bestimmt wird. Im keynesianischen Alternativuniversum legen Zentralbanken einfach die Geldmenge und den Zinssatz fest, wobei ohne Weiteres davon ausgegangen wird, dass die physischen Ressourcen zur Realisierung der entsprechenden nominalen Geldfantasien schon auftauchen werden.

Reale Ressourcen lassen sich jedoch nicht durch Geldpolitik manifestieren, so dass eine künstliche Senkung des Zinssatzes unweigerlich zu einer Diskrepanz zwischen Ersparnissen und Krediten führt. Unter der Bedingung artifiziell niedriger Zinssätze nehmen Firmen mehr Schulden zur Realisierung neuer Projekte auf als die Sparer zur Finanzierung dieser Investitionen zurücklegen. Mit anderen Worten: Der Wert des aufgeschobenen Konsums ist geringer als der Wert des geliehenen Kapitals.

Wenn nicht genügend Konsum aufgeschoben wird, werden nicht genügend Kapital, Land und Arbeitsressourcen von Konsumgütern in Kapitalgüter höherer Ordnung für die Frühphasen der Produktion umgelenkt. Letzten Endes ist nichts umsonst – wenn Verbraucher weniger sparen, muss Investoren notwendigerweise weniger Kapital zur Verfügung stehen.

Dieser Kapitalmangel macht sich nicht sofort bemerkbar, weil Banken und Zentralbanken genügend Umlaufsmittel für alle Kreditnehmer emittieren können. Die Schaffung neuer Zettel und digitaler Einträge auf Papier zur Überwindung des Mangels an Ersparnissen erhöht aber nicht wundersamerweise den physischen Kapitalstock der Gesellschaft. Stattdessen entwertet sie die bestehende Geldmenge und verzerrt die Preise, was Produzenten dazu veranlasst, Produktionsprozesse einzuleiten, die mehr Kapitalressourcen erfordern, als tatsächlich vorhanden sind. Sobald immer mehr Produzenten auf geringere Mengen von Kapitalgütern und Ressourcen bieten, als sie vorhanden zu sein erwarten, ist das natürliche Ergebnis dessen ein Anstieg der Kapitalgüterpreise. Dies ist der Punkt, an dem die Manipulation zutagetritt und zum gleichzeitigen Zusammenbruch mehrerer Kapitalinvestitionen, die zu den neuen Kapitalgüterpreisen plötzlich unrentabel werden, und damit zu *Fehlinvestitionen* führt. Durch die Kapitalmarktintervention der Zentralbank kommt es zu Preisverzerrungen, die zu Fehleinschätzungen aufseiten von Investoren führen, weshalb zusätzliche Projekte in Angriff genommen werden. Mit anderen Worten: Der Eingriff der Zentralbank *verursacht* Fehlinvestitionen. Der Eingriff der Zentralbank kann jedoch nicht zu einer Erhöhung des tatsächlich verfügbaren Kapitals führen, so dass die Realität sich diesen Projekten schließlich aufzwingt und zu deren Einstellung führt. Infolgedessen wird das tatsächlich für sie aufgewendete Kapital unnötigerweise verschwendet. Außerdem kommt es so zu einem gesamtwirtschaftlichen Anstieg der Arbeitslosigkeit, da eine große Anzahl von Menschen in vielen Branchen das Scheitern oder Schrumpfen ihrer Unternehmen mit ansehen muss. Dieser simultane Bankrott vieler überschuldeter Unternehmen über die gesamte Wirtschaft hinweg wird als **Rezession** bezeichnet.

Nur wenn man die Kapitalstruktur versteht und weiß, inwiefern Zinsmanipulationen den Anreiz zur Kapitalakkumulation zerstören, kann man die Ursachen von Rezessionen und die Oszillationen des Konjunkturzyklus begreifen. Der Konjunkturzyklus ist das logische Ergebnis der Zinsmanipulation, die den Kapitalmarkt verzerrt, indem sie Anlegern vorgaukelt, sie könnten mit dem weichen Geld, das ihnen von Banken zur Verfügung gestellt wurde, mehr Kapital erlangen als vorhanden ist. Im Widerspruch zur keynesianischen Animistenmythologie sind Konjunkturzyklen keine mystischen Phänomene, die von erlahmenden „animalischen Instinkten" verursacht werden, deren Ursache wiederum zu ignorieren ist, sobald Zentralbankiers versuchen, einen Aufschwung herbeizuführen. Wirtschaftliche Logik zeigt deutlich, dass Rezessionen das unvermeidliche Ergebnis von Zinsmanipulationen sind, genauso wie Knappheit das unvermeidliche Ergebnis von Preisdeckelungen ist. Die keynesianische Wirtschaftslehre selbst kreiert den Konjunkturzyklus erst und verkauft sich dann selbst als dessen Heilmittel.

Zur Veranschaulichung dieses Sachverhalts kann eine Analogie aus dem Werk Mises' herangezogen werden: Stellen wir uns den Kapitalstock einer Gesellschaft als Bauklötze vor und die Zentralbank als einen Bauunternehmer, der dafür verantwortlich ist, sie zum Bau von Häusern zusammenzusetzen. Für jedes Haus werden 10.000 Ziegelsteine benötigt. Die Gesellschaft spielt die Rolle des Bauherrn und sucht einen Bauunternehmer, der in der Lage ist, 100 Häuser zu bauen, für die insgesamt 1 Million Ziegelsteine benötigt werden. Ein keynesianischer Bauunternehmer, der den Auftrag unbedingt ergattern will, erkennt jedoch, dass seine Chancen darauf steigen, wenn er ein Angebot vorlegen kann, in dem er verspricht,

120 Häuser desselben Typs mit nur 800.000 Ziegelsteinen zu bauen. Dies ist das Äquivalent der Zinsmanipulation: Sie verringert das Kapitalangebot und erhöht gleichzeitig die Kapitalnachfrage. In Wirklichkeit werden für 120 Häuser 1,2 Millionen Ziegelsteine benötigt; aber es sind jetzt nurmehr 800.000 verfügbar. Die 800.000 Ziegelsteine reichen für den Beginn des Baus der 120 Häuser, nicht aber bis zu ihrer Fertigstellung aus. Zu Baubeginn freut sich der Bauherr, dass er dank der Wunder der keynesianischen Manipulation 20 % mehr Häuser für 80 % der Kosten bauen lassen kann, was ihn dazu bewegt, 20 % der eingesparten Kosten für den Kauf einer neuen Yacht auszugeben.

Doch dieser Trick kann nicht ewig so weitergehen, denn schließlich werden die Häuser nicht fertiggestellt werden können und der Bau wird zum Stillstand kommen. Der Bauunternehmer hat nicht nur keine 120 Häuser geliefert, sondern nicht eines vollendet. Stattdessen hat er dem Bauträger 120 unfertige Häuser, praktisch nutzlose Ziegelstapel ohne Dächer, hinterlassen. Die List des Bauunternehmers hat das vom Bauherrn aufgewendete Kapital verringert und dazu geführt, dass weniger Häuser gebaut wurden, als bei unverzerrten Preissignalen möglich gewesen wäre. Der Bauherr hätte 100 Häuser bauen lassen können, hätte er sich an einen ehrlichen Bauunternehmer gewandt. Solange Kapitalgüter nach einem keynesianischen Plan zugewiesen werden, der nicht in der Realität fußt, verschwendet der Bauherr Kapital. Wenn der Projektentwickler den Fehler frühzeitig erkennt, ist das für den Bau von 120 Häusern verschwendete Kapital möglicherweise sehr gering, und ein neuer Bauunternehmer könnte die verbleibenden Ziegelsteine für den Bau von 90 Häusern verwenden. Wenn der Bauherr die Realität ignoriert, bis das Kapital aufgebraucht ist, wird er mit 120 unfertigen Häusern dastehen, die wertlos sind, da niemand dafür bezahlen wird, in einem dachlosen Haus zu wohnen.

Wenn die Zentralbank den Zinssatz unter den Marktpreis drückt, indem sie die Banken anweist, durch die Vergabe von Krediten zusätzliches Geld zu schaffen, verringert sie gleichzeitig die in der Gesellschaft verfügbaren Ersparnisse und erhöht die von Kreditnehmern nachgefragte Kreditmenge, während sie geliehenes Kapital darüber hinaus in Projekte lenkt, die nicht zu Ende gebracht werden können. Wenn eine Regierung den Weg der Geldmengeninflation einmal eingeschlagen hat, gibt es vor dessen negativen Folgen kein Entrinnen. Wenn die Zentralbank die Inflation stoppt, steigen die Zinssätze und es kommt zu einer Rezession, da sich viele der begonnenen Projekte als unrentabel erweisen und aufgegeben werden müssen, was die Fehlallokation von Ressourcen und Kapital zutage treten lässt. Würde die Zentralbank ihren inflationären Eingriff auf unbestimmte Zeit fortsetzen, verschlimmerte sie die wirtschaftlichen Fehlallokationen nur weiter, was noch mehr Kapital verschwendet und die unvermeidliche Rezession noch schmerzhafter machen würde. Es gibt kein Entrinnen. Der vermeintlich kostenlose Segen, den uns die Keynesianer aufdrängen, wird mit einer saftigen Rechnung bezahlt werden müssen.

Friedrich Hayek verglich die Kreditexpansion damit, einen Tiger am Schwanz zu packen. Rennt der Tiger erst einmal los, stehen ab dann ausschließlich schlechte Optionen zur Verfügung.

> „Wir haben jetzt einen Tiger am Schwanz gepackt: Wie lange kann diese Inflation noch weitergehen? Wenn der Tiger (der Inflation) sich losreißt, wird er uns auffressen; wenn er jedoch immer schneller läuft, während wir uns verzweifelt festhalten, sind wir ebenfalls erledigt! Ich bin froh, dass ich das Endergebnis all dessen nicht mehr miterleben werde."[178]

178 Hayek, Friedrich von. *A Tiger By The Tail: The Keynesian Legacy of Inflation*. Ludwig von Mises Institute, 1972, S. 126.

Die Zentralplanung des Kapitalmarktes

Umlaufsmittel sind Finanzprodukte, die auf natürliche Weise auf einem freien Markt entstehen, aber aller Wahrscheinlichkeit nach nicht lange überleben könnten. Sie kämen auf, weil Geld ein einzigartiges Gut ist, dessen einziger Zweck darin besteht, gegen etwas anderes eingetauscht zu werden, weshalb ein Anspruch auf Geld scheinbar genauso gut ist wie dieses selbst, da beide gegen Waren eingetauscht werden können. Umlaufsmittel würden auf einem freien Markt jedoch wahrscheinlich nicht lange bestehen bleiben, da ihre Existenz ihren Emittenten dem Risiko der Insolvenz aussetzt, sollte ein bestimmter Prozentsatz ihrer Gläubiger versuchen, ihre Umlaufsmittel gegen Geld einzutauschen.

Unter dem Goldstandard waren Umlaufsmittel weit verbreitet, führten aber zu regelmäßigen Finanzkrisen, bei denen große Beträge vernichtet oder stark entwertet wurden. Umlaufsmittel konnten unter einem Goldstandard überdauern, da ein beträchtlicher Teil des gesamten Geldbestandes stets in den Banken verblieb, und viele Geldbesitzer es vorzogen, ihr Geld in einer Bank einzulagern, wo es zu Kosten, die weit unter denen seines physischen Goldtransports lagen, zur Abwicklung von Transaktionen verwendet werden konnte. Zahlungen mit physischem Gold waren außerhalb des eigenen Aufenthaltsortes unerschwinglich, und der Fortschritt der Transport- und Telekommunikationstechnologie bedeutete, dass immer mehr Transaktionen einer Person über große Entfernungen hinweg stattfanden, so dass ein immer größerer Prozentsatz der Goldbestände in Banken verbleiben musste, um ihre räumliche Verkäuflichkeit zu erhöhen. Jedes Mal, wenn die Inhaber einer Banknote beschlossen, diese gegen physisches Gold einzutauschen, erlitten diese einen erheblichen Rückgang bei der räumlichen Verkaufbarkeit ihres Zahlungsmittels. Dies ermöglichte Banken einen gewissen Spielraum zur Emission von Umlaufsmitteln, da sie wussten, dass nicht all ihre Kunden zur gleichen Zeit eine Einlösung ihrer Geldtitel verlangen würden.

Dieser Sicherheitsspielraum unterliegt jedoch einer selbstzerstörerischen Dynamik: Je sicherer die Bank ist, und je mehr Umlaufsmittel sie daher ausgibt, desto unsicherer und anfälliger für einen Bankensturm macht sie sich. Solche Anstürme auf Banken traten regelmäßig auf und waren für viele Betroffene katastrophal. Auf einem freien Geld- und Bankenmarkt wären Banken und Kunden, die ungesicherte Kredite ausgeben, wahrscheinlich so lange finanziell ruiniert worden, bis es zu einer Abschaffung dieser Praxis gekommen wäre. Die Grenzkosten der Umlaufsmittelproduktion gehen gegen null; ein freier Geldmarkt würde so lange Umlaufsmittel anbieten, bis ihr Preis ihren Produktionskosten entspräche, was bedeutet, dass sie so lange abgezinst würden, bis sie sich zu Geldzertifikaten verwandelten, deren Nennwert dem Wert der für ihre Einlösung vorhandenen Sicherheiten entspräche.

In den Vereinigten Staaten des neunzehnten Jahrhunderts verhinderten staatliche Bankmonopollizenzen eine Abschaffung von Umlaufsmitteln durch den freien Markt. Die Beschränkung des Zugangs zum Bankensektor machte es für die etablierten Banken profitabel, Umlaufsmittel trotz der Tatsache zu produzieren, dass sie immer wieder zu Krisen und Zusammenbrüchen führten. Regelmäßige staatliche Eingriffe in das Bankensystem und die Gründung der ersten und zweiten US-Zentralbanken sollten Banken vor den Folgen einer ungedeckten Kreditexpansion auf dem freien Markt schützen. Im Jahr 1907 machte eine große Finanzkrise die führenden Köpfe der Finanzindustrie auf die Notwendigkeit aufmerksam, eine dritte Monopolzentralbank einzurichten, die im Falle von Finanzkrisen für die Rettung von Bankinstituten bereitstehen sollte. Im Jahr 1913 wurde der Federal Reserve Act verabschiedet, und die neue Zentralbank erhielt das in sich widersprüchliche Mandat, den Wert der Währung zu schützen und zugleich Banken vor Finanzkrisen zu retten, was nur durch die Entwertung der Währung erreicht werden kann. Der das vergangene Jahrhundert hindurch bezahlte Preis für den Schutz ungedeckter Kredite vor einer gerechten Bewertung durch den Markt bestand in einer unaufhörlichen Entwertung der Währung. Während die Ausgabe von Umlaufsmitteln im neunzehnten Jahrhundert Finanzkrisen und Notlagen verursachte, hielten diese sich doch in Grenzen und beschränkten sich auf Personen, die freiwillig mit den entsprechenden Finanzinstituten zusammenarbeiteten. Goldbesitzer hatten nichts zu befürchten, da der Marktpreis ihres Geldes weitgehend unbeeinflusst blieb. Im zwanzigsten Jahrhundert wurden Finanzkrisen fast immer durch die Abwertung der Ersparnisse von Personen, die nichts mit den insolventen Institutionen zu schaffen hatten, abgefedert.

Anstatt unsere Investitionen und Produktivität zu erhöhen, hat sich die von Ersparnissen unabhängige Kreditexpansion als ein Rezept für Finanzkrisen im neunzehnten Jahrhundert und die Ursache der Zerstörung harten Geldes im zwanzigsten erwiesen. Um Finanzinstitute vor den Folgen der ungedeckten Kreditvergabe zu schützen, wurde ein sozialistisches Zentralplanungsgremium mit der Aufsicht über den Geld- und Kapitalmarkt betraut, der den wichtigsten Markt und einen integralen Bestandteil aller anderen Märkte darstellt.

Während die meisten Menschen davon ausgehen, dass sozialistische Gesellschaften der Vergangenheit angehören und Marktsysteme die kapitalistischen Volkswirtschaften beherrschen, ist es in Wirklichkeit so, dass ein kapitalistisches System ohne einen freien Kapitalmarkt, auf dem sich der Kapitalpreis aus dem Zusammenspiel von Angebot und Nachfrage ergibt und die Entscheidungen von Kapitalisten durch genaue Preissignale gelenkt werden, nicht funktionieren kann. Rezessionen und Finanzkrisen lassen sich am besten als ein Versagen der Kapitalmärkte verstehen, das durch eine zentralplanerische Beschneidung monetärer Freiheit verursacht wird. Die Einmischung monopolistischer Zentralbanken in den Kapitalmarkt ist die Quelle von Rezessionen und Finanzkrisen. Und dennoch schreibt die Mehrheit der Politiker, Journalisten und Akademiker die Schuld für diese zentral geplanten Katastrophen unweigerlich dem Kapitalismus zu.

Die Versagensform, welche die zentrale Planung des Kapitalmarktes annimmt, ist ein Zyklus aus Auf- und Abschwüngen, wie er in der Österreichischen Konjunkturtheorie erklärt wird. Es ist daher nicht verwunderlich, dass diese Dysfunktion als normaler Bestandteil der Marktwirtschaft behandelt wird. In den Augen moderner Ökonomen ist eine die Zinssätze kontrollierende Zentralbank schließlich ein gängiger Bestandteil einer modernen Marktwirtschaft. Eine Zentralbank ist jedoch ein ebenso gängiger Teil eines Kapitalmarktes wie es ein monopolistisches Kartoffelamt im Falle des Kartoffelmarkts wäre.

Autoren der Österreichischen Schule haben die Geldgeschichte in einigen sehr empfehlenswerten Büchern akribisch dokumentiert. In diesen verwenden sie Österreichische Theorien zur Erhellung unseres Geschichtsverständnisses, welches allzu oft durch das Bedürfnis von Regierungshistorikern verblendet ist die Handlungen und monetären Katastrophen des Staates zu beschönigen. Hayeks *Monetärer Nationalismus und internationale Stabilität*, Rothbards *America's Great Depression* und *A History of Money and Banking in the United States* sowie Ferdinand Lips' *Die Gold-Verschwörung* sind besonders gute Beispiele. Sie weisen auf einige bedauerliche, katastrophale und wiederkehrende Muster in der Entwicklung des modernen Bank- und Regierungswesens hin.

Kurzfristig mögen Regierungen und Zentralbankverwalter sich einbilden, ihre Ziele erreichen zu können, indem sie unser Geld entwerten, um die Kreditschöpfung und Staatsausgaben zu finanzieren. Regierungen mögen glauben, dass sie die Wirtschaft ankurbeln oder die Menschen vor den Folgen freier Märkte abschirmen. Indem sie aber das Geld zur Erreichung dieser Ziele entwerten, verursachen sie Fehlinvestitionen und säen die Saat für erhebliche Langzeitschäden. Der Versuch, die Wirtschaft vor den unvermeidlich aus alledem resultierenden Krisen zu retten, führt zu weiteren Kreditschöpfungs- und Rettungsaktionen, die zu unverantwortlichem Verhalten ermutigen, Verschwender belohnen und die Umsichtigen bestrafen. Auf diese Weise sorgen Zentralbanken dafür, dass der Konjunkturzyklus als ein fester Bestandteil der Wirtschaft etabliert wird, und ihre eigene Macht über den Markt wächst. Im Laufe der Zeit führt dies zur Zerstörung von Kapital, Geld, der Fähigkeit zu sparen und der Arbeitsteilung selbst. Geld in die Hände eines staatlichen Monopols zu legen, ist das Gegenteil eines Allheilmittels; es vernichtet die Grundlagen, auf denen die menschliche Gesellschaft und die moderne kapitalistische Zivilisation fußen.

TEIL V:

Zivilisation

KAPITEL 16:

Gewalt

Alles bislang in diesem Buch besprochene Wirtschaften ist freiwilliger Natur. In Teil II wurden freiwillige wirtschaftliche Handlungen erörtert, die der Einzelne von sich aus unternimmt, um die Qualität und Quantität seiner Zeit zu erhöhen. Teil III erläuterte das Marktsystem, das aus sozialen Interaktionen hervorgeht, an denen Individuen freiwillig teilnehmen, um die Qualität und Quantität ihrer Zeit zu erhöhen. In jedem dieser Abschnitte handelten die beteiligten Personen aus eigenem Willen und freien Stücken, sei es in Isolation oder in Kooperation mit anderen. Das sind jedoch nicht die einzigen Menschen offenstehenden Interaktionsmöglichkeiten. Sie können die Qualität und Quantität ihrer Zeit auf der Erde auch dadurch steigern, Gewalt bzw. ihre Androhung gegen andere einzusetzen. Sie können die Leiber und das Eigentum anderer attackieren, um sich diese Eigentümer und möglicherweise sogar die Körper anzueignen. Gewalt und die Androhung von Gewalt führen zu **Zwang**: die Auferlegung des eigenen Willens auf einen anderen.

Das Nichtaggressionsprinzip

Die Wirtschaftswissenschaft ignoriert Gewalt und Zwang nicht einfach, noch wünscht sie sich deren Irrelevanz. Beide werden als Formen menschlichen Handelns betrachtet, auf ihre Folgen hin untersucht, und jenen eines freiwilligen Austauschs gegenübergestellt. Der grundlegende Unterschied zwischen freiwilligen und unfreiwilligen Interaktionen besteht darin, dass alle Teilnehmer einer freiwilligen Interaktion von ihr zu profitieren erwarten, während irgendwer bei einer unfreiwilligen Interaktion damit rechnen muss, negative Folgen durch sie zu erleiden (ansonsten hätte er nicht zu ihr gezwungen werden müssen). Ein freiwilliger Austausch führt nicht immer zu den von allen beteiligten Akteuren beabsichtigten Ergebnissen. Zwang hingegen garantiert, dass eine Partei unerwünschte Folgen erleiden wird. Menschen, die von einvernehmlichen Interaktionen nicht profitieren, können ihre inadäquaten Erwartungen korrigieren und sie aufgeben, oder ihre Methoden anpassen und auf bessere Ergebnisse hoffen. Opfer gewaltsamer Nötigungen haben jedoch keine solche Möglichkeit, da ihr Wille durch Gewalt oder die Androhung von Gewalt außer Kraft gesetzt wird. Erzwungene Interaktionen können andauern, solange der Täter nicht unter den negativen Folgen seiner Aggression leidet.

In ihrer Unerwünschtheit können die negativen Auswirkungen von Zwangsaggressionen mit Naturkatastrophen oder den Angriffen wilder Tiere verglichen werden, und wie im Falle von Naturkatastrophen und Tierangriffen haben die Menschen lange nach Möglichkeiten gesucht, sich vor ihnen zu schützen. So wie die Menschen arbeiten, Kapital anhäufen, Handel treiben und innovieren, lernen sie auch, sich zu verteidigen, und entwickeln immer ausgefeiltere und wirksamere Mechanismen zum Schutz ihres Körpers und Eigentums vor der Aggression anderer. In Kapitel 17 werden verschiedene Verteidigungsstrategien gegen Aggression beschrieben. Der Rest dieses Kapitels befasst sich mit einer ganz bestimmten Art von Aggression, nämlich der staatlichen.

Sowohl in ethischer als auch wirtschaftlicher Hinsicht besteht ein sehr wichtiger Unterschied zwischen Gewalt im Allgemeinen und ihrer Einleitung. Die Einleitung von Gewalt verletzt das Eigentumsrecht des Opfers an seinem Körper oder Besitz, was zu Feindseligkeit und wahrscheinlichen Vergeltungsmaßnahmen seitens des Opfers oder zur Meidung des Täters durch andere führt. Dies erschwert die friedliche Zusammenarbeit und verhindert die Ausdehnung des Marktes und der Arbeitsteilung. Das Ausmaß, zu dem sich kleine oder große Gruppen von Individuen darauf einigen, die Anwendung von Gewalt abzulehnen, ist das Ausmaß, zu dem sie in einer friedlichen erweiterten Marktordnung leben und von der Arbeitsteilung profitieren können. Der Grad, zu welchem die Anwendung von Gewalt einigen Mitgliedern einer Gruppe akzeptabel erscheint, bestimmt die Häufigkeit von Konflikten, welche die für eine Marktordnung notwendige Zusammenarbeit untergraben. Dass Aggression für ein Individuum oder eine Gruppe legitim sein soll, für andere jedoch nicht, ist kein moralischer Standard, der auf eine gesamte Gesellschaft einheitlich angewendet werden kann.

Gewalt, auf der anderen Seite, kann als ethisch akzeptabel angesehen werden, wenn sie zur Selbstverteidigung eingesetzt wird, um Aggressoren abzuwehren oder zu bestrafen. Legitime Selbstverteidigung kann außerdem als mit einer erweiterten Marktordnung vereinbar betrachtet werden. Alle Mitglieder einer erweiterten Marktordnung können zusammenarbeiten, wenn sie sich auf eine universelle, für alle geltende Regel einigen: die Illegitimität der Aggressionseinleitung und die Legitimität der Selbstverteidigung. Diese Asymmetrie zwischen Gewalt und der Gewalteinleitung, sowie ihre Implikationen für eine Marktordnung, sind die

Grundlage des **Nichtaggressionsprinzips**, das Rothbard wie folgt definiert:

> „Niemand darf als Aggressor Gewalt gegen die Person oder das Eigentum eines anderen androhen oder ausüben. Gewalt darf nur gegen denjenigen angewendet werden, der diese Gewalt initiiert; das heißt, nur zur Verteidigung gegen die aggressive Gewalt eines anderen. Kurz gesagt darf keine Gewalt gegen einen Nichtaggressor angewendet werden."[179]

Das Nichtaggressionsprinzip wurde zwar von Rothbard und den Österreichischen Ökonomen formuliert und popularisiert, hat seine historischen Ursprünge jedoch in der gesamten Menschheitsgeschichte und vielen Zivilisationen, wie Edward Fuller dokumentiert:

> „[Eine] große und vielfältige Gruppe der historisch bedeutendsten Denker hat Ideen geäußert, die dem Prinzip der Nichtaggression sehr ähneln. Die Grundzüge dieses Prinzips waren den alten Ägyptern um 2000 v. Chr., den alten Hindus um 1500 v. Chr. und den alten Hebräern um 1000 v. Chr. bekannt. Um 500 v. Chr. explizierten die alten chinesischen und griechischen Philosophen die dem Prinzip zugrundeliegende Logik. Cicero kam der Formulierung des Grundsatzes in seiner modernen Form sehr nahe. Thomas von Aquin vertrat im Hochmittelalter etwas, das einem Aggressionsverbot verblüffend nahekommt, und die scholastischen Philosophen brachten diese Idee in die frühe Neuzeit. Im Laufe des siebzehnten Jahrhunderts stieg das Nichtaggressionsprinzip zum Höhepunkt der westlichen Philosophie auf."[180]

---

179 Rothbard, Murray. *A Libertarian Analysis*: War Peace and the State. The Libertarian Forum, 1962. • Rothbard, Murray. *Egalitarianism As a Revolt against Nature and Other Essays*. 2. Aufl. Ludwig von Mises Institute, 2000.

180 Fuller, Edward W. „The Non-Aggression Principle: A Short History." *Revista Procesos de Mercado*, Bd. 16, Nr. 1, 2019, S. 31-88.

In vielen Wirtschaftslehrbüchern, einschließlich diesem, wird die Geschichte Robinson Crusoes auf seiner einsamen Insel zur Veranschaulichung der Realitäten wirtschaftlicher Produktion und des Nutzens friedlicher Zusammenarbeit verwendet. Der Ursprung dieses Szenarios ist eine fiktive Erzählung, *Hayy Ibn Yaqdhan*, die auf den arabischen Philosophen Ibn Tufayl zurückgeht, der die Prämisse der Geschichte zur Erläuterung davon nutzte, wie ein Mensch ein moralisches Verständnis selbst dann ausbilden kann, wenn er allein und von anderen Menschen isoliert geboren wird.

Staatlicher Zwang

Die meisten etablierten wirtschaftlichen und politischen Denkströmungen stellen die Regierung als die Lösung des gesellschaftlichen Aggressionsproblems dar. Angesichts der Allgegenwärtigkeit von Gewalt und Aggression ist die Errichtung eines Gewaltmonopols ihnen zufolge die einzige Möglichkeit, im entsprechenden Gebiet eine zivilisierte und friedliche Gesellschaftsordnung zu etablieren. Wenn alle Bewohner des Territoriums die Legitimität des Monopolisten (frei- oder unfreiwillig) anerkennen, werden Gewaltakte jedes anderen Akteurs als illegal eingestuft und vom Monopolisten bestraft.

Die politischen und intellektuellen Debatten des neunzehnten und zwanzigsten Jahrhunderts drehten sich hauptsächlich um die angemessene Rolle des Staates in der Gesellschaft, nicht um seine Legitimität oder Notwendigkeit. Mises und die klassischen Liberalen sahen die legitime Rolle des Staates darin, seine Bürger und deren Eigentum zu schützen und ihre Sicherheit vor Aggression und Diebstahl zu gewährleisten.

„Die Regierung sollte sich um all jene Belange kümmern, für die sie gebraucht wird und für die sie gegründet wurde. Die Regierung sollte die Individuen innerhalb des Landes vor den gewalttätigen und betrügerischen Angriffen Krimineller schützen und das Land gegen ausländische Feinde verteidigen. Dies sind die Aufgaben des Staates in einem freien System, im System der Marktwirtschaft. Im Sozialismus ist die Regierung natürlich totalitär, und es gibt nichts, was außerhalb ihrer Sphäre und Zuständigkeit liegt. In der Marktwirtschaft besteht die Hauptaufgabe der Regierung jedoch darin, das reibungslose Funktionieren der Marktwirtschaft gegen Betrug oder Gewalt von innen und außen abzuschirmen."[181]

Indem die Regierung die Sicherheit des Eigentums gewährleistet, ermöglicht sie es dem Einzelnen, für die Zukunft zu planen, seine Zeitpräferenz zu senken, Kapital zu akkumulieren, seine Produktivität zu steigern und sein Leben zu verbessern. Wenn eine Regierung sich jedoch nicht auf den Schutz des Eigentums und die Durchsetzung von Recht und Ordnung beschränkt, richtet sie dem klassischen Liberalismus zufolge mehr Schaden als Nutzen an. Ihre Eingriffe in die Marktwirtschaft müssten die damit angestrebten Ziele vor allem aufgrund des Problems der wirtschaftlichen Berechnung, das (wie in Kapitel 12 erörtert) in Ermangelung klar definierter Eigentumsrechte auftritt, verfehlen. Wenn der Staat das Eigentum an Kapitalressourcen innehat, gibt es keinen Markt für diese Ressourcen und keine Möglichkeit, ihre alternativen Verwendungsmöglichkeiten wirtschaftlich abzuwägen. Wenn staatliche Bürokraten Entscheidungen über Ressourcen treffen, die anderen gehören, tun sie dies blindlings, ohne den wichtigsten Faktor der Ressourcenverteilung zu kennen: die subjektiven Präferenzen aller beteiligten Personen. Wirtschaftliches Kalkül ohne Eigentumsrechte führt zu Ressourcenfehlallokation, Verschwendung und Kapitalvernichtung.

---

181 Mises, Ludwig von. *Economic Policy: Thoughts for Today and Tomorrow.* Free Market Books, 1995. (eig. Übers. – Anm. d. Hrsg.)

Über das Scheitern staatlicher Eingriffe in die Wirtschaft wurde sowohl von Ökonomen der Österreichischen als auch von solchen etatistischer Schulen eine enorme Anzahl von Werken verfasst.[182] Im weiteren Verlauf dieses Kapitels werden einige der häufigsten und populärsten Formen staatlicher Eingriffe in die Entscheidungsfindung der Individuen einer kapitalistischen Wirtschaft auf ihre Versagensmodi hin untersucht. Wenn wir die Perspektive des menschlichen Handelns einnehmen und die Eigenschaften der aus ihm entstehenden Marktordnung verstehen, können wir die wirtschaftlichen Auswirkungen bestimmter Formen staatlichen Zwangs ausmachen.

Die Auferlegung von Preiskontrollen stellt wahrscheinlich die beliebteste Form staatlicher Eingriffe in die Wirtschaft dar. Sie ist eine verlockende Lösung realer Probleme, die enorme Auswirkungen haben kann – zum Vorteil einiger und auf Kosten der Vielen. Der Grundgedanke erscheint dabei einfach und überzeugend: Wenn der Preis einer Ware zu hoch ist, kann die Regierung eine Preisobergrenze vorschreiben, die es illegal macht, zu einem hohen Preis zu verkaufen, und Verkäufer zwingt, zu einem niedrigeren Preis zu verkaufen. Auf diese Weise können Menschen, die nicht in der Lage sind, den höheren Preis zu zahlen, sich die nun preiswerten Waren leisten. In *Forty Centuries of Wage and Price Control: How Not to Fight Inflation* liefern Robert Schuettinger und Eamonn Butler eine höchst informative historische Analyse von Preiskontrollen über vier Jahrtausende und unzählige Regionen hinweg. Erstaunlich viele Regierungen haben im Laufe der Geschichte genau diese Maßnahmen ergriffen, um die Preise einer Vielzahl von Gütern, von Lebensmitteln bis hin zu Mieten, in den Griff zu bekommen. Es gibt keinerlei historische Hinweise auf eine erfolgreiche Senkung der Preise durch ihre erzwungene Deckelung; letztere führten

182 See Block, Walter. *Defending the Undefendable*. Ludwig von Mises Institute, 2018. • Krueger, Anne O. „Government Failures in Development." *Journal of Economic Perspectives*, Bd. 4, Nr. 3, 9-23, 1990. • Tullock, Gordon, Gordon Brady, and Arthur Seldon. *Government Failure: A Primer in Public Choice*. Cato Institute, 2002.

stattdessen stets nur zu Engpässen, Schwarzmärkten und dem Aufkommen äußerst verschwenderischer Methoden zur Rationierung des begrenzten Angebots.

Wenn Preiskontrollen überhaupt eine Wirkung haben, dann die, dass sie Menschen davon abhalten, zu einem bestimmten Preis, zu dem sie ansonsten gerne gehandelt hätten, miteinander zu tauschen. Wenn der Handel zum Marktpreis verboten ist, wird der Produzent das Gut unweigerlich zu geringeren Mengen oder überhaupt nicht mehr produzieren können. Ohne die durch den höheren Preis erzielten Einnahmen wird er nicht in der Lage sein, die für die Produktion der Ware erforderlichen Ressourcen in ausreichender Menge zu beschaffen. Staatlicher Zwang kann einen Produzenten dazu nötigen, nicht unter einem bestimmten Mindestpreis zu verkaufen, aber er kann ihn nicht zwingen, unterhalb eines bestimmten Höchstpreises zu verkaufen, da er sich einfach dafür entscheiden kann, die Produktion einzustellen. Der Eingriff führt also unweigerlich zu einer Verringerung des Marktangebots der regulierten Ware.

Eine weitere wahrscheinliche Auswirkung ist das Entstehen eines Schwarzmarktes, auf dem Waren illegal zu höheren Preisen verkauft werden. Ein Schwarzmarkt trägt dazu bei, das Gut in die Hände derjenigen, die es brauchen, zu bringen, und den durch staatliche Eingriffe verursachten Schaden zu umgehen. Aber seine hohen Transaktionskosten stellen eine Verschwendung dar. Anstatt knappe Ressourcen für die Produktion des gewünschten Gutes zu verwenden, müssen Produzenten Kosten zur Organisation des illegalen Verkaufs und Vertriebs ihres Gutes decken und riskieren dabei Strafverfolgung, Beschlagnahmung und Haftstrafen. Als eine Alternative hierzu werden sich spezialisierte Organisationen herausbilden, die den Verkauf der Ware organisieren, und einen großen Teil der Gewinne vereinnahmen, wobei diese nicht länger für Investitionsgüter und eine damit einhergehende Produktionssteigerung verwendet werden können. Preiskontrollen ändern nicht auf wundersame Weise die wirtschaftliche Wertung von Gütern und deren Produktionskosten. Sie machen es lediglich kriminell, Güter zu den von Produzenten geforderten Preisen zu tauschen. Dies kommt einer Subvention des kriminellen Sektors der Wirtschaft gleich. Menschen, die es gewohnt sind, außerhalb des Gesetzes zu agieren, eröffnen sie ein lukratives Geschäft. Mittel, die Produzenten für zusätzliche Investitionen zur Verfügung hätten stehen können, fließen stattdessen der Kriminalität zu.

Da auf Preiskontrollen unweigerlich Engpässe folgen, wird die Nachfrage nach der regulierten Ware ihr Angebot übersteigen, was neue Mechanismen zur Rationierung des Angebots unter den Verbrauchern erforderlich macht. Ein gängiger Mechanismus ist das Schlangestehen, bei dem die Verbraucher Zeit damit verbringen müssen, in einer Schlange zu warten, bis das Gut verfügbar wird. Da Zeit knapp ist, werden die Kosten eines Gutes beim Anstehen für es also einfach von Geld auf Zeit übertragen. Die Verbraucher bezahlen für das Gut nun mit ihrer Zeit, was diese verschwendet, da der Hersteller sie nicht zur Produktion weiterer Einheiten nutzen kann.

Im Falle einiger anderer wirtschaftlicher Güter wird durch gewaltsame staatliche Eingriffe versucht, dem Markt einen höheren Preis als den natürlicherweise entstandenen aufzuerlegen. Am häufigsten wird dies im Bereich der Löhne praktiziert, deren Steigerung Regierungen seit langem durchzusetzen versuchen. Das Scheitern von Mindestlöhnen wurde in den Kapiteln 1 und 4 eingehend erläutert.

Preisprobleme haben ihre Wurzeln fast immer in Inflation, die ein Ergebnis staatlicher Zwangseingriffe in das Geld des Marktes ist. Wie in Kapitel 10 erörtert, steigt jenes Marktgut mit der besten zeitlichen Verkäuflichkeit, das also seinen Wert über die Zeit am besten aufrechterhält, zum Geld auf. Da man davon ausgehen kann, dass sein Angebot unter allen Marktgütern am langsamsten zunimmt, steigt sein Wert im Laufe der Zeit tendenziell an, da von allen anderen Gütern relativ mehr produziert wird. In einer solchen Welt müssten die Geldpreise aller Güter tendenziell sinken, während die Löhne real auch dann anstiegen, wenn sie nominal konstant blieben oder sänken. Durch einen gewaltsamen Eingriff in den Geldmarkt sinkt jedoch der Wert des Geldes mit der Zeit, so dass Verkäufer gezwungen sind, ihre Preise zu erhöhen und die Löhne ihrer Arbeitnehmer zu kürzen. Die Geschichte der Inflation ist seit langem dieselbe, auch wenn die zu ihrer Durchsetzung in Anschlag gebrachten Mechanismen sich ändern mögen: Von römischen Kaisern, die den Gold- oder Silbergehalt ihrer Münzen reduzierten und durch Kupfer und andere unedle Metalle ersetzten, bis hin zu modernen Regierungen, die große Mengen an Papiergeld druckten und die Zinssätze zur Schaffung von die gesellschaftlichen Ersparnisse übersteigenden Krediten senkten.[183] Inflation entzieht Sparern realen Reichtum, entwertet ihr Geld und erhöht die Preise der von ihnen gekauften Waren, während sie es der Regierung ermöglicht, fast ungezügelt Geld auszugeben.

Die gängigen Wirtschaftsschulen räumen zwar die Probleme ein, welche Geldinflation den Geldbesitzern und der Wirtschaft insgesamt auferlegt, betrachten Staatsausgaben aber als etwas Positives, das diese Probleme mildern und zur Erreichung erstrebenswerter gesellschaftlicher Ziele beitragen kann. Dabei versäumen sie es, die Kosten solcher Ausgaben auf angemessene Weise zu berücksichtigen. Ein Verständnis von Opportunitätskosten, des subjektiven Charakters der Wirtschaft und des Problems wirtschaftlicher Kalkulationen führt uns zum gegenteiligen Schluss. Alle Ausgaben des Staates müssen mit Geld finanziert werden, das den produktiven Mitgliedern der Marktwirtschaft zulasten ihrer eigenen Ausgaben entzogen wird. Der Einzelne richtet seine Ausgaben auf

183 Siehe Rothbard, Murray. *What Has Government Done to Our Money? And the Case for a 100 Percent Gold Dollar.* Ludwig von Mises Institute, 2005. • Hayek, Friedrich. *Denationalisation of Money: The Argument Refined.* Institute of Economic Affairs, 1976.

die maximale Befriedigung seiner Bedürfnisse aus. Eine Zwangsbesteuerung seines Einkommens, die sein Geld davon abweichenden Zwecken zuführt, kann seinen Wohlstand nicht steigern, da er sich in diesem Fall selbst dazu entschieden hätte, das Geld für diese Zwecke auszugeben.

Staatsausgaben können nicht als freiwillig angesehen werden, solange Inflation und Besteuerung nicht freiwillig sind. Staatsausgaben lassen sich also am besten als die Konsumausgaben von Beamteten verstehen – sie sind keine Investitionen.

Eine weitere häufige Staatsintervention ist die Vergabe von Subventionen an Menschen oder der Erwerb bestimmter Güter für sie. Hier wird vereinfachend davon ausgegangen, dass Staatsausgaben keine Kosten verursachten und Regierungen Subventionen überhaupt zur Verbesserung des Wohlergehens der Bürger einsetzen könnten. Eine ökonomische Analyse widerlegt dies jedoch umgehend. Staatliche Subventionen verzerren den Markt und beeinflussen die Entscheidungen der Menschen in eine Richtung, der ihre eigenen Anreize und wirtschaftlichen Berechnungen sie nicht zugeneigt hätten. Subventionen führen zu Überproduktion und dem Überkonsum von Gütern, die aus keiner der wirtschaftlichen Kalkulation entspringenden freien Wahl hervorgingen. Wenn Subventionen an Individuen auf der Grundlage ihrer wirtschaftlichen Situation vergeben werden, schaffen sie den Menschen einen stärkeren Anreiz dazu, sich für sie zu qualifizieren. Sozialhilfe ermutigt Menschen niedrigen Einkommens dazu, auf diesem niedrigen Einkommensniveau zu verbleiben. Subventionen für Arbeitslose schaffen Anreize zur Arbeitslosigkeit. Schlimmer noch: Da sie auf Kosten der Erwerbstätigen finanziert werden, höhlen sie den Anreiz, zu arbeiten, aus.

Die Bereitstellung von Gütern und Dienstleistungen durch den Staat wird oft als Lösung für das Problem ihrer mangelnden Verfügbarkeit oder Erschwinglichkeit dargestellt. Während private

Anbieter auf Profitabilität bedacht seien, könne der Staat ihre Funktion besser erfüllen, sofern er sich stattdessen auf den Einbezug aller konzentriere. Diese Argumentation wird für die staatliche Bereitstellung vieler Güter und Dienstleistungen, wie z. B. Bildung, Wasser und der Gesundheitsfürsorge, vorgebracht, verkennt dabei aber die Grundlagen der kapitalistischen Produktion. Gewinne sind nicht einfach ein Mechanismus zur Bereicherung gieriger Menschen – sie sind, was die gesamte Struktur der Marktproduktion koordiniert und Produzenten überhaupt erst in die Lage versetzt, die Kosten und Vorteile ihrer verschiedenen Handlungsmöglichkeiten zu berechnen, während sie nach einem Weg suchen, anderen bestmöglich zu dienen und dabei optimale Gewinne zu erzielen. Die Eliminierung des Gewinnmotivs aus der wirtschaftlichen Produktion führt zu keiner selbstlosen, erschwinglichen Produktion von Überfluss, sondern zu einem Versagen wirtschaftlicher Kalkulation und enormer Verschwendung. Zum einen könnten so hergestellte Produkte unerwünscht und damit eine bloße Ressourcenvergeudung sein. Auf der anderen Seite kann die Ausschaltung marktwirtschaftlicher Preise zu einer Übernutzung der zur Herstellung erwünschter Güter notwendigen Ressourcen führen, was den Zugang zu diesen verknappt. So werden beispielsweise die von Regierungen kostenlos zur Verfügung gestellten Straßen letztendlich vom Verkehrsaufkommen verstopft, was für Reisende ausgedehnte Verzögerungen verursacht, deren Kosten jene der Errichtung privater Straßen wahrscheinlich übersteigen. Die staatliche Gesundheitsversorgung in Ländern wie Kanada ist berüchtigt für die Wartezeiten, die Patienten erdulden müssen, bevor sie einen Arzt aufsuchen können. Es ist bezeichnend, dass Kanadas Haustiere, deren Gesundheitsversorgung dem freien Markt unterliegt, schneller behandelt werden als ihre Besitzer.[184]

Staatsausgaben sind nicht nur deshalb schädlich für die Wirtschaft, weil sie die privaten Gewinn- und Verlustrechnungen des

184 Righton, Barbara and Nicholas Köhler. „Veterinary Care Faster Than Health Care for Humans." *The Canadian Encyclopedia*, 16. Dezember 2013, Historica Canada.

Einzelnen auf Dauer zerstören, sondern auch, weil sie entweder direkt oder auf dem indirekten Wege der Inflation steuerfinanziert werden müssen. Wenn Produzenten besteuert werden, um Staatsausgaben zu finanzieren, geht das zu Lasten der wirtschaftlichen Produktion, welche durch die zusätzlichen Kosten unattraktiver wird. Die Entwertung von Ersparnissen verringert den Anreiz zum Sparen, und die Besteuerung von Kapitalerträgen schreckt von Investitionen ab. Indem Regierungen den Menschen die Möglichkeit nehmen, für ihre Zukunft vorzusorgen, arbeiten sie der Verringerung der Zeitpräferenz und damit der treibenden Kraft aller menschlichen Zivilisation entgegen.

Ob Preiskontrollen, landwirtschaftliche Subventionen oder Besteuerung – alle staatlichen Eingriffe führen dazu, dass die Handlungen einiger Menschen in eine Richtung gelenkt werden, die sie aus freien Stücken nicht eingeschlagen hätten. Wenn sie sich selbst überlassen blieben, würden die Opfer staatlichen Zwanges ihre Zeit und ihren Wohlstand für jene Zwecke verwenden, die sie für die wertvollsten erachten, sei es im Rahmen der Produktion für sich selbst oder andere. Da aller wirtschaftlicher Wert subjektiv ist, muss die Verleitung der Handlungen eines Menschen von der von ihm präferierten Richtung sie in seinen Augen abwerten.

Man muss den meisten Vorzeigeökonomen zugutehalten, dass sie, insbesondere seit dem Kollaps der Sowjetunion, ein gewisses Verständnis für die Probleme verzerrender staatlicher Eingriffe in das Wirtschaftssystem gezeigt haben. Sogar Samuelsons Lehrbuch enthält jetzt eine Thematisierung der Probleme staatlicher Markteingriffe. Die Rationalisierung des Interventionismus geht indessen jedoch unvermindert weiter – nur wird sie jetzt in die Form der staatlichen Korrektur bestimmter „Marktversagen“ gegossen, wobei moderne Wirtschaftswissenschaftler diesen Begriff zur Bezeichnung von Resultaten freier menschlicher Interaktionen verwenden, die sie nicht gutheissen.

Begründungen staatlicher Gewaltanwendung

Moderne Rechtfertigungen der Regierungsintervention werden in der Regel mit dem Unterton des Marktversagens formuliert: Freie, sich selbst überlassene Individuen würden minderwertige und suboptimale Resultate hervorbringen. Der erste Fehler dieses Ansatzes besteht darin, den Markt als einen Akteur darzustellen, der ein gewünschtes Ergebnis nicht erzielt. In Wirklichkeit ist der Markt jedoch ein Überbegriff zur Bezeichnung der Handlungen unzähliger Individuen, die ihren eigenen Willen zur Maximierung ihrer eigenen Lebenszufriedenheit realisieren. Der Begriff „Marktversagen" setzt einen allwissenden Zentralplaner voraus, der in der Lage ist zu entscheiden, wie das optimale Ergebnis frei interagierender Individuen aussähe, und auf dieser Grundlage freiwillige Handlungen als unzureichend und veränderungsbedürftig sich anzuprangern erlaubt. Auch wenn dieser Ansatz gerne als zur Maximierung des Gemeinwohls gedacht verkauft wird, besteht er methodisch gesehen einfach darin, einen zentralen Planer seinen Willen über den Willen aller anderen frei handelnden Individuen stellen zu lassen.

Das Fließband der Vorzeigeökonomen und ihrer hochdotierten, unlesbaren Arbeiten produzierte in den letzten Jahrzehnten eine Unmenge an als Wirtschaftsanalyse getarnter Regierungspropaganda. Das Denken folgt immer demselben vorhersehbaren Muster: Ein Wirtschaftswissenschaftler errichtet eine große Menge theoretischer, mathematischer oder experimenteller Konstrukte und kommt mit ihrer Hilfe zu dem Schluss, dass frei handelnde Individuen zu etwas gelangen müssen, das für die Gesellschaft als Ganze suboptimal ist, was dann als „Marktversagen" deklariert wird. Die Frage, was einen von staatlichen Fördergeldern abhängigen Akademiker dazu berechtigt, ein Urteil über die letztendlichen Ziele der Handlungen aller anderen Menschen zu fällen, wird bequemerweise übergangen. Die kollektivistische Methodik dieses Ansatzes setzt voraus, dass

Bewertungen objektiv und von einem unparteiischen Zentralplaner erfassbar sind. Sie entmündigt den Einzelnen, indem sie ihm das Recht nimmt, Entscheidungen über sein Eigentum, sein Kapital und seinen Konsum zu treffen. Indem sie die Wirtschaft ungeachtet des Umstandes, dass wirtschaftlicher Wert sich in keiner Einheit erfassen lässt, als objektive, mathematische Funktion darstellen, können staatlich geförderte Wirtschaftswissenschaftler beliebige Ziffern zur Rechtfertigung jedweder Form staatlicher Aggression gegen das Individuum hervorzaubern.

Die Marktversagensanalytik hat ihren Ursprung im Standardmodell der neoklassischen Ökonomik, also dem Versuch einer mathematischen Modellierung des Marktprozesses. Anstatt der Methode der Österreichischen Schule zu folgen, die das individuelle Handeln als Grundlage alles wirtschaftlichen Verständnisses ansieht, imitierten moderne Wirtschaftswissenschaftler in einer kühnen Zurschaustellung transparenter Cargo-Kult-Wissenschaft die Physik. Seit der in den 1930er Jahren vollzogenen Übernahme der akademischen Welt durch die Regierung konzentrierten sich die meisten Wirtschaftswissenschaftler darauf, Konzepte aus der Physik auf die Ideen John Maynard Keynes' anzuwenden, um auf diese Weise die Eingriffe von Regierungen und Zentralbanken zu rationalisieren. Mathematische Ökonomen versuchten, der wirtschaftlichen Realität ein aus der Physik abgeleitetes mathematisches Modell aufzuzwingen, und wann immer sie von einem der zahllosen unüberwindbaren Hindernisse in dieser Mathematisierung menschlichen Handelns gestört wurden, setzten sie vereinfachte, nivellierte und mathematisch geschmeidig gemachte wirtschaftliche Umstände voraus. Einige der bemerkenswertesten dieser Annahmen sind, dass alle Akteure eines Marktsystems 1) über eine lückenlose Kenntnis aller Aspekte desselben verfügen müssen, sie 2) durchweg rational sowie eigennützig handeln, und 3), dass in jedem Markt ein Zustand des vollkommenen Wettbewerbs zwischen einer unendlichen

Anzahl von Käufern und Verkäufern herrscht. Diese Annahmen haben natürlich nichts mit der Wirklichkeit zu tun, was die Anhänger dieser Schulen aber nur als Beweis für die Unausweichlichkeit eines Marktversagens interpretiert haben, anstatt einfach anzuerkennen, dass derartige mathematische Modelle nutzlos sind!

Nachdem also ein „Marktversagen“ nachgewiesen wurde, wird von denselben Akademikern ohne jegliche Beweise oder dahingehende Analysen behauptet, dass staatliche Eingriffe diese vermeintliche Ineffizienz des Marktes zu korrigieren vermögen. Anschließend veröffentlichen sie diesen Unsinn in angesehenen Fachzeitschriften, erhalten einen Lehrauftrag an einer Universität und heimsen Auszeichnungen und Preise dafür ein, den Vorwand für staatliche Nötigung und Angriffe auf privates Eigentum geliefert zu haben. In der Fiat-Wissenschaft ist es kostenlos, sich zu irren, und ggf. sogar sehr lohnend, sofern man mit seinen Irrtümern die Macht der Regierung rationalisiert. 185 Die gesamte Fiat-Ökonomik kann mit einem ausgeklügelten Betrug verglichen werden, für den man haufenweise Strohmänner errichtet, um diese dann niederzureißen und das Land, auf dem sie standen, als herrenloses zu beanspruchen.

Informationsasymmetrie

Zu den in den letzten Jahrzehnten in Mode gekommenen Rechtfertigungen wirtschaftlicher Interventionen gehört der Trugschluss der „Informationsasymmetrie“. Der ausufernden, unlesbaren Forschung dieser Schule zufolge besitzen die an einer Transaktion beteiligten Personen kein perfektes Wissen über alles mit ihr Zusammenhängende, was oft zu schlechten Ergebnissen führe. Dies ist eine vollkommen triviale Feststellung des Offensichtlichen: Keine Person kann das gesamte Wissen einer anderen besitzen. Und doch ist es dieser Gedanke, der als Beleg für die Notwendigkeit staatlicher Zwangseingriffe in den Handel angeführt wird. Es finden aber jeden

185 Siehe Kapitel 9, Fiat-Wissenschaft, in *Der Fiat-Standard.*

Tag weltweit Milliarden von Markttransaktionen statt, deren große Mehrheit zur Zufriedenheit der transagierenden Parteien abläuft. Man muss nicht alles wissen, um sich darüber im Klaren zu sein, was einen vorteilhaften Handel ausmacht, sondern lediglich seine eigene Präferenz für die gehandelten Güter kennen. Und natürlich wird bei obiger Argumentation das Problem ignoriert, wie die zuständige Zwangsregulierungsbehörde an Wissen gelangen soll, das den Handelspartnern nicht zur Verfügung steht, und wie sie es dazu nutzbar machen kann, unter Androhung von Gewalt eine bessere Lösung für beide durchzusetzen. Wie soll eine Behörde, die für alle Transaktionen in einer Gesellschaft zuständig ist, an Informationen zu jeder Transaktion kommen, wenn nicht einmal die involvierten Parteien selbst über ausreichende Informationen verfügen? Und wessen Interesse wird diese zentralplanerische Institution vor allem verfolgen?

Sofern die Informationsasymmetrie der Märkte ein Problem darstellt, handelt es sich um eines, das durch freiwillige Maßnahmen am besten gelöst werden kann. Das den Fiat-Ökonomen liebste Beispiel einer Informationsasymmetrie ist der Gebrauchtwagenmarkt – und doch hat sich eine große Informationsindustrie rund um Gebrauchtwagen herausgebildet, um genau dieses Problem zu lösen. Käufer ziehen Autos mit einer Fahrzeughistorie vor. Autobesitzer wiederum melden sich freiwillig für entsprechende Dienste an, um den Wert ihres Autos für potenzielle Käufer zu erhöhen. So löst der Markt das vermeintliche Marktversagen auf vollkommen freiwillige Weise. In allen derartigen Branchen ist eine Vielzahl von Produktinformationsdiensten entstanden, die Verbrauchern den Zugang zu Informationen über Produkte bereitstellen: Film- und Restaurantkritiken, Produktrezensionen usw. Was hätte es Verbrauchern und Produzenten genützt, wären das Wachstum dieser Branchen durch staatliche Eingriffe und Regulierungen unter dem Vorwand unvollkommener Informationsverfügbarkeit gehemmt worden?

Irrationalität

In der jüngst entstandenen Pseudowissenschaft der Verhaltensökonomik stellt „Irrationalität" ein weiteres beliebtes Bündel an Trugschlüssen zur Rechtfertigung staatlichen Zwanges dar. Verhaltensökonomen stellen willkürliche und irrelevante Kriterien dafür auf, was als rationales Verhalten gelten könne, und ziehen dann die Studenten ihrer Universität als für die gesamte Menschheit einstehende menschliche Laborratten heran, um an ihnen zu testen, ob Menschen diesen Kriterien gerecht werden. Liefern die Studenten dem Forscher kein seinen Rationalitätskriterien genügendes Resultat ab, brandmarkt er die menschliche Rasse selbstgefällig als irrational. Letztlich kommt er zu dem Schluss, dass die einzige Möglichkeit, diesen Missstand zu korrigieren, der gewaltsame Eingriff des Staates ist.

Wirtschaftliche Rationalität kann jedoch nicht im Rahmen eines Laborexperiments untersucht werden, da sie von Natur aus subjektiv und marginal ist. Sie bezieht sich auf die Entscheidungen des Einzelnen zu dem Zeitpunkt und an dem Ort, an dem sie getroffen werden müssen. Alle in einer Laborumgebung getroffenen Entscheidungen beziehen sich anstatt der realen Welt auf das Labor. Schließlich ist die Realität durch unzählige Komplexitäten und Faktoren charakterisiert, die sich nicht auf ein Labor übertragen lassen. Es gibt keinen Grund, die völlig konstruierten Experimente der Verhaltensökonomen als akkurates Abbild der realen Welt und die Anreize einer Versuchsperson als den in der wirklichen Welt vorherrschenden gleichwertig zu betrachten. Und selbst wenn man all dies gelten ließe, bliebe die Frage bestehen, wie Menschen irrational, Verhaltensökonomen auf der anderen Seite jedoch rational sein können. Wenn menschliche Voreingenommenheit Rationalität verzerrt – warum sollten Verhaltensökonomen dann von diesem Effekt ausgenommen sein? Und noch wichtiger: Warum und inwiefern könnten Regulierungsbehörden und ihre Eingriffe in die Märkte eine Immunität gegenüber dieser Irrationalität besitzen? Und wie viel zerstörerischer wäre es, wenn man diese Irrationalität auf der Makroebene erzwänge, anstatt sie auf jene Menschen beschränkt wirksam sein zu lassen, die sich freiwillig für einen Umgang mit ihr entscheiden?

Unvollkommener Wettbewerb

Da das neoklassische Wirtschaftsmodell von einem perfekten Wettbewerb ausgeht, besteht eine andere Art des Marktversagens aus seiner Perspektive aus unvollkommenem Wettbewerb: der Unfähigkeit der Märkte, jeder Instanz ihrer selbst eine unendliche Anzahl von Anbietern und Nachfragern bereitzustellen. Diese Hürde ist natürlich nicht zu nehmen. Solange die Anzahl der Käufer und Verkäufer auf einem Markt nicht unendlich ist – was sie offensichtlich nie sein kann –, lässt sich der Markt als unvollkommen oder monopolisiert abtun. Diese Situation kann nach Ansicht etatistischer Ökonomen nur durch ein Gewaltmonopol behoben werden, das alle Marktteilnehmer dazu zwingt, seinen Vorstellungen eines monopolfrei funktionierenden Marktes nachzukommen. Märkte tendieren jedoch nicht zur Monopolisierung, solange sie nicht erzwungen wird. Einzelne Produzenten, die überhöhte Preise verlangen, können ihre Konkurrenten nicht daran hindern, sie zu unterbieten – es sei denn, sie greifen auf Gewalt zurück. In den Jahrzehnten, in denen ich mich mit dieser Frage beschäftigt habe, ist mir noch kein einziges Beispiel eines Monopolanbieters untergekommen, dessen Monopolstellung friedlich und nicht durch Zwangsmaßnahmen gesichert wurde. Es sind ausnahmslos staatliche Regeln und Vorschriften, die Monopole schaffen, da nur sie friedfertige private Firmen ausschalten können. Ironischerweise verwandeln gerade staatliche Vorschriften bestimmte Branchen in Monopole, was dann die Vorstellung normalisiert, dass diese Branchen als „natürliche Monopole“ zwangsläufig zu Marktversagen führen müssten. Monopole haben jedoch nichts

Natürliches an sich, und ihre staatliche Regulierung ist ein Problem, das sich als seine eigene Lösung ausgibt, wie Thomas DiLorenzo in einem Artikel darlegt, der die Rechtfertigung staatlicher Nötigung durch den Rückgriff auf Monopole gründlich widerlegt:[186]

> „Dass die Theorie des natürlichen Monopols zuerst von Ökonomen entwickelt und dann von Gesetzgebern zur ‚Rechtfertigung' von Monopolkonzessionen verwendet wurde, ist ein Mythos. In Wahrheit schuf man Monopole bereits Jahrzehnte vor der Formalisierung dieser Theorie durch interventionsfreudige Ökonomen, welche die Theorie dann als Ex-post-Begründung staatlicher Eingriffe nutzten. Zur Zeit der Vergabe der ersten staatlichen Monopolkonzessionen war sich die große Mehrheit der Wirtschaftswissenschaftler darüber im Klaren, dass eine groß angelegte, kapitalintensive Produktion nicht zu einem Monopol führt, sondern ein absolut wünschenswerter Aspekt des Wettbewerbsprozesses ist."

Bestimmte, häufig von Wirtschaftswissenschaftlern angeführte Beispiele für Monopole, beziehen sich auf Produzenten, die ihren Marktanteil vergrößern konnten, indem sie ein wesentlich besseres Produkt zu einem niedrigeren Preis als ihre Konkurrenten anboten. In diesem Fall schützen Monopolgesetze nicht den Verbraucher vor einem Monopolisten, sondern einen ineffizienten Hersteller vor einem effizienteren. Sie ermöglichen es ineffizienten Herstellern, profitabel zu bleiben, ohne auf die effizienten Produktionsmechanismen des Marktführers umsteigen zu müssen.

Externalitäten und öffentliche Güter

Einige der häufigsten Begründungen staatlicher Nötigung sind Irrtümer über „externe Effekte" und „öffentliche Güter", wobei letztere

---

186 DiLorenzo, Thomas. „The Myth of Natural Monopoly." *The Review of Austrian Economics*, 1996, S. 43-58.

als einzigartige Güter dargestellt werden, die sich ihrer Natur wegen nur durch staatlichen Zwang angemessen bereitstellen lassen. Die meisten gängigen Wirtschaftslehrbücher räumen ein, dass der Kapitalismus freier Marktwirtschaften das beste gesellschaftliche Organisationsprinzip für die Produktion und Verteilung privater Güter ist. „Öffentliche Güter" jedoch werden in diesen Lehrbüchern als eine besondere Güterart dargestellt, für die Märkte sich nicht eigneten.

Externe Effekte oder Externalitäten sind positive oder negative wirtschaftliche Auswirkungen, die einer Person durch die Konsum- oder Produktionsentscheidungen einer anderen Person entstehen. Negative Externalitäten können die Form von Umweltverschmutzung oder wirtschaftlichen Verlusten annehmen. Positive Externalitäten bedeuten, dass man wirtschaftlich von den Aktivitäten anderer profitiert, wie z. B. ein Hotel oder ein Restaurant, das dank eines in der Nähe stattfindenden Sportereignisses überdurchschnittlich hohe Einnahmen erzielt. Oder ein Immobilienentwicklungsunternehmen erlebt einen Preisanstieg seiner Grundstücke, weil auf einem nahegelegenen Grundstück ein öffentlicher Park den Betrieb aufnahm, und nun die umliegenden Grundstücke für Käufer attraktiver macht. Es ist unangemessen, solche Effekte als Rechtfertigungen staatlichen Zwanges heranzuziehen. Bei externen Effekten handelt es sich entweder um Verletzungen von Eigentumsrechten, die in diesem Fall gerichtlich gelöst werden können, oder um eine unvermeidliche Folge des Lebens in einer Gesellschaft, die keinen Grund zur Gewaltanwendung darstellt. Ein Beispiel für Ersteres ist die Umweltverschmutzung. Wenn eine Fabrik anfängt, Abfälle in benachbarte Grundstücke zu leiten, verletzt sie damit schlicht das Eigentum ihrer Nachbarn. Die Verschmutzung ist ein Akt der Aggression, und der sie erleidende Grundeigentümer kann gerichtlich gegen die Fabrik vorgehen. Auf ähnliche Weise hat praktisch jede wirtschaftliche Aktivität innerhalb einer Marktwirtschaft

Auswirkungen auf andere. Wenn Du in Deiner örtlichen Bäckerei das letzte Stück Kuchen kaufst, gehen andere leer aus. Wenn Du gepflegt aussiehst und Dich anständig benimmst, statt dich gehen zu lassen und zu stinken, profitieren auch Deine Mitmenschen. Jede Person kann ein Interesse an den Entscheidungen anderer Personen haben und positiven oder negativen Nutzen aus ihnen ziehen, was aber niemals die Einleitung von Aggressionen rechtfertigt.[187] In Kapitel 5 wurde erläutert, warum Privateigentum der einzige konsistente moralische Standard ist, unter dem eine Gesellschaft friedlich und produktiv funktionieren kann. An der Marktwirtschaft teilzunehmen bedeutet, mit einer sehr großen Anzahl von Menschen wirtschaftlich zu interagieren und täglich unzählige Externalitäten ihrer privaten Entscheidungen zu erfahren. Dieses Wirtschafts- und Gesellschaftssystem kann nur dann friedlich funktionieren, wenn alle Mitglieder ihre Souveränität über ihr eigenes Eigentum ausüben und die Souveränität anderer über deren Eigentum akzeptieren. Wenn ein Eigentümer das Eigentum anderer nicht verletzt, kann die emotionale Verfassung von Menschen, denen es nicht gehört, keinen legitimen Grund für die Anwendung von Gewalt gegen den Eigentümer darstellen. Dies ist eine universell durchsetzbare moralische Norm. Ein moralischer Standard, der Menschen die Kontrolle des Eigentums von Nichtaggressoren erlaubt, wird nicht nur unweigerlich zu endlosen Konflikten, sondern letztendlich zur Erosion des Fundaments aller zivilisierten Gesellschaften, nämlich des Privateigentums, führen.

Öffentliche Güter werden als solche mit den Eigenschaften der Nicht-Ausschließbarkeit und Nicht-Rivalität definiert, also mit Begriffen, die eng mit dem Konzept der Externalität verwoben sind. Nicht-Ausschließbarkeit bedeutet, dass es auch dann nicht möglich ist, jemanden daran zu hindern, von einem entsprechenden Gut zu profitieren, wenn jemand anderes dafür bezahlt. Mit anderen

187 Hoppe, Hans-Hermann. „Fallacies of the Public Goods Theory and the Production of Security." *The Journal of Libertarian Studies*, Bd. 9, Nr. 1, Winter, 1989.

Worten: Der Nutzen des Gutes käme sowohl denjenigen zugute, die es bezahlen, als auch denjenigen, die es nicht bezahlen, was jeden dazu veranlasste, nicht für das Gut zu bezahlen und so dessen suboptimale bzw. Unterproduktion herbeizuführen. Indem der Staat alle dazu zwingt, für das Gut zu zahlen, könnte es demnach jedem in der erforderlichen Menge zur Verfügung gestellt werden. Die fatale, unausgesprochene Annahme all dessen ist, dass Ökonomen und Zentralplaner die für die gesamte Gesellschaft optimale Produktion eines Gutes festzulegen vermögen. Sie sollen in voller Kenntnis aller damit verbundenen Kompromisse und der Opportunitätskosten, die jedem einzelnen entstehen, Entscheidungen im Namen aller treffen. Wirtschaftliches Kalkül ist aber nur möglich, wenn Kapitalressourcen privat gehandelt werden, so dass ihre Preise als verlässliche Marktsignale dienen können. Öffentliche Güter werden in Grenzeinheiten bereitgestellt und erfordern den Einsatz von Arbeits- und Kapitalressourcen auf der Grundlage wirtschaftlicher Berechnungen. Abstrakte Betrachtungen ihres Wertes sind unerheblich, wenn sie sich nicht durch die freien Handlungen individueller Arbeiter und Kapitalisten in Preise übersetzen lassen.

In einem gängigen Wirtschaftslehrbuch werden das Militär und die Polizei, öffentliche Parks, Straßen, Leuchttürme und Feuerwehren als Beispiele für nicht-ausschließbare Güter genannt. Zöge man in eine Stadt und bezahlte keinen Cent für die Produktion dieser Güter, profitierte man trotzdem von ihnen. Die Armee würde einen wie alle Einwohner der Stadt schützen, und man könnte ihre Parks und Straßen kostenlos genießen. Waren würden einem mit Schiffen geliefert, die von Leuchttürmen angeleitet würden, zu deren Bau man nicht beitrug. Die Feuerwehr würde einen Brand Deines Hauses löschen, und die Polizei Kriminelle in Deiner Nachbarschaft festnehmen und letztere für Dich sicherer machen. Da die Gesellschaft einen nicht vom Genuss dieser Güter ausschließen kann, entsteht das Trittbrettfahrerproblem – jeder würde gerne von diesen

Gütern profitieren, ohne zu ihrer Bereitstellung beizutragen. Daraus schließen Vorzeigeökonomen, dass ohne staatlichen Zahlungszwang eine Unterversorgung dieser Güter auftreten müsste.

Und doch ist die Geschichte voll von Beispielen der erfolgreichen freiwilligen Bereitstellung dieser Güter, aber auch von solchen der verschwenderischen und ungenügenden Bereitstellung derselben durch gewaltsame staatliche Eingriffe. Eine freiwillige Leistung muss nicht immer durch gewinnorientierte Organisationen erbracht werden. Unzählige Formen der Wohltätigkeit oder freiwilligen Vereinigung können wichtige Güter bereitstellen, ohne auf Zwang und Gewalt zurückgreifen zu müssen. Unzählige öffentliche Parks wurden von Landbesitzern für ihre Heimatstädte gestiftet. In vielen Gegenden gibt es private Parks, innerhalb derer private Organisationen biologische Vielfalt und Natur mit Hilfe der Einnahmen aus Eintrittsgeldern und dem Verkauf verschiedener Produkte schützen. Solche in Privatbesitz befindlichen Naturgebiete erstrecken sich in Südafrika über rund 200.000 km^2 und bedecken damit etwa ein Sechstel der Gesamtfläche des Landes.[188] Ihr Besuch ist kostenpflichtig. Die Geschichte hindurch wurden etliche Leuchttürme von privaten Hafenbetreibern gebaut und durch von den anlegenden Schiffen erhobene Gebühren finanziert.[189] Die Tatsache, dass einige Schiffe, die den Hafen passieren, vom Licht seines Leuchtturms profitieren können, ohne zu seinem Bau beizutragen, verhindert seinen Bau nicht, da er nichtsdestoweniger einen für den Hafenbetreiber ausreichend hohen wirtschaftlichen Nutzen abwirft. Notfalls können die Betreiber von Leuchttürmen das Licht auch abschalten, um Trittbrettfahrer zur Zahlung zu zwingen.[190]

Das grundlegende Problem des Externalitätsargumentes ist, dass es ignoriert, wie marginale wirtschaftliche Entscheidungen in

---

188 Jacobsen, Tanya. „Private Game Reserves Are Vital for Conservation." *Africa Geographic*, 24. Juli 2021.

189 Coase, Ronald. „The Lighthouse in Economics." *Journal of Law and Economics*, Bd. 17, Nr. 2, Oktober 1974, S. 357-76.

190 Barnett, William, and Walter Block. „Coase and Van Zandt on Lighthouses." *Public Finance Review*, Bd. 35, Nr. 6, 2016, S. 710–33.

Wirklichkeit getroffen werden. Bei der Entscheidung, ob ein Gut gekauft werden soll, wägt ein Mensch die Kosten und den Nutzen dieses Grenzkaufs wirtschaftlich ab. Wenn der Nutzen die Kosten überwiegt, kauft er das Gut. Dabei ist es für ihn unerheblich, ob auch andere davon profitieren könnten oder nicht. Solange das Produkt keine Verletzung des Eigentums anderer mit sich bringt, hat der Entscheidungsträger keinen Grund, den Nutzen oder Schaden anderer Menschen einzukalkulieren. Er wird sich nicht für Unannehmlichkeiten entscheiden, nur um sicherzustellen, dass anderen kein Vorteil entsteht. Wenn der Leuchtturm für den Hafenbesitzer nützlich ist, werden die anlegenden Schiffe mit der Zeit mehr für die Nutzung des Leuchtturms bezahlen, als sein Bau kostet, weshalb der Hafeneigner ihn wahrscheinlich bauen wird.

Öffentliche Straßen leiden weltweit unter Staus und Verfall. Die Regierungen, die sie bauen, können Land beschlagnahmen und seinen Eigentümern den Preis zahlen, den sie für angemessen erachten, weshalb ihre Zentralplaner mit keiner akkuraten Kostenrechnung für die wichtigste von ihnen verwaltete Ressource konfrontiert werden, da sie nicht ihren vollen Marktpreis berappen müssen. Das Ergebnis ist eine Überproduktion von Straßen, die zu einem hohen Flächenverbrauch für diese führt, die Nutzfläche einer Stadt reduziert und die Menschen dazu zwingt, durch die daraus resultierende Ausdehnung der Stadt immer längere Strecken zu fahren. Im Widerspruch zu den altbekannten Tropen der Etatisten wäre eine Welt, in der Regierungen keine Straßen bereitstellten, nicht straßenlos. In ihr hätten die Anbieter von Straßen ganz einfach deren volle Kosten zu tragen, und ihr Nutzen für Autofahrer müsste ausreichend hoch sein, um die Verwendung des notwendigen Landes abseits eines alternativen Verwendungszweckes zu rechtfertigen. Eine solche Berechnung ist nicht möglich, wenn Regierungen Land für den Bau von Straßen beschlagnahmen oder Landbesitzern einen Verkaufspreis diktieren können. Eine solche Politik ermöglicht es

Regierungen, Land unter dem Marktpreis zu erwerben. Außerdem werden die entsprechenden wirtschaftlichen Berechnungen von Personen durchgeführt, die ein persönliches Interesse an der Durchführung möglichst vieler Projekte haben, da dies zusätzliche Finanzmittel in ihre Hände spült. Wenn keine Entität Land zu einem von ihr fixierten Preis kaufen kann, wird es einer möglichst wirtschaftlichen Nutzung zugeführt und nicht in einer bestimmten Richtung überbeansprucht. Viele Straßen werden privat gebaut, und da ihre Nutzer direkt zur Kasse gebeten werden, sind diese Straßen letztendlich viel funktioneller. Sie ersparen Autofahrern die Kosten von Staus, indem sie den Verkehr durch die Erhebung von Gebühren reduzieren. Walter Blocks Arbeit über die Ökonomik von Straßen ist hier sehr aufschlussreich.[191] Das nächste Kapitel erörtert Sicherheit und Verteidigung, und warum es sich bei ihnen um reguläre Wirtschaftsgüter handelt, die keiner besonderen Regelungen bedürfen.

Nicht-Rivalität kommt Gütern zu, deren Verbrauch durch eine Person den Nutzen, den andere aus ihnen zu ziehen vermögen, nicht beeinträchtigt. Es handelt sich um Güter, die entweder für die gesamte Gesellschaft oder für niemanden bereitgestellt werden können. Ein Leuchtturm, Straßenlaternen und die Landesverteidigung sind klassische Beispiele. Ein Leuchtturm kommt allen Schiffen zugute, die einen Hafen passieren, auch wenn sie nicht im Hafen anlegen und den Eigentümern eine entsprechende Gebühr abtreten. Die am Leuchtturm vorbeifahrenden Schiffe können alle sein Licht sehen und von ihm profitieren, ohne es sich gegenseitig wegzunehmen. In ähnlicher Weise profitieren alle Fußgänger einer Straße von deren Laternen, wobei ihre Nutzung den anderen kein Licht vorenthält. Eine Armee, die das Land vor fremden Eindringlingen schützt, schützt alle Mitglieder der Gesellschaft, und der Eintritt eines zusätzlichen Mitglieds in diese Gesellschaft beeinträchtigt die Sicherheit aller anderen Mitglieder nicht. Entweder hält das Militär

---

191 Block, Walter. *The Privatization of Roads and Highways*: Human and Economic Factors. Ludwig von Mises Institute, 2009.

zum Wohle aller fremde Armeen vom Einmarsch ab, oder es tut es nicht.

Bei näherer Betrachtung liefern jedoch auch diese Szenarien keine triftigen Gründe für die Einleitung von Aggression. Wäre ein Gut wirklich nicht-rivalisierend, handelte es sich bei ihm um ein nicht-wirtschaftliches Gut. Rivalität ist im Falle wirtschaftlicher Güter immer vorhanden, wobei die Lösungen dieses Problems in Eigentumsrechten und dem Nichtaggressionsprinzip bestehen. Straßenlaternen sind schlicht ein Teil der Straße, der ihrem Eigentümer gehört, welcher Gebühren für ihre Nutzung erhebt, wenn er den Zugang zur Straße in Rechnung stellt. Selbst im Falle von Gemeindestraßen – öffentlicher städtischer Gebiete – profitieren vor allem die Anwohner dieser Straßen sowie deren Kunden und Besucher von ihrer Beleuchtung. Wenn es sich für sie lohnt, in die Straßenbeleuchtung zu investieren, können sie dies individuell oder durch freiwillige Zusammenschlüsse kollektiv tun. Die Tatsache, dass sie vielleicht nicht verhindern können, dass Passanten davon profitieren, ist keine Rechtfertigung dafür, zur Finanzierung der Straßenbeleuchtung Aggression gegen sämtliche Mitglieder der Gesellschaft einzuleiten. Wenn die Anwohner einer Straße erwarten können, dass der Rest der Gesellschaft ihre Straßen finanziert, dann werden die Anwohner aller Straßen dasselbe erwarten. Anstatt freiwillig zu entscheiden, ob die Kosten den Nutzen überwiegen, wird zur kollektivistischen Lösung ein Zentralplaner damit beauftragt, diese Entscheidung für die gesamte Gesellschaft zu treffen. Die einen bekommen Licht, für das sie wenig bezahlen, und die anderen müssen für Licht bezahlen, das sie nicht nutzen, sofern ihre Straßen als nicht beleuchtungswürdig eingestuft werden. Unter der Voraussetzung von Eigentumsrechten ist nichts nicht-rivalisierend. Die Anzahl der Personen, die eine Straße nutzen und von ihrer Beleuchtung profitieren können, ist begrenzt, und diese Rivalität ist es, die den Straßenbesitzer dazu motiviert, die Infrastruktur der Straße zu optimieren. Dies kommt ihm selbst *und* den Nutzern, die er auf der Straße haben möchte, zugute.

Auch bei der Annahme, die Landesverteidigung sei nicht-rivalisierend, handelt es sich um einen Trugschluss. Sicherheit und die Verteidigung gegenüber Angriffen sind private Güter, und die Sicherheit jedes Einzelnen erhöht die Belastung des Sicherheitsanbieters. Je mehr Territorium gesichert werden muss, desto höher sind die Sicherheitskosten. Je mehr Menschen in dem Gebiet leben, desto mehr mögliche Angriffsziele bietet es Feinden, und desto mehr Sicherheitsrisiken ergeben sich aus dem Verhalten jedes Einzelnen, dessen Handlungen die Sicherheit anderer gefährden können.

In all diesen Beispielen liegt die Ursache für eine wirtschaftlich schlampige Argumentation in der Vernachlässigung der Grenzkostenanalyse. Es ist verlockend, von Landesverteidigung, Recht, Straßen, Licht und dergleichen in absoluten und aggregierten Begriffen zu sprechen, aber in der wirtschaftlichen Realität gibt es nur Grenzgüter und Individuen, welche die Entscheidung über den Einsatz von Kapitalressourcen zur Produktion dieser in Bezug auf Grenzeinheiten treffen. Ob es sich um einen Soldaten, einen Polizisten, einen Richter, eine Straße oder ein Straßenlicht handelt – es sind immer nur einzelne Einheiten mit entsprechenden wirtschaftlichen Kosten und Nutzen, die genutzt werden. Nur durch eine Wirtschaftsrechnung unter intakten Eigentumsrechten lassen sich diese Ressourcen produktiv und rational einsetzen.

Rationalität in den Wirtschaftswissenschaften

Die Marktversagensanalyse hat ihren Ursprung im Standardmodell der neoklassischen Ökonomik, das, wie ich bereits anmerkte, versucht, den Marktprozess mathematisch zu modellieren. Hierzu gingen Wirtschaftswissenschaftler von einigen lächerlichen Annahmen aus: Dass alle Akteure in einem Marktsystem über vollständiges Wissen und ein rationales Eigeninteresse verfügen müssen, und dass in jedem Markt ein Zustand des vollkommenen Wettbewerbs mit einer unendlichen Anzahl von Käufern und Verkäufern herrscht. Die letzten siebzig Jahre der Wirtschaftswissenschaften drehten sich hauptsächlich um vermeintliche Genies, die von der Regierung dafür bezahlt wurden, Mängel in diesem lachhaften mathematischen Modell aufzuspüren und dann zu dem Schluss zu kommen, dass die Möglichkeit eines Funktionierens freier Märkte widerlegt sei. Eine gute Metapher hierfür ist die Vorstellung eines Wirtschaftswissenschaftlers, der ein mathematisches Modell für den Flug eines Vogels erstellt. Um das Modell berechenbar zu machen, geht er von vereinfachenden Annahmen wie beispielsweise der aus, das Gewicht des Vogels sei gleichmäßig über seinen Körper verteilt. Mit dieser Annahme lässt sich ein vereinfachtes Modell des Vogelflugs konstruieren und als Fundus diverser Prüfungsfragen nutzbar machen. Marktversagensökonomen würden diese Annahme dann ausführlich bestreiten und stolz ihren Beweis der Unmöglichkeit des Vogelfluges verkünden! Sie lehnen dieses Modell des Vogelflugs dabei nicht einfach als unangemessen ab – sie verwerfen das reale, durch das Modell verzerrte Phänomen, obwohl sie jeden Tag fliegende Vögel sehen können. So wie es keine Rolle spielt, dass Vögel tatsächlich fliegen können, ist es gleichgültig, dass Milliarden von Menschen weltweit täglich an einem zufriedenstellenden, für beide Seiten vorteilhaften Marktaustausch teilnehmen. Für den Fiat-Akademiker wird die Wahrheit von jenen Interessen bestimmt, die seinen Fiat-Lohn aus dem Nichts herbeizaubern, nicht von der Wirklichkeit. Solange ein Wirtschaftswissenschaftler auf einen Fehler in den lächerlichen mathematischen Modellen anderer Wirtschaftswissenschaftler hinweisen kann, werden alle Hauptströmungslehrbücher treu die heiligen Mantras herunterbeten: „Märkte versagen!"; „Die Regierung regelt das!"

Dies wird deutlich, wenn man Vernon Smiths faszinierendes Buch *Rationality in Economics* [z. Dt. Rationalität in den Wirtschaftswissenschaften – Anm. d. Übers.] liest.[192] Als experimenteller Wirtschaftswissenschaftler, der Wirtschaftsmodelle in Vorlesungssälen testete, war Smith – zumindest den Großteil seiner langen Karriere hindurch – definitiv kein Ökonom der Österreichischen Schule. Als er aber mit wirtschaftlichen Entscheidungsträgern experimentierte, kam Smith zu denselben Schlussfolgerungen, zu denen die Österreichischen Ökonomen bereits Jahrzehnte zuvor gelangt waren. Selbst unter künstlichen Laborbedingungen konnten Smiths Versuchspersonen vorteilhafte Geschäfte abschließen und Preise ermitteln. Und sie vermochten dies, ohne den Annahmen des neoklassischen Modells entsprechen zu müssen oder einen wohlwollenden Zentralplaner zur Durchsetzung bestimmter Bedingungen zu benötigen. Märkte müssen also nicht den Annahmen des neoklassischen Wirtschaftsmodells entsprechen, um zu funktionieren; vielmehr ist es das neoklassische Modell, das *diese Annahmen braucht*, um seine Ergebnisse berechnen zu können. Die Märkte der echten Welt haben diese Modelle so nötig, wie der Sonnenaufgang die Astronomie.

Diese Erkenntnis veranlasste Vernon Smith, an die Arbeit Friedrich Hayeks anzuschließen, um zwischen den Ergebnissen menschengemachter Regeln oder Mechanismen und menschlichen Handelns zu unterscheiden und zu zeigen, dass beide auf ihre Weise rational sind. 193 „Konstruktive Rationalität" ist der Begriff, den Smith verwendet, um Dinge zu bezeichnen, die bewusst von der menschlichen Vernunft ersonnen wurden – ein Beispiel wäre der Entwurf eines Autos oder

192 Smith, Vernon L. *Rationality in Economics: Constructivist and Ecological Forms.* Cambridge University Press, 2008. Eine prägnante Zusammenfassung der wichtigsten Erkenntnisse aus Professor Smiths langer Karriere findet sich in seiner Rede anlässlich der Verleihung des Nobelpreises für Wirtschaftswissenschaften.

193 Siehe Hayek, Friedrich von. *Studies in Philosophy, Politics and Economics.* University of Chicago Press, 1967, Kapitel 5 & 6.

Flugzeugs. Ingenieure haben jedes Detail des Entwurfs ausgearbeitet und das Gut entsprechend hergestellt. Im Kontrast dazu verwendet Smith den Begriff „ökologische Rationalität", um Phänomene zu bezeichnen, die durch menschliches Handeln und menschliche Interaktion – einen evolutionären Prozess der Variation und Selektion – entstehen, ohne dass ein spezifischer Designer ihre Konturen vorgibt. Ein Beispiel hierfür wären Flugrouten, die nicht von einem Planer vorgegeben werden, sondern aus einem umfassenden Prozess der Variation und Auswahl hervorgehen. In diesem Fall probieren zahllose Fluggesellschaften viele verschiedene Routen und Anschlussflugpläne aus, und es entscheidet letztendlich die Wahl der Verbraucher, welche rentabel sind und welche nicht. Fluggesellschaften nutzen dann das Feedback des Marktes – bauen neue Flughäfen, gründen neue Fluglinien, optimieren bestimmte Verbindungen –, um das hochentwickelte globale Netz von Flugrouten zu schaffen, das unseren Planeten umspannt. Hayek führte den Begriff der „spontanen Ordnung" ein, um diese Phänomene zu beschreiben, die als komplexe Entwürfe eines Planers erscheinen, in Wirklichkeit aber das Ergebnis menschlichen Handelns und menschlicher Interaktion auf der Grundlage akzeptierter, abstrakter Regeln sind.

Hayeks profunde Einsicht besteht darin, dass ein Großteil der Ordnung in unserem Leben und den Institutionen, auf die wir uns verlassen, ein spontan entstandenes Produkt menschlicher Interaktion ist – und nicht das Produkt bewusster menschlicher Gestaltung. Sprache ist vielleicht das beste Beispiel hierfür. Während einige moderne Sprachen, wie z. B. Esperanto, rational konstruiert sind, hat die überwiegende Mehrheit der Sprachen dieser Welt keinen Schöpfer. Unsere Sprachen entstanden und entwickelten sich über Tausende von Jahren, wobei Generationen von Menschen sie lernten und kleine Ergänzungen und Änderungen vornahmen, von denen einige überlebten und andere verworfen wurden. Hayek, die Österreicher und Smith vertreten die Auffassung, dass die kapitalistische

Marktwirtschaft ebenfalls kein Produkt eines menschlichen Entwurfes, sondern ein komplexes, emergentes Phänomen ist, das sich aus den Handlungen von Menschen entwickelt, die unter einer Reihe abstrakter Regeln agieren. Niemand entwirft Märkte oder setzt sie per Gesetz in Gang; sie entstehen in einer Welt, in der die Menschen die Freiheit haben, die im zweiten Teil dieses Buches beschriebenen wirtschaftlichen Handlungen vorzunehmen. In einer Gesellschaftsordnung, in der die Menschen rechtmäßiges Eigentum erwerben und das Eigentum an ihrem Körper innehaben, sind sie in der Lage zu arbeiten, Kapital zu akkumulieren, effizientere Energiequellen zur Befriedigung ihrer Bedürfnisse zu nutzen und den Stand der von ihnen genutzten Technologie zu verbessern. In einer Gesellschaft, in der die Menschen das Eigentum anderer respektieren und die Einleitung von Aggressionen ablehnen, können wir miteinander Handel treiben, woraus sich Geld, Arbeitsteilung und das moderne kapitalistische System entwickelten. Es gibt keinen bewussten Planer, der die Entwicklung der Marktwirtschaft steuert; sie ist eine spontane Ordnung, die sich aus der Einhaltung jener abstrakten Regeln ergibt, die unserer modernen Zivilisation zugrunde liegen.

Die Vorzeigeökonomen des zwanzigsten Jahrhunderts übersehen diesen Punkt völlig. Stattdessen stellen sie sich Märkte als das Produkt eines rationalen Entwurfs vor, wie ein Auto oder einen Tisch, oder zumindest als etwas, das sich durch bewusste, von oben auferlegte Planung verbessern ließe. Das Fatale an dieser Einbildung ist, um es mit Hayeks Begriffen zu formulieren, dass der Versuch, durch eine aufgezwungene Planung Verbesserungen oder Reparaturen an der Marktwirtschaft vorzunehmen, die grundlegenden abstrakten Regeln, auf denen sie fußt, stört und aushebelt. Dies in Betracht ziehend beschreibt Hayek die Aufgabe des Ökonomen aus Österreichischer Perspektive:

> „Die merkwürdige Aufgabe der Ökonomik besteht darin, den Menschen zu zeigen, wie wenig sie in Wirklichkeit über das wissen, was sie sich einbilden, entwerfen zu können. Für den naiven Verstand, der sich Ordnung nur als das Produkt bewusster Anordnung vorstellen kann, mag es absurd erscheinen, dass unter komplexen Bedingungen Ordnung und Anpassung an das Unbekannte durch die Dezentralisierung von Entscheidungen effektiver erreicht werden können, und dass eine Aufteilung von Zuständigkeiten die Möglichkeit einer Gesamtordnung tatsächlich erweitert. Doch diese Dezentralisierung führt tatsächlich dazu, dass mehr Informationen berücksichtigt werden.“[194]

Die Fiat-Ökonomen etablierter Schulen sind schnell bei der Hand, wenn es darum geht, umfangreiche Rationalisierungen dafür zu liefern, warum Märkte versagen, warum Menschen irrational sind, und warum nur erzwungene Eingriffe derlei Missstände beheben können. Bei näherer Betrachtung zeigt sich jedoch, dass Märkte ungeachtet wirtschaftswissenschaftlicher Einwände funktionieren, und das eigentliche Versagen der Märkte dann eintritt, wenn unter verlockend altruistischen Vorwänden über Nötigung versucht wird, sie zu reparieren. Vielleicht sind nicht die Marktteilnehmer, sondern diese Ökonomen irrational und weigern sich, die natürliche Ordnung des Marktes zu begreifen, obwohl sie für ihr tägliches Überleben auf ihn angewiesen sind. Doch selbst das wäre ein unfairer Vorwurf, da der moderne Wirtschaftswissenschaftler in Wirklichkeit davon lebt, die Marktwirtschaft anzuprangern und staatliche Eingriffe zu rationalisieren. Unsinnige Forschungsergebnisse hervorzubringen, um staatliche Eingriffe zu rechtfertigen, ist in einer Welt, in der die Wissenschaft vom Staat vereinnahmt wurde, wohl – und leider – der für einen professionellen Wirtschaftswissenschaftler rationale Weg.

---

194 Hayek, Friedrich von, and William Warren Bartley. *The Fatal Conceit: The Errors of Socialism.* University of Chicago Press, 1988.

KAPITEL 17:

Verteidigung

Im vorangegangenen Kapitel wurden Argumente gegen staatliche Eingriffe in die Wirtschaftstätigkeit angeführt und mögliche Rechtfertigungen ihrer kritisch erwogen. Dies förderte ein absurdes Sammelsurium widersprüchlicher Begründungen und offensichtlich motivierten Denkens zutage. Die Einleitung von Aggressionen ist ein Verbrechen, das einer Rechtfertigung bedarf. Diese Rechtfertigung wird von staatlich geförderten Ökonomen unter großen Mühen geliefert und in der Bevölkerung salonfähig gemacht. Je genauer man diese Rationalisierungen untersucht, desto offensichtlicher wird, dass sie mit der grundlegenden Basis einer kapitalistischen Marktwirtschaft – der Achtung der Eigentumsrechte und einer die Einleitung von Gewalt ablehnenden zivilisierten Gesellschaft – unvereinbar sind.

Während die klassischen Ökonomen des 19. und 20. Jahrhunderts sich sehr bemühten, die Einleitung von Aggressionen im wirtschaftlichen Bereich zu verdammen, so dehnten sie ihre Analyse doch nicht auf die grundlegende Existenz des Staates oder die

Legitimität seiner Bereitstellung von Sicherheit, Verteidigung und Recht aus. Die Arbeiten Murray Rothbards[195], Hans-Hermann Hoppes[196] und vieler anderer anarchokapitalistischer Gelehrter in der Österreichischen Tradition dehnen die Analyse des menschlichen Handelns und der Nichtaggression jedoch auch auf die Errichtung des Staates selbst, die Legitimität seines Gewaltmonopols sowie die Praktikabilität seiner Bereitstellung von Sicherheit, Verteidigung und Recht über ein durch Enteignung finanziertes Monopol aus.

Der Verteidigungsmarkt

Es ist ein weit verbreiteter Irrglaube unter staatlich beschäftigten Ökonomen, dass Verteidigung und Gewalt außerhalb des Bereichs der ökonomischen Analyse lägen. Die Verteidigung gegen Aggression weist jedoch alle Merkmale eines wirtschaftlichen Gutes auf, wie in Kapitel 2 erörtert. Sie hat einen Nutzen, da die Menschen es vorziehen, Tod und körperlichen Schaden zu vermeiden und ihren eigenen Willen zu verwirklichen, anstatt dem Willen eines anderen unterworfen zu sein. Schutz vor Aggression ist zudem ein knappes Gut. Sie steht nicht in unbegrenzter Menge zur Verfügung, da Aggression sich jederzeit in einer unendlichen Reihe potenzieller Bedrohungen manifestieren kann, während die Verteidigung gegen sie Ressourcen verbraucht und daher endlich ist und sparsam eingesetzt werden muss. Diese Kombination aus Nutzen und Knappheit macht Verteidigung wertvoll. Menschen können sie durch eigene Arbeit produzieren oder von anderen beziehen. Sie begehren sie und sind daher bereit, für sie zu zahlen. Ihre Anbieter können davon profitieren, sie willigen Kunden zur Verfügung zu stellen. Es

195 Siehe Rothbard. *The Ethics of Liberty; Anatomy of the State; Power and Market; For A New Liberty.*

196 Siehe Hoppe, Hans-Hermann. *The Private Production of Defense.* Ludwig Von Mises Institute, 2009. • Hoppe, Hans-Hermann. *The Myth of National Defense: Essays on the Theory and History of Security Production.* Ludwig Von Mises Institute, Auburn University, 2003.

handelt sich um ein Marktgut, das die Menschen kaufen können wie jedes andere.

Hier muss erneut die wichtige Unterscheidung zwischen Gewalt und ihrer Einleitung getroffen werden. Verteidigung als Gut kann Gewalt involvieren oder auch nicht, sie aber nicht initiieren. Verteidigung schließt präventive, die Gewaltwahrscheinlichkeit verringernde Maßnahmen sowie retributive Maßnahmen zur Reaktion auf die Auslösung von Gewalt und Bestrafung der Täter oder Entschädigung der Opfer ein. Die Einleitung von Gewalt ist eine Ausübung von Zwang, die von einer der Transaktionsparteien nicht freiwillig akzeptiert werden kann, weshalb sie sich nicht als Marktgut betrachten lässt. Die Verteidigung gegen und Vergeltung für sie sind jedoch sehr wohl reguläre Marktgüter, die sich auf einem freien Markt kaufen und verkaufen lassen, ohne dass dadurch Aggressionen ausgelöst würden. Verteidigung kann zwar mit Gewalt verbunden sein, doch handelt es sich um Gewalt gegen jemanden, der bereits Gewalt verübte. Diese ethische Unterscheidung zwischen verschiedenen Arten von Gewalt wurde vom Menschen anerkannt, seit er damit begann, Eisen zu Schwertern und Schilden zu schmieden, und gilt in gleicher Weise für Raketen und F-35-Jagdflugzeuge.

Der Markt für Verteidigungsgüter ist hochentwickelt, ausdifferenziert und ausgereift; er bietet eine breite Palette von Waren und Dienstleistungen zur Befriedigung des Sicherheitsbedürfnisses der Menschen. Er umfasst Produkte wie Sicherheitsschlösser, Alarmsysteme, Überwachungskameras und -drohnen, Zäune, Handfeuerwaffen, gepanzerte Fahrzeuge, Sicherheitspersonal und Privatdetektive. Forscher der The Business Research Company schätzen die Größe der privaten Sicherheitsindustrie für das Jahr 2021 auf rund 303,58 Milliarden Dollar.[197]

Die meisten Menschen haben den Eindruck, dass Sicherheit in den Zuständigkeitsbereich des Staates fällt, irren sich damit aber. Die

197 „Investigation And Security Services Global Market Report 2022 by Type, Deployment Type, Application." *Research and Markets*, The Business Research Company, Feb. 2022.

verblüffende Realität ist, dass die Mehrheit des weltweiten Sicherheitspersonals selbst in unserer heutigen Welt privat arbeitet, in welcher sich Regierungen das exorbitante Privileg leisten, ihren eigenen Kredit als Geld zu verwenden und sich damit solange ihre Währung noch funktioniert in die Lage versetzen, schrankenlos Dienstleistungen zu erwerben. Im Jahr 2011 standen in China 2,69 Millionen Polizeibeamten 5 Millionen private Sicherheitskräfte gegenüber, während in Indien neben 1,4 Millionen Polizeibeamten 7 Millionen private Sicherheitskräfte tätig waren. In den Vereinigten Staaten gab es 2016 eine Million private Sicherheitskräfte und 800.000 Polizeibeamte. Ähnlich sieht es in Brasilien, Russland, Japan, Deutschland, dem Vereinigten Königreich und insgesamt 46 der 81 Länder aus, für welche den Analysten Daten vorlagen. Die Gesamtpopulation der in ihrer Studie untersuchten Nationen umfasst 4,9 Milliarden Menschen, von denen 4,15 Milliarden in Ländern leben, in denen der Großteil des Sicherheitspersonals privat ist. In der gesamten Stichprobe fanden sich schätzungsweise 20 Millionen private Sicherheitsmitarbeiter und 10,5 Millionen Polizeibeamte.[198] Ein überwältigender Großteil der Menschheit lebt an Orten, an denen auf jeden Polizeibeamten zwei private Sicherheitsleute kommen. Diese Diskrepanz hat sich in den letzten Jahren wahrscheinlich noch vergrößert, da die Finanzierungs- und Rekrutierungsprobleme der Polizei zunehmen, während die Anzahl der Sicherheitsvorfälle steigt.

Die Existenz eines Verteidigungs- und Sicherheitsmarktes ist kein unrealistischer techno-utopischer Traum, sondern in den meisten Teilen der Erde bereits gelebte Realität. Die meisten an Kapital reichen Unternehmen sind zu dessen Schutz auf private Sicherheitsdienste angewiesen. Dieses Arrangement kommt sowohl privaten Sicherheitsdienstleistern als auch der örtlichen Polizei entgegen, deren begrenzte Ressourcen nicht dazu ausreichen, allen Bürgern und Unternehmen den von diesen gewünschten Schutz zu bieten.

198 Provost, Claire. „The Industry of Inequality: Why the World Is Obsessed with PrivateSecurity.“ *The Guardian*, 12. Mai 2017.

Das in Kapitel 12 erörterte Kalkulationsproblem gilt auch für die Sicherheit, weshalb seine einzige Lösung die unternehmerische Berechnung im Rahmen klar definierter Eigentumsrechte ist. Es wäre in der Tat keine Übertreibung, festzustellen, dass staatliche Sicherheitskräfte an vielen Orten der Welt hauptsächlich damit beschäftigt sind, die Regierung und nicht die Bürger zu schützen, wobei letztere sich ihre eigene Sicherheit auf dem Markt erkaufen müssen, indem sie sich bewaffnen oder bewaffnetes Sicherheitspersonal anheuern. Während die Opponenten des freien Marktes oft die Frage „Wer wird für die Polizei bezahlen?" aufwerfen, als ob dies eine tiefgründige Widerlegung darstelle, ist es in Wirklichkeit so, dass Privatpersonen und Unternehmen bereits nichtstaatliche Quellen für Recht, Ordnung und Sicherheit auf dem freien Markt vorfinden.

Tatsächlich reicht der Markt für Verteidigung wohl weit über die oben genannten Güter und Sicherheitsdienste hinaus und umfasst neben diesen die internationale Waffenindustrie. Ein großer Teil der von ihr produzierten Waffen wird zugegebenermaßen für Aggression und die Einleitung von Gewalt verwendet, und ein noch größerer Teil von Regierungen mit durch Steuern oder Inflation gewaltsam erlangtem Geld erstanden. Der Waffenmarkt ist also stark verzerrt. Dennoch ist es eine Tatsache, dass es sich bei Waffenherstellern überwiegend um freiwillige Privatunternehmen handelt, die von Sparern angehäuftes Kapital einsetzen, freiwillig arbeitstätige Menschen einstellen, Rohstoffe auf den Weltmärkten erstehen und ihre Produkte häufig auf dem freien Markt an die Höchstbietenden verkaufen. Von den 100 größten Waffenherstellern der Welt befinden sich 68 in privater und 24 in staatlicher Hand, wozu 6 öffentlich-private Gemeinschaftsunternehmen kommen.[199] Selbst die staatlichen Unternehmen existieren allerdings nur im Kontext eines globalen freien Marktes für all ihre Inputs und die meisten ihrer Outputs, was sie von wirtschaftlichen Berechnungen unter

199 „Top 100 Defense Companies.„ *Defense News*, Sightline Media Group, 2022.

Heranziehung der Marktpreise ihrer Inputs und Outputs profitieren lässt. Alle Rohstoffe, die zur Herstellung von Waffen verwendet werden, stammen von globalen Märkten mit umfassender Arbeitsteilung und frei akkumuliertem, privatem Kapital. Ohne einen kapitalistischen Markt, Gewinnstreben, Kapitalakkumulation und Arbeitsteilung würde niemand fortschrittlichere Waffen als Steine, Speere, primitive Fallen, und Pfeile samt Bögen herstellen.

Diese Schlussfolgerung wird unausweichlich, sobald man das Wesen gewaltsamer Konflikte und die Unmöglichkeit wirtschaftlicher Berechnung sowie einer umfassenden unpersönlichen Arbeitsteilung in Ermangelung von Eigentumsrechten verstanden hat. Im Krieg geht es schließlich darum, große Mengen kinetischer Energie einzusetzen, um dem Feind maximalen Schaden zuzufügen. Militärische Leistung ist technischer und wirtschaftlicher Natur und damit Leistung im wahrsten Sinne des Wortes, wie sie in Kapitel 8 erörtert wurde. Sie ist der Einsatz großer Energiemengen innerhalb kurzer Zeitspannen, in Form von Grenzeinheiten, die dazu eingesetzt werden, bestimmte Ziele zu erreichen. Moderne Waffen werden weiterentwickelt und gewinnen Kriege dadurch, dass sie kinetische Energie effektiv und durch ihren Träger kontrolliert über kurze Zeiträume abgeben, um durch die Ermordung feindlicher Kämpfer oder Zivilisten physische Veränderungen der Realität zu bewirken. Kapitalakkumulation, Privateigentum und Arbeitsteilung haben sich als das effektivste System erwiesen, größtmögliche Energiemengen zur Befriedigung menschlicher Bedürfnisse einzusetzen. Es ist nur natürlich, dass es das effektivste System zur Erbringung von Leistung in militärischen Konflikten darstellt.

Militärische Leistung ist vollkommen von einer kapitalistischen Marktwirtschaft abhängig, welche die Rohstoffe und wirtschaftlichen Überschüsse produziert, die für die Herstellung von Waffen genutzt werden können. Ohne eine sie finanzierende produktive moderne kapitalistische Wirtschaft verkäme selbst die mächtigste

Armee der Welt zu einer Reihe von Sklavenarbeitslagern und würde unfähig, Feinde zu schlagen oder auch nur die eigenen Soldaten zu ernähren. Rohstoffe für die Waffenherstellung werden über ausgedehnte globale Lieferketten und mit hochentwickelten Maschinen produziert, die in weltweiter Arbeitsteilung entworfen, konstruiert und vertrieben werden. Es ist die Marktwirtschaft, welche all die erstaunlichsten waffentechnologischen Innovationen hervorbrachte, die täglich von Kriminellen des öffentlichen und privaten Sektors für gewalttätige Übergriffe genutzt werden. Das Ausmaß der Waffensystementwicklung ist eine Funktion des Entwicklungsstandes einer Marktwirtschaft. Die hochentwickelten Waffensysteme der heutigen Welt könnten ohne das extreme Maß an Spezialisierung, Arbeitsteilung, Kapitalakkumulation und technologischem Fortschritt, das nur in einem marktwirtschaftlichen System möglich ist, niemals entwickelt werden. Die Sowjetunion wendete einen sehr großen und den der Vereinigten Staaten weit übertreffenden Prozentsatz ihrer Wirtschaftsleistung für die Produktion von Waffen auf. Ende der 1980er Jahre kulminierten diese Ausgaben in einem exorbitant teuren, dysfunktionalen Haufen verrostenden Metalls. In der Zwischenzeit hatte die private Waffenindustrie der Vereinigten Staaten mit einem geringeren der Waffenentwicklung gewidmeten Anteil ihrer Wirtschaftsleistung enorme Fortschritte in der Waffentechnik erzielt.

Die sowjetische Industrialisierung profitierte von ihrer Einbindung in ein globales kapitalistisches System, mit welchem sie Handel trieb und dessen Preise sie für Berechnungen heranziehen konnte. Innerhalb weniger Jahre nach der Einführung des Sozialismus erkannten die Sowjets das Ausmaß des Kalkulationsproblems. Sie realisierten, dass sie sich in dem Versuch, die Verteilung ihrer Ressourcen aus wirtschaftlichen Berechnungen abzuleiten, auf die Güterpreise des internationalen Marktes zu stützen hatten. Dies war wahrscheinlich einer der Hauptgründe dafür, dass ihre bürokratische Regierung so lange überleben konnte. Doch selbst das reichte nicht aus. Die inländischen Ressourcen befanden sich allesamt im Besitz der Regierung, weshalb es keinen Markt und keine Preise für sie gab, was sie als Gegenstand einer rationalen wirtschaftlichen Berechnung ausschloss. Die Rüstungsindustrie war in dieser Hinsicht keine Ausnahme. In den 1980er Jahren wurde der sowjetischen Führung klar, dass es vollkommen unpraktikabel gewesen wäre, ein so riesiges Arsenal weiterhin im Rahmen eines derart dysfunktionalen Wirtschaftssystems zu betreiben.

Es gibt vielleicht kein größeres Kompliment für den freien Austausch als die Tatsache, dass die überwiegende Mehrheit aller gewalttätigen Aggression weltweit – ob von Regierungen oder Privatpersonen verübt – auf die durch ihn hergestellten Waffen angewiesen sind. Dieser Austausch wiederum stützt sich auf den Konsumverzicht privater Personen, die Unternehmern Kapital verfügbar machen, Wirtschaftsrechnungen anstellen, und so ermitteln, wie sie friedlich Arbeiter einstellen und versuchen können, ihre Waren zu einem Preis, der ihre Vorleistungen übersteigt, an die Höchstbietenden zu verkaufen. Barbaren und Straftäter mögen stolz auf ihre Aggression und Ablehnung des Friedens und der Zusammenarbeit sein, doch die Wahl ihrer Waffen sagt mehr aus als ihre infantilen Bekundungen. Sie entscheiden sich nicht dafür, von der zivilisierten Gesellschaft abgeschieden zu leben, ihre Waffen im Alleingang zu produzieren und dann für ihre zivilisationsfeindlichen Übergriffe einzusetzen. Sie entscheiden sich dafür, die fortschrittlichsten Produkte der Arbeitsteilung zu erwerben, um die Produktivität ihrer Gewalt zu erhöhen. Sie haben vielleicht nicht die geistige Kapazität, zu begreifen, warum die friedliche Arbeitsteilung so wertvoll für sie ist, demonstrieren es jedoch durch ihr Handeln.

Der Rechtsmarkt

Der Markt für Sicherheit und Schutz vor Aggression geht wohl über den von Waffen und Sicherheitskräften hinaus. Er schließt neben diesen die Schiedsgerichtsbarkeit mit ein, da sie dem Schutz der Menschen dient, indem sie ihnen die Möglichkeit gibt, gestohlenes Eigentum zurückzuerhalten und Aggressoren bestrafen zu lassen. Zwar existieren heute in den meisten Teilen der Welt mit dem politischen System verflochtene Rechtssystemmonopole, aber daraus folgt nicht, dass es sich beim Recht und der Gerichtsbarkeit um Güter handelt, die nur vom Staat bereitgestellt werden können. Das britische Common Law ging über Jahrhunderte hinweg in erster Linie aus privaten Gerichten hervor, die nicht der Regierung unterstanden.[200] Private Gerichte boten ihre Dienste an und konnten von jedem zahlenden Bürger in Anspruch genommen werden, weshalb sie allen Anreiz dazu hatten, sich zur Sicherung weiter Kunden so fair und unparteiisch wie möglich zu verhalten. Diese Schiedsgerichte besaßen keine territorialen Monopole und agierten in sich überschneidenden Zuständigkeitsbereichen. Bürger konnten sich also an das Schiedsgericht ihres Vertrauens wenden, statt auf örtliche Angebote beschränkt zu sein. Die Richter an diesen Gerichten wurden dazu angehalten, sich bei der Urteilssprechung an Präzedenzfällen zu orientieren. Aus über die Jahrhunderte angesammelten Präzedenzfällen und Urteilen bildete sich schließlich das Common Law als Ganzes heraus. Es wurde *nicht* zentral geplant und verordnet. Auch die *lex mercatoria* (das im Europa des Mittelalters gebräuchliche internationale Handelsrecht – Anm. d. Übers.) und das Seerecht wurden in ähnlicher Weise von privaten Gerichten entwickelt. Es liegt nahe, diesem System unabhängiger und frei konkurrierender Justiz bei der Entwicklung der freien Märkte und des Unternehmertums Großbritanniens eine wichtige Rolle

200 Stringham, Edward. *Private Governance: Creating Order in Economic and Social Life*. Oxford University Press, 2015.

zuzuerkennen. Darüber hinaus begünstigte es die Entstehung der industriellen Revolution und damit eine Transformation der gesamten Weltwirtschaft.

Auch heute noch gibt es in den meisten Ländern wachsende und florierende private Schiedsgerichtswesen, die es Privatpersonen und Unternehmen erlauben, Streitigkeiten mit Hilfe unparteiischer Schiedsrichter beizulegen. Die private Schiedsgerichtsbarkeit erfreut sich einer schnell wachsenden Nachfrage, da sie im Vergleich zu staatlichen Monopolgerichten äußerst effizient arbeitet. Die American Arbitration Association – nur eine der vielen Organisationen dieser schnell wachsenden Branche – führt jeden Monat etwa 40.000 Schiedsverfahren durch. Da das amerikanische Gerichtssystem immer langsamer, teurer und ineffizienter wird, entscheiden sich viele Menschen dafür, ihre juristischen Anliegen an private Schiedsorganisationen zu übergeben. Letztendlich ist juristische Schlichtung wie die Verteidigung, Obst oder Autos nichts anderes als ein weiteres Marktgut: knapp, nützlich und daher für viele subjektiv wertvoll.

Das Wachstum und die Geschichte der unabhängigen Rechtsprechung zeigen deutlich, dass es bei Streitigkeiten für beide Seiten von Vorteil ist, sich an eine unabhängige dritte Partei wenden zu können. Eine wachsende Anzahl von Verträgen beinhaltet Klauseln, nach denen sich beide Parteien im Falle von Streitigkeiten an ein unabhängiges Schiedsgericht wenden mögen. 77 % der Verbraucherverträge und 93 % der Arbeitsverträge in einer 2008 durchgeführten Umfrage enthielten derartige Schiedsklauseln.[201] Hierzu haben beide Parteien einen Anreiz, da beide Streitigkeiten günstig und schnell beilegen möchten. Branchenexperten, Anwälte, Richter und Rechtsgelehrte haben alle einen finanziellen Anreiz dazu, ihren Kunden ehrliche, unparteiische, effiziente und zügige

201 Eisenberg, Theodore, Geoffrey Miller, and Emily Sherwin. „Arbitration's Summer Soldiers: An Empirical Study of Arbitration Clauses in Consumer and Nonconsumer Contracts.„ *University of Michigan Journal of Law Reform*, Bd. 41, Nr. 4, 2008, S. 871-96.

Schlichtungsdienste anzubieten. Zentral geplante und gelenkte staatliche Gerichte sind in der Regel sehr viel teurer als Schiedsgerichte, was sie für viele Zwecke unpraktisch macht. Außerdem sind sie oft nicht in der Lage, hochkomplexe technische oder kommerzielle Streitfragen zu klären.[202]

Die wachsende Anzahl und reiche Geschichte privater unabhängiger Gerichte zeigen uns, dass einem Justizsystem nichts eignet, das es ihm unmöglich machte, auf dem freien Markt zu bestehen. Interaktionen zwischen Einzelpersonen und Unternehmen bergen immer das Potenzial von Streitigkeiten. Die Menschen ziehen es daher vor, sich an einen unabhängigen und verlässlichen Dritten wenden zu können, der im Streitfall gerecht entscheidet. Es besteht keine Notwendigkeit, alle Verträge unter ein richterliches Monopol zu stellen. Einzelpersonen und Vertragsparteien können sich im Voraus auf unabhängige Dritte einigen, die sie im Falle von Streitigkeiten in Anspruch nehmen werden. In Abwesenheit staatlicher Monopolorganisationen der Justiz und Verteidigung würde die Gesellschaft wahrscheinlich eine Blüte gewinnorientierter und gemeinnütziger Organisationen erleben. Diese werden dem Einzelnen mit voller Rechenschaftspflicht und ohne die Möglichkeit, ihn zum Zahlen zu zwingen, Recht und Verteidigung angedeihen lassen. In *Private Governance* verschafft uns Edward Stringham einen faszinierenden und höchst erbaulichen Überblick über verschiedene Arten freiwilliger Organisationsformen für die Bereitstellung von Recht und Verteidigung, von denen es keiner eines Rückgriffes auf Gewaltmonopole bedarf.

---

202 Caplan, Bryan, and Edward Stringham. „Privatizing the Adjudication of Disputes.„ *Theoretical Inquiries in Law*, Bd. 9, Nr. 2, 2008, S. 503-28.

Das staatliche Verteidigungs- und Rechtsmonopol

Mises räumte zwar den „[Schutz] des Sondereigentums und des Marktes gegen Gewalt, List und Tücke“[203] als eine Funktion der Regierung ein, hatte aber eine andere Auffassung vom Staat als die heute vorherrschende. Er betonte die Wichtigkeit eines die Regierung zu einer freiwilligen Einrichtung machenden Selbstbestimmungsrechts, und schrieb:

> „Das Selbstbestimmungsrecht in Bezug auf die Frage der Zugehörigkeit zum Staate bedeutet also: wenn die Bewohner eines Gebietes, sei es eines einzelnen Dorfes, eines Landstriches oder einer Reihe von zusammenhängenden Landstrichen, durch unbeeinflußt vorgenommene Abstimmungen zu erkennen gegeben haben, daß sie nicht in dem Verband jenes Staates zu bleiben wünschen, dem sie augenblicklich angehören, sondern einen selbständigen Staat bilden wollen oder einem anderen Staate zuzugehören wünschen, so ist diesem Wunsche Rechnung zu tragen. Nur dies allein kann Bürgerkriege, Revolutionen und Kriege zwischen den Staaten wirksam verhindern. [...] Das Selbstbestimmungsrecht, von dem wir sprechen, ist jedoch nicht Selbstbestimmungsrecht der Nationen, sondern Selbstbestimmungsrecht der Bewohner eines jeden Gebietes, das groß genug ist, einen selbständigen Verwaltungsbezirk zu bilden. Wenn es irgend möglich wäre, jedem einzelnen Menschen dieses Selbstbestimmungsrecht einzuräumen, so müßte es geschehen.“ [204]

203 Mises von, Ludwig. *Nationalökonomie: Theorie des Handelns und Wirtschaftens*. Genf, 1940, S. 650. (Englische Passage durch analoge Passage des deutschen Originals ersetzt. – Anm. d. Hrsg.)

204 Mises, Ludwig von. *Liberalismus*. Verlag von Gustav Fischer, Jena, 1927. S. 96f. (englische Passage durch analoge Passage des deutschen Originals ersetzt. – Anm. d. Hrsg.)

Bei bestehendem Sezessionsrecht kann der Staat die Loyalität und Steuern seiner Bürger nicht als Selbstverständlichkeiten betrachten, sondern muss sie sich kontinuierlich verdienen. Ohne das Recht auf Sezession wird die Regierung zu einem territorialen Zwangsmonopol. Warum sollte der Schutz des Privateigentums einem Zwangsmonopol gelingen, wenn ersterer ein erstrebenswertes Gut darstellt? Und gelänge es ihm – warum sollte es dann nicht auch andere Güter erfolgreich bereitstellen können? Warum treten Berechnungsprobleme auf allen Märkten außer auf denen für Verteidigung und Recht auf? In *For a New Liberty* [z. Dt. Für eine neue Freiheit – Anm. d. Übers.] demontiert Rothbard einige der gängigsten etatistischen Rechtfertigungen für ein Rechts- und Gewaltmonopol.[205]

Etatistische Ökonomen mögen behaupten, dass der Staat für eine Definition der Eigentumsrechte benötigt werde, und es ohne einen monopolistischen Bezugsrahmen unmöglich sei, Konflikte bei ihrer Durchsetzung zu vermeiden. Dies ist jedoch offensichtlich falsch. Wie in Kapitel 5 erörtert, fußen Eigentumsrechte auf den Prinzipien des Selbsteigentums, des Eigentums an durch die Arbeit einer Person gefundenen und umgewandelten natürlichen Ressourcen und des Eigentums an durch einvernehmlichen Austausch erworbenen Gütern. In nicht-sozialistischen Gesellschaften spricht der Staat Eigentum nicht zu, sondern setzt diese Prinzipien bei Streitigkeiten über es durch. Nichts spricht gegen eine erfolgreiche Anwendung dieser bewährten Grundsätze durch Privatpersonen und -organisationen ohne Rückgriff auf Monopolfinanzierung.

Eine weitere Rechtfertigung eines gewaltsamen Rechtspflege- und Verteidigungsmonopols greift auf die Tatsache zurück, dass Eigentum die Voraussetzung jeder wirtschaftlichen Tätigkeit ist und diese ohne ebendieses unterbleiben muss. Es gibt jedoch auch viele weitere unverzichtbare Güter, bspw. Lebensmittel und Land, für deren

205 Rothbard, Murray. *For a New Liberty*. Macmillan, 1973.

Bereitstellung freie Märkte eindeutig besser geeignet sind als Zwangsmonopole. Erzwungene Rechts- und Verteidigungsmonopole sind nicht nur nicht notwendig, sondern die Ursache vieler Versagen der entsprechenden Märkte. Warum auch sollten die typischen Mängel gewaltsamer Monopole sich auf die Verteidigung und das Recht anders auswirken als auf andere wirtschaftliche Güter?

Wenn die Menschen die Legitimität der Bereitstellung eines bestimmten wirtschaftlichen Gutes durch ein Zwangsmonopol akzeptieren, werden sie Zeuge von Qualitätsminderungen, Versorgungseng- pässen und Kostensteigerungen. Monopolanbieter hingegen profitieren normalerweise von ihrer privilegierten wirtschaftlichen Stellung, da sie in der Lage sind, unabhängig von der Qualität der von ihnen angebotenen Dienstleistung Zahlungen für diese zu verlangen. Dies ist die staatliche Sicherheits- und Verteidigungssituation in den meisten heutigen Nationen. Einzelpersonen in Regierungspositionen profitieren immens von ihrem Monopolprivileg, während die Verbraucher unter mangelhaften Verteidigungs- und ungerechten Justizsystemen leiden. Verschlimmert wird diese Situation dadurch, dass Regierungen ihre Geldmonopole dazu missbrauchen, umfangreiche Propagandakampagnen in Schulen, Universitäten und Massenmedien zu finanzieren, um Bürger zur Akzeptanz ihres Verteidigungs- und Justizmonopols zu bewegen. Je mehr Zeit man mit der Untersuchung moderner staatlich finanzierter Schulen und Universitäten verbringt, desto deutlicher tritt hervor, dass ihr gesamter Zweck darin besteht, für die Duldung des Staates zu werben.

In Kapitel 8 wurde das Argument entwickelt, dass moderne Hochleistungsmaschinen die treibende wirtschaftliche Kraft hinter der Abschaffung der Sklaverei darstellten, da sie mehr kraftintensive Arbeit zu viel geringeren Kosten leisten können als versklavte Menschen. Durch moderne Maschinen und leistungsstarke Energiequellen wird die rohe Arbeitskraft der Menschen immer billiger, während ihre Produktivität steigt und intellektuelle Arbeit – die Überwachung von Maschinen – immer wertvoller wird. Menschen im traditionellen Sinne zu versklaven, ist nicht länger profitabel, was jedoch die uralte Dynamik der Versklavung und Beherrschung, die in menschlichen Gesellschaften seit Jahrtausenden existiert, nicht auslöschte. Der Etatismus ist das Ventil für den uralten, animalischen Wunsch, andere zu beherrschen und zu versklaven, anstatt mit ihnen in einer Zivilisation zusammenzuarbeiten. Anstelle der physischen Versklavung ermöglicht der Etatismus die massenhafte psychologische Versklavung von Gesellschaften durch ihre Indoktrination in den Glauben, keine andere Wahl zu haben, als sich einem gewalttätigen Sicherheitsmonopolisten zu fügen und unterzuordnen. Sklaven werden auf diese Weise von der Schinderei und Gewalt der Ketten und Zwangsarbeit befreit, um produktivere Mittel zur Erreichung ihres Zweckes einsetzen zu können. In der Zwischenzeit sind die Individuen, die den Staat bilden, in der Lage, einen großen Teil der Früchte der Arbeit ihrer Untertanen zu ernten, indem sie diese durch Propaganda und Erziehung zur Akzeptanz und Bezahlung eines monopolistischen Rechtspflege- und Sicherheitsanbieters bewegen.

Wird die Verteidigung als ein Gut wie jedes andere behandelt, so bemühen sich ihre Hersteller, sie so billig, effizient und effektiv wie möglich bereitzustellen. Private Sicherheitsdienstleister können dann viel besser auf die Bedürfnisse ihrer Kunden eingehen, gerade weil ihr gesamtes Geschäft von ihrer Effizienz abhängt und sie keine Monopolstellung innehaben. Probleme treten dann auf, wenn staatliche Propaganda die Bürger davon überzeugt, Verteidigung als ein besonderes Gut zu begreifen, und ihnen den Glauben einflößt, sie hätten keine andere Wahl, als sich der Herrschaft des Verteidigungsregimes zu unterwerfen, in welches sie hineingeboren wurden. Hierzu erweisen sich Nationalismus und verschiedene Formen der Regierungspropaganda als nützlich. Der moderne Sklave wird nicht in physische Ketten geschlagen, da seine körperliche Freiheit ihn zu produktiv für ein derartiges Vorgehen macht. Stattdessen wird er durch die geistigen Ketten staatlicher Erziehung zur Akzeptanz minderwertiger Sicherheitsdienstleistungen verleitet, für die sein Wohlstand geplündert wird, ohne dass er eine wirkliche Wahl treffen oder evaluieren müsste. Solange die Mehrheit der Bevölkerung weiterhin der Überzeugung ist, sie sei verpflichtet, ihre Sicherheit als das Geschenk eines hoffentlich wohlwollenden Monopolisten zu empfangen, wird die Bereitstellung von Sicherheit wahrscheinlich weiterhin so mangelhaft wie die Dienstleistungen aller Marktmonopole ausfallen.

Das Ringen um Zivilisation ist das Ringen um einen zwischenmenschlichen Umgang auf der Grundlage des Nichtaggressionsprinzips, unter welchem sich jeder bereit erklärt, die Eigentumsrechte eines jeden anderen an seiner Person und seinem rechtmäßig erworbenen Eigentum zu respektieren. Wenn dieses Prinzip zugunsten eines gewalttätigen Monopolisten umgestoßen wird, beginnt diese Ausnahme in alle anderen Aspekte des Lebens einzusickern, da der Monopolist versuchen wird, seine Kontrolle auf alle anderen Aspekte des Lebens auszudehnen. Und wenn die Bevölkerung darauf konditioniert ist, die Legitimität des Zwanges im Bereich der Verteidigung und Rechtspflege zu akzeptieren, ist es nicht sehr schwierig, sie in anderen Domänen von seiner Rechtmäßigkeit zu überzeugen, was wie in modernen fiat-kapitalistischen Volkswirtschaften beim Geld anfängt und wie in kommunistischen Gesellschaften bis hin zum Konzept des Eigentums selbst gehen kann. Soziale Beziehungen können nicht auf der Achtung von Eigentumsrechten fußen, wenn die Durchsetzung dieser Rechte von einer durch ihre bloße Existenz die Eigentumsrechte verletzenden Organisationsform abhängig ist. Schließlich ist der Staat als jene Organisation definiert, die sich ihre Finanzierung nicht auf dem freien Markt sichert und daher gezwungen ist, ihren Untertanen

Steuern aufzuerlegen. Dies ist die Erbsünde des Staates und macht ihn mit einer zivilisierten Gesellschaftsordnung der freiwilligen Kooperation absolut unvereinbar. Wie Hoppe klarstellt, ist es vergeblich, den Schutz des Eigentums von einer Organisation zu erwarten, deren Existenz von Zwangsenteignungen abhängt:

> „Sobald das Prinzip des Staates – Justizmonopol und die Besteuerungsbefugnis – irrtümlicherweise als gerecht anerkannt wird, ist jede Vorstellung einer Begrenzung der Staatsgewalt und des Schutzes der individuellen Freiheit und des Eigentums illusorisch. Stattdessen wird unter der monopolistischen Schirmherrschaft der Preis für Recht und Schutz ständig steigen und ihre Qualität sinken. Eine steuerfinanzierte Schutzbehörde ist ein Widerspruch in sich – ein enteignender Eigentumsschützer – und wird unweigerlich zu erhöhten Steuern und vermindertem Schutz führen. Selbst wenn eine Regierung ihre Aktivitäten, wie von einigen klassischen liberalen Staatsrechtlern vorgeschlagen, ausschließlich auf den Schutz bereits bestehender privater Eigentumsrechte beschränkte, stellte sich die Frage der zu produzierenden Sicherheitsmenge. Da sie (wie wir alle) durch Eigeninteresse und den Unnutzen der Arbeit motiviert, aber mit der einzigartigen Macht, Steuern zu erheben, ausgestattet sind, wird die Reaktion von Regierungsvertretern immer dieselbe sein: Sie werden die Schutzausgaben maximieren – und fast der gesamte Wohlstand einer Nation kann durch Schutzkosten aufgezehrt werden – während sie die Schutzproduktion minimieren. Je mehr Geld man ausgeben kann und je weniger man arbeiten muss, um zu produzieren, desto besser ist man gestellt.“[206]

Auf diese Weise durchschlugen Rothbard und Hoppe den gordischen Knoten, der den Kern des klassischen liberalen Denkens bildet, und entwickelten eine kohärente anarchokapitalistische

206 Hoppe, Hans-Hermann. *Democracy: The God That Failed.* Transaction Publishers, 2001, S. 230.

Alternative zu ihm, die mit den Grundsätzen der Ökonomik als Lehre vom menschlichen Handeln vereinbar ist.

Statt eine friedliche Zusammenarbeit unter der Herrschaft des für alle gleichermaßen geltenden Rechts zu fördern, driftet eine Gesellschaft unter staatlicher Herrschaft letztendlich in Wettbewerbskonflikte und Aggressionen zwischen Menschen ab, die versuchen, die Kontrolle über die Macht, andere zu beherrschen, an sich zu reißen. Ein gängiger etatistischer Einwand gegen die Idee eines freien Verteidigungsmarktes ist, dass die größte, mächtigste Gruppe von Verbrechern in seinem Falle die Gesellschaft übernehmen und kontrollieren wird. Der Anarchist antwortet darauf, dass dies lediglich die Realität des Staates beschreibt. Etatisten rechtfertigen ihre eigene kognitive Versklavung mit dieser selbst. Korrekt aufgefasst, ist der Staat die größte Verbrecherbande, wobei der Fortschritt menschlicher Zivilisation davon abhängt, den durch diese Bande angerichteten Schaden zu minimieren, statt sie für die unmögliche Aufgabe vereinnahmen zu wollen, ihre Lizenz zum Bösen für die Erbringung guter Taten einzusetzen. Gesellschaften, deren Bevölkerungen großteils die verrückte Idee akzeptieren, dass die Regierung ein Monopol auf den Kartoffel- oder Strommarkt haben muss, stehen bald mit vollkommen dysfunktionalen Kartoffel- und Strommärkten da. In ähnlicher Weise wird eine Gesellschaft, die ein staatliches Monopol auf den Verteidigungs- und Sicherheitsmarkt akzeptiert, unter einer dysfunktionalen Bereitstellung von Verteidigung und Sicherheit leiden.

Es ist daher keine Überraschung, dass heutzutage eine wachsende Proportion – möglicherweise sogar der Großteil – der Verteidigung und des Schutzes von privaten Institutionen auf dem freien Markt bereitgestellt wird. Angesichts der aggressiven Art, mit welcher der Staat Straftaten gegen sich verfolgt, und der im Vergleich hierzu milden staatlichen Verfolgung von Straftaten gegen seine Bürger, ist es keine Übertreibung, den Zweck staatlich bereitgestellter

Sicherheit nicht als den Schutz des Volkes sondern des Staates aufzufassen. Der Einzelne muss immer noch arbeiten und zahlen, um sich durch die verschiedenen auf dem Markt angebotenen Verteidigungsmöglichkeiten zu schützen. Ein freier Markt für Sicherheit ist nichts Hypothetisches. Ein zwangsweises, steuerfinanziertes Sicherheitsmonopol, das erfolgreich für Sicherheit sorgt – das ist die Hypothese, welche von den staatlich geförderten Wissenschaften als gegeben behandelt wird.

Die Fehlermöglichkeiten staatlicher Monopole

Betrachtet man die Sicherheitsprobleme der heutigen Welt aus der Perspektive wirtschaftlicher Handlungen, lassen sie sich häufig auf das Fehlen eines freien Marktes für die Bereitstellung von Verteidigung, Sicherheit und Recht sowie auf die Beherrschung dieser Branchen und vieler ihrer zentralen Funktionen durch Monopolanbieter zurückführen. In Ermangelung eines freien Marktes für diese Güter und unter der Bedingung ihres erzwungenen Kaufs haben Zentralplaner keine rationale Möglichkeit, Ressourcen in einer für die Erreichung der von den Zahlern gewünschten Ziele bestmöglichen Form zuzuweisen. Verteidigung ist ein Gut, das nicht in unendlichen Mengen bereitgestellt werden kann. Es müssen wirtschaftlich rationale Entscheidungen darüber getroffen werden, wo welche Ressourcen zur Erzielung welcher Leistungen verbraucht werden sollten. In der die Grenzkostenanalyse ignorierenden etatistischen Rhetorik und Propaganda wird die Verteidigung wie ein Ein/Aus-Schalter dargestellt – als ein Gesamtpaket klar definierter Güter, das auf eine vollkommen verstandene Weise geschnürt wird. Im Lichte der Marginalanalyse lässt sich jedoch erkennen, dass Verteidigung in Grenzeinheiten einer Vielzahl von zeit- und ortsspezifischen Waren und Dienstleistungen bereitgestellt wird. Es gilt, marginale wirtschaftliche Entscheidungen über das Sicherheitsniveau, das jedem Haushalt zur Verfügung gestellt werden soll, sowie über die Zuweisung jedes Polizisten und jeder Waffe zu treffen. Soll jedes Viertel rund um die Uhr von einer Polizeistreife bewacht werden? Jede Straße? Oder jeder Haushalt? Sollte die Polizei mehr Zeit für den Schutz der Häuser und Stadtteile Wohlhabender aufwenden, weil diese eher Opfer von Einbrüchen werden? Warum sollten dann arme Steuerzahler für den Schutz reicher zur Kasse gebeten werden? Wie viele Polizisten braucht ein bestimmtes Stadtviertel? Sollten manche Menschen Leibwächter bekommen? Sollten Sportveranstaltungen und Konzerte von zusätzlichen Polizeistreifen bewacht werden, um Unruhen zu vermeiden, oder sollten die Organisatoren dieser Veranstaltungen selbst für ihre Sicherheit sorgen? Diese Fragen sind für die von ihnen betroffenen Menschen sehr wichtig. In einem freien Markt wären die Menschen in der Lage, die zur Befriedigung der entsprechenden Bedürfnisse bestmögliche Verteilung ihrer Ressourcen und ihres Eigentums zu berechnen. In einer Welt, in der sich ein zentrales Monopol zur Befriedigung dieser Bedürfnisse steuerlich finanziert, werden solcherlei Entscheidungen ohne Rückgriff auf Preise oder rationale wirtschaftliche Kalkulation blind getroffen.

Steuerfinanzierte Sicherheitsdienstleister haben keinen wirtschaftlichen Anreiz, menschliche und monetäre Kosten zu minimieren, da die Zufriedenheit der Kunden für ihre Stellung irrelevant ist. Sie sind in der Lage, unwirtschaftlichste Entscheidungen zu treffen, da ihre Tätigkeit nicht durch ein Projektbudget oder eines für die Rekrutierung und Ausbildung von Arbeitskräften eingeschränkt ist. Monopolarmeen und -polizeikräfte können ihre Mitglieder als entbehrliches Kanonenfutter behandeln, da sie nicht von Unternehmern eingesetzt werden, deren Erfolg oder Misserfolg von ihrer Fähigkeit zur effektiven Ressourcenallokation abhängt. Die erschreckende Schießwütigkeit der modernen Polizei, die dafür berüchtigt ist, Leben zu vergeuden und sowohl Polizisten als auch Bürger zu gefährden, kann nur mit Blick auf das Nichtvorhandensein einer den Polizeidiensten aufgezwungenen Marktdisziplin verstanden werden.

In einem freien Sicherheitsmarkt werden Dienstleistungsanbieter nicht über Steuereinnahmen subventioniert und müssen daher für ihr Überleben und ihren Erfolg wirtschaften. Sie würden gewaltsame Konflikte zu minimieren versuchen und so weit wie möglich friedliche Lösungen anstreben, weil dies ein gutes Geschäft bedeutete. Private Sicherheitskräfte privater Einrichtungen haben bei weitem nicht denselben schlechten Ruf wie die Polizei, und zwar gerade weil sie in einem freien Markt mit Rechenschaftspflicht gegenüber ihren Kunden tätig sind und ihre Entscheidungen, ihre Ausbildung und ihr Vorgehen von rationalen Marktkalkülen bestimmt werden. Weltweit demonstrieren private Sicherheitsdienste, dass es möglich ist, Sicherheit bereitzustellen, ohne Monopolprivilegien innezuhaben oder für die Auslegung und Anwendung der das eigene Verhalten regelnden Gesetze zuständig zu sein.

Die monopolistische Steuerfinanzierung staatlicher Sicherheits- und Verteidigungsdienstleister erhebt diese praktisch über das Gesetz. In einem Konflikt zwischen einem Staatsbediensteten und einem Bürger hat ersterer letzten Endes den Vorteil einer riesigen hinter ihm stehenden Institution mit unbegrenztem Finanzmittelzugang, wobei es in seinem Eigeninteresse ist, das Gesetz in einer für die Regierung günstigen Weise anzuwenden. Wenn die Regierung über ein Justizmonopol verfügt, verschärft sich diese Problematik noch, da dann das Recht selbst monopolisiert und von derselben Problematik vereinnahmt wird. Hoppe erläutert diese Problematik:

> „Darüber hinaus führt ein Justizmonopol unweigerlich zu einer stetigen Verschlechterung der Rechts- und Schutzqualität. Wenn

> man Recht nur bei der Regierung ersuchen kann, wird es trotz Verfassungen und obersten Gerichten zugunsten der Regierung pervertiert werden. Verfassungen und oberste Gerichtshöfe sind staatliche Institutionen, und alle dem staatlichen Handeln durch sie auferlegten Beschränkungen werden stets von Vertretern der von ihnen betroffenen Institution beschlossen. Es ist vorhersehbar, dass die Definition von Eigentum und Schutz kontinuierlich verändert und der Zuständigkeitsbereich zum Vorteil der Regierung ausgeweitet werden wird, bis schließlich die Vorstellung universeller und unveränderlicher Menschenrechte – und insbesondere von Eigentumsrechten – verschwindet und durch die Vorstellung von Recht als von der Regierung geschaffener Gesetzgebung und von Rechten als von der Regierung gewährten Privilegien ersetzt wird.“[207]

Wenn es Regierungsmitgliedern erlaubt ist, in den Augen der Bevölkerung legitime Gewalt auszuüben, werden sie dieses Privileg höchstwahrscheinlich zu ihrem eigenen Vorteil missbrauchen. Polizisten und Politiker können und haben ihre Positionen dazu genutzt, sich zu bereichern, andere Bürger zu beherrschen und mit kriminellen Handlungen davonzukommen. Sie müssen sich keinem Markttest unterziehen, um ihre Arbeit effektiv zu erledigen, und haben kein Gewinnmotiv dazu. Sie ziehen einen großen Teil ihres Gewinnes aus dem Missbrauch ihrer Position. Menschen sind natürlich keine Engel, weshalb es nicht verwundert, dass viele ihre Stellung ausnutzen. Sind sie aber nicht mit besonderen Rechtsprivilegien ausgestattet, müssen sie ihre Arbeit zur Zufriedenheit ihrer Kunden erledigen. Ihre Anreize und ihr finanzielles Wohlergehen hängen von der Zufriedenstellung ihrer Kunden ab, die sie nur gewährleisten können, indem sie ihnen auf einem freien Markt erfolgreich Sicherheit anbieten. In einer Gesellschaft, in der die von

207 Ebd.

einer Klasse ausgeübte Gewalt legitimiert wird, ist die Zufriedenstellung ihrer Kunden über weite Strecken unbedeutend für ihre Anreize und finanzielle Gebarungen, womit sie sich geradezu angespornt fühlt ihr Privileg weitergehend zu missbrauchen.

Dieselbe Dynamik greift im Falle nationaler Streitkräfte. Da die Finanzierung des Militärs durch monopolistische Regierungserlasse statt freiwillig zahlender Kunden geleistet wird, kann eine Rechenschaftspflicht gegenüber den Zahlern kaum greifen. Das Ergebnis ist vielleicht am deutlichsten in den Vereinigten Staaten zu sehen, wo das stärkste Militär der Welt jährlich Hunderte von Milliarden Dollar an Steuer- und Inflationseinnahmen ausgibt und Militärbasen in der ganzen Welt unterhält, aber nicht dafür zu sorgen imstande ist, dass Chicagos Kinder zu örtlichen Lebensmittelgeschäften gehen können, ohne um ihre Sicherheit fürchten zu müssen. Da die Finanzierung unabhängig von der geleisteten Sicherheit stattfindet, gelang es einem mächtigen militärisch-industriellen Komplex, sich enorme Geldmengen zuzuschanzen, indem er dafür sorgte, dass die USA sich unter den fadenscheinigsten Vorwänden in eine endlose Reihe militärischer Konflikte einmischen, was das Land unsicherer macht, da es so die Feindschaft unzähliger Menschen weltweit provoziert. Wenn der Verbraucher keine Wahl hat, wird die Sicherheit im Vergleich zu anderen gewinnbringenden Vorwänden für den Dienstleister zum nachrangigen Faktor. Nicht viel besser sieht es in kleineren Ländern mit schwächeren Militärs aus, in welchen es dem militärischen Establishment ebenfalls gelingt, von einem unter Zwang gesicherten Verteidigungshaushalt zu leben, während die Streitkräfte oft zu Marionetten mächtigerer regionaler oder globaler Regime verkommen.

Die monopolistische Bereitstellung von Sicherheit durch die Regierung wird auch dadurch erschwert, dass ein großer Teil des gesellschaftlichen Eigentums als „öffentliches Eigentum" klassifiziert wird, was bedeutet, dass in seinem Fall keine eindeutigen

Eigentumsrechte greifen und die Möglichkeit entfällt, auf diesen Ländereien privates Recht durchzusetzen. Der Begriff „öffentliches Eigentum“ ist in sich widersprüchlich, da Eigentum dadurch definiert wird, dass sein Eigentümer mit ihm machen kann, was er will. Die Öffentlichkeit ist aber keine einheitliche Entität, die kollektiv entscheiden kann, was zu tun sei. Jeder hat ein gewisses Recht, öffentliches Eigentum zu nutzen, doch niemand ist dazu befugt, es wie ein Eigentümer verantwortungsvoll zu verwalten. Niemand kann wirtschaftliche Kalkulationen an ihm vollziehen, die produktivsten Möglichkeiten zu seiner Sicherung bestimmen, und Menschen bestrafen, die es oder seine Bewohner missbrauchen.[208]

Die Regierung vermarktet sich selbst als Verteidigungsgarant, stellt jedoch in Wahrheit einen Aggressor dar. Der Staat leitet Aggression gegen die Bürger ein, um seinen eigenen Betrieb zu finanzieren. Er lässt seinen „Kunden“ nicht die Wahl, die von ihm bereitgestellten Güter nicht in Anspruch zu nehmen. Hierbei handelt es sich um eine als Schutz getarnte Aggression. Eine gegen Aggression abschirmende Regierung wäre ein Paradoxon. Das US-Verteidigungsministerium wurde nicht grundlos bis 1947 als Kriegsministerium bezeichnet.

Wie können wir also ohne eine Regierung für Recht und Sicherheit sorgen? Versteht man Regierung als Zwang, beantwortet sich diese Frage praktisch von selbst. Das Gesetz ist ebenso wenig eine Schöpfung des Staates wie Geld oder die Marktwirtschaft. In allen Zivilisationen verstand man das Naturrecht – Staaten erhalten ihre Legitimität nur dadurch, dass sie sich auf dieses Recht berufen. Eine Gesellschaft wäre sicherer und gerechter, legitimierte sie keine staatlichen Verstöße gegen es. Verbrechen und Gewalt wird es wahrscheinlich immer geben, doch die Suche nach Lösungen für dieses Problem ist in zunehmendem und überwältigendem Maße ein Marktgut. Die zivilisierte Gesellschaft sucht ständig nach

208 Barnett, Randy. „Pursuing Justice in a Free Society: Crime Prevention and the Legal Order.„ *Anarchy and the Law: The Political Economy of Choice.* Herausgegeben von Edward Stringham, Transaction Publishers, 2007, S. 75-106.

technologischen und institutionellen Lösungen für das Problem individueller Aggression, die von allen als illegitim angesehen wird. Da Zivilisationen in der Lage sind, zu kalkulieren und zu innovieren, werden sie wahrscheinlich immer besser darin werden, zivilisierte Menschen vor privaten und staatlichen Übergriffen zu schützen. Wie Rothbard es ausdrückt:

> „Und was ist der Staat am Ende anderes als organisiertes Banditentum? Was ist Besteuerung anderes als Diebstahl in gigantischem, unkontrolliertem Umfang? Was ist Krieg anderes als Massenmord in einem privaten Polizeikräften unmöglichen Ausmaß? Was ist die Wehrpflicht anderes als Massenversklavung? Kann sich irgendjemand vorstellen, dass eine private Polizeitruppe mit einem winzigen Bruchteil dessen davonkäme, womit Staaten gewohnheitsmäßig Jahr für Jahr und Jahrhundert für Jahrhundert davonkommen?“[209]

Ein freier Verteidigungsmarkt

Wie in den vorangegangenen Abschnitten dieses Kapitels erörtert, gibt es bereits einen Markt für Verteidigung, Sicherheit, Rechtspflege und Schiedsgerichtsbarkeit, wobei es nicht verkehrt wäre, zu behaupten, dass dieser Markt Menschen überall auf der Welt weitaus mehr Verteidigung, Sicherheit, Recht und Ordnung zu weitaus geringeren Kosten bereitstellt, als es Regierungen tun. Allerdings wird dieser Markt durch ein extremes Ausmaß an staatlichen Eingriffen und Monopolen – mit der möglichen Ausnahme des Geld- und Bankwesens – wahrscheinlich stärker verzerrt, entstellt und gestört als jeder andere. Man kann nicht umhin, sich zu fragen, wie ein wirklich freier Verteidigungs- und Sicherheitsmarkt und damit

209 Rothbard, Murray. *For a New Liberty*. Macmillan, 1973, S. 293f.

eine Welt aussähe, in der die Bürger Verteidigung und Sicherheit als private Marktgüter begriffen, und deren Anbieter sich nicht auf eingezogene Steuergelder oder rechtliche Sonderstellungen und Immunität stützen könnten.

In der derzeitigen US-Wirtschaft werden produktive Bürger dazu gezwungen, über Steuern und Inflation hohe Geldsummen für die Aufrechterhaltung einer Monopolpolizei und eines Monopolmilitärs zu entrichten, die sowohl im In- als auch im Ausland als Aggressoren auftreten. Zugleich sind amerikanische Städte und insbesondere Großstädte notorisch unsicher. Vier amerikanische Städte gehören zu den 50 gefährlichsten der Welt, und die Innenstädte Amerikas sind weltweit für ihre extrem gefährlichen Viertel berüchtigt.[210] Es verblüfft, wie wenige Amerikaner und insbesondere Wirtschaftswissenschaftler zu der ganz offensichtlichen Schlussfolgerung kommen, dass die Bereitstellung von Verteidigung durch ein Regierungsmonopol extrem teuer und ineffektiv ist.

Man stelle sich vor, die amerikanischen Bürger wären von all den Steuer- und Inflationsausgaben befreit, die ihnen (und dank des Dollars auch dem Rest der Welt) zur Finanzierung der US-Polizei, des US-Militärs und der US-Außenpolitik auferlegt sind, und könnten ihr Geld stattdessen nach eigenem Gutdünken für ihre Sicherheit ausgeben. Man stelle sich vor, die Bürger Chicagos hätten das gesamte Vermögen, das sie für Polizei und Armee aufwenden, zur Verfügung, um es für Sicherheitsdienste aufzuwenden, die ihnen gegenüber rechenschaftspflichtig sind, kein Monopol haben, keinen besonderen gesetzlichen Schutz genießen, über kein Aggressionsrecht verfügen und keine Steuern eintreiben können. Wie überlegen wäre dieser Schutz dem heutzutage von ihnen „genossenen"?

Auf einem freien Markt für Verteidigungsgüter gäbe es keine Monopole und keine Duldung der Aggressionseinleitung. Für die meisten Menschen ist es schwierig, sich eine effektive

210 „Most Violent Cities in the World 2023.„ *World Population Review.*

Verbrechensabschreckung durch ein solches System vorzustellen. Und doch wäre sie in einer solchen Welt nicht nur möglich, sondern wahrscheinlich viel effektiver und effizienter. Ein freier Markt würde im Allgemeinen auf vier verschiedene Weisen friedliches, zivilisiertes Verhalten fördern und von Gewalt abschrecken.

Erstens würde Selbstverteidigung in diesem Kontext als völlig akzeptabel betrachtet. Ein anarchistischer Verteidigungsmarkt ist kein pazifistischer Garten Eden. Er rechtfertigt die gewaltsame Vergeltung gegen Aggressionen nicht nur, sondern ermutigt dazu. Wären die Hände von Eigentümern nicht durch die Kontrolle des Staates gebunden, erschienen Dieben und Mördern Aggressionen als unattraktiv. Das Recht auf Selbstverteidigung geht über das Recht eines Eigentümers hinaus, seine Regeln durchzusetzen und Bestrafung einzufordern. Das Recht auf Selbstverteidigung schließt die Rechte aller angeheuerten Sicherheitskräfte mit ein, wodurch private Sicherheitsdienstleister im Namen ihres Auftraggebers zu handeln vermögen.

Zweitens hätten die Menschen in einem freien Verteidigungsmarkt die Möglichkeit, sich ausschließlich im Rahmen gegenseitig vereinbarter Verträge und rechtlicher Rahmenbedingungen mit anderen auseinanderzusetzen und sich dabei dem Urteil bestimmter Behörden und Gerichte zu unterwerfen, wodurch potenzielle Fehlverhalten, Vertragsbrüche oder gewalttätige Übergriffe klar definierte Konsequenzen nach sich zögen. Man stellte nur Personen ein, die sich bereit erklärten, den Arbeitsvertrag eines angesehenen Arbeitsgerichts zu unterzeichnen, durch welchen unmissverständliche Konsequenzen für Abwesenheit, Diebstahl oder Sabotage seitens des Arbeitnehmers oder Nichtzahlung seitens des Arbeitgebers festgelegt würden. Man besuchte nur Restaurants, deren Inhaber garantierten, im Falle von Lebensmittelvergiftungen oder anderen Kundenkonflikten bestimmten Gerichtsurteilen Folge zu leisten. Man schlösse nur Geschäftsverträge mit Firmen ab, die sich an das Handelsrecht seriöser Gerichte halten. Man muss von keinem Monopol dazu genötigt werden, sich an ein bestimmtes Gericht zu wenden; man würde sich an sie wenden wollen, weil sie andere in der Vergangenheit bei wechselseitig vorteilhaften Transaktionen zuverlässig unterstützten. Die Menschen würden sich auf die Stipulation von Strafen gerade deswegen einlassen, weil sie hilfreich bei der Verhandlung mit anderen wäre. Nichts käme dem zivilisierten Verhalten der Menschen stärker entgegen als eine freiwillige Akzeptanz von Regeln und deren effiziente Durchsetzung durch den privaten Sektor.

Drittens wäre eine freie Gesellschaft nach wie vor in der Lage, Menschen, denen an ihrem Ruf gelegen ist, durch Diskreditierung, Ächtung, Isolation und Boykotte von schlechtem Verhalten abzuschrecken. Besonders wirkungsvoll ist dies im Geschäftsverkehr, wo das Ansehen von Marktteilnehmern für den anhaltenden Erfolg ihrer Unternehmen von enormer Bedeutung ist. In Abwesenheit staatlicher Konzessionsbehörden hätten freie Händlerverbände einen sehr starken Anreiz dazu, unrechtmäßiges Geschäftsverhalten zu unterbinden und könnten überaus harte Sanktionen gegen Zuwiderhandelnde verhängen. Bonitätsprüfungen, Expertenbewertungen und Kundenrezensionen sind gute Beispiele für die heutige Bedeutung der Reputation als Wirtschaftsgut. Mit dem Aufkommen des Internets sind sich Unternehmen dessen sehr bewusst geworden, weshalb sie versuchen, Kritiker zufriedenzustellen und sich einen guten Ruf zu erarbeiten. Das Ansehen spielt jedoch nicht nur im Geschäftsleben eine Rolle, sondern auch bei Straftaten unterschiedlicher Schwere. Wenn sich die Mitglieder einer Gemeinschaft darauf einigen, jemanden aufgrund eines von ihm begangenen Verbrechens zu meiden, und sich weigern, mit ihm zu handeln, kann dies sein buchstäbliches Todesurteil bedeuten, obgleich es in diesem Fall gewaltlos verhängt würde. Wenn sich zivilisierte Menschen darauf einigen, dass die Früchte der Arbeitsteilung nur denjenigen gewährt werden, welche die Unantastbarkeit des Eigentums anderer an ihrem Körper und ihrem Eigentum respektieren, führte die Einleitung einer Aggression zum Ausschluss aus der Wirtschaftsordnung und damit potenziell in den Hungertod. Es ist für aus öffentlichen Mitteln finanzierte Wirtschaftswissenschaftler zwar üblich, obskure und unrealistische theoretische Modelle zu konstruieren, in denen Märkte durch Informationsasymmetrien zum Entgleisen gebracht werden, in Wirklichkeit sind Marktinformationen jedoch selbst Marktgüter, weshalb ein freier Markt für Informationen, Ansehen und Erfolgsbilanzen diese seinen Teilnehmern verfügbar macht. Somit stellt er ein sehr wirksames Abschreckungsmittel gegen betrügerische und missbräuchliche Praktiken dar.

Viertens würde die Versicherungsbranche wahrscheinlich eine proaktive Rolle bei der Bereitstellung von Sicherheit und der Gewährleistung des Überlebens und Wohlergehens ihrer Kunden übernehmen. Die Menschen schätzen ihre Zeit, und bieten anderen bereitwillig monetäre Anreize dazu, sie zu verlängern, indem sie für ihre Sicherheit und Gesundheit sorgen. In einem offenen Sicherheitsmarkt und durch finanzielles Eigeninteresse am Überleben ihrer Kunden interessiert, könnten Versicherungsunternehmen in einer freien Gesellschaft viele der Funktionen staatlicher Sicherheitsmonopole übernehmen und dabei Marktkalkulation und -disziplin ins Spiel bringen. Es ist nicht schwer, die Synergien auszumachen, die mit der vertikalen Integration von Sicherheits-, Justiz- und Eigentumsverwaltungsdienstleistungen verbunden wären. Grundstückseigentümer hätten ein starkes Interesse daran, private Schutzdienste in Anspruch zu nehmen, die sich bereit erklärten, im Schadensfall Versicherungsleistungen zu erbringen.

Es ist schwer vorherzusagen, wie ein freier Sicherheitsmarkt im Einzelnen aussähe. Stelle Dir beispielsweise vor, Du hättest vor zwanzig Jahren versucht, die Struktur der heutigen Computer- oder Internetbranche vorauszusehen. Die Form dieser Industrie wurde von keinem bestimmten Unternehmen entworfen, sondern entwickelte sich über Jahrzehnte hinweg durch unternehmerische Angebote und deren Auswahl durch die Verbraucher, was Vernon Smith in Abgrenzung zur konstruktiven Rationalität (die im vorherigen Kapitel erörtert wurde) als „ökologische Rationalität" bezeichnet. Etwas Ähnliches spielte sich auf dem Sicherheitsmarkt ab, würde das staatliche Monopol liberalisiert. Sollte eine Gesellschaft die Einleitung von Aggressionen sowie die Legitimität eines Aggressionsmonopols ablehnen, bildete dies die abstrakte Regel für die Organisation von Sicherheit und Verteidigung, auf deren Grundlage komplexe emergente Organisationsformen entstünden.

Auch die Gesetze und Regeln, die sich eine freie Gesellschaft gäbe, sind nicht leicht vorherzusagen. Sie würden aus einem äußerst komplexen evolutionären Prozess hervorgehen, der sich eher aus menschlichen Handlungen denn Entwürfen ergäbe. Zahllose Schutzbehörden werden verschiedene Schutzvorschriftsformen einführen, und die Menschen deren Folgen zu spüren bekommen. Der Einzelne wird die Auswirkungen einer sehr nachsichtigen gegenüber einer sehr strengen Vorgehensweise von Sicherheitskräften beobachten können. Erzielt zum Beispiel eine nachsichtige Sicherheitsarbeit vergleichbare Ergebnisse zu einem geringeren Preis? Oder führt sie zu mehr Kriminalität und damit höheren Kosten? In ähnlicher Weise könnten sich die Menschen für oder gegen unterschiedliche Toleranzniveaus im Umgang mit Rauschmitteln entscheiden. Bei einem völlig liberalen Ansatz würde deren Konsum völlig aus dem Zuständigkeitsbereich von Sicherheitsdiensten ausgegliedert, was deren Klienten die hohen Kosten des Versuches ersparte, anderen ihre Moral aufzuzwingen. Dies könnte ein Erfolgs- oder Misserfolgsrezept sein. Konsumenten bewusstseinsverändernder Substanzen könnten sich eher in Straftaten und Unfälle verwickeln, was die gesamte Bevölkerung gefährdete und ihre Sicherheits- und Versicherungskosten erheblich steigerte. Die sicherere und praktikablere Option bestünde darin, dass Schutzorganisationen ihren Mitgliedern den Verzicht auf bestimmte Drogen vorschreiben. Um die Einhaltung solcher Vorschriften zu gewährleisten, könnten Mitglieder regelmäßigen und stichprobenartigen Drogentests unterzogen und im Vorfeld klare Geldbußen und Strafen im Falle von Verstößen festgelegt werden. Drogenkonsumenten würde es so immer noch freistehen, sich von derartigen Vereinbarungen zu lösen und Schutzeinrichtungen zu finden, die ihr Verhalten tolerieren. Diese könnten jedoch sehr viel teurer oder auch nichtexistent sein. An diesem Punkt stünde der Drogenabhängige vor der Wahl, weiter zu konsumieren und praktisch aus der Gesellschaft ausgeschlossen zu werden, oder umzuziehen. Die Welt wird sich wahrscheinlich geografisch in Gebiete aufteilen, in denen die Menschen unterschiedliche Wertvorstellungen haben. Vielleicht wird ein Ort wie Las Vegas mit seinem generationenübergreifenden Ruf für Hedonismus auf Menschen mit einer liberalen Einstellung zu Drogen, Alkohol, Glücksspiel und Prostitution weiterhin wie ein Magnet wirken. Äußerst konservative Orte wie Saudi-Arabien hingegen könnten weiterhin von konservativen Menschen bevölkert werden, die nicht mit sich diesen Lastern hingebenden Menschen zusammenleben wollen. In diesem Fall werden Sicherheitseinrichtungen es Ansässigen sehr schwierig machen, solchen Aktivitäten nachzugehen.

Das vorangegangene Beispiel trifft bewusst keine konkreten Vorhersagen. Es dient lediglich zur Veranschaulichung der enormen Bandbreite an offenstehenden Möglichkeiten, auf friedliche Weise und zur Zufriedenheit aller Beteiligten Verteidigung und Schutz zu etablieren. Alles, was Du Dir von Deiner Regierung wünschst, kann durch Eigentumsrechte und Arbeitsteilung erreicht werden – selbst der Wunsch, von Menschen, die bestimmte Substanzen konsumieren, entfernt zu leben.

Die Akzeptanz von Eigentumsrechten an sich selbst und materiellen Gütern ist der einzig mögliche Rahmen für die Errichtung der in den Kapiteln dieses Buches beschriebenen erweiterten Marktordnung. Nur durch sie kann sich die menschliche Zivilisation auf friedliche und produktive Art und Weise entwickeln. Ein Verständnis der österreichischen Wirtschaftslehre, wie sie in diesem Buch behandelt wird, würde jemanden natürlicherweise einer eher libertären Einstellung zuneigen. In dem Maße, in dem sich jemand um die langfristige Nachhaltigkeit und Produktivität der Marktordnung, auf die er sich verlässt, sorgt, muss er es vorziehen, in einer Welt zu leben, in der so viele Menschen wie möglich uneingeschränkte Eigentumsrechte an ihrer Zeit und ihrem Eigentum haben und zu den von ihnen gewünschten Bedingungen kooperieren können.

Sowohl Kritiker als auch einige Anhänger des Libertarismus hängen einer naiven Vorstellung seiner als einer Ideologie zügelloser Wunschbefriedigung und zahnloser Konsequenzen nach. Für diesen Autor, und ich glaube für die Mehrheit der Österreichischen Ökonomen, ist Libertarismus die Ablehnung von Gewalteinleitung, was niemandem die Verantwortung auferlegt, Dein Verhalten zu akzeptieren oder Dich von seinen unerwünschten Folgen abzuschirmen. In der Tat ist die Freiheit der Libertären gerade die Freiheit dazu, das zu ernten, was man sät, sei es nun bekömmlich oder unbekömmlich. Eine Gesellschaft des Privatrechts würde nicht versuchen, die Menschen vor unerwünschten Konsequenzen zu schützen; sie würde ihnen diese Folgen mit einer Geschwindigkeit und Effizienz auferlegen, die staatlichen Monopolen unmöglich ist. Der Dieb, Vergewaltiger und Mörder würde von seinem Opfer effektiver bestraft als unter einem staatlichen Monopol, ganz so wie der Unternehmer auf dem freien Markt effektiver belohnt wird, wenn er von anderen begehrte Waren produziert. Ein Libertärer lehnt die Legitimität einer Regierung ab, die gegen einen friedlichen Drogenkonsumenten vorgeht, würde aber nicht das Recht des Einzelnen ablehnen, sich zu weigern, in der Nähe eines Drogenkonsumenten zu wohnen, mit ihm zu arbeiten oder demselben Sicherheitsdienst anzugehören wie er.

Folgt aus dieser Analyse, dass eine wirklich freie Gesellschaft staatenlos zu sein hat? Letzten Endes lässt sich kaum vorherzusagen, wie sich diese Institutionen entwickeln könnten. Es wäre durchaus möglich, dass wir auch in einer zunehmend freien Gesellschaft weiterhin ein in seinen Funktionen dem Staat ähnelndes Gebilde haben werden. Es könnte sein, dass die Menschen freiwillig Vereinigungen beitreten, welche die Funktionen des heutigen Staates übernehmen und das ausschließliche Recht haben, Aggressionen gegen ihre freiwilligen Mitglieder zu initiieren. Wie Mises darlegte, ist der Staat so weit mit einer freien Gesellschaft vereinbar, wie er das Recht auf Sezession respektiert. In *The State in the Third Millennium* [z. Dt. Der Staat im dritten Jahrtausend – Anm. d. Übers.] entwickelt S.D. Fürst Hans-Adam von Liechtenstein eine alternative Vorstellung der Rolle des Staates in einer freien Gesellschaft, die in erster Linie auf der Achtung des Selbstbestimmungsrechts und der Sezession beruht.[211] Anstatt den Staat als organisierende Institution ganz abschaffen zu wollen, plädiert Prinz Hans-Adam für das Recht von Gemeinschaften bis hinunter auf die lokale Dorfebene, zu entscheiden, sich politischen Einheiten anzuschließen, sich von ihnen abzuspalten oder eigene zu bilden. Der Staat kann nach diesem Modell unter anderem Verteidigungs- und juristische Dienste bereitstellen, wobei die Begünstigten sich immer das Recht vorbehalten, ihn zu verlassen, ohne dass sie dazu umziehen und sich und ihre Gemeinschaften entwurzeln müssten. Dieses Modell unterwirft die Aufgaben des Staates erneut der Wahlfreiheit der Verbraucher, da einzelne Gemeinschaften aus allen Vereinbarungen, die ihnen nicht gefallen, austreten können. Zugleich gesteht es die Aufgaben der Verteidigung und der Rechtspflege Einrichtungen zu, die diese

211 Hans-Adam. *The State in the Third Millennium*. 1. Aufl., Van Eck, 2009.

seit Jahrhunderten wahrnehmen, und lässt ihnen dabei ihre Gestaltungsfreiheit. Diese Vorstellung von Demokratie dreht sich um das Recht der Menschen, ihre Regierungsform frei zu wählen, statt um das bloße Recht, die Entscheidungen einer unentrinnbaren Monopolregierung per Abstimmung bestenfalls feinzujustieren.

Das in diesem Modell vorgeschlagene Vorgehen ähnelt dem Verbrauchern erfolgreich dienender Marktinstitutionen. Konsumenten können nicht über Unternehmensentscheidungen abstimmen oder Führungskräfte ernennen; sie können sich lediglich für oder gegen den Kauf von Endprodukten entscheiden. Alle Wunder der Marktwirtschaft kamen auf diesem Wege zustande. Das Automobil, das Flugzeug, der PC und das Smartphone wurden nicht durch demokratische Abstimmungsverfahren über jede technische Fragestellung erfunden. Unternehmer entwickelten diese Produkte und stellten sie Verbrauchern vor, die durch ihre Wahl, diese Erfindungen anzunehmen oder abzulehnen, über deren Erfolg oder Misserfolg entschieden. In einer Welt, in der die Marktwirtschaft friedliche Kooperation und Lebensstandards kontinuierlich steigert, könnte dies ein vernünftiger Weg zur Organisation des Justiz- und Verteidigungswesens in immer zivilisierteren Völkern sein. Mit der fortschreitenden Digitalisierung der Wirtschaftstätigkeit und der Mobilität von Arbeitnehmern wird diese Form des Wettbewerbs zwischen Jurisdiktionen bereits heute alltäglicher. Immer mehr Menschen ziehen in Monarchien wie Katar und die Vereinigten Arabischen Emirate, die nur sehr wenige politische Rechte einräumen, dafür aber sehr niedrige Steuersätze aufweisen.

S.D. Prinz Hans Adams Vision des Staates im dritten Jahrtausend könnte eine wachsende Anzahl von Menschen überzeugen, insbesondere in Anbetracht der weltweit erfolgreichsten königlichen Herrscherfamilien. Das japanische Kaiserhaus ist seit 2.600 Jahren an der Macht und trug maßgeblich zur Entwicklung der japanischen Zivilisation bei. Auch europäische, islamische, chinesische und unzählige andere Zivilisationen gediehen und entwickelten sich unter monarchischer Herrschaft. Vielleicht ist die Institution der Monarchie eines dieser spontan entstandenen Phänomene, von denen der moderne Verstand glaubt, sie leicht durch einen bewussten Entwurf ersetzen zu können, wie wir anhand des weitgehend tragischen und blutigen Demokratisierungsexperiments des zwanzigsten Jahrhunderts erleben konnten. Vielleicht ist die an ihrem langfristigen Bestehenbleiben interessierte Herrscherfamilie die erfolgreichste Marktinstitution für die langfristige Bereitstellung von Recht und Verteidigung.

Vielleicht sind Monarchien das natürliche Ergebnis dieses Auswahlprozesses, wenn man sie als Familienunternehmen versteht, die langfristig für Recht und Ordnung in ihren Gesellschaften gesorgt haben. Als Mehrgenerationenunternehmen können Monarchien ihre Zeitpräferenz unter die privater Unternehmen, deren Eigentümer wahrscheinlich eher auf kurzfristige Rentabilität bedacht sind, senken. Der Monarch möchte, dass seine Nachkommen auch in Zukunft über ein wohlhabendes und reiches Land herrschen, und wird daher zur Optimierung langfristiger Ergebnisse regieren. Die Interessen der Bürgerinnen und Bürger als Konsumenten sind eher mit einem regierenden Mehrgenerationen-Familienunternehmen vereinbar als mit einer Demokratie, deren Machthaber mit einem hohen Maß an Ungewissheit konfrontiert sind. Schließlich werden diese Führungspersönlichkeiten alle paar Jahre ausgetauscht, was sie dazu anreizt, ihre Fähigkeit ungeachtet der langfristigen Konsequenzen zur kurzfristigen Abzweigung von Reichtum einzusetzen.[212]

212 Hoppe, Hans-Hermann. *Democracy: The God That Failed.* Transaction Publishers, 2001, S. 1-43.

KAPITEL 18:

Zivilisation

„Die grundlegenden Gegebenheiten, die Kooperation, Gesellschaft und Zivilisation hervorgebracht und Primaten in menschliche Wesen verwandelt haben, sind die Tatsachen, dass Arbeit, die im Rahmen der Arbeitsteilung verrichtet wird, produktiver ist als isolierte Arbeit, und dass die Vernunft des Menschen diese Wahrheit zu erkennen vermag. Ohne diese Gegebenheiten wären die Menschen einander für immer Todfeinde und in ihrem Bestreben, sich einen Teil des knappen natürlichen Vorrats an Lebensmitteln zu sichern, unversöhnliche Rivalen geblieben. Jeder Mensch wäre dazu gezwungen gewesen, alle anderen Menschen als seine Feinde zu betrachten; das Verlangen nach der Befriedigung seiner eigenen Begierden hätte ihn in einen unerbittlichen Konflikt mit all seinen Nachbarn getrieben. Unter diesen Umständen wäre die Entwicklung von so etwas wie Mitgefühl unmöglich."[213]

– Ludwig von Mises

213 Mises, Ludwig von. *Human Action: The Scholar's Edition*. Ludwig von Mises Institute, 1998, S. 144. (englische Passage durch analoge Passage des deutschen Originals ersetzt. – Anm. d. Hrsg.)

Ich versuchte, in diesem Buch einen Überblick über Ökonomik aus der Sicht des menschlichen Handelns zu geben – insbesondere darüber, wie Menschen ihre wirtschaftlichen Bedürfnisse, die sich um die Steigerung der Quantität und subjektiven Qualität ihrer irdischen Zeit drehen, befriedigen. Unsere Vernunft ermöglicht es uns, den Nutzen zu erkennen und einzuschätzen, der uns aus unseren Handlungen erwachsen kann. Mit Hilfe der Vernunft können wir unser Leben auf jene Handlungen ausrichten, die uns beim Erreichen unserer subjektiven Ziele helfen, und uns von jenen abwenden, die dies nicht tun. Eigenschaften, Handlungen und Verhaltensmuster, die dem wirtschaftlichen Fortschritt förderlich sind, werden sich mit der Zeit ausbreiten, da sie den sie Übernehmenden einen Vorteil verschaffen. Soziale Organisationssysteme, die es Fremden erlauben, friedlich, produktiv und freiwillig miteinander zu interagieren, werden ihren Mitgliedern eine erhebliche Wohlstandssteigerung durch Arbeitsteilung ermöglichen. Zivilisation kann als die erweiterte soziale Ordnung verstanden werden, die aus der Nutzung der menschlichen Vernunft, der Senkung unserer Zeitpräferenz und unserer Kooperation im Streben nach einer schrittweisen Verbesserung des Lebens entsteht.

Zivilisation wird auf viele Weisen definiert.[214] Diese Definitionen unterscheiden sich von einer Zivilisation zur anderen und von einer Zeitperiode zur nächsten, doch die wesentliche Realität, die allen Konzepten von Zivilisation zugrunde liegt, ist eine Verbesserung der materiellen Lebensbedingungen. Die Verbesserung der materiellen Lebensbedingungen selbst mag für die Mitglieder einer Zivilisation nicht ihre wichtigste Facette darstellen, doch sie macht alle anderen Facetten erst möglich, indem sie der menschlichen Gesellschaft eine hohe Produktivität und eine hohe Lebenserwartung verschafft. Die Verbesserung der materiellen Lebensbedingungen mögen nicht der Endzweck einer Zivilisation sein, aber sie sind das

214 Howden, David, and Joakim Kämpe. „Time Preference and the Process of Civilization.„ *International Journal of Social Economics*, Bd. 43, Nr. 4, 2016, S. 382-99.

unausweichliche Mittel dorthin. Zivilisation vermehrt dabei nicht einfach Profite, sondern stellt eine unvergleichliche Methode zur Verbesserung unserer Überlebenschancen und unserer Lebensqualität dar. Der Übergang von Barbarei hin zu einer zivilisierten Gesellschaft war kein Unfall oder Zufall, sondern ist das Resultat zwingender wirtschaftlicher Gründe. Indem sich die Menschen eine relativ friedliche Gesellschaftsordnung gaben, konnten sie sich besser vor der Natur und Raubtieren schützen. Von den ersten menschlichen Gesellschaften bis hin zur modernen, hochspezialisierten und technologisch fortgeschrittenen Weltwirtschaft ist es ein langer, verworrener Pfad, auf welchem jeder Schritt im Hinblick auf die wirtschaftliche Zweckmäßigkeit erfolgte.

Alle menschliche Zivilisation ist unausweichlich mit jenen Methoden des Wirtschaftens verbunden, die erfahrungsgemäß den Wert und die Qualität unserer irdischen Zeit erhöhen. Beides erfordert eine **Senkung der Zeitpräferenz**, **Kapitalakkumulation** und **Arbeitsteilung**, die wiederum eine friedliche soziale Zusammenarbeit sowie jenen Einfallsreichtum voraussetzen, welcher die menschliche Vernunft zur Lösung anfallender Probleme zum Einsatz bringt. Dies sind die drei Prozesse, welche die Arbeit des Menschen über die der Tiere erheben und es uns ermöglichen, eine Zivilisation aufzubauen und unsere Umwelt und Umgebung immer umfassender im Griff zu haben.

Der wesentliche Ausgangspunkt aller menschlichen Zivilisation ist die Verringerung der Zeitpräferenz. Dieser Wandel des menschlichen Denkens und Verhaltens versetzt uns in die Lage, uns von den niederen Instinkten, die alle anderen Tiere beherrschen, zu lösen und uns stattdessen der Vernunft zu unterwerfen. Die Senkung der Zeitpräferenz und die Entwicklung der Fähigkeit Bedürfnisse zu einem späteren Zeitpunkt zu stillen sind der Ausgangspunkt allen Sparens, welches seinerseits Kapitalakkumulation und eine Steigerung der Produktivität und des Lebensstandards ermöglicht. Über das Sparen hinaus führt eine niedrigere Zeitpräferenz dazu, dass die Menschen sich eher zivilisiert verhalten. Sie denken eher über die Folgen ihres Handelns nach und sind sich somit der Verhaltensweisen bewusster, die einer zunehmenden Arbeitsteilung förderlich sind, mit der sie sich ein weiteres enorm wirkungsvolles Mittel zum Ausbau des menschlichen Wohlergehens sichern. Ohne Arbeitsteilung ist der Mensch auf sich allein gestellt und der Natur hilflos ausgeliefert. Arbeitsteilung steigert seine Produktivität und lässt ihn am Prozess gesellschaftlicher Zivilisation teilhaben. Dazu muss er jedoch zunächst zur Arbeitsteilung – dem wirtschaftlichen Phänomen, das die Menschen einer Zivilisation miteinander verbindet und sie voneinander abhängig macht – fähig sein. Steigt die Anzahl an Menschen, mit denen man innerhalb der Arbeitsteilung zu tun hat, steigt auch die Dringlichkeit sozialer Institutionen und Normen für einen klaren und verlässlichen Umgang von Fremden miteinander: Bei ihnen handelt es sich um die zivilisierten Sitten und Gebräuche. Menschliche Institutionen, Kultur, Moral und Traditionen drehen sich darum, menschliches Verhalten einer erweiterten sozialen Ordnung förderlich zu gestalten. Der wichtigste Grundsatz sozialer Zusammenarbeit ist die Achtung des Eigentums. Ein Großteil der Gesellschaftsordnung entsteht aus der Notwendigkeit heraus, den Menschen das Ideal einzuprägen, dass eine zivilisierte Gesellschaft nur auf der Grundlage einer Achtung des Eigentums und der Übernahme zivilisierter Umgangsformen möglich ist.

Die Gesellschaft wird durch jene Phänomene definiert, die zu einer Verringerung der Zeitpräferenz führen, da diese es ihr ermöglichen, sowohl im Hinblick auf die Kapitalakkumulation als auch auf die friedliche Zusammenarbeit ihrer Mitglieder zu wachsen. Eine zivilisierte Gesellschaft existiert in dem Maße, in welchem die Menschen ihre Zeitpräferenz senken, sparen, sich friedlich an der Arbeitsteilung beteiligen und ihren Verstand gebrauchen. Je mehr die Arbeitsteilung wächst, desto zivilisierter müssen wir werden, da wir mit einer wachsenden Anzahl von Menschen interagieren. Zivilisation entsteht als Ausdruck sinkender Zeitpräferenz. Je geringer unsere Zeitpräferenz, desto zivilisierter werden wir.

Eine soziale Einrichtung kann nur dann überdauern und gedeihen, wenn sie der menschlichen Zivilisation förderlich ist. Soziale Institutionen erreichen dies, indem sie ihren Mitgliedern zivilisatorische Vorteile wie eine Senkung der Zeitpräferenz, eine höhere Arbeitsteilungsbefähigung und gesteigerte Produktivität bieten. Die Familie ist eine wesentliche Institution gesellschaftlicher Entwicklung. Sie ermöglicht es uns, das, was auf unser eigenes Leben folgt, weniger stark zu vernachlässigen. Wir machen uns Sorgen um einen uns überlebenden Teil unserer selbst: darum, was mit unseren Kindern geschehen wird, wenn wir sterben, wodurch unsere Zeitpräferenz sinkt. Indem wir uns um unsere Nachkommen kümmern und uns mit ihnen identifizieren, verlängern wir die Zeitspanne, innerhalb derer die Folgen unseres Handelns für uns von Bedeutung sind. Ohne den mit Blick auf künftige Generationen geleisteten Verzicht vieler vorangegangener Generationen auf den Genuss der Gegenwart verfügte die heutige Welt über viel weniger Kapital und wäre viel primitiver. Die Sorge um kommende Generationen ist für die Aufrechterhaltung einer zivilisierten Gesellschaft unerlässlich, und Kinder zu haben ein sehr wirksames Mittel der Zeitpräferenzreduktion.

Der Wunsch der Menschen, ihren Kindern ein besseres Leben zu ermöglichen, ist möglicherweise die Hauptmotivation ihrer Teilnahme an der menschlichen Gesellschaft und Zivilisation. Ohne die Sorge um unsere Kinder und die Nachwelt verlieren die nach unserem Tod eintretenden Folgen unserer Handlungen an Bedeutung. Unter allen Tieren ist nur der Mensch dank seiner Vernunft zu einer so starken Bindung an seine Nachkommenschaft fähig. Indem wir produktiv sind, Arbeit teilen, Kapital anhäufen und unsere Abwertung der Zukunft verringern, erhöhen wir die Chancen unserer

Kinder auf ein besseres Leben. Ein Großteil dessen, was uns zu Menschen gemacht hat, und ein Großteil der überlieferten menschlichen Erfahrung dreht sich darum, unseren Nachkommen ein besseres Leben zu ermöglichen. Dies ist eine starke zivilisatorische Triebkraft und eine gute Orientierung individueller Existenzen, da es die Menschen auf ein kooperatives und vernünftiges Verhalten niedriger Zeitpräferenz ausrichtet, das, wenn es über Generationen hinweg praktiziert wird, zu einem unschätzbaren Erbe anwächst, in das alle Menschen hineingeboren werden: Zivilisation. Die Sprachen, Religionen, Traditionen, Technologien, Ideen, physische Infrastruktur und prächtigen Gebäude der Welt sind das Erbe von Vorfahren, die ihre Zeitpräferenz verringerten, ihre Arbeit untereinander aufteilten und kooperierten, um eine Zivilisation aufzubauen. Mehr noch als die menschliche Intelligenz ist es unsere Fähigkeit zur Zusammenarbeit, zum Aufbau einer Zivilisation und zur Anhäufung sowohl materiellen als auch ideellen Kapitals, die es uns ermöglicht, die Natur zu beherrschen, sicher zu leben und wilde menschliche oder unmenschliche Tiere zu unterwerfen.

Zivilisation kann als der effektivste Weg verstanden werden, den Wert unseres Lebens auf der Erde nachhaltig auszuweiten und zu erhöhen. Sie wird generationenübergreifend praktiziert. Sie ist ein langfristiger Prozess, der so lange andauert wie die Menschheit selbst, und in welchem versucht wird, Wissen und Kapital anzuhäufen und Lebensstandards zu verbessern. Jeder zivilisierte Mensch verbringt sein Leben damit, sich in der Hoffnung auf die Verbesserung des eigenen Lebens oder das seiner Kinder abzumühen. Zivilisatorischer Fortschritt lässt sich als das Äquivalent langfristiger und nachhaltiger wirtschaftlicher Entwicklung auffassen – nicht nur, weil er zu einem höheren Lebensstandard führt, sondern auch, weil er nur durch zunehmend friedliche Interaktion zwischen einer wachsenden Anzahl von Menschen, sowie durch eine sinkende Zeitpräferenz und kontinuierliche Innovation erreicht werden kann. Zivilisation als Prozess ist das, was passiert, wenn aufeinanderfolgende Generationen ein besseres Leben führen als ihre Vorgänger. Entzivilisierung ist, was passiert, wenn aufeinanderfolgende Generationen schlechter als ihre Vorfahren leben.

Der Preis der Zivilisation

Die Früchte der Zivilisation sind verlockend, und praktisch alle, die sie kosten, werden lebenslang süchtig. Nur sehr wenige Menschen verließen die menschliche Zivilisation, um allein in der Natur zu leben, und für diejenigen, die es tun, ist diese Erfahrung in der Regel weder lang noch angenehm. Aber die Früchte der Zivilisation lassen sich nicht nach Belieben und aus dem Nichts herbeizaubern. Sie erfordern beträchtliche Opfer in Form aufgeschobener Bedürfnisbefriedigung oder, allgemeiner ausgedrückt, einer Zügelung der menschlichen Instinkte und ihrer Unterwerfung unter die Herrschaft der Vernunft. Mit seinem Verstand kann der Mensch die erwarteten Vorteile verschiedener Handlungsoptionen kalkulieren und sich selbst dann für die für ihn (auf lange Sicht – Anm. d. Übers.) vorteilhaftesten entscheiden, wenn sie mit unmittelbar nachteiligen Folgen verbunden sind. Mises drückte dies folgendermaßen aus:

> „Das vernünftige Verhalten, das Handeln, besteht aber gerade darin, dass man die Triebe, die nach Befriedigung verlangen, nach der Wichtigkeit unterscheidet und dass man, da nicht alle Triebe voll befriedigt werden können und Widerstreit zwischen der Befriedigung der verschiedenen Triebe waltet, auf Minderwichtiges verzichtet, wenn es Wichtigeren im Wege steht. Um die gesellschaftliche Kooperation auszubauen, muss der Mensch auf die Befriedigung der Triebe verzichten, deren Befriedigung der Bildung und Fortbildung der gesellschaftlichen Arbeitsvereinigung

> hinderlich wäre. Dass dieser Verzicht schmerzhaft ist, und dass er Opfer auferlegt, ist nicht zu bezweifeln. Doch, vor die Entscheidung gestellt, zwischen der Befriedigung dieser, mit dem gesellschaftlichen Zusammenleben unvereinbaren Triebe und der Befriedigung aller jener Triebe zu wählen, die nur in der Gesellschaft oder doch besser in der Gesellschaft als in Vereinzelung befriedigt werden können, hat der Mensch zu Gunsten der Gesellschaft und der Kultur gewählt."[215]

Dieses großartige Gefüge wirtschaftlicher Kooperation, das sich über Tausende von Jahren erstreckt und die Arbeit vieler Milliarden Menschen umfasst, ruht auf einem einzigen Fundament: dem Selbsteigentum. Wer die Idee des Selbsteigentums akzeptiert, kann friedlich und zum wechselseitigen Vorteil mit anderen interagieren und sich durch diese Interaktion Güter verschaffen, die einem keine Aggression gewönne. Die unglaublichen Errungenschaften der modernen Zivilisation waren nur möglich, weil produktive, freie Menschen weltweit ihre Arbeit durch freien Austausch koordinierten. Kein gewaltsamer Herrscher könnte jemals verwirklichen, was der Kapitalismus der freien Marktwirtschaft in der Neuzeit schuf. Kein Sklavenhalter könnte seine Sklaven jemals zur Produktion jener Wunderwerke zwingen, die von freien und sich freiwillig zur Arbeit entschließenden Menschen errichtet wurden. Selbst nach Jahrzehnten gewaltsamer Repression und der Ermordung von Millionen von Menschen produzierte die sowjetische Industrie kaum mehr als Potemkinsche Dörfer und war auf den Handel mit der kapitalistischen Welt angewiesen, um überhaupt überdauern zu können. Ihr Problem war, wie in Kapitel 12 dargelegt, nicht dieser oder jener Irrtum oder ein Mangel an Anreizen, sondern das Fehlen eines Produktionsmittelmarktes. Ohne allgemeines Eigentum an den Produktionsmitteln und die Entwicklung eines

---

215 von Mises, Ludwig. *Nationalökonomie: Theorie des Handelns und Wirtschaftens*. Genf, 1940, S. 143. (englische Passage durch analoge Passage des deutschen Originals ersetzt. – Anm. d. Hrsg.)

Marktes für Kapitalgüter besteht keine rationale Möglichkeit, Kapital produktivstmöglich einzusetzen. Der Output einer modernen Gesellschaft kann nicht von einem einzigen kontrollierenden Geist hervorgebracht werden – er erfordert, dass Milliarden von Menschen weltweit *freiwillig* auf einem freien Markt arbeiten und anhand von Preisen die Kosten und Vorteile alternativer Möglichkeiten berechnen, um zu entscheiden, welche die produktivste und profitabelste ist. Keine Zwangsbehörde könnte dies nachahmen. Der Einzelne muss frei sein, die Früchte seiner Arbeit zu besitzen und die Konsequenzen seiner Fehler zu tragen. Nur so kann er den Produktivitäts- und Lebensstandard erreichen, der durch das Leben in einer zivilisierten Gesellschaft greifbar wird. Ohne die Akzeptanz des Konzepts des Selbsteigentums würde jede Gesellschaft in gewaltsame interne, Produktivität und Leben vernichtende Konflikte verfallen. Gewalt verwüstet; ihre Früchte sind mit denen einer produktiven Kooperation im Rahmen der Arbeitsteilung in keiner Weise vergleichbar.

Um an einer Zivilisation teilzuhaben, müssen die Menschen vielen instinktiven Verhaltensweisen entsagen. Die grundlegendste Voraussetzung aller Zivilisation ist die Achtung der Eigentumsrechte. Damit die Menschen bereit sind, in einer erweiterten Gesellschaftsordnung zusammenzuarbeiten, müssen sie akzeptieren, dass andere Menschen Eigentum an ihrem eigenen Körper und ihren Besitztümern haben. Ohne eine allgemeine Ablehnung von Aggressionen gegen Fremde hat die Teilnahme an einer zivilisierten Gesellschaft wenig Sinn. Es wäre vergebens, den Baum zivilisierten Verhaltens zu pflanzen, könnten seine Früchte jederzeit von jedem gepflückt werden. Das Verbot von Mord, Körperverletzung und Diebstahl bildet die Grundlage aller menschlichen Gesellschaften und ein fundamentales Prinzip religiöser und politischer Institutionen.

Generell lassen sich zivilisierte Gesellschaften charakterisierende Sitten, Traditionen und moralische Normen am besten als jene Verhaltensmuster verstehen, die dazu beitragen, die Vorteile des wirtschaftlichen Handels und Zusammenlebens in Bevölkerungszentren zu genießen. Ehrlichkeit, Gewissenhaftigkeit und Vertrauenswürdigkeit machen die Abwicklung wechselseitig vorteilhafter Geschäfte unter Fremden wahrscheinlicher. Sexuelle Selbstbeherrschung ermöglicht die Gründung und den Fortbestand von Familien, was zu einem Rückgang der Zeitpräferenz und dem Zivilisationsprozess führt.[216] Sittenlosigkeit, die sich in einer Geringschätzung der Zukunft, der Verletzung des Eigentums und des Körpers anderer, in Täuschung, Unzuverlässigkeit, Gewissenlosigkeit und sexueller Freizügigkeit äußert, macht Konflikte wahrscheinlicher und erschwert langfristig stabile zivilisierte Institutionen wie die Ehe, Städte und Unternehmen.

Zivilisiertes Verhalten dreht sich um Befriedigung auf lange Sicht und den Verzicht auf jene unmittelbare, die wir erhielten, ließen wir unseren Instinkten freien Lauf. Wenn wir impulsiv auf Basis tierischer Instinkte reagieren, gefährden wir unsere langfristigen Ziele, während ein vernunftbegabter Aufschub der Befriedigung ihre Verwirklichung begünstigt. Der unzivilisierte Barbar, das undisziplinierte Kind in uns allen, würde am liebsten jeden Störenfried augenblicklich gewaltsam angehen, sich alles von ihm Begehrte ohne Rücksicht darauf, wem es gehört, nehmen, lügen, um seinen Willen durchzusetzen, und nach Lust und Laune sexuelle Intimität erzwingen. Und viele unzivilisierte und undisziplinierte Menschen lassen sich tatsächlich zu derartigem Verhalten hinreißen. Es bedarf jahrelanger Bildung, Erziehung und Reifung, bis der Mensch lernt, diese niederen Instinkte zu kontrollieren und sich stattdessen in Erwartung künftiger Gewinne der Vernunft unterzuordnen. Das ist nicht einfach, aber Zivilisation kann nur existieren, wenn die menschliche Vernunft uns zur Einhegung unserer Instinkte geleitet und zur Kooperation hin bewegt.

216 Siehe Unwin, Joseph Daniel. *Sex and Culture*. Oxford University Press, 1934.

Zivilisatorische Segen

Sollten die Menschen sich die Mühe einer Beteiligung an der Zivilisation machen? Warum sollte der Mensch seiner angeborenen instinktiven Natur, Fremde zu bekämpfen und ihr Eigentum an sich zu reißen, entsagen? Sind die materiellen Annehmlichkeiten des Wirtschaftswachstums es wert, das gesamte Spektrum unserer Menschlichkeit, mit all ihren Höhen und Tiefen, aufzugeben? Mises gibt eine erste Antwort auf diese Frage:

> „Die entwicklungsgeschichtliche Betrachtung hat keinen anderen Maßstab zur Beurteilung von Veränderungen, die mit Lebewesen vorgegangen sind, als den, ob die Veränderung die Anpassung an die naturgegebenen Bedingungen ihres Daseins und damit die Erfolgsaussicht im Kampfe ums Dasein fordert. Dass die Kultur dem Menschen diesen Dienst geleistet hat, dass sie es ihm ermöglicht hat, sich im Kampfe gegen die anderen Lebewesen – gegen die grossen Raubtiere und gegen die ihm noch verderblicheren Mikroben – zu behaupten und seinen Nahrungsmittelspielraum zu erweitern, dass sie die Vermehrung der Spezies Mensch gefordert hat, dass sie die Menschen im Durchschnitt grösser, gewandter und widerstandsfähiger gemacht hat, dass sie ihre durchschnittliche Lebensdauer verlängert hat, kann nicht bestritten werden.“[217]

Dies fasst das utilitaristische und konsequentialistische Argument für Zivilisation zusammen. Zivilisation bietet uns materiellen Komfort und lange Leben. Das mag für die meisten eine überzeugende Begründung abgeben, ist in dieser Sache aber nicht unbedingt das letzte Wort. Man könnte argumentieren, dass ein kürzeres und brutaleres Leben, das uns erlaubt, unsere animalischen Instinkte voll auszuleben, dem Instinktkerker zivilisierten Verhaltens vorzuziehen

217 von Mises, Ludwig. *Nationalökonomie: Theorie des Handelns und Wirtschaftens.* Genf, 1940, S. 141f. (englische Passage durch analoge Passage des deutschen Originals ersetzt. – Anm. d. Hrsg.)

wäre. Aus der Tatsache, dass das zivilisierte Leben wahrscheinlich länger und einfacher ist, folgt nicht seine Überlegenheit. Letztendlich ist Wert subjektiv, weshalb es keine objektiv-mathematische Grundlage für die Behauptung geben kann, dass alle Menschen die Zivilisation zwangsläufig dem Barbarentum vorziehen.

Ein anderes pro-zivilisatorisches Argument lässt sich aus dem Konzept des Naturrechts ableiten. Die Menschen werden mit unveräußerlichen Rechten geboren und haben kein Recht zur Verletzung der Rechte anderer. Zivilisation ist schlichtweg die Ordnung, die aus einer Gesellschaft hervorgeht, in der die Menschen ihre Vernunft dazu einsetzen, diese natürlichen Rechte auszumachen und sich dann darauf einigen, sie zu respektieren. Dieses Argument überzeugt vor allem all jene Menschen, die bereits zivilisatorischen Institutionen – insbesondere Religionen – angehören, durch welche ihnen eine positive Sichtweise ihrer Zivilisation vermittelt wurde. Es überzeugt jedoch nicht jeden, und die meisten Menschen, religiöse eingeschlossen, sind nicht in der Lage, die natürlichen Rechte anderer konsequent zu respektieren. Sobald es ihnen passt, finden sie etliche Rechtfertigungen für die Einleitung von Aggressionen.

Doch statt sich auf die Berechnung der Nützlichkeit oder Religion berufen zu müssen, kann auf der Grundlage der in diesem Buch dargelegten ökonomischen Methodik eine Lanze für die menschliche Zivilisation gebrochen werden, indem wir die Natur des menschlichen Handelns untersuchen sowie die Ableitung der sich daraus ergebenden Folgen und dessen, was es uns über das Wesen Mensch mitteilt. Der intellektuelle Geist formuliert ausgefeilte Begründungen und wird meist nur zu Unterhaltungs- und Vereinfachungszwecken zum Einsatz gebracht. Die menschliche Vernunft unterliegt jedoch durch die ihr in der realen Welt entgegentretenden Folgen einem konkreten Lenkungs- und Steuerungsprozess.

Obwohl der größte Teil der Erdoberfläche unzivilisierte Wildnis ist, wählt die große Mehrheit der Menschen ein Leben innerhalb der Zivilisation. Nur sehr wenige Menschen beschließen, sie wirklich hinter sich zu lassen und die Produkte der Arbeitsteilung aufzugeben. Sich auf einen Bauernhof zurückzuziehen, kann nicht als Verzicht auf die Zivilisation gelten, solange die dort verwendete Ausrüstung das Produkt der Kapitalakkumulation darstellt. Nur sehr wenige Völker der Erde bleiben vollkommen isoliert und weigern sich, mit Außenstehenden in Kontakt zu treten. Und selbst diese wenigen Stämme haben ihre eigene abgeschottete Zivilisation, eine Speere und Häuser umfassende Kapitalakkumulation, wie primitiv sie auch sein mag, und eine Arbeitsteilung, mag diese sich auf einer noch so embryonalen Entwicklungsstufe befinden.[218]

Christopher Knight, der sogenannte Eremit von North Pond, war einer der wenigen die Zivilisation Zurücklassenden. Er verabschiedete sich von seinem gesellschaftlichen Leben und hauste mehr als 25 Jahre lang allein in den Wäldern Maines. Und doch blieb er von der Zivilisation abhängig, da er regelmäßig stahl, was er zum Überleben brauchte. Er hatte sie nicht verlassen, da er noch immer ihre Produkte entwenden musste; er hatte schlicht aufgehört, zu ihr beizutragen, was ihn zum Verbrecher machte.

Die Mehrheit der Menschen hat wahrscheinlich wenig Verständnis von den Konzepten des Kapitalismus und des Selbsteigentums, und im passenden Kontext werden einige es als durchaus akzeptabel empfinden, andere anzugreifen und ihr Recht auf Eigentum und Selbsteigentum zu verletzen. Und doch überleben der Kapitalismus und die menschliche Zivilisation weiterhin. Dieser Umstand verdankt sich nicht dem intellektuellen Verständnis des Durchschnittsmenschen, sondern dessen eigennütziger Vernunft. Die Nutznießer der Zivilisation mögen behaupten, andere nicht zu brauchen oder mit der Einleitung von Aggressionen einverstanden zu sein, verbringen aber den überwiegenden Großteil ihres Lebens im Einvernehmen mit anderen. Sie verlassen sich auf moderne technische

218 Worrall, Simon. „Why the North Pond Hermit Hid From People For 27 Years.„ *National Geographic*, 9. Apr. 2017.

Hilfsmittel, die nur durch eine ausdifferenzierte Arbeitsteilung möglich werden. Selbst Kriminelle und Regierungsanhänger, die ihre eigene Aggression rechtfertigen, sind für ihr Überleben auf die Produkte der Arbeitsteilung, des friedlichen Austauschs und des globalen Kapitalismus angewiesen. Die Waffen der Welt werden nicht von den kriegerischsten und feindseligsten Menschen hergestellt, sondern von Kapitalisten mit niedriger Zeitpräferenz, die ihren Reichtum jahrzehntelang in eine umfangreiche Kapitalinfrastruktur, originelle, durch Gehälter angereizte Ingenieure und in Lieferketten investieren, welche die Arbeit von Millionen Menschen auf der ganzen Welt involvieren. Im Kampf gegen die Zivilisation von der Heuchelei entkleidet, ihre Früchte zu nutzen, ist der stärkste und kämpferischste Barbar – wie jedes andere aggressive Tier – chancenlos im Angesicht beliebiger Erwachsener oder Kinder, die in der Lage sind, den Abzug einer von der kapitalistischen Zivilisation produzierten Waffe zu betätigen.

Moderne Intellektuelle und Autoren mögen sich in weitschweifigen Abhandlungen über die Probleme der Zivilisation und der menschlichen Gesellschaft ergehen, tun dies jedoch in den vier Wänden zivilisierter Büros und den Klassenzimmern zivilisierter Gesellschaften, oder in Büchern, die im Rahmen einer globalen Arbeitsteilung gedruckt und durch die Zusammenarbeit unzähliger Unternehmen und Arbeiter an Leser auf der ganzen Welt weitergegeben werden. Niemand wird jemals gezwungen, in der Zivilisation zu verbleiben; und doch sind all die sich über sie beklagenden Menschen nicht in der Lage, sich von ihr zu trennen.

Das vielleicht entscheidendste Argument für Zivilisation und Eigentumsrechte ist jedoch ein anderes, das aber ebenfalls aus einer Analyse menschlichen Handelns – genauer gesagt, dem Akt des Argumentierens selbst – folgt.[219] Der nach einem Argument für die Zivilisation suchende Mensch ist ein handelnder Mensch, der mit

219 Hoppe, Hans-Hermann. *The Economics and Ethics of Private Property: Studies in Political Economy and Philosophy.* Kluwer Academic 1993, S. 339-45. (eig. Übers. – Anm. d. Hrsg.)

anderen ins Gespräch kommen will. Die bloße Tatsache jedoch, dass man sich auf eine Diskussion einlässt und die Meinung eines anderen einholt, ist eine Anerkennung seines souveränen Rechts auf seinen Körper und sein Eigentum. Wenn Du, lieber Leser, es in Deinem Leben geschafft hast, dieses Buch in die Hand zu nehmen – ein Buch, das von zahllosen Menschen weltweit in ausdifferenzierter Arbeitsteilung unter Einsatz hochentwickelter Kapitalgüter geschrieben, produziert, gedruckt und vertrieben wurde –, dann nimmst Du an einer kapitalistischen Wirtschaftsordnung teil, zu der Du beiträgst und von der Du profitierst. Der bloße Umstand, dass Du derartige Themen erörtern willst, ist bereits eine Absage an die barbarische Unterwerfung unter Deine niederen Instinkte und ein Ausdruck rationalen Verhaltens. Du handelst nicht nur aus dem animalischen Grundtrieb heraus, Feinde zu attackieren und Dir zu nehmen, was ihnen gehört, sondern suchst nach einer rationalen Grundlage für eine Teilnahme an unserer Zivilisation. Du hast eine Vorstellung von Recht und Unrecht und akzeptierst daher, dass Du der Welt nicht einfach Deinen Willen aufzwingen kannst. Du erkennst an, dass andere Menschen ein Recht auf ihre Meinung und ihre Gedanken haben, und suchst nach Argumenten, die Du mit ihnen abwägen kannst, um deine Verhaltensmuster entsprechend anzupassen.

> „Zum einen könnte niemand etwas vorschlagen und niemand mit Argumenten von einer Aussage überzeugt werden, wenn das Recht des Menschen auf die ausschließliche Nutzung seines physischen Körpers nicht bereits vorausgesetzt wäre. Diese gegenseitige Anerkennung der ausschließlichen Verfügungsgewalt über den eigenen Körper erklärt die Besonderheit des propositionalen Austauschs: dass man zwar über das Gesagte geteilter Meinung, sich dabei aber zumindest über die Tatsache einig sein kann, nicht einer Meinung zu sein. Es liegt auch auf der Hand, dass ein solches

> Eigentumsrecht am eigenen Körper als *a priori* gerechtfertigt gelten muss, da jeder, der irgendeine Norm zu rechtfertigen versucht, bereits das ausschließliche Recht auf die Kontrolle über den eigenen Körper als gültige Norm voraussetzt, um überhaupt sagen zu können: ‚Ich schlage dies und jenes vor.' Jeder, der ein solches Recht bestreitet, würde sich in einen praktischen Widerspruch verstricken, da eine solche Argumentation bereits die Akzeptanz genau der Norm implizierte, die er bestreitet."[220]

Tatsächlich war es beim Schreiben dieses Buches sehr schwierig, die rein deskriptive ökonomische Analyse von normativen Argumenten für freie Märkte, individuelle Souveränität und das Nichtaggressionsprinzip als Grundlage des zivilisierten Lebens zu separieren. Wirtschaftliche Argumente für individuelle Freiheit sind praktisch untrennbar mit solchen für die Zivilisation verbunden. Die bloße Tatsache, ein Buch zu schreiben, impliziert bereits die Akzeptanz des Rechts anderer, über ihre eigenen Gedanken zu bestimmen.

Eine logische Folge der Hoppeschen Argumentationsethik besteht darin, dass jeder Einwand gegen Arbeitsteilung und Eigentumsrechte nur dann berücksichtigt werden kann, wenn er ohne Rückgriff auf eine der Früchte beider geäußert wird. Jedes Argument gegen Eigentumsrechte, das man in einem Buch veröffentlicht oder im Fernsehen oder Internet äußert, stützt sich auf eine sehr elaborierte zivilisatorische Struktur, die nur durch Eigentumsrechte und Arbeitsteilung möglich ist. Daher kann man mit Fug und Recht behaupten, dass alle Argumente gegen Eigentumsrechte und Zivilisation ungültig sind, sofern ihnen durch mehr als lautes Grunzen Ausdruck verliehen wird. Das „Argument" aggressiven Grunzens ist zivilisierten Menschen nichts Neues. Laut grunzende Tiere sind ein ursprüngliches Merkmal der Natur, das die menschliche

220 Ebd. S. 342.

Zivilisation seit ihren Anfängen belästigt, aber auch dazu zwingt, sich anzupassen und weiterzuentwickeln. Diese Wilden mögen Schäden anrichten und materielle sowie menschliche Verluste verursachen, sind jedoch den intelligenten Menschen, die sich durch Selbstbeherrschung und Zusammenarbeit im Rahmen der zivilisierten Arbeitsteilung gegen sie rüsten, nicht gewachsen. Gewalttätige Tiere, ob menschlich oder nicht, werden wahrscheinlich weiterhin Aggressionen gegen zivilisierte Menschen verüben – und weiterhin von der Zivilisation in die Flucht geschlagen werden. Gewalttätige Tiere können die Waffen nicht schlagen, die einem Mitglied jener Zivilisation zur Verfügung stehen, in welcher sie durch die Zusammenarbeit extrem großer Netzwerke hochproduktiver Arbeiter und akkumulierten Kapitals hergestellt wurden.

Eine Kritik am Konzept des Selbsteigentums und der kapitalistischen Arbeitsteilung und Zivilisation hat nichts Rationales. Sie ist eine verklärte Rückkehr zu sich gegenseitig mit Kot bewerfenden Affen – nicht mehr als der Rückfall in ein nichtmenschliches Tierdasein. Das Problem mit einer Feindschaft dem Kapitalismus gegenüber besteht darin, dass man nichts gegen ihn unternehmen kann, was ein Schleudern der eigenen Fäkalien an Komplexität überstiege, ohne selbst zum Kapitalisten zu werden. Jede Waffe, die komplexer als die eigenen Ausscheidungen ist, erfordert Bedürfnisbefriedigungsaufschub und Kapitalakkumulation. Jede Waffe, die über das hinausgeht, was man mit bloßen Händen herstellen kann, erfordert die Eingliederung in die globale Arbeitsteilung. Die Gegner des Kapitalismus zerstören ihre eigene Fähigkeit zu produzieren, sich zu spezialisieren und zu innovieren, wodurch sie sich und ihren Einfluss schwächen. Die kapitalistische Zivilisation heimst Sieg um Sieg ein, weil ihre Gegner sie entweder machtlos mit ihren Ausscheidungen bewerfen oder sich auf sie einlassen, um sie zu bekämpfen, wodurch sie sie letztendlich unterstützen und vorantreiben.

Fiat-Sklaverei als Alternative zur Zivilisation

Die überlieferte Menschheitsgeschichte ist mit vielen Perioden des zivilisatorischen Aufstiegs und Niedergangs durchsetzt. Ihren allgemeinen Trend jedoch muss man wohl als einen Fortschritt der Zivilisation bezeichnen. Dies zeigt sich in einer langfristigen Zunahme der Arbeitsproduktivität, im Anstieg des Energieverbrauchs über die Jahrhunderte hinweg, und in dessen sinkenden Kosten. Er zeigt sich auch im technologischen Fortschritt der den Menschen zur Verfügung stehenden Investitionsgüter. Und er offenbart sich im langfristigen Trend sinkender Zinssätze. Die Zeitpräferenz ist der die Zinssätze bestimmende Faktor, und da die Zinssätze, wie in Kapitel 13 erörtert wurde, langfristig sinken, können wir auf einen Rückgang der Zeitpräferenz schließen. Dieser zivilisatorische Prozess war jedoch kein einfacher, linearer Fortschritt. Naturkatastrophen, Kriege und gesellschaftliche Zusammenbrüche führten mitunter dazu, dass die Lebensstandards über lange Zeiträume hinweg sanken. Die globale Marktordnung des Römischen Reiches ermöglichte ein hohes Maß an Spezialisierung und Produktivität. Sein Zusammenbruch kehrte all dies um, und die Bevölkerung der antiken Welt zersplitterte für Jahrhunderte in kleinere Märkte geringerer Produktivität. Was die jüngste Zeit angeht, so könnte man eine Umkehrung des Zivilisationsprozesses und eine Zunahme der globalen Zeitpräferenz im 20. Jahrhundert konstatieren. Hoppe erklärt:

> „Tatsächlich kennzeichnet eine Tendenz zu sinkenden Zinssätzen die langfristige Entwicklungsrichtung der Menschheit. Zu Beginn der griechischen Finanzgeschichte im sechsten Jahrhundert v. Chr. lagen die Mindestzinssätze für ‚normale, sichere Kredite' bei etwa 16 Prozent und fielen im Laufe der hellenistischen Periode auf 6 Prozent. In Rom fielen die Mindestzinssätze von mehr als 8 Prozent zu Beginn der Republik auf 4 Prozent im ersten Jahrhundert

des Kaiserreichs. Im Europa des dreizehnten Jahrhunderts lagen die niedrigsten Zinssätze ‚sicherer' Kredite bei 8 %. Im vierzehnten Jahrhundert sanken sie auf etwa 5 Prozent. Im fünfzehnten Jahrhundert fielen sie auf 4 Prozent. Im siebzehnten Jahrhundert gingen sie auf 3 Prozent zurück. Ende des neunzehnten Jahrhunderts waren die Mindestzinssätze auf unter 2,5 Prozent gesunken.[221] Nach 1815 sanken die Mindestzinssätze in ganz Europa und der westlichen Welt kontinuierlich und erreichten um die Jahrhundertwende einen historischen Tiefstand von durchschnittlich deutlich unter 3 Prozent. Mit dem Beginn des demokratisch-republikanischen Zeitalters kam diese frühere Tendenz zum Stillstand und kehrte sich scheinbar um, was Europa und die USA des 20. Jahrhunderts als verfallende Zivilisationen offenbart. Ein Blick auf die niedrigsten Zehnjahres-Durchschnittszinssätze Großbritanniens, Frankreichs, der Niederlande, Belgiens, Deutschlands, Schwedens, der Schweiz und der USA zeigt beispielsweise, dass sie in Europa nach dem 1. Weltkrieg niemals wieder auf oder unter die Zinssätze der zweiten Hälfte des neunzehnten Jahrhunderts fielen. Nur in den USA fielen die Zinssätze in den 1950er Jahren unter das Niveau des späten neunzehnten Jahrhunderts. Dies war jedoch nur ein kurzlebiges Phänomen, und selbst während seines Andauerns waren die Zinssätze in den USA nicht niedriger als die im Großbritannien der zweiten Hälfte des neunzehnten Jahrhunderts. Stattdessen lagen die Zinssätze im zwanzigsten Jahrhundert überall auf einem deutlich höheren Niveau als noch im neunzehnten Jahrhundert, und wiesen noch dazu steigende Tendenzen auf."[222]

Der Erste Weltkrieg war ein Schlüsselmoment der Menschheitsgeschichte und kann als der Punkt betrachtet werden, an welchem der zivilisatorische Fortschritt der Menschheit ins Stocken geriet

221 Hoppe, Hans-Hermann. *Democracy: The God That Failed.* Transaction Publishers, 2001, S. 63.
222 Ebd. S. 64.

und sich umdrehte. Die massenhaften Tode und Zerstörungen des zwanzigsten Jahrhunderts waren in der ganzen Geschichte beispiellos und wurden durch die Zerstörung des auf dem freien Markt entstandenen Geldes, das nun durch monetisierte Staatsschulden ersetzt wurde, begünstigt. Dieses neue monetäre Paradigma ist im Wesentlichen ein Belohnungssystem für Entitäten, deren Daseinsberechtigung in der Einleitung von Gewalt besteht.[223] Die Zerstörung des Geldes hat nicht nur zu einer Zunahme der Gewalt geführt, sondern die globale monetäre Marktordnung und unsere Zivilisation selbst langsam verrotten lassen, indem sie jede den Menschen verfügbare Methode des Wirtschaftens kompromittiert, wie in den Kapiteln dieses Buches ausführlich dargelegt wird. Der Rest dieses Abschnitts wendet die Analyse meines zweiten Buches, *Der Fiat-Standard*, auf die in diesem Buch erörterten Methoden des Wirtschaftens sowie die erweiterte Marktordnung an.

Indem es die Fähigkeit des Einzelnen, für die Zukunft zu sparen, zerstört, erodiert Fiatgeld den Anreiz, Bedürfnisbefriedigungen aufzuschieben, verringert die Kapitalbildung und erodiert den Grundstein aller wirtschaftlichen Entwicklung und Zivilisation. Indem es die Sicherheit des Geldes und damit die Fähigkeit, sich gegen künftige Unsicherheiten zu wappnen, untergräbt, macht Fiat die Menschen zu Schuldsklaven der Bankenkartelle ihrer Regierungen, wie in Der Fiat-Standard erörtert:

> „Inhaber gegenwärtiger Fiat-Token, ob in bar oder auf Bank- konten, sind ständig der Gefahr ausgesetzt, dass der Wert dieser Token durch Kreditgeber verwässert wird, die neue gegenwärtige Token schaffen können, indem sie Kredite auf der Grundlage zu- künftiger Einnahmen von Fiat-Token ausgeben. Daher ist es für Privatpersonen, Unternehmen und Regierungen am sinnvollsten, keine positiven Guthaben zu halten, da diese durch Inflation ent- wertet

223 Siehe Ammous, Saifedean. *Der Bitcoin-Standard: Die dezentrale Alternative zum Zentralbankensystem.* Aprycot Media, 2021, S. 199-204.

> werden, und stattdessen Kredite aufzunehmen. Nutzer mit negativen Guthaben, d. h. solche, die sich verschulden, haben keine Sicherheit und riskieren einen katastrophalen Verlust. Finanzielle Sicherheit im Sinne eines stabilen, liquiden Vermögens, das für die Zukunft gesichert ist, gibt es im derzeitigen System nicht mehr. Ent- weder wird man Zeuge, wie sich das eigene Vermögen durch Inflation auflöst, oder man nimmt Kredite auf und lebt in der Unsicherheit, seine Sicherheiten zu verlieren, wenn man ein paar Zahlungen nicht leistet. Fiat hat das Sparen als Finanzinstrument effektiv zerstört, mit höchst negativen Folgen."[224]

Wenn die Ersparnisse gefährdet sind und die Regierung sich finanziell in die Lage versetzt, einen größeren Teil der Bedürfnisse ihrer Bürger zu decken, wird der Anreiz, in eine Familie zu investieren, gefährdet, was katastrophale Auswirkungen auf die Gesellschaft hat. Über ihre die Ersparnisse der Menschen aufzehrenden Effekte hinaus verletzte die Aufhebung des Goldstandards das Fundament der zivilisierten Gesellschaft: das Naturrecht. Sie brach in eklatanter Weise den Vertrag zwischen Staat und Geldeigentümern, die Goldzertifikate und Bankguthaben letzterer in Gold einzulösen. Die Regierung schützt Banken, die ihre Versprechen nicht einhalten, und definiert das Gesetz mit dem Ziel um, ihnen und sich selbst die Möglichkeit zu geben, durch die Ausgabe von Krediten ihr inflationäres Geschäft zu betreiben. An diesem Abkommen ist jedes einzelne Mitglied der kapitalistischen Wirtschaft beteiligt. Sie alle MÜSSEN Geld verwenden, um sich an der erweiterten Ordnung des Marktes zu beteiligen. Die Entwertung des Geldes entwertet alles. Wenn eine Regierung – die sich als die Vollstreckerin von Verträgen und Hüterin der Gerechtigkeit vermarktet – einen derart bedeutsamen Vertrag bricht, werden die Bürger unweigerlich nachziehen, unzuverlässiger und unehrlicher werden und so die

224 Ammous, Saifedean. *Der Fiat-Standard: Das Schuldknechtschaftssystem als Alternative zur menschlichen Zivilisation.* Aprycot Media, 2022, S.77.

Grundlage der zivilisierten Gesellschaft zersetzen. Wenn der Geldvertrag gebrochen wird, kommt jedes Mitglied der kapitalistischen Wirtschaft zu dem Schluss, dass die Rechtsstaatlichkeit nicht für alle gilt. Die Gesellschaft verliert ihren Respekt vor dem Naturrecht und widmet sich dem Versuch, es zum eigenen Vorteil auszunutzen. Fiat erlaubt es dem Staat, sich in wachsendem Ausmaß selbst zu finanzieren, was zur Monopolisierung und Korruption der Verteidigungs- und Rechtsindustrien führt, die sich ihre Profite nicht länger vor allem durch die Befriedigung gesellschaftlicher Bedürfnisse, sondern durch den Schutz eines unproduktiven, parasitären Regimes, vor dem sie die Menschen zu bewahren vorgeben, erarbeiten.

Indem es eine einfache Geldschöpfung zulässt, die von der Entscheidung des freien Marktes für hartes Geld wegführt, zerstört Fiatgeld die monetäre Gesellschaftsordnung, verursacht Konjunkturzyklen und vernichtet Kapital, wie wir im Jahrhundert des Zentralbankwesens wieder und wieder beobachten konnten. Darüber hinaus zerstört es das Bankensystem, entweder durch den Extremfall der Hyperinflation oder dadurch, dass es dieses von einer essenziellen Institution der kapitalistischen Wirtschaft zu einem abgeschirmten Monopol spekulativer Glücksspiele pervertiert. Die Gewinne dieser Spiele kommen der Regierung und dem Bankenkartell zugute, während die Verluste von der Allgemeinheit getragen werden.

Darüber hinaus untergräbt Fiatgeld das kapitalistische Wirtschaftssystem, indem es seine wesentliche Triebfeder beschädigt: die Wirtschaftsrechnung. Da der Wert des Geldes nicht länger durch Angebot und Nachfrage des Marktes bestimmt wird, degeneriert die wirtschaftliche Berechnung zu einer fehleranfälligen Prozedur. Wie man heutzutage sehen kann, werden die Kapitalmärkte unter Fiat zu wenig mehr als einer Reaktion auf die Erlasse unserer Geldkommissare. Wenn das die US-Zinssätze festlegende Amt beschließt, die Zinssätze zu senken, steigen die Preise aller Vermögenswerte

– nur um erneut zu fallen, sobald die Zinssätze steigen. Die ökonomische Berechnung der Gewinne und Verluste eines Unternehmens wird vollkommen zweitrangig, und die Kapitalallokation stattdessen zu einer Übung geldpolitischen Kaffeesatzlesens. Unternehmertum und Innovation werden dem Diktat der Fiatgeld-Kasinoverwalter untergeordnet.

Fiat zerstört das Geld als Marktgut. Wir haben kein Geld im Sinne eines allgemeinen Tauschmittels hoher räumlicher und zeitlicher Verkäuflichkeit mehr, wie wir es vor dem Ersten Weltkrieg im Gold besaßen. Ein Sammelsurium verschiedener Vermögenswerte tritt an die Stelle des einen monetären Mediums, was die Daseinsberechtigung des Geldes kompromittiert und die Welt in den partiellen Tauschhandel zurückführt, in welchem verschiedene Geldformen gegeneinander gehandelt und je nach Verkäuflichkeit aus unterschiedlichen Gründen gehalten werden. Der US-Dollar ist dank des Monopols der US-Notenbank über das globale Bankensystem der räumlich verkäuflichste Vermögenswert. Andere Landeswährungen sind jedoch innerhalb der umzäunten Geldplantagen ihrer lokalen Zentralbanken verkäuflicher. Weitaus komplizierter verhält es sich mit der zeitlichen Verkäuflichkeit und Eignung als Wertspeicher. Weltweit konkurrieren Anleihen, Gold, Immobilien, Kunst, Aktien und ein endloses Kaleidoskop verschiedener Vermögenswerte um diese Funktion, was wiederum die jeweiligen Märkte dieser Güter verzerrt.

Wenn die Wirtschaftsrechnung auf dem ständig schwankenden Treibsand zentral geplanter Landeswährungen basiert, die für den staatlichen Diebstahl an der Bevölkerung optimiert sind, wird die wirtschaftliche Einschätzung der Vorteile des Handels stark beeinträchtigt, wobei die so entstehende Unsicherheit die Menschen davon abhält, am allseitig vorteilhaften Austausch teilzunehmen. Internationale Wechselkursschwankungen können ein profitables Unternehmen zerstören oder unprofitable Unternehmen unverdientermaßen belohnen. Auf dem globalen Devisenmarkt werden Transaktionen in vielfacher Höhe des globalen BIP abgewickelt, da die Menschen Fremdwährungen erwerben müssen, um ausländische Waren zu kaufen. Sowohl der lokale als auch der internationale Handel werden durch Fiatgeld beeinträchtigt. Unter unentwegten Preissteigerungen sind die Menschen gezwungen, minderwertige Ersatzprodukte gegen von ihnen gewünschte Waren zu substituieren, während die Regierung ihr Inflationsprivileg nutzt, um die Produktion akademischer Propaganda durch Pseudowissenschaftler zu finanzieren, welche behaupten, dass der Ersatz von Fleisch durch Soja, Käfer und Industriepampe der menschlichen Gesundheit förderlich sei.

In *Der Fiat-Standard* lege ich dar, warum die Fiat-Inflation den technologischen Fortschritt und unsere Fähigkeit angreift, unseren Verbrauch und die Nutzung von Energiequellen zur Deckung unserer Bedürfnisse zu steigern. Inflation entwertet die Ersparnisse und Einkünfte der Bürger und schmälert ihre Fähigkeit zum Erwerb moderner Energiequellen. Dabei ermöglicht sie es Regierungen, unbegrenzt Geld für Propaganda auszugeben, um Bürger von ihrem sinkenden Lebensstandard abzulenken, indem sie diesen auf eine Reihe lächerlicher Schreckgespenster schieben. Das jüngste ist die irrsinnige Vorstellung, Kohlendioxid – ein für alle Lebewesen essenzielles atmosphärisches Gas, das in einer winzigen Konzentration von 0,042 % in unserer Atmosphäre vorkommt – ruiniere das Wetter und erlege der Gesellschaft apokalyptische Schäden auf. Die einzige Möglichkeit zur Abwendung dieses vermeintlichen Weltuntergangs besteht dann praktischer- und zufälligerweise darin, dass die Menschen auf jene wesentlichen Energietechnologien verzichten, die unser modernes Leben möglich gemacht haben: Kohlenwasserstoffe – dieselben Energiequellen, deren Preise aufgrund ihrer gesellschaftlichen Bedeutung sehr empfindlich auf Inflation reagieren. Zugleich erlaubt Fiat es Regierungen, unfassbare Mengen an Ressourcen in das wahnsinnige Bestreben umzuleiten, zur Versorgung der modernen Industriegesellschaft ausreichende Energiemengen aus vorindustriellen Energiequellen zu gewinnen. In den letzten Jahrzehnten wurden Billionen in dieses Unterfangen gepumpt, und das Einzige, was die grüne Energiemafia im Gegenzug vorzuweisen hat, ist ein unablässiger Rückgang der Verfügbarkeit zuverlässiger und essenzieller Energiequellen bei simultan steigenden Preisen.

Fiatgeld erlaubte die Korruption von Bildungseinrichtungen und der wissenschaftlichen Forschung. Anstatt wie vormals Wissen anzuhäufen und den technologischen Fortschritt zu begünstigen, haben sich Universitäten in die Verbreiter von Inflationspropaganda und ausgeklügelter Apologetik verwandelt. *Der Fiat-Standard* behandelt beispielhaft die Korruption der Wirtschafts-, Ernährungs- und Klimawissenschaften, doch sie reicht wahrscheinlich noch weiter. Vielleicht ist nichts so symbolisch für die Degeneration der modernen Universität und die moralische Fäulnis, die unser betrügerisches Zwangsgeld der Gesellschaft auferlegt, wie die Tatsache, dass der verehrteste und wichtigste Wirtschaftswissenschaftler des zwanzigsten Jahrhunderts ein selbsternannter „Immoralist“ war, der sich, wie in *Der Bitcoin-Standard* dokumentiert wird, zur eigenen Erbauung im Kindersklavenhandel betätigte. In Keynes’ eigenen Worten:

> „Wir lehnten eine persönliche Verpflichtung zur Befolgung allgemeiner Regeln vollkommen ab. Wir beanspruchten das Recht, jeden Einzelfall individuell zu beurteilen, und die Weisheit, dies angemessen zu tun. Dies war ein überaus wichtiger Teil unseres Glaubens, den wir vehement und aggressiv vertraten, und für die Außenwelt war dies unsere offensichtlichste und gefährlichste Eigenschaft. Wir lehnten hergebrachte Moral, Konventionen und traditionelle Weisheiten völlig ab. Wir waren also im strengen Sinne des Wortes Immoralisten. Die Folgen einer Entdeckung

mussten natürlich, sofern sie Relevanz besaßen, in Betracht gezogen werden. Aber wir akzeptierten, was uns anging, keine moralische Verpflichtung, keine innere Sanktion, uns anzupassen oder zu folgen. Im Angesicht des Himmels erhoben wir den Anspruch, unsere eigenen Richter in eigener Sache zu sein."[225]

Wenn Moral zu einem Schimpfwort degradiert und ein krimineller Immoralist zum genialen Gelehrten erhoben wird, bricht das moralische Fundament einer zivilisierten Gesellschaft zusammen. Man kann das Gefasel, das heute als Vorzeigewirtschaftswissenschaft durchgeht und aus kaum mehr als transparenten Rechtfertigungen staatlicher Verletzungen des Naturrechts besteht, nicht begreifen, ohne auf den unmoralischen Charakter seines größten Idols hinzuweisen. Nicht nur die Institution der Eigentumsrechte selbst wird von der Regierung durch Inflation und Besteuerung unentwegt verletzt, sondern darüber hinaus das Eigentum der Menschen an ihrer eigenen Zeit. Dies geschieht durch die Blockade der wichtigsten Technologie für die Erhaltung des über unseren Zeitaufwand produzierten wirtschaftlichen Wertes, nämlich Geld. Wir müssen immer härter, länger und in zunehmender Zukunftsungewissheit arbeiten, um den Diebstahl jener Früchte auszugleichen, die unsere der Arbeit geopferte Zeit abwirft. Der Zusammenbruch der Familie und die Zunahme der Kriminalität in unseren Großstädten sind nur Symptome für die fortschreitende Zersetzung einer globalen Wirtschaft, die ihr jahrtausendealtes Kapital in einem Prozess der Entzivilisierung verkonsumiert.

Geld ist das Lebenselixier eines Wirtschaftssystems, die unabdingbare Voraussetzung wirtschaftlicher Kalkulation und Koordination. Indem man es dem Bereich der einvernehmlichen Interaktion entzieht und in die Hände eines gewaltsamen Monopols legt, wird das gesamte Gefüge der Zivilisation untergraben und erschüttert. Es ist leicht, am Schicksal menschlicher Zivilisation zu verzweifeln, aber zu

225 Keynes, John Maynard. *Two Memoirs: Dr. Melchior, a Defeated Enemy, and My Early Beliefs*. Rupert Hart-Davis, 1949. (eig. Übers. – Anm. d. Hrsg.)

früh, die Hoffnung auf den Erfindungsreichtum der Menschen, ihre Technologien oder den kapitalistischen Schaffensprozess zu verlieren, der Jahrtausende überdauert und schon viele Feinde geschlagen hat.

Der Triumph menschlicher Vernunft

Die Geschichte zeigt, dass viele Menschen, welche Zivilisation hervorbringen, sie nicht lange aufrechterhalten können.[226] Die Nutznießer des Kapitalismus werden in vergleichsweise großen Wohlstand hineingeboren: Ihre Kindheit und Jugend wird insofern verlängert, als sie über längere Zeiträume ihres Lebens hinweg nicht arbeiten müssen, um für ihren Lebensunterhalt zu sorgen. Familien können ihre Kinder mit den Produkten des Industriekapitalismus bis ins Erwachsenenalter und manchmal darüber hinaus versorgen. Für die Mitglieder kapitalistischer Gesellschaften ist es durchaus möglich, bis zu ihrem zwanzigsten oder dreißigsten Lebensjahr keine produktive Arbeit zu verrichten. Bei einer derartigen Entkoppelung von den Realitäten wirtschaftlicher Produktion können sich wahnhafte, antizivilisatorische Ideen und Aberglauben leicht in den Köpfen der Bürger festsetzen und die für eine erweiterte Wirtschaftsordnung erforderliche kooperative und kapitalistische Mentalität niedriger Zeitpräferenz ablegen. Können diese Ideen unsere Zivilisation aus der Bahn werfen?

Nachhaltigkeit und der Fortbestand der Zivilisation resultieren aus der überlegenen organisatorischen Effizienz des kapitalistischen Wirtschaftskalküls, den enormen Vorteilen der freiwilligen Spezialisierung und der unaufhörlichen Kreativität der Menschen. Im physischen Krieg, wie in allen Bereichen menschlichen Handelns, sind die Feinde des Kapitalismus immer im Nachteil, weil sie nicht in der Lage sind, die Produktion und Mobilisierung von Ressourcen

226 Ibn Khaldun, Abd Alrahman. *Al-Muqaddima.* 1377. • Gibbon, Edward. *The Decline and Fall of the Roman Empire.* Alfred A. Knopf, 1994. • Glubb, John. *The Fate of Empires and Search for Survival.* Blackwood, 1978.

auf dem Kapitalismus ebenbürtige Weise zu organisieren. Ein Fehlen von Preisen und wirtschaftlicher Kalkulation lähmt zudem ihre Innovativität, zu der sie durch Profitbeschneidungen außerdem weniger angereizt werden. Sie haben keinen Zugang zu einer Arbeitsteilung, die dem größten und produktiven aller Märkte, dem Weltmarkt, gleichkäme.

Man kann sich die kapitalistische Marktwirtschaft als eine sehr leistungsfähige Maschine vorstellen, weil sie in vielerlei Hinsicht genau das ist. Alle Maschinen und im Privatbesitz befindlichen Kapitalgüter, die für den Produktionsprozess eingesetzt werden, funktionieren in einem Wirtschaftssystem zusammen: in der erweiterten Ordnung der freien Marktwirtschaft. Die Fähigkeit, weltweit Milliarden von Maschinen in Produktionsprozessen einzusetzen, die alle miteinander verbunden und voneinander abhängig sind, ermöglicht es uns, ein jeder Alternative ungleich überlegenes Produktivitätsniveau zu erreichen. Wie weit die Menschen über die Sorge um das tägliche Überleben hinauswachsen und sich in die Lage versetzen, wirtschaftlich zu handeln, hängt davon ab, inwieweit sie die Maschinen des kapitalistischen Marktsystems einsetzen. Diese Maschinen verschaffen jedem, der die Wirtschaftsrechnung anstellt, einen enormen Vorteil. Die produktiven, diese Maschinen herstellenden Menschen werden Wege finden, den Fanatikern, Ludditen und Parasiten, die nach ihrer Zerstörung trachten, die Stirn zu bieten.

Der heutige Feind des Kapitalismus unterscheidet sich jedoch von den Ludditen der frühen Industriellen Revolution, dem sowjetischen Schreckgespenst des zwanzigsten Jahrhunderts und diversen anderen dysfunktionalen sozialistischen und totalitären Regimen. Im Gegensatz zu bekennenden äußeren Feinden ist die Bedrohung, der sich der moderne Kapitalismus gegenübersieht, intern, widerrechtlich und augenscheinlich unbezwingbar. Mit der zunehmenden Globalisierung und Integration der Weltwirtschaft hat sich diese immer stärker um den US-Dollar und das amerikanische Zentralbanksystem herum zentralisiert. Fast die gesamte Weltwirtschaft verwendet den US-Dollar oder Währungen von Zentralbanken, die den US-Dollar als Reserve halten. Die große Mehrheit der nationalen Bankensysteme verwendet den US-Dollar sowie das internationale Abwicklungssystem der US-Notenbank. Das bedeutet, dass die große Mehrheit der am globalen Marktsystem Teilnehmenden mitansehen muss, wie der Wert ihres Geldes verwässert wird, um die Ausgaben der US-Regierung und des Fiat-Bankenkartells zu finanzieren. Doch so ineffizient, verschwenderisch und geradezu kriminell dieses System auch sein mag, kann es trotzdem weiterbestehen, weil seine Feinde nicht in der Lage sind, auf eine alternative Marktwirtschaft auch nur annähernd vergleichbarer Größe zurückzugreifen. All seiner Probleme zum Trotz ist das Fiat-Geldsystem immer noch besser als Autarkie und Abschottung von der Weltwirtschaft. Ihr gewaltsames Geldmonopol ermöglicht es Zentralregierungen, sich einen großen Teil der Gewinne der freien kapitalistischen Märkte anzueignen und so von deren überlegener Produktionskapazität zu profitieren. Sie nutzen kapitalistische Erträge dazu, ihre Kontrolle über alle Facetten des wirtschaftlichen Lebens zu verschärfen und letztlich die kapitalistische Zivilisation, von der sie abhängen, zu ersticken. Der Kapitalismus hat sich im Kampf gegen äußere Feinde als überlegen erwiesen – wie aber kann er einem inneren Parasiten widerstehen, der sein Herz kontrolliert, dessen Takt sein Lebenselixier bürokratisch aussteuert? Um zu überleben, muss der Kapitalismus ein alternatives und vom parasitenbefallenen völlig unabhängiges Herz erfinden und zum Einsatz bringen. Dies ist eine scheinbar unmögliche Aufgabe, der die menschliche Vernunft vielleicht trotz allem gewachsen sein könnte. Der gesamte zivilisatorische Prozess beruht auf dem systematischen Einsatz der Vernunft zur Lenkung menschlichen Handelns, und je mehr sich die monetäre Zentralplanung zu einem zivilisatorischen

Problem entwickelt, desto höhere Belohnungen stellt der Markt für Lösungen dieses Problems in Aussicht.

Die kapitalistische Wirtschaftsrechnung ist die Grundlage technologischer Innovation. Was einer Technologie zum Erfolg breiter Akzeptanz verhilft, ist ihre Wirtschaftlichkeit – ihre Fähigkeit, Nutzern durch ihren Einsatz eine positive wirtschaftliche Rendite zu bieten. Der Kapitalismus ist ein unendliches Belohnungsprogramm für Probleme der Menschen lösende Innovatoren. Je größer ein Problem wird, desto größer sind die Kosten, die es der Gesellschaft auferlegt, desto stärker werden die Signale, mit denen es auf eine Lösung hindeutet und desto größer fällt die Belohnung für eine solche aus. Je offensichtlicher die Probleme unseres maroden internationalen Geldsystems zutage treten, desto stärker werden die fortschrittlichsten Technologien, Ingenieure und Unternehmer von ihm angezogen. Der Kapitalismus setzt die Vernunft in den Dienst der Menschheit zugutekommender Innovation, und er belohnt sie im Ausmaß ihres Erfolgs. Wenn Fiatgeld es Regierungen erlaubt, das pochende Herz unserer Zivilisation zu infizieren, ist der Kapitalismus das Gehirn, das zurückschlägt, indem es die Vernunft dazu anregt, eine Lösung dieses Problems zu finden.

Technologie ist die Summe aller Werkzeuge, welche die Menschheit entwickelte, um die Probleme der Zivilisation zu lösen. Der menschliche Geist bleibt die letzte Bastion der Freiheit, und die an ihrer Produktivität gemessen fortschrittlichste Technologie, die freie Menschen hervorbringen können, ist Software. Informationen in Form von Buchstaben und Zahlen können, auf die richtige Weise übermittelt, viele Maschinen weltweit dazu bringen, große Mengen an Arbeit zu verrichten und so wirtschaftlichen Wert für ihre Besitzer zu generieren. Maschinen verrichten die Arbeit hunderter Menschen; Software hingegen bewegt Tausende und Millionen von Maschinen. Die weltweite wirtschaftliche Produktion hängt immer stärker von Software ab. Die Produktivität der Industrie und der

Softwarebranche nimmt zwar zu, wird aber durch die Ermangelung eines freien Geldmarktes eingeschränkt. Letztere macht genaue wirtschaftliche Berechnungen als Grundlage für die Entscheidungen von Kapitaleignern auf dem gesamten Planeten unmöglich. In einer Zeit, in der Informationen weltweit in kürzester Zeit ausgetauscht werden können, funktioniert Geld weiterhin über ein außerordentlich ineffizientes System, das zum Vorteil seiner Betreiber manipuliert wird. Da Software in die meisten Industriezweige eindringt und als Steuerungsmechanismus der industriellen Maschinerie des gesamten Planeten fungiert, scheint es unvermeidlich, dass sie auch in den Geldmarkt eindringen und diesen erobern wird – insbesondere angesichts der momentan vorherrschenden gewaltbasierten und zerstörerischen Fiat-Technologie.

Die Softwarealternative zum Fiat-Zentralbankwesen ist Bitcoin, ein dezentralisiertes Peer-to-Peer-Zahlungsnetzwerk, das seine eigene, angebotsbegrenzte Währung verwendet. Bitcoins Signifikanz beruht auf zwei Haupteigenschaften. Erstens ist Bitcoin die einzige funktionierende Zentralbankalternative für den grenzüberschreitenden Geldtransfer. Zweitens ist das Angebot an Bitcoins streng limitiert, so dass es keine Möglichkeit gibt, das vorhandene Angebot zugunsten irgendeiner Entität zu verwässern. Indem er allen Menschen auf der Welt die Möglichkeit bietet, in einer Geldform zu sparen, die nicht entwertet werden kann, könnte Bitcoin den derzeit laufendenProzess der Zeitpräferenzsteigerung anhalten. Indem er jedem die Möglichkeit gibt, Geld international zu versenden und zu empfangen, ohne dabei auf seine Monopolzentralbank zurückgreifen zu müssen, erlaubt Bitcoin allen, sich in die globale Arbeitsteilung einzubringen. Die zentrale Planung der beiden Märkte für Geld und internationale Überweisungen ist genau das, was den Kern des aktuellen Problems des globalen Kapitalismus ausmacht. Die historische Signifikanz Bitcoins besteht in seiner Rolle als technologische Lösung für das Problem des Zentralbankwesens.

Er bietet uns eine unendlich mal überzeugendere Alternative, die das Zentralbankwesen hinfällig macht.

So wie die menschliche Vernunft uns von Sklaven zu Pferden zu Autos zu hochentwickelten Überschallflugzeugen oder von menschlichen Boten zu Brieftauben zu Papierpost zu E-Mails und schließlich Videoanrufen brachte, löst sie uns jetzt aus der Abhängigkeit von monopolistischen Zentralbanken und treibt uns zuverlässiger quelloffener Software zur Erbringung entsprechender Leistungen entgegen. Der Mensch ist ein vernunftbegabtes Wesen, und es ist seine Vernunft, die ihn aus den Höhlen herausgeführt und es ihm ermöglicht hat, seine Umwelt zu erobern, die wildesten Tiere zu zähmen, länger und besser zu leben. Das derzeitige parasitäre staatliche Bankenmonopol ist nur eine weitere in der langen Liste der Herausforderungen, mit denen sich die menschliche Vernunft konfrontiert sieht. Bitcoin könnte sich als das Mittel erweisen, das unsere Vernunft ausheckte, um sie zu überwinden. Mit transparenten, durch jeden überprüfbaren Regeln und einem System, das vollständig auf Verifizierung statt auf Autorität basiert, macht Bitcoin der ganzen Welt ein ohne politische Zwangsautorität funktionierendes monetäres Marktgut verfügbar. Er ermöglicht es uns, friedliche Nichtaggression zur Grundlage wirtschaftlicher Interaktion zu machen, indem er die Produktivität des Marktsystems in dessen monetären Bereich eingliedert und uns von dem gewaltsamen Holzpfad etatistischer Fiat-Zahlungen des letzten Jahrhunderts abbringt. Sollte es uns gelingen, die menschliche Zivilisation aus den Fiat-Klauen des Staates zu befreien, wird Bitcoin als die bedeutendste zivilisatorische Errungenschaft unseres Zeitalters in die Geschichte eingehen.

Appendix 1

Dieser Appendix geht näher auf die von Mises in Kapitel 1 thematisierte Behauptung ein, das menschliche Handeln kenne keine Konstanten. Hierbei handelt sich um eine tiefgreifende Kritik an den Methoden der modernen Wirtschaftswissenschaften. Um sie uns zu veranschaulichen, wollen wir untersuchen, wie die Naturwissenschaften quantitative Beziehungen auf der Grundlage von Konstanten formulieren. Ziehen wird hierzu das Beispiel der thermischen Zustandsgleichung idealer Gase heran, laut welchem

$PV = nRT$

Dabei ist P der Druck in bar, V das Volumen in Litern, n die Anzahl der Mole (wobei jedes Mol $6{,}02214076 \cdot 10^{23}$ Teilchen umfasst), T die Temperatur in Kelvin und R die sogenannte Gaskonstante von $0{,}083145 \text{ bar} \cdot \text{l} / \text{mol} \cdot \text{K}$.

Die Herstellung einer solchen Beziehung ist möglich, weil Messungen realer physikalischer Phänomene in *konstanten* und durch das Internationale Einheitensystem (SI) eindeutig definierten Einheiten erfolgen: Sekunden, Metern, Kilogramm, Ampere, Kelvin, Mol und Candela. Von diesen sieben Einheiten lassen sich alle anderen physikalisch sinnvollen Einheiten ableiten.

Der Liter zum Beispiel ist das Volumen eines Würfels mit 10 Zentimetern Seitenlänge. In der modernen Welt lassen sich Länge und Volumen mit vielen Messgeräten zuverlässig und einheitlich bestimmen. Das Bar ist definiert als der atmosphärische Druck der Erde in einer Höhe von 111 Metern und bei einer Temperatur von 288,15 Kelvin. Es wird in 100.000 Pascal unterteilt. Barometer werden nach zuverlässigen und einheitlichen Normen für die Messung des Drucks in dieser Einheit hergestellt.

In der Vergangenheit wurden das Kilogramm und das Meter, und damit indirekt auch das Kelvin, anhand bestimmter in Paris aufbewahrter Artefakte definiert. Jedes Grad auf der Kelvinskala entspricht einer Änderung der Wärmeenergie um $1{,}380649 \cdot 10^{-23}$ Joule. Das Joule wiederum ist als die Energie definiert, die auf ein Objekt übertragen wird, wenn eine Kraft von 1 Newton über eine Strecke von 1 Meter auf es einwirkt. Das Newton ist als jene Kraft definiert, die erforderlich ist, um ein Kilogramm ruhender Masse innerhalb einer Sekunde auf eine Geschwindigkeit von 1 m/s zu beschleunigen.

Die Sekunde wurde als ein 86.400stel eines Tages definiert. Im Jahr 1967 wurde jedoch eine neue und präzisere Definition in das SI aufgenommen, die sich auf den Caesium-Standard stützt, den genauesten und präzisesten Zeit- und Frequenzstandard, der bis dahin entdeckt wurde. Nach diesem Standard ist die Sekunde als die Dauer von 9.192.631.770 Strahlungsperioden definiert, die dem Übergang zwischen den beiden Hyperfeinstrukturniveaus des Grundzustands des Caesiumatoms-133 bei einer Temperatur von 0 Kelvin entsprechen. Seit 1983 ist das Meter als die Länge der Strecke definiert, den Licht im Vakuum in einer Zeit von 1/299.792.458 Sekunden zurücklegt. Dieses Maß kann durch Experimente bestimmt, demonstriert und verifiziert werden.

Im Jahr 2019 wurde das Kilogramm in Bezug auf den Meter, die Sekunde und die Planck-Konstante neu definiert. Die

Planck-Konstante ist als der Quotient der Energie eines Photons und seiner Frequenz definiert und hat einen Wert von 6,62607015 · 10^{-34} Joule · Sekunde. Mit der Neudefinition des Kilogramms sind alle Basiseinheiten in Bezug auf Naturkonstanten definiert. Wissenschaftliche Beziehungen können nicht nur zur Definition von Einheiten verwendet werden, sondern Naturkonstanten aufdecken. Das Internationale Einheitensystem führt 7 SI-Definitionskonstanten auf, deren Werte zur Ableitung aller Einheiten herangezogen werden: die Hyperfeinübergangsfrequenz des Caesiums, die Lichtgeschwindigkeit, die Planck-Konstante, die Elementarladung, die Boltzmann-Konstante, die Avogadro-Konstante und das photometrische Strahlungsäquivalent monochromatischer Strahlung der Frequenz 540 Terahertz (bzw. 555nm).

Im Gesetz des idealen Gases finden wir auch die Regnault-Konstante, die mit 0,083145 bar · l / mol · K gemessen wird. Diese Beziehung und diese Konstante sind wiederhol- und nachweisbar. Aus diesem Gesetz folgt, dass jeder Mensch den Druck, das Volumen, die Temperatur und die Molzahl eines beliebigen Gases in einem Behälter messen und daraus die Regnault-Konstante ableiten und diese Beziehung überprüfen kann. Sollte eine Person eine andere Beziehung mit einem anderen Wert der Konstante vorfinden, wäre die thermische Zustandsgleichung idealer Gase widerlegt.

Das Vorhandensein dieser zuverlässigen physikalischen Maßeinheiten macht systematische, reproduzierbare und quantifizierbare wissenschaftliche Experimente möglich. Diese Konstanten und Messwerte erlauben systematische Experimente mit Gasen verschiedener Volumina, Temperaturen und unterschiedlichen Drucks durchzuführen. Anhand beobachteter Messungen werden die Beziehungen zwischen diesen physikalisch definierten Kategorien ermittelt. Im Falle der allgemeinen Gasgleichung wird eine mathematische Beziehung zwischen Druck, Volumen und Temperatur aufgestellt. Diese Beziehung ist wissenschaftlich, weil sie objektiv ist.

Sie beruht nicht auf einer singulären oder subjektiven Erfahrung, sondern kann von jedem nachvollzogen und überprüft werden. Sie erlangte nur deshalb den Status eines wissenschaftlichen Gesetzes, weil eine große und wachsende Anzahl von Menschen sie getestet und für gültig befunden hat. Seit Benoît Paul Émile Clapeyron sie 1834 formulierte, konnte sie kein Experiment widerlegen.

All diese Einheiten und Konstanten sind in Begriffen definiert, die weltweit akzeptiert, verglichen und von Skeptikern überprüft und getestet werden können. Dank dieser Einheitlichkeit können Menschen allerorts Handel miteinander treiben und gemeinsam anspruchsvolle technische Projekte durchführen. Die Zuverlässigkeit dieser Einheiten spiegelt sich in der Anzahl der Arbeiter und Techniker wider, die dieselben Werkzeuge und Geräte nach gemeinsam vereinbarten Standards verwenden. Wenn ein Argentinier einen in China hergestellten Kühlschrank deutscher Bauart kauft, musste sich zuvor eine große Anzahl von Menschen auf der ganzen Welt auf die Definition aller oben genannten wissenschaftlichen Einheiten einigen, um die zufriedenstellende Produktion und Lieferung des Kühlschranks zu gewährleisten.

Diese klar definierten, objektiv und international vereinbarten Einheiten zur Messung physikalischer Phänomene haben in der Wirtschaftswissenschaft keine Entsprechung. Es gibt keine klar definierten Einheiten, mit denen wirtschaftlicher Wert oder Nutzen gemessen werden kann. Jede Bewertung dieser Größen ist subjektiv. Wirtschaftlicher Wert kann nur ordinal erfasst werden, d. h. durch den Vergleich von Güterwerten untereinander, aber nicht kardinal durch die Zuweisung mathematischer Quantitäten. Das liegt daran, dass das Rohmaterial der Ökonomik, Wert oder Nutzen, vielmehr jedwede Einschätzung von Wert, Nutzen oder Zufriedenheit nicht anhand einer physikalischen respektive genau definierten Größe gemessen wird; er stellt – wie im zweiten Kapitel dieses Buches dargelegt – ein rein psychologisch empfundenes Urteil dar.

Carl Menger

Carl Menger, ein Pionier der Österreichischen Schule der Nationalökonomie, legte den Grundstein für die Analyse des heutigen Geldsystems. Dieses Buch bietet Einblicke in seine bahnbrechenden Ideen zur Wert- und Preistheorie. Verstehe die Grundlagen, auf denen Bitcoin aufgebaut ist, und lerne, wie die Österreichische Wirtschaftsschule unser Verständnis von Wirtschaft, Geld und menschlichem Handeln bereichert.

Der Preis der Zukunft

In einer sich immer schneller verändernden Welt können wir es uns nicht leisten, stehen zu bleiben. In diesem außergewöhnlichen Buch beschreibt Jeff Booth die technologischen und wirtschaftlichen Realitäten, die unsere Gegenwart und Zukunft prägen, und die Entscheidungen, die wir auf unserem Weg in die Zukunft treffen müssen – eine alarmierende, aber auch sehr hoffnungsvolle Situation.

APRYCOT